益山, 金馬渚의 百濟文化

● 지은이

김선기 _ 金善基

원광대학교 사범대학 국사교육과
원광대학교 대학원 석사과정 사학과
동아대학교 대학원 박사과정 사학과
원광대학교 마한백제문화연구소(1982~1995)
원광대학교 박물관 학예연구담당관
호남고고학회 회장
(사)한국고도육성포럼 감사
전라북도 문화재 위원

「백제가람의 유형과 전개에 관한 연구」(석사)
「익산지역 백제 사지 연구」(박사)
「익산 백제연동리사지 조사연구」
「익산 제석사지 일연구」
「왕궁리 전 백제와요지에 대하여」
「지지명 인각와를 통해 본 미륵사 창건과 몇 가지 문제」
「발굴조사 성과를 통해 본 익산의 백제 사찰」
「익산지역 사찰유적을 통해 본 백제문화의 창의성」
「미륵사지 출토 백제시대 암막새 연구」
「백제 가람의 3단계 위계를 갖는 가구식기단 연구」
『익산의 사지와 전통사찰』
『익산 제석사지 시굴조사보고서』
『익산왕궁리전와요지(제석사폐기장) 시굴조사보고서』 외 다수

益山, 金馬渚의 百濟文化

초판인쇄일	2012년 8월 6일
초판발행일	2012년 8월 7일
지 은 이	김선기
발 행 인	김선경
책 임 편 집	김윤희, 김소라
발 행 처	도서출판 서경문화사
	주소 : 서울 종로구 동숭동 199 - 15(105호)
	전화 : 743 - 8203, 8205 / 팩스 : 743 - 8210
	메일 : sk8203@chollian.net
인 쇄	바른글인쇄
제 책	반도제책사
등 록 번 호	제 300 - 1994 - 41호

ISBN 978-89-6062-097-1   93900

益山, 金馬渚의 百濟文化

金善基 지음

서경문화사

책을 펴내며

　　어린 시절 혼자만의 생각 속에 빠져들다가 좌절과 방황을 해야만 했던 때가 가끔 있었다. 그 때문인지 자주 허공을 헤매는 꿈을 꾸곤 했다. 이 책을 내고자 정리하면서도 어릴 때의 꿈속과 같이 허공을 헤매는 듯 한 착각 속에 빠져들곤 했다. 충분한 자료를 섭렵하지 못한 주제 넘는 과욕이 아닌가 하는 생각 때문이리라. 몇 년 전 생사를 넘나드는 병고 속에서 살아난 뒤 이제 내 인생을 정리해야 하겠구나 하는 생각을 갖게 되었다. 이번 작업도 그러한 계획 중의 하나이니 부족함이 있더라도 이해와 많은 편달을 감히 바라는 마음이다.

　　대학을 입학했던 1974년 처음 彌勒寺址 동탑지 발굴 조사에 참여하게 된 계기가 오늘날의 나를 있게 했다. 지게에 흙을 짊어 나르고, 목도를 해서 돌을 옮겨야 했지만 이미 일로 단련된 나는 마냥 즐거웠다. 텐트 속에서 잠자며, 코펠에 밥하고, 모닥불 옆에서 막걸리 파티, 통기타에 맞춰 노래하면 살며시 찾아오는 동네 아가씨, 고추 깻잎 서리로 반찬 만들어주고, 고구마 서리로 야식 만들어 주고, 비오는 날 서탑 속으로 피난 생활, 햇빛에 달구어진 옥개석의 따스한 온기… 미륵사지는 영원한 나의 마음의 고향으로 남아 있다.

　　지금으로부터 36년전 학부 학생으로서 경주고적발굴조사단 皇龍寺址 발굴 실습생으로 참여하면서부터 萬福寺址, 感恩寺址 조사 참여, 졸업과 더불어 미륵사지 발굴조사단 근무, 원광대학교 마한백제문화연구소와 박물관을 거치면서 많은 조사에 참여했고, 철저하게 발굴기술자가 되려고 하였다. 하지만 부족한 인력 덕분에 전공을 살리지 못하고 주어지는 모든 종류의 유적을 조사할 수 밖에 없다보니 조사를 마치고 보고서를 쓸 때 항상 후회스러웠던 것을 생각하면 그나마도 여의치 못했던 것 같다. 그래도 힘들었던 순간들을 견딜 수 있었던 것은 내가 하고 있는 일이 직업이 아니라 나의 영혼이라는 생각을 가지고 있었기 때문이리라.

　　그동안 수많은 사찰 건물지 조사에 참여할 수 있는 기회를 갖게 되었고, 이것이 인연이 되어 늦게나마 '益山地域 百濟 寺址 硏究'라고 하는 학위 논문을 쓰게 되었다. 미륵사지나 왕궁리 유적이 있는 익산시 금마면이나 왕궁면의 백제 시대 지명은 金馬渚이다. 금마저 일원은 30여 년간 백제 사지 등을 중심으로 발굴 조사가 이루어져 왔으나 이것을 종합적으로 정리한 연구는 없었다. 글을 쓰는 과정에서 왕궁리 유적의 宮墻址와 大官寺址가 동시에 조성되었을 가능성을 인지하면서부터 몇 일동안 밤잠을 이룰 수 없었다. 이는 '왕궁성의 기능이 무엇이었는가? 라는 의문과 더불어 금마저의 正體性이라는 매우 큰 문제에 직면하게 되었기 때문이다. 사실 여부를 확인하기 위해 보고서를 읽고 또 읽고 분석하였다.

이를 통해 백제 왕실에서 조성한 금마저의 3대 사찰이라고 할 수 있는 대관사와 제석사와 미륵사가 서로 조영 목적을 달리하면서 동시에 기획되고 있음을 알 수 있었다. 그리고 현세 왕실의 사찰로서 대관사가 조성된 이후, 國祖信仰儀禮를 담당하는 제석사, 미래 왕실과 국가의 번영과 발전을 기원하는 미륵사가 창건되었으며, 이를 三世祈願寺刹로 보고자 하였다. 나아가 사찰을 조성하는 과정에서 나타나는 금마저 백제 문화의 독창성은 우리 전통 문화의 원류이고, 우리 전통 문화의 근간을 형성했다고 하는 점에서 또 한 번 놀라지 않을 수 없었다.

3대 사찰의 조영과 『三國遺事』 무왕조에 기록된 서동과 선화공주의 대 서사시를 통해 보면, 효와 사랑과 인간의 평등, 그리고 화합과 평화의 염원이라는 인류의 가장 보편적인 가치를 왕도 금마저의 건설을 통해 실현하고자 하였다는 점에서 금마저 백제 문화의 위대함도 느낄 수 있었다.

이제 또 다시 어느만큼 세월을 기다려야 할지 모르겠지만, 백제가 금마저에 담고자 했던 철학이 살아 숨 쉬는 창조적 도시로 육성하여 1,400여 년 전 백제의 꿈이 전 인류의 꿈이 되어 실현되기를 기대해본다.

원광대학교 마한백제문화연구소는 나의 젊은 시절 영혼과 열정을 불살랐던 잊을 수 없는 삶터였다. 그러한 기회를 주시고 인간으로서 한 단계 더 성숙하게 해 주셨던 김삼룡 소장님께 감사드린다. 항상 나의 처해진 여건에 못내 마음 아파하셨는데, 그것은 누구의 탓이 아니라 나의 부족함 때문이라는 것을 잘 알기에 무거운 마음 내려놓으시고 원기 회복하시길 기원 드린다.

보고서 작업에 몇 달 동안 연구소 소파에서 기거하며 너무 마신 커피 덕에 낮에는 멍한 기운으로 보내야 했고, 한 밤의 주린 배를 채우기 위해 철가방을 끈으로 매달아 올려야 했고, 매끼 먹은 중국 음식의 지독한 냄새 때문에 화장실에 오래 앉아 있을 수 없었던 그때, 경영의 어려움에 苦頭의 세월을 보내야 했던 시절 불평 한마디 없이 묵묵히 따라줬던 종문·옥섭·이화, 학부 시절부터 많은 도움을 줬던 영덕·규정·상미 …

　　대학 시절부터 이끌어 주신 홍윤식·정명호·조동원 은사님과 고고학자의 신념과 자세를 가르쳐주신 김정기 박사님, 그리고 완고한 사실과 새로운 진실의 충돌 아닌 견고한 논리적 접합을 위하여 지도해 주시고, 학자의 길을 실천으로 보여주셨던 심봉근 은사님께 감사드린다.

　　평소 힘든 여건 속에서도 소략한 글이나마 항상 함께 논의하고 도움을 준 문이화·조상미 선생, 이 책을 내기 위해 체제와 문장 하나까지 꼼꼼히 챙겨 주신 강영옥 선생님, 교정에 참여해 준 한정화와 조성희 선생, 그 외에 도움을 주셨던 분들께 감사드리며 그 분들에게 이 책을 바친다.

　　더불어 내가 가는 길을 마다하지 않으시고 묵묵히 지켜봐주신 아버님의 영전에, 그리고 편한 길을 마다하고 이 길을 고집부린데 대해 어머님께 사죄하는 마음으로, 시린 어깨에 코트 한 벌 걸쳐주지 못했던 아내에게 이 책을 바친다. 그리고 그동안 함께 해주지 못했던 미나·종완에게 미안한 마음 전한다.

　　이 책은 학위논문과 그 전후에 쓴 글들을 모아 수정 가필하였기 때문에 일부 내용이 반복되는 부분도 있음을 밝히면서, 학문서로서 주목되기도 어려운 것을 출판에 응해주신 서경문화사 김선경 사장님께 감사드리며, 끝으로 王都 金馬渚에서 그동안 꿈꾸며 살았던 斷想을 덧붙인다.

> 대관사의 우물물이 핏빛으로 변하여
> 금마저 땅 다섯보를 적신 후
> 백제를 멸망시킨
> 태종무열왕이 세상을 떠나게 된다.
> 그 핏빛의 우물물은 진정
> 백제의 꿈을 실현하고자 했던
> 용의 눈물이리라.
>
> 백제!
> 그대는 비록 패망하였으나
> 그의 찬란했던 문화는
> 우리 가슴 속에 영원 하리라......

나의 생의 마지막 날이 오면,
한 줌의 재는
미륵사 금당터에 뿌려다오.
그 곳에 서려 계실
백제의 용을 만나 보리라.

나의 생의 마지막 날이 오면,
한 줌의 재는
마룡지에 뿌려다오.
백제의 꿈을 잊지 못하고 계실
연못 속의 용과 함께
용화회상을 기다리리라.

그리고
사랑보다 더 큰 슬픔은
그리움인 줄 알기에
한없는 그리움에 우짖다가
그들과 함께
초회의 설법에 참여하리라.

마지막 한 줌의 재는
아버님 산소 곁에 뿌려다오.
고통을 안겨준 사람조차도
포용하고자 하셨던
그 품에
다시 한 번 안겨보리라…

2012년 05월
원광대학교 박물관 유물정리실에서 김 선 기

차례

益
山
金
馬
渚
의
百
濟
文
化

chapter Ⅰ

緒言

1. 金馬渚의 正體性에 대한 爭點
2. 研究史

Ⅰ. 緒言 _ 13

I. 緒言

1. 金馬渚의 正體性에 대한 爭點
2. 研究史

불교가 전래된 이래, 백제 불교는 국교로 채택되어 비교적 왕성한 발전 과정을 거치면서 한성·웅진·사비 등지의 왕도에 대소 사찰을 조영하였다는 것은 주지의 사실이다. 한성의 경우 정확한 사찰의 위치는 알 수 없지만 문헌에는 한산에 불사를 둔 것으로 되어 있다.[1] 그리고 공주 대통사지, 부여 정림사지 등도 당시 웅진과 사비의 대표적인 사찰로 알려져 있다. 그러나 백제 도읍과는 무관한 지역으로 알려진 익산에 백제 후기의 사찰이 집중된 현상에 대해서 그동안 관련 학계의 주목을 받아온 것 또한 사실이다. 이 과정에서 익산 금마저에 있는 백제 유적의 성격을 밝히고자 별도설과 천도설·경영설 등 많은 이설들이 역사학계에 제기되어 왔으나 실체 파악에는 아직도 접근하지 못하고 있는 현실이다. 이에 고고학을 전공하는 학도로서 그 동안 익산지역의 사찰을 직접 조사하거나 조사를 지켜 본 경험을 바탕으로 하여 기존의 연구 방법과는 다른 고고학적인 견지에서 익산 금마저에 대한 새로운 해석을 시도해 보고자 한다.

익산은 지리적으로 남쪽에 만경강, 서북쪽에 금강이라는 양대 수로가 인접하여 농

---

1) 『三國史記』枕流王 條.
「二年春二月 創佛寺於漢山 度僧十人」
『三國遺事』.
「胡僧摩羅難陀至自晉 迎置宮中禮敬 明年乙酉 創佛寺於新都漢山州 度僧十人」

경과 아울러 다른 지역과의 교류에 유리한 조건을 갖추고 있어 일찍이 선사시대부터 오늘에 이르기까지 비교적 풍요로운 생활을 영위해 왔으며 역사의 중심 무대에 등장하여 왔다.

특히 우리나라 고대사의 태동기인 삼한 시대에는 準王이 바다를 건너 남쪽 韓의 땅에 와서 한왕이 되었다고 하는[2] 남천지가 당시 마한의 중심지로 알려진 익산으로 比定되기도 하였다.[3]

삼국 시대에는 백제의 금마저라 하였고,[4] 백제 무왕 때에는 익산에 도읍지를 설치하였다는 별도설과 천도설이 제기되기도 하였다. 또 통일신라 시대에는 고구려 유족 安勝을 이곳 금마저에 보내 報德王으로 세웠다가[5] 그들의 반란으로 폐하기도 하였다는 기록이 남아있다.[6]

그리고 여기에서 주로 다루고자 하는 백제시대 익산 금마저의 사찰 유적은 미륵사지·사자사지·제석사지·오금사지·대관사지 등이며 관련 유물은 연동리 석불좌상과 태봉사 삼존석불 등이 있다.[7] 이밖에도 백제의 궁성으로 전하는 왕궁리 유적이나 왕릉으로 전하는 익산 쌍릉과 더불어 어래산성·함라산성·미륵산성·낭산산성·선인봉산성·용화산성·당치산성·오금산성·저토성·천호산성·학현산성 등의 관방유적도[8] 곳곳에 분포하고 있어 삼국 시대 익산 지역의 중요성을 실감케 하고 있다.

이러한 익산 지역의 유적분포 가운데 최근 관심이 집중되고 있는 백제 시대 사지에 대해서는 문헌사적인 연구와 더불어 석탑 등을 바탕으로 한 미술사적 연구, 발굴 조사

---

2) 『後漢書』 東夷列傳 韓條.
  「朝鮮王準爲衛滿所破 乃將其餘衆數千人走入海 攻馬韓破之 自立爲韓王 準後絶滅 馬韓人復 自立爲辰王」
  『三國志』 魏志 東夷傳.
  「準旣僭號稱王 爲燕之亡人衛滿所奪 將其左右宮人 走入海居韓地 自號韓王」
3) 『三國遺事』 馬韓條.
  「衛滿擊朝鮮 王準率宮人左右 越海以南至韓地 開國號馬韓 甄萱上太祖書云 昔馬韓先起 赫世勃興 於是百濟開國於金馬山」
4) 『高麗史』 卷57 地理 2, 金馬郡條.
  「金馬郡本馬韓國 百濟始祖溫祚王并之 自後號金馬渚新羅景德王改今名…」
5) 『三國史記』 卷6, 新羅本紀 文武王 10年條.
6) 『三國史記』 卷6, 新羅本紀 神文王 4年條.
7) 김선기·임홍락, 1998, 『익산의 사지와 전통사찰』, 익산문화원.
8) 김종문, 1986, 「불교문화유적·성곽」, 『익산군문화재지표조사보고서』, 원광대학교 마한·백제문화연구소.

등을 통한 개개의 사지에 대한 고고학적 연구가 간헐적으로 이루어졌으나 익산 금마저의 사지 전반을 대상으로 한 고고학적 관점에서의 종합적인 연구는 현재까지 전무한 것으로 알고 있다.

따라서 본고는 그동안 익산 지역에서 고고학적 조사가 이루어진 사자사지·연동리사지·대관사지·제석사지·미륵사지를 중심으로 堂塔의 축조 수법과 가람 구조, 출토 유물의 특징을 파악하여 사찰의 축조 시기와 조영 목적 등의 전개 양상을 규명하면서 궁극적으로 익산 금마저 백제 문화의 특징을 조명하고자 한다. 이러한 연구는 익산 고대 문화의 정체성을 밝히고자 하는 노력의 일환이기도 하다. 나아가 사찰이 조성되어가는 과정에 나타나는 백제 문화의 독창성과 역사적 맥락에서 본 익산 고도 육성의 바람직한 방향성도 아울러 제시하고자 한다.

金馬渚는 백제 시대로부터 통일신라 시대까지 불려왔던 옛 익산의 지명이며, 조선 시대에 와서 益山으로 불리게 되었고, 이리시와 통합하기 전 금마를 중심으로한 지역을 익산이라 불렀기 때문에 그동안의 모든 연구자들은 이 일원에 대한 논고를 전개하면서 '익산' 이라는 지명으로 표기해 왔다. 그러나 이리시와 익산군이 통합하면서 익산시로 불리게 됨에 따라 행정구역상의 익산은 보다 넓은 지역을 포괄하는 의미로 바뀌게 되었다. 따라서 우리가 부여를 泗沘, 공주를 熊津으로 부르는 것과 같이 본고에서 논하는 시대는 백제가 중심이 되므로 넓은 의미의 '익산' 보다는 가급적 '금마저' 라는 백제 시대 당시의 지명을 사용하고자 한다. 잠정적인 금마저의 범위는 금마면·왕궁면·삼기면·팔봉면을 중심으로 한 주위의 백제 기와 출토 지역을 포함하고자 한다. 그러나 그동안의 모든 연구자들이 지명을 익산으로 표기해왔기 때문에, 금마저는 오히려 생소한 느낌마저 주고 있어 본고에서는 상황에 따라 전통적인 표기 방법인 익산과 아울러 필요한 경우 금마저라는 지명을 함께 사용하고자 한다.

1. 金馬渚의 正體性에 대한 爭點

익산 금마저의 정체성에 대한 연구는 많은 학자들에 의해 여러 각도에서 연구가 진행되어 왔다. 그러나 문헌 자료의 희소성 때문에 아직도 의견의 일치를 보지 못하고 있을 뿐만 아니라 많은 부분에서 논리적 비약이 감지된다. 익산의 정체성에 관한 연구를 큰 틀에서 본다면 천도설·별도설·경영설 등으로 나눠볼 수 있다. 천도설은 백제 무왕의 익산 천도를 말하는 것이며, 별도설은 삼경설·동서양성설·별부설·국사지설· 신도설·이궁·행궁·별궁지설·복도·부도설 등이 비슷한 범주에 속한다고 할 수 있다. 그리고 경영설은 천도 추진이나 모후세력 근거지설, 군사요충지설 등이 여기에 해당한다. 따라서 별도설이나 경영설은 천도설에 대한 부정적 입장을 견지하고 있다. 그리고 익산에 대한 천도나 별도 혹은 경영의 목적은 대부분 마한세력의 병합을 위한 정치적인 면이나 경제적인 면, 군사적인 면, 종교적인 면 등으로 나누어 설명되어지고 있다. 좀더 자세한 이해를 위해 여기에서는 각각의 주장들을 소개하고자 한다.

1) 遷都說

백제가 익산으로 도읍을 옮겼다는 내용의 '천도설'은 황수영에 의해 최초로 제기 되었다.[9] 그는 고대 도읍지에서 발견되는 궁성·왕릉·사찰·성곽 등의 유적이 익산 에서 확인되고 있으며, 일본에서 발견된 『觀世音應驗記』[10] 말미에 소개된 백제 관계 기사 중 '百濟武廣王遷都枳慕蜜地'라는 부분에 주목한 것이다. 이 천도설은 김삼룡 등 에 의해 확산되고,[11] 몇몇 연구자에 의해 구체화되기도 하였다.[12] 특히 이도학은 무왕 이 630년 이전에 익산으로 천도하였다가, 630년 이후에 사비로 다시 천도하였다는 주 장까지 하고 있다.[13]

송상규도 기본적으로는 천도설을 따르면서도 몇 가지 가능성을 제시하였다. 백제 의 왕도는 한성·웅진·사비 순으로 천도한 사실만을 기록하였는데, 외국 사서에는 왕 도의 기록이 우리나라 사서와는 다소 차이가 있음을 전제하고 익산에서 출토되는 여러 가지 유물들이 왕도의 사실을 입증하고 있으며, 또 금마에는 무왕과 관련된 유적이 많 은 것으로 보아 금마는 백제 말 무왕 때에 와서 왕도가 되었을 가능성이 보인다고 주장 하였다. 나아가 『삼국사기』 등의 국사에 기록이 소홀하게 된 것은 금마 도읍은 반세기 이내의 짧은 무왕 대에 끝나고만 것이기 때문이며, 성왕 대에 사비천도와 아울러 금마 는 別途로서 취급되어 오다가 무왕 대에 와서는 수도로 약칭되었고, 그 후에는 다시 별

9) 황수영, 1973, 「백제 제석사지의 연구」, 『백제연구』 4, 충남대학교 백제연구소.
10) 牧田諦亮, 1969, 『六朝古逸觀世音應驗記の硏究』, 平樂社書店.
11) 김삼룡, 1977, 『익산문화권의 연구』, 원광대학교 마한·백제문화연구소.
12) 나종우, 2003, 「백제사상에 있어 익산의 위치」, 『전북의 역사와 인물』, 원광대학교 출판국.
13) 이도학, 2003, 「백제 무왕대 익산 천도설의 재검토」, 『경주사학』 22, 경주사학회.

도와 같이 취급되었는지도 모른다고 하였다.[14)]

최근에는 최완규에 의해 천도설을 보완하는 새로운 주장이 대두되었다. 즉 부여 왕흥사지 발굴 조사에서 출토된 사리기 명문에 의거하여 왕흥사의 창건을 위덕왕 24년(577)으로 해석하고, 『삼국유사』법왕금살조에 보이는 '創王興寺於時都泗沘城'이라는 기사는 왕흥사 창건 당시 도읍이 사비라는 해석이 가능하므로 왕흥사(미륵사) 완성 시점의 수도는 익산임을 알려주는 결정적인 자료라고 하였다. 결국 미륵사 창건으로 대표되는 익산 천도가 법왕 대부터 계획적으로 진행되었던 것이라는 논지이다.[15)] 나아가 성왕 전사 이후 왕실과 재지세력 간의 갈등은 마한의 고도였던 익산으로의 천도 필요성이 제기되고, 천도 직후 제석사 내에 시조신을 모시는 廟宇를 두어 재지세력을 포용하려 한 것으로 볼 수 있다는 점, 왕흥사인 미륵사나 묘사인 제석사 외에도 왕궁·왕릉·성곽 등이 완벽하게 남아있는 점 등은 수도로써의 면모를 잘 살필 수 있는 자료들로 보고 있다. 그리고 이러한 유적들과 더불어 신동리 유적을 제사 관련 유적으로 추정할 수 있다면 『周禮』「考工記」에 나오는 '左廟右社面朝後市'의 내용을 충실하게 따르는 것으로서 익산은 고대 도성체계의 완전성을 갖춘 도시로 보고자 하였다.[16)]

2) 別都說

일찍이 익산의 성격을 규정하는 최초의 기록을 남긴 사람은 고산자 김정호였다. 그는 그의 저서 『大東地志』에서 익산이 백제의 별도였다는 '별도설'을 제기한 바 있다. 익산 연혁조에 나오는 내용을 보면, "본시 백제의 今麻只였는데 무강왕 때 축성하여 별도를 두고 金馬渚라 칭하였다. 당나라가 백제를 멸하고 마한도독부를 두었다."[17)]고 하였다.

이병도 역시 익산이 백제의 별도임을 주장한 바 있다. 그는 『삼국유사』무왕 조의

---

14) 송상규, 1976, 「왕궁평 성에 대한 연구」, 『백제연구』 7, 충남대학교 백제연구소, 121~124쪽.

15) 최완규, 2009, 「고대 익산과 왕궁성」, 『익산 왕궁리유적의 조사 성과와 의의』, 국립부여문화재연구소, 249쪽.

16) 최완규, 2011, 「백제 무왕대 익산천도의 재해석」, 『백제말기 천도의 제문제』, 익산역사지구 세계유산 등재추진 국제학술회의 발표요지, 원광대학교 마한·백제문화연구소, 124쪽.

17) 김정호, 1982, 『大東地志』 上. 충남대학교 백제연구소, 424쪽.
　　「本百濟今麻只武康王時築城置別都稱金馬渚唐滅百濟置馬韓都督府…」

서동과 선화공주와 관련된 내용이 동성왕 때의 사실임을 주장하면서 쌍릉도 동성왕 및 신라 부인의 능묘라고 추정하였다. 그 이유를 익산 지방이 아마 그 때 백제의 별도로써 중요시 되어 왕의 빈번한 행행이 이루어지게 되고, 따라서 용화산 아래에 미륵사와 같은 거찰이 경영되었고, 그리하여 동성왕과의 연고가 가장 깊었던 익산에 묻히게 되었을 것이라고 설명하면서 백제 별도의 가능성을 밝힌 바 있다.[18]

별도설과 관련해서는 藤澤一夫의 견해도 있다. 그는 왕궁리 유적의 '大官寺' 명 기와를 통해 이곳을 대관사로 파악하고 왕궁리 유적은 백제 성지 안에 왕궁과 관립사찰이 함께 있었으며, 미륵사지는 궁내사원의 북쪽에 건립된 석탑사원으로 보았다. 아울러 부여의 天王寺가 대관사라면 定林寺址가 석탑사원이며, 북위의 永寧寺가 대관사라면 天宮寺가 북쪽의 석탑사원에 해당한다고 하였다. 이처럼 왕궁리 유적과 미륵사지의 배치는 당시의 수도 경영 양식과 잘 부합하고 있어 이를 근거로 익산의 별도설을 제기하였다.[19]

김영하도 백제의 무왕은 자신의 근거지였던 익산 지방에 미륵사의 창건으로 상징되는 별도를 운영했을 것으로 추측하고 있다.[20]

3) 三京說

이기백은 백제가 3개의 왕성을 거느린 '삼경설'의 가능성을 주장하기도 하였다. 즉, 方·城·郡의 세 단계 행정구획은 백제 지방제도의 근간을 이루는 것이고, 이 밖에 특수한 것으로 왕경을 들고 있다. 『舊唐書』 백제전에 '王所居有東西兩城'이라고 하였는데, 이와 같은 내용의 기사는 『新唐書』 백제전에도 나오고 있다. 백제 말기의 왕성이 부여의 사비성인 것은 분명한데, 나머지 또 하나의 왕성을 든다면 아무래도 웅진이 될 것이다라고 하면서도 고구려에는 삼경이 있었으며, 고산자 김정호의 『대동지지』에서도 별도라 하고 있어, 익산을 합하여 三京이거나 三都였을 가능성을 제기하였다.[21]

18) 이병도, 1952, 「서동 설화에 대한 신고찰」, 『역사학보』 1, 역사학회, 66쪽.
19) 藤澤一夫, 1977, 「百濟 別都 益山 王宮里廢寺卽 大官寺考」, 『馬韓·百濟文化』 2, 원광대학교 마한·백제문화연구소, 157~164쪽.
20) 김영하, 2004, 「고대 천도의 역사적 의미」, 『한국고대사연구』 36, 한국고대사학회, 9쪽.
21) 이기백, 1977, 「사비시대 백제의 지방제도」, 『제4회 마한·백제문화학술회의 발표요지』, 원광대학교 마한·백제문화연구소, 11~12쪽.

김영하도 백제가 사비로 천도한 뒤에 별도인 익산과 더불어 웅진을 삼경의 하나로 운영했을 것으로 추측된다고 하여 사실상 삼경설을 지지하고 있다.[22]

4) 東西兩城說

송상규는 『唐書』에 백제의 왕은 동·서 두 성에서 거주한다고 기록한 것으로 보아 백제는 두 곳에 왕도를 가졌음을 말하는 것으로 파악하고 사비가 말기의 도성이라면 동·서의 두 성은 웅진보다는 금마를 지칭한 것이라고 한 바 있다.[23]

김주성은 백제 무왕이 북쪽으로의 진출을 위해서는 웅진을 중요시 했을 것이며, 또 소백산으로의 진출을 위해서는 익산을 중요시했을 것으로 짐작된다고 하고, 『구당서』나 『신당서』에 보이는 東西兩城이나 東西二城의 표현은 국왕이 거주했었던 수도의 왕궁만을 의미하기보다는 국왕이 자주 행차했던 행궁까지를 의미하는 것은 아닐까라고 하였다. 그리고 사비시대 국왕이 자주 행차하였던 곳은 웅진성과 더불어 익산이었을 것으로 판단하여[24] 수도 사비와는 별도의 두 개의 성으로 보고자 하였다.

이와는 달리 田中俊明은 동서양성의 위치에 대하여 전에는 당시의 수도였던 사비와 그전의 수도였던 웅진으로 파악하는 견해가 많았으나, 웅진은 五方의 하나이기 때문에 중복해서 표기하는 것은 이상하고, 부여와 익산으로 보는 견해가 유력하다고 하였다. 나아가 동·서 양성은 왕의 거처, 즉 왕궁이 2개소에 있었다는 것이기 때문에 동·서 왕도가 아닌 사비궁과 익산궁이라고 해도 무방할 것이라고 하였다.[25]

5) 別部說

김주성은 익산을 수도로 인식한 『관세음응험기』 사료의 신빙성과 『삼국사기』의 기록 미비 등에 대한 의문을 갖고 천도만을 생각할 수 없고, 수도의 일부였을 가능성도 생각해 볼 수 있다고 전제하였다. 그리고 『삼국사기』 의자왕 20년 조에 나타나는 '黑

---

22) 김영하, 2004, 「고대 천도의 역사적 의미」, 『한국고대사연구』 36, 한국고대사학회, 15쪽.

23) 송상규, 1976, 「왕궁평 성에 대한 연구」, 『백제연구』 7, 충남대학교 백제연구소, 121~124쪽.

24) 김주성, 2001, 「백제 사비시대의 익산」, 『한국고대사연구』 21, 한국고대사연구회.

25) 田中俊明, 2011, 「百濟の復都·副都と東アジア」, 『百濟 - 교류왕국, 대백제의 발자취를 찾아서』 2010 세계대백제전 국제학술회의 발표요지, 충청남도역사문화연구원, 282~285쪽.

齒常之와 別部將 沙吒相如가 험한 곳을 거점으로 하여 부흥운동을 일으켜 복신과 내통하였다' 는 기록에서 별부장은 별부의 장군으로 생각된다고 한다. 部는 백제의 중앙 행정구역을 오부로 나누었는데, 여기에는 별부가 없다는 점을 들어 "별부란 문자 그대로 특별히 설치한 중앙 행정구역으로서 일반의 중앙 행정구역에 나올 까닭이 없을 것이다. 백제의 수도였던 적이 없었던 익산이 京師로 인식되었던 점은 익산을 수도와 동일한 행정구역인 별부로 편성하여 수도의 일부로 여겨졌던 까닭에서 기인했을 것으로 생각된다."고 하고 있다. 그러한 근거로 익산은 무왕의 출생지이자 성장지였으며, 미륵사가 건립되었을 정도로 중요하게 여겨졌던 곳이므로 그럴만한 가능성은 충분히 있었다고 하고, "무왕은 귀족 세력과의 타협을 유도하기 위하여 익산을 수도와 같은 행정구역인 별부로 편성하였다."라고 하여 '별부설' 을 주장하였다.[26] 그리고 그러한 이유를 귀족세력의 반발을 억제하고, 자신의 출생지이자 성장지인 익산을 수도로 격상시킬 수 있는 이중효과로 설명하고 있다.

김주성은 별부설을 증명해주는 새로운 자료로서 최근 부여 능산리 유적에서 발견된 목간을 들고 있다. 목간에 '六部五方' 이라는 기록이 나타나는데, 사비시대의 수도는 5부로 편성되어 있었기 때문에 6부라고 하면 당연 별부인 익산을 생각할 수 밖에 없고, 익산은 아마 백제 수도 중의 일부, 즉 6부의 하나로 여겨진다고 하였다.[27]

6) 經營說

노중국은 "왕위에 오른 무왕은 신라의 모산성을 대대적으로 공격하는 등 전쟁을 통해 군사권을 장악하고 나아가 왕권 강화를 위한 정책들을 적극 추진하였는데 이 과정에서 나온 것이 익산 경영이다. 익산 경영은 무왕이 새로운 정치를 실시하기 위해 익산지역을 자신의 세력 기반으로 삼기 위한 일련의 작업을 의미한다. 여기에는 익산 세력의 등용, 익산 지역의 경제적 기반의 확대, 미륵사의 창건을 통한 전륜성왕 의식의 강조, 익산을 새 도읍지로 선정하고 천도를 추진한 것 등이 포함된다."고 하였다. 그리고 천도 추진의 근거로는 왕궁이 조영되고 있었다는 사실을 왕궁리의 성곽 유적이 물적으

---

26) 김주성, 1990, 「백제 사비시대 정치사 연구」, 전남대학교 대학원 박사학위논문, 90~91쪽.
27) 김주성, 2007, 「백제 무왕의 즉위과정과 익산」, 『마한·백제문화』 17, 원광대학교 마한·백제문화연구소, 218~219쪽.

로 보여주며 여기에서 출토된 '首府' 명이 새겨진 인장와는 왕성으로 조영되었음을 시사해주는 것이라 할 수 있다고 하고 있다. 곧 천도를 추진하기 위한 '익산경영설'을 주장하고 있다. 천도가 이루어지지 않은 근거로는 무왕은 泗沘宮을 중수하면서 웅진성으로 행행하였다가 공사가 중지되자 웅진성에서 사비로 환궁하고 있다는 사실과 백제가 나당연합군의 공격을 받아 망하게 되었을 때의 수도도 역시 사비였다는 사실을 들고 있다.[28]

7) 母后勢力 根據地說

그동안 익산에 대한 견해는 『삼국유사』를 기본으로 무왕의 생장지 및 그의 주된 세거지로써 인식하고 있었다. 그리고 그의 신분을 몰락한 왕족으로 보는 것이 통설적으로 받아들여지고 있기 때문에, 무왕이 자신의 왕권 강화를 위하여 익산을 경영할 필요가 있었다는 견해가 중시되었다. 그러나 김수태는 『삼국사기』에 익산 문제에 대한 언급이 전혀 없고, 『삼국유사』의 기록에서는 무왕이 익산에서 생장한 사실을 확인할 수 없으며, 무왕은 오히려 사비 지역과 관련하여 언급되고 있기 때문에 익산 지방의 문제는 무왕의 모후와 관련하여 새롭게 이해할 수 있을 것으로 주장하고 있다. 즉, 무왕의 어머니의 경우 당시 크게 주목받지 못하던 익산을 세력 기반으로 하는 귀족 세력의 딸로 상정하고 있다. 따라서 무왕의 즉위와 함께 익산을 기반으로 하는 귀족 세력은 무왕의 모후를 통하여 그들의 정치 세력을 크게 성장시키려 했던 것으로 생각하고, 천도 계획과 실행은 자신들의 세력을 더욱 증대시킬 수 있는 중요한 계기를 마련할 수 있었으나 무왕의 익산 천도 계획은 실패로 돌아간 것으로 보고 있다.[29]

이후 김수태는 사료의 신빙성이나 해석 등 천도론의 문헌적 근거에 대한 자세한 반론을 제기하고 있다. 나아가 익산이 왕도임을 강조할 때 부각되는 왕궁리 유적의 '首府' 및 5부의 명칭이 새겨진 인장와의 성격에 대한 의문과, 도시계획 흔적이나 나성이 확인되지 않는 한계는 익산이 왕도보다 지방 도시로 운영되었을 측면이 보다 강하게

---

28) 노중국, 2003, 「백제사에 있어 익산의 위치」, 『익산의 선사와 고대문화』, 원광대학교 마한·백제문화연구소, 212~218쪽.
29) 김수태, 1999, 「백제 무왕대의 정치세력」, 『마한·백제문화』 14, 원광대학교 마한·백제문화연구소, 123~124쪽.

나타나고 있는 것이라 하고 있다. 그리고 제석사는 무왕의 어머니와 관련된 사찰로 판단하였으며, 익산 지역 정치 세력 및 불교 세력이 중심이 되어 이러한 불사활동을 벌인 것으로 이해된다고 하고, 대규모 불사활동의 전개는 무왕이 익산을 새로운 종교적 중심지로 만들려고 했던 것이 아닐까 한다고 하였다. 결론적으로 백제의 익산 천도는 익산 지역의 정치 세력 및 불교 세력에 의하여 추진되었던 계획에 불과한 것으로 말할 수 있다고 하였다.[30]

8) 軍事要衝地說

유원재는 익산 지역에 대한 천도설이나 별도설 · 경영설 등은 주로 무왕의 권력 강화라는 측면으로 일관되어 왔다고 하고 새로운 각도에서 익산경영설을 모색하고 있다. 즉, 무왕의 익산 경영의 목적을 군사적인 면에서 찾고 있는데, 익산은 백제가 가야 지역으로의 진출이나 신라의 공격이 있을 때 반드시 거쳐야 하는 군사적 요충지이기 때문에 중요시 할 수 밖에 없으며, 불력으로 신라를 제압하고 한편으로는 승려들을 승군으로 활용할 수 있다는 요인에서 익산에 미륵사를 창건하게 되었고, 무왕은 이곳을 행차할 때 머무를 離宮을 건설하고 군대의 상주를 위하여 산성 등을 축조하였던 것으로 보고 있다.[31]

김기흥은 백제는 부여계와 마한계의 주민으로 구성된 국가였으며, 백제의 남천 이후 마한계의 정치적 위상이 제고되면서 마한 내에 '역사지리적 구심점'이 될 만한 위치를 가진 익산은 자연스럽게 새로운 수도나 별도로써 주목되었을 만하다고 하고 있다. 대규모 미륵사를 창건하여 미래의 수도를 대비한 듯한 익산 경영은 '마한의 국가'라는 현실을 국가 정체성에 받아들이게 된 시책으로써, 정치 · 사회적 역학관계의 변화에 따라 백제가 맞고 있는 현실이자 미래였던 것이라고 하였다. 그리고 무왕 이후 백제는 신라와 더불어 주로 옛 변한(가야)의 땅을 두고 쟁패하였으니, 부여족의 나라이기보다는 삼한의 나라로서 삼한의 패자가 되고자 하는 마한왕의 후예처럼 외교와 군사적 행보를 내디뎌갔던 것이라고 하고 있다.[32]

---

30) 김수태, 2004, 「백제의 천도」, 『한국고대사연구』 36, 한국고대사학회, 49~62쪽.
31) 유원재, 1999, 「백제사에서 익산문화유적의 성격」, 『마한 · 백제문화』 14, 원광대학교 마한 · 백제문화연구소, 117~119쪽.

9) 國社地說

신형식은 무엇보다도 천도와 같은 대사건의 기록이 없다는 점, 후기 한 때 익산 천도 사실이 있었다 해도 환도 사실이 없다는 점, 더구나 무왕 31년조에 '重修泗沘之宮王幸熊津城'이라는 사실과 백제의 마지막 수도가 所夫里(부여)였으므로 무왕 이후 반세기 간에 수도가 또 한 번 이동할 수는 없다는 점을 들어 천도론을 반대하는 입장을 견지하고 있다. 나아가 삼국 시대에 있어서 각국은 수도 이외에도 별궁이나 이궁을 두고 있으나, 익산은 수도와는 다른 종교적 목적의 건물지가 있다는 점이 주목되며, 법왕의 살생금지의 영 이후 새로운 國社地의 물색이 요구되었으니 그곳이 익산이라 하였다. 결국 익산 천도론은 새로운 수도의 건설도 아니고 별도·이궁이 아니라 민심일신을 위한 佛舍·神廟의 조성이라 할 수 있다. 즉 무왕은 강력한 왕권 재확립을 위한 시도로서 수도에는 왕흥사를, 익산에는 미륵사를 세운 것이다. 새로운 왕실 세력 확보를 위한 익산 세력과의 타협을 꾀한 동시에 하늘과 시조, 그리고 산천신을 위한 신묘를 익산에 세워 국가 재건을 위한 정신적 구심력을 강조하려 했으리라 여긴다. 결국 익산은 정치적 수도를 뒷받침하는 정신적 수도로서 미륵사상에 의한 종교적 뒷받침과 풍부한 경제력, 그리고 유리한 군사·교통상 배경으로 백제 후기 사회의 막후 지탱력으로 기능하였다고 생각하고 있다.[33]

10) 神都說

조경철은 백제의 무왕이 제석사를 창건하여 자신을 지상세계 염부제를 포함한 도솔천 수미산의 천신으로 간주하였을 것으로 보았다. 또한 "도리천의 세계인 제석사 아래 인간 세계의 궁궐자리에 대관사를 지어 이곳을 염부제로 상정하고, 자신을 閻浮提人王으로 여겼을 것이다. 익산 미륵사의 미륵이 地神인 池龍과 연관되었다면 제석은 종래의 天神과 연관되었다고 볼 수 있다. 제석사를 창건함으로써 천신인 제석이 인간 세계를 돌보아줌을 드러내 보였다. 제석이 돌보아주는 인간 세계는 제석사 옆의 왕궁

---

32) 김기홍, 1989, 「백제의 정체성에 관한 일 연구」, 『역사와 현실』 54, 한국역사연구회, 198~219쪽.
33) 신형식, 1994, 「백제사상에 있어 익산의 위치」, 『제12회 마한·백제문화 학술회의 자료집』, 원광대학교 마한·백제문화연구소, 37~39쪽.

의 세계이다. 왕궁의 세계는 인간 세계를 다스리는 人王이 다스리는 세계이다. 무왕은 왕궁에 거주하면서 인왕으로 자처하며 백제를 다스리고자 하였다. 익산은 미륵의 도솔천신, 제석의 도리천신이 보호하는 神都이며, 인왕은 그 신도를 다스리는 무왕이었다"고 하여 익산을 도솔천신과 도리천신이 보호하는 신도임을 주장하였다.[34]

11) 複都·副都說

익산에 도시 건물지 등이 확인되지 않아 이궁지설을 펼쳤던 박순발은 익산 고대 도시의 구조 추정을 통해 익산의 도성 가능성을 제시하고 있다. 즉 도성의 성벽 공정은 진행되지 않았다고 하더라도 왕궁을 중심으로 한 주변 유적의 분포와 고지형의 분석을 통해 동서와 남북 약 4km 범위를 익산 고대 도시의 공간 구조 파악을 위한 하나의 작업 가설로 제시하고 있다. 나아가 익산 고대 도시는 왕궁이 존재하므로 도성의 범주에 해당한다고 보고, 익산은 군사적인 전략 거점과 천도의 예정지, 황제 등 지배 세력의 출신지였다는 점에서 複都 혹은 副都로 볼 수 있다고 그의 논지를 진전시키고 있다.[35]

12) 地方都市說

이병호는 익산 지역이 새로운 천도 후보지로 개발되었다면 사비도성에서 보이는 정연한 도로망이나 사원의 배치 등 도시계획의 흔적이 일부나마 확인되어야 할 것인데 익산 지역에서는 그러한 사실을 확인하기 어렵고, 특히 사비 천도 과정에서 가장 중요한 관심사였던 나성·산성 등과 같은 방어시설의 축조 노력이 두드러지지 않는 점을 들어 익산 천도가 이루어졌다기보다는 도성과 밀접하게 연결된 지방도시 정도로 파악하여야 할 것으로 생각된다고 하고 있다. 그리고 왕궁리 유적에는 왕실 혹은 중앙의 최고 관부와 연결된 모종의 '기관'이 설치되었으며, 이후 미륵사의 창건이나 운영에 일정하게 관여하게 되었을 것으로 생각된다고 하고 있다. 나아가 기관이 구체적으로 어

---

34) 조경철, 2006, 「백제불교사의 전개와 정치변동」, 한국학중앙연구원 한국학대학원 박사학위논문, 164~165쪽.
35) 박순발, 2010, 「익산 고대 도시 구조와 미륵사」, 『백제 불교문화의 보고 미륵사』, 학술심포지엄 논문집, 국립문화재연구소, 285~292쪽.

24

떤 것이었는지는 알 수 없지만, 초기에는 적어도 무왕이 사자사로 가기 전에 잠시 머물 렀을 행궁이나 별궁과 같은 것이 아니었을까 라고 하고 있다.[36]

13) 離宮 · 行宮 · 別宮地說

위에서 제시한 몇몇의 주장에서는 익산의 정체성을 논하면서 왕궁리 유적을 이궁 이나 행궁 및 별궁으로 보는 견해를 보여주고 있다. 특히 박순발은 왕궁리 유적이 무왕 대에 조성된 것으로 보는 견해와는 달리, 발굴 조사에서 출토된 청자 연화준의 제작 또 는 사용 시점을 영산대묘 출토품의 하한인 551년이나 봉자회묘 출토품의 하한 연대인 565년 무렵의 어느 때로 볼 수 있다고 보고, 이로써 왕궁리 유적 초창 건물지의 조성 시 점은 6세기 중엽 경에서 멀지 않은 시기로 비정하고 있다. 그리고 왕궁리 유적 초창기 건물지 및 일련의 구획 석축들의 성격을 왕궁과 관련된 것으로 이해하는 견해가 있으 며, 왕궁리 유적의 정연한 규격성은 당시 중국의 남북조 시대의 여러 궁성의 그것에 비 교될 수 있고, 성벽 축조 성토층에 기와가 혼입되어 있는 경우가 있어 후에 만들어진 사원의 담장으로 보기는 어려우며, 성벽은 초창기 건물지 및 석축들과 그 조영기획이 다르지 않았을 것으로 보아 궁성으로 인정하고 있다. 하지만 지금까지 알려진 고고학 자료상으로는 왕궁리 유적 주변에 도시적 성격을 가진 취락의 흔적이 없으므로 離宮으 로 잠정해 두는 것이 좋을 듯 하다고 밝히고 있다.[37] 왕궁리 유적에 대해서는 박현숙도 이궁설을 따르고 있다.[38]

이후 박순발은 왕궁리 유적에서 발굴된 대형 건물지는 사비도성 추정 왕궁지에서 도 확인된 정전급의 대형 건물지로 궁성의 외조 정전인 태극전일 가능성을 제시하였 다. 그리고 억측해 본다면 위덕왕 대 이궁이 익산에 있었으므로 왕의 행차가 잦았을 것 이고, 그러한 과정에서 무왕이 익산 지역에서 태어났을 것으로 보기도 하였다.[39]

36) 이병호, 2003, 「백제 사비시기의 도성과 지방도시」, 『지방사와 지방문화』 6권 1호, 역사문화학회, 72~73쪽.
37) 박순발, 2007, 「사비도성과 익산 왕궁성」, 『마한 · 백제문화』 17, 원광대학교 마한 · 백제문화연구소, 113~114쪽.
38) 박현숙, 2009, 「백제 무왕의 익산 경영과 미륵사」, 『한국사학보』 36, 고려사학회. 349쪽.
39) 박순발, 2009, 「동아시아 도성사에서 본 왕궁리 유적」, 『익산 왕궁리 유적』, 발굴 20년 성과와 의의, 주류성, 327~329쪽.

14) 기타

山本孝文은 도성·고분·장신구·토기 등 웅진과 사비기 고고자료의 특성과 변용을 통해 문화변동으로 본 백제 사회의 전개 과정을 고찰하면서 익산을 백제사상 왕권의 강화를 가장 절실하게 도모한 시기에 조영된 도시로 보았다. 그리고 동아시아 고대 사회의 기준으로 보았을 때 가장 성숙한 고대 국가의 도달점을 보여주는 하나의 모델로 보고자 하였다. 한편, 왕궁리 주변에서 도시를 구성하는 각종 시설의 지속적 탐구가 필요함을 역설하고 있다.[40]

이상에서 열거한 것처럼 백제 말기 익산 금마저의 정체성에 대해서는 다양한 견해가 제기되고 있을 뿐 통일된 의견을 도출하지 못하고 있다. 이를 해결하기 위해서는 획기적인 문헌이나 금석문 자료의 뒷받침이 필요하겠지만 지금의 사정으로서는 기대하기 어렵다. 그러므로 필자는 금마저의 정체성을 규명하기 위해서는 지금까지의 고고학적 성과를 바탕으로 분석하고 유추해 나갈 수 밖에 없다고 생각한다.

익산 금마저의 정체성을 밝히기 위해 추구해야 될 고고학적 관점은 우선 왕궁리 유적 주변에서 관부나 주거 등 도읍으로서 도시를 구성하는 시설들의 확인이 필요하다. 다른 하나는 몇 차례에 걸쳐 시기적인 차이와 함께 중복된 층위를 보이고 있는 왕궁리 유적의 성격을 규명하는데 초점이 맞춰져야 할 것이다.

전자는 앞으로 해결해야 할 과제로써 오랜 시간과 비용이 수반되어야 하는 작업이다. 후자의 왕궁리 유적은 이미 많은 부분 발굴 조사가 이루어졌기 때문에 그 성격이 확실하게 밝혀진다면 익산 금마저의 정체성에 대해 좀 더 구체적으로 접근할 수 있을 것으로 생각한다.

정체성 규명에 있어서 천도의 문제는 고대 사회에 있어서 천도의 개념과 천도의 형태 등을 구체적으로 분석하여 조명하여야 한다고 생각한다. 금마저에 산재한 백제 말기 유적으로서 궁성으로 파악하는 왕궁리 유적, 무왕과 선화비의 능으로 전하는 익산 쌍릉, 미륵사지 등을 비롯한 사찰 유적, 그리고 많은 관방 유적 등은 당시 금마저가 왕도였다고 하는 사실은 부정할 수 없게 한다. 이와 더불어 『관세음응험기』의 기록은 천도론의 핵심적인 근거가 된다.

---

40) 山本孝文, 2011, 「백제왕권의 사비경영과 익산」, 『백제말기 익산천도의 제문제』, 익산역사지구 세계유산등재추진 국제학술회의 발표요지, 원광대학교 마한·백제문화연구소, 105쪽.

그러나 구체적인 국가 운영의 관부나 도시를 형성했던 건물지 등이 확인되지 않고 있다는 사실과, 궁성으로서 왕궁리 유적의 입지나 앞으로 이 글에서 규명해 나갈 내부 건물지의 실질적인 구성 형태 등은 금마저가 백제 시대 국가 운영의 구체적인 시스템 즉, 정치적 목적의 궁성 구조를 갖췄다고 보기에는 의문이 있을 수 밖에 없다.

그러한 것이 사실이라면 '왜 백제가 왕도 금마저에 거대한 유적들을 남길 수 밖에 없었는가.' '이러한 거대한 유적을 만들었던 목적은 무엇인가.' '백제사에 있어서 금마저의 건설을 통해 추구하고자 했던 목적이 무엇이었는가'에 초점을 맞춰 검토된다면 좀 더 그 실체에 접근할 수 있을 것으로 생각한다.

2. 硏究史

익산 금마저 지역의 불교 유적에 대한 관심이 높아지기 시작한 것은 일제강점기부터라고 할 수 있다. 다시 말해 금마면 기양리에 있는 미륵사지의 거대한 석탑과 더불어 인접한 왕궁면 왕궁리에 오층석탑이 위치하고 있고, 아울러 삼기면 연동리에 대형 석조 광배를 갖춘 석불좌상이 안치되어 있기 때문이었다. 이와 같이 현전하는 구조물을 중심으로 한 건축이나 미술사적인 관점에서 연구가 시작되었던 것이다. 그러나 당시 금마저의 불교 유적에 대한 연구는 개별적이면서 지표조사나 문헌연구 수준에 그칠 수 밖에 없었다.

익산 금마저의 불교 유적에 대한 종합적인 연구는 1973년 원광대학교 마한·백제문화연구소의 설립과 더불어 시작되었다고 할 수 있다. 연구소에서는 문헌 자료의 연구와 유적 조사 결과를 검토하는 학술회의 등을 거쳐 이른바 '익산문화권'이라는 새로운 문화권을 설정하기에 이르렀다. 그리고 미륵사지 등을 중심으로 한 미술사적 연구뿐만 아니라 사상사적인 분야에 이르기까지 익산 금마저의 불교 유적에 대한 연구는 점차 심화되어 갔다. 그러나 그동안의 연구도 영성한 자료 때문에 한계에 부딪칠 수 밖에 없었고, 자료의 한계를 극복하기 위해서는 유적에 대한 고고학적 조사가 절실하게 요구 되었다. 이러한 바람 속에서 새로운 전기를 맞게 되는데, 1980년 국립문화재연구소에서 장기적인 계획을 수립하여 실시한 미륵사지의 종합적인 발굴 조사라고 할 수 있다. 발굴 조사에서 새롭게 나타난 고고학적 자료는 많은 연구자들에 의해 새로운 각도에서 연구가 진행되었다. 17년간의 미륵사지 조사가 완료된 이후에는 왕궁리 유적

조사로 이어져 20여 년간의 조사가 지금도 진행되고 있다. 한편 2009년 미륵사지 서탑의 붕괴를 막기 위한 해체 보수작업 과정중 심초석 내부에서 사리장엄구가 출토되어 문헌사를 비롯한 공예사, 건축사, 사상사 등 다방면에서 많은 연구와 문제 제기가 진행되고 있는 실정이다.

따라서 여기에서는 그동안 익산 금마저 지역 불교 유적에 대해서 논의되어 온 자료들을 요약·정리하고자 한다.

1) 彌勒寺址

(1) 창건 연대

미륵사지의 창건 시기와 창건 주체세력에 대해서는 구체적인 연구가 있어 왔다. 『삼국사기』나 『삼국유사』에는 단편적인 기록만 남아있고, 『삼국유사』에서는 왕흥사와 미륵사의 기록이 혼동되어 있을 뿐 창건에 관련한 구체적인 사실을 밝혀주는 내용은 없다. 그러므로 미륵사의 창건에 관해서는 많은 이설이 있어 왔는데, 크게 웅진도읍기설과 무왕설로 양분된다.

웅진도읍기설을 주장하는 쪽에서는 무왕 때에는 신라와 혼인을 맺을 수 없는 구수 관계였으며, 빈번한 전쟁을 이유로 서동을 무왕이 아닌 東城王으로 보고[41] 미륵사 창건도 동성왕 때로 올려보고자 했다.[42] 한편으로는 武康王의 '康'과 武寧王의 '寧'은 같은 뜻의 글자이며, 천도 전후에 세워진 정림사탑보다 미륵사탑이 앞서는 양식이고, 무령왕릉의 연화문전에서 흥불에 관심이 많은 왕임을 알 수 있어 서동을 무령왕으로 보기도 했다.[43] 이러한 견해에 대해서는 문헌의 기록과 미술사적인 연구 성과 등을 바탕으로 부정되어왔으나 최근 새롭게 조명해보아야 한다는 견해도 피력되었다. 즉, 탑의 양식사적 측면에서 중앙의 목탑은 동성왕 때와 같은 웅진시기에 시작되었으며, 『관세음응험기』 기년 표기의 방법은 백제의 그것과는 달라 『삼국유사』 무왕조에 실린 '古本' 류의 고기록에 영향을 받았을 가능성이 높기 때문에 서동설화의 기록과 더불어 『관

41) 이병도, 1952, 「서동 설화에 대한 신고찰」, 『역사학보』 1, 역사학회.
42) 이병도, 1975, 「백제 미륵사의 창건년대에 대하여」, 『마한·백제문화』 1, 원광대학교 마한·백제문화연구소.
43) 사재동, 1974, 「무강왕 전설의 연구」, 『백제연구』 5, 충남대학교 백제연구소.

사진 1 미륵사지 전경

세음응험기』의 기록을 모두 동성왕의 익산 경영과 관련된 자료로 보고 이 때 미륵사가
창건된 것이라고 하고 있다.[44)

　그러나 대부분의 연구자는 미륵사 창건 시기를 『삼국유사』의 기록대로 무왕 대에
이루어진 것으로 보는 데는 이견이 거의 없었다. 다만 세부적인 창건 시기에 대해서는
연구자마다 견해 차이를 보이고 있다.

　예를 들면, 『삼국사기』 무왕 35년조의 기사를 바탕으로 미륵사의 창건 시기를 634
년(甲午年)으로 보는 견해이다. 홍사준은 『삼국사기』 법왕 2년조의 '創王興寺'를 부여
의 왕흥사로, 무왕조의 '王興寺成'을 익산의 미륵사에 비정하였는데,[45) 김영태,[46) 양
은용,[47) 나종우[48) 등은 이러한 주장을 따르고 있다.

44) 박중환, 2011, 「웅진기 백제의 재천도 추진과 익산」, 『백제말기 '익산 천도'의 제문제』, 익산역사지
　　구 세계유산등재추진 국제학술회의 발표요지, 원광대학교 마한·백제문화연구소, 80쪽.
45) 홍사준, 1975, 「미륵사지고」, 『마한·백제문화』 1, 원광대학교 마한·백제문화연구소, 163~169쪽.
46) 김영태, 1974, 「미륵사 창건 연기설화고」, 『마한·백제문화』, 1, 원광대학교 마한·백제문화연구소.

같은 맥락에서『삼국유사』법왕금살조의 내용을 왕흥사(미륵사) 창건 기사와 아울러 주변의 환경을 표현하고 있는 것으로 보고 미륵사지를 비롯 일원에 대한 수로 조사를 실시하여 이를 증명하고자 하기도 하였다.[49] 조사 결과 미륵사나 태봉사 근처까지 수로가 있어 배가 왕래했을 가능성이 있고, 미륵산(용화산)을 배경으로 자리잡고 있는 미륵사에 왕이 매양 배를 타고 왕래하였을 것으로 생각하면서『삼국사기』무왕 35년조의 왕흥사 창건 기사를 미륵사 창건으로 보았다.

최근에 들어와서는 부여 왕흥사지 발굴 조사에서 '…丁酉年二月十五日…'이라는 명문이 새겨진 사리기가 출토되어 부여의 왕흥사는 위덕왕 24년(577)에 창건되었다는 사실이 확실해짐에 따라『삼국사기』법왕 2년(600)과 무왕 35년(634)에 실린 '왕흥사' 관련 기사를 모두 미륵사 관련 기사로 보고, 미륵사를 法王과 무왕대에 걸쳐 세워진 사찰로 보기도 한다.[50]

미륵사지에서 출토된 유물을 통해 창건 연대를 밝히고자 하는 노력도 계속되어 왔다. 발굴 조사를 담당했던 윤덕향은 미륵사지는 7세기를 전후한 시기에 창건된 것으로 보고 있어[51] 구체적인 창건 시기를 적시하지 않았지만 포괄적으로 오랜 시기를 통해 조성된 것으로 보았다.

노중국은 '백제 무왕과 지명법사'라는 논문에서 미륵사의 창건 시기와 아울러 재원 조달과 기술자 조달 문제, 그리고 지명법사와의 관계를 비교적 자세하게 논하고 있다. 창건 시기에 관해서는 탑에 대한 언급은 없었으나 불전이 완성된 시기를 창건 시기로 보고 중원 불전지와 동원 동승방지, 강당지 및 접랑지, 북승방지에서 출토된 '丁亥(627)'와 '己丑(629)' 명 원형인각명문와를 바탕으로 무왕 30년(629)에 미륵사가 완공된 것으로 파악하였다.[52] 이도학[53]과 김주성[54]도 대체적으로 이 시기에 미륵사가 완공

---

47) 양은용, 2003,「백제의 불교사상」,『익산의 선사와 고대문화』, 원광대학교 마한·백제문화연구소, 236쪽.
48) 나종우, 2003,「백제사상에 있어 익산의 위치」,『전북의 역사와 인물』, 원광대학교 출판국, 34쪽.
49) 김삼룡, 2003,「익산 미륵사의 창건배경」,『익산의 선사와 고대문화』, 원광대학교 마한·백제문화연구소, 413쪽.
50) 최완규, 2009,「고대 익산과 왕궁성」,『익산 왕궁리유적의 조사성과와 의의』, 국립부여문화재연구소, 249쪽.
51) 윤덕향, 2003,「미륵사지 유적의 발굴성과」,『익산의 선사와 고대문화』, 원광대학교 마한·백제문화연구소, 445쪽.
52) 노중국, 1999,「백제 무왕과 지명법사」,『한국사연구』107, 한국사연구회, 5~8쪽.

된 것으로 보고 있다. 그리고 미륵사의 창건을 『삼국유사』 기록 그대로 인정한다면 丁亥·己丑명 원형인각명문와는 아마도 미륵사의 완성이 최고조에 달한 시기로 추정할 수 있어 이 시기 이후 짧은 기간 내에 창건된 것으로 보기도 한다.[55]

필자는 제석사지 시굴 조사와 폐기장 출토 유물에 대한 분석을 바탕으로 원형인각 지지명와에 나오는 '巳·毛', '巳·止', '午·斯'의 명문을 乙巳(645년)와 丙午(646년)로 편년하고, 이와 같은 원형인각지지명 기와가 미륵사지에서도 출토되고 있어 미륵사의 창건 발원은 무왕에 의한 것이라고 하여도 완성 시기는 의자왕 대인 650년 경에 이루어졌다고 주장한 바 있다.[56] 이후 미륵사지 서탑 해체 과정에서 출토된 사리봉영기에 무왕이 세상을 뜨기 두 해 전인 '己亥'(639년)년에 사리장엄이 이루어진 것으로 밝혀졌다.[57] 이와 같은 사실은 서탑 완성 이후 인접한 서원 금당이나 회랑 등의 완성에 걸리는 시간을 감안하면 필자가 주장했던 의자왕 완성설을 뒷받침 해준다. 그리고 이러한 주장은 다시 정리 발표하였다.[58]

(2) 고고학적 조사

익산 금마저 지역 최초의 사지 발굴 조사는 미륵사지에서부터 시작되었다. 1966년 봄, 사역의 북쪽에 해당하는 위치에 당시 주민들이 하지보를 축조하기 위해서 토목공사를 실시하던 중에 지하에서 유구가 발견되어 간단한 조사가 이루어졌다.[59] 그 결과 조사지역에서 건물지 등이 일부 확인되어 건설공사는 중단되었다.

미륵사지에 대한 체계적인 조사는 원광대학교 마한·백제문화연구소에 의해 1974년과 1975년에 걸쳐 실시된 동탑지 발굴 조사이다.[60] 조사 목적은 목탑지로도 추정되어 온 동탑의 구조와 규모 등을 확인하여 연구 자료를 확보함과 동시에 동탑지 유구를 보호하고자 함이었다. 조사 결과 동탑은 목탑이 아닌 석탑이고, 규모나 형태가 서탑과

---

53) 이도학, 2004, 「백제 무왕대 익산천도설의 검토」, 『마한·백제문화』 16, 원광대학교 마한·백제문화연구소, 91쪽.

54) 김주성, 2007, 「백제 무왕의 즉위과정과 익산」, 『마한·백제문화』 17, 원광대학교 마한·백제문화연구소, 215쪽.

55) 노기환, 2007, 「미륵사지 출토 백제 인각와 연구」, 전북대학교 대학원 석사학위논문, 65쪽.

56) 김선기, 2007, 「익산 제석사지 백제기와에 대하여」, 『기와학회논문집』 3, 한국기와학회.

57) 문화재관리국·국립문화재연구소·전라북도·익산시, 2009, 『사리장엄-미륵사지석탑 사리장엄』.

58) 김선기, 2009, 「지지명인각와를 통해 본 미륵사 창건과 몇 가지 문제」, 『대발견 사리장엄, 미륵사의 재조명』, 원광대학교 마한·백제문화연구소, 100~102쪽.

59) 홍사준, 1966, 「백제 미륵사지 발굴작업 약보」, 『고고미술』 7권 5호(통권 70호), 한국미술사학회.

사진 2 미륵사지 발굴광경

동일하며 기단은 이중기단으로 신라탑의 기단과는 형식적인 차이가 난다는 것 등이 밝혀져 미륵사지 연구에 중요한 자료가 제시되었다. 그리고 조사 과정에서 출토된 금동풍탁은 삼국 시대 鐘의 양식을 규명할 수 있는 유일한 자료가 되기도 하였다.

마한·백제문화연구소의 발굴 조사 이후 미륵사지의 실체 파악을 위한 보다 체계적이고 종합적인 발굴 조사가 필요하다는 여론이 있었다. 이러한 여론에 힘입어 1980년부터 1996년까지 17년 동안 발굴 조사가 실시되었다. 그 과정에서 발굴 조사를 시작했던 국립문화재연구소는 부여문화재연구소를 발족시켜 조사를 담당하게 하였고, 부여문화재연구소는 다시 국립부여문화재연구소로 개칭되어 조사를 실시하였다.[61] 조

---

60) 원광대학교 마한·백제문화연구소, 1975, 「동탑지 발굴 조사 보고서」, 『마한·백제문화』 1, 원광대학교 마한·백제문화연구소.
　　김삼룡 외, 1977, 「미륵사지 동탑지 2차발굴 조사보고」, 『마한·백제문화』 2, 원광대학교 마한·백제문화연구소.
61) 문화재관리국·문화재연구소, 1989, 『미륵사』, 유적발굴조사보고서 I.
　　국립부여문화재연구소, 1996, 『미륵사』, 유적발굴조사보고서 II.

사 결과 미륵사지는 삼원의 가람 배치라고 하는 독특한 배치 양식을 가지고 있으며, 통일신라 시대에 당간지주를 중심으로 한 남쪽 사역이 확장되었음도 알 수 있었다. 삼원을 구성하고 있는 각 전각의 존속시기도 막새류 등을 통해 보았을 때 중원이 가장 먼저 폐기된 것으로 보았다. 이는『삼국사기』聖德王 18년(719)조의 '震彌勒寺'라는 기록이 그 가능성을 보여주는 것으로 생각하고 있다. 고려 중기를 전후한 시기에는 동원 구역도 기능을 상실하였으며, 서원만이 마지막까지 남아 법맥을 이은 것으로 추정하고 있다.[62]

미륵사지 발굴 조사 과정에서 많은 고고학적 유물이 출토 되었는데 각종 기와가 주류를 이룬다. 이러한 자료를 바탕으로 암·수막새 등의 막새류,[63] 인각와 등의 명문와,[64] 평기와[65]를 중심으로 하는 많은 연구가 축적되었고, 기와 외에도 중국청자에 대한 연구[66]도 진행되었다.

(3) 가람 배치와 형성 배경

미륵사지의 발굴 조사를 통해 밝혀진 획기적인 사실은 가람 배치였다.『삼국유사』 무왕조에는 '彌勒三會殿塔廊廡三所創之'라는 기록이 전하고 있었기 때문에 일제강점기 경성공업전문학교 교수였던 藤島亥次郎은 일탑일금당을 기본으로 하고, 주위를 회랑으로 감싼 가람을 세 곳에 배치한 品字形 가람 배치를 주장하였다.[67] 당시 알려진 백제의 평지사원에서는 남북 일직선상에 중문-탑-금당-강당을 순차적으로 배치하고 주위를 회랑으로 구획한 가람 배치를 특징으로 하고 있었기 때문에 품자형 가람 배치가 주장될 수 있었다.

---

62) 윤덕향, 2003,「미륵사지 유적의 발굴성과」,『익산의 선사와 고대문화』, 원광대학교 마한·백제문화연구소, 446쪽.

63) 소재윤, 2006,「웅진 사비기 백제 수막새에 대한 편년 연구」,『호남고고학보』22, 호남고고학회.
    최윤숙, 2008,「익산지역 백제 수막새 연구」, 전북대학교 대학원 석사학위논문.

64) 심상육, 2005,「백제 시대 인각와에 관한 연구」, 공주대학교 대학원 석사학위논문.
    심상육, 2005,「백제인각와의 출현과 변천과정 검토」,『백제문화』34, 공주대학교 백제문화연구소.
    노기환, 2007,「미륵사지 출토 백제 인각와 연구」, 전북대학교 대학원 석사학위논문.
    이다운, 2007,「인각와를 통해 본 익산의 기와에 대한 검토」,『고문화』70, 한국대학박물관협회.

65) 최맹식, 2001,「백제 및 통일신라 시대 기와문양과 제조기법에 관한 연구 -미륵사지를 중심으로-」,『호남고고학보』13, 호남고고학회.
    최맹식, 2003,「삼국시대 평기와에 관한 연구」, 단국대학교 대학원 박사학위논문.

66) 이난영, 1992,「미륵사지 출토 당송 자기 연구」, 효성여자대학교 대학원 석사학위논문.

67) 藤島亥次郎, 1973,『朝鮮建築史論』, 景仁文化社.

1974년 미륵사지 동탑지 발굴 조사 이후에는 탑 뒤에 각각의 금당을 두는 쌍탑식 가람 배치로 간주하고 이러한 배치는 후일 신라시대의 쌍탑 가람 배치를 탄생시키는 조형으로 추정되어 지기도 하였다.[68]

그러나 미륵사지 발굴 조사에서 사찰 가람 배치로서는 전무후무한 삼탑삼금당과 동·서원의 북회랑 좌우에 승방을 연결하고 북쪽 중앙에 강당을 배치하는 삼원병치의 가람 배치가 확인되었다. 이와 같은 독특한 가람 배치의 형성 배경에 많은 관심을 가지게 되었는데 미륵경전에 나타나는 미륵이 하생한 세계, 다시 말해서 성불한 미륵이 용화보리수나무 아래에서 삼회의 설법을 통해 중생을 구제한다는 경전의 내용을 가람으로 구상화해 놓은 것으로 설명되어진다.

최근 서탑에서 출토된 사리봉영기에서 발원자가 沙乇積德의 딸임이 밝혀지게 되자 미륵사지 창건에 따른 발원자와 신앙적 배경에 대해서 새로운 견해들이 제기되었다. 즉, 중원은 미륵신앙을 배경으로 건립되고 동원과 서원은 법화신앙을 토대로 건립된다는 논지가 바로 그것이다. 다시 말해서 중원은 미륵신앙을 발판으로 무왕과 선화공주가, 그리고 동서원은 법화신앙을 발판으로 사탁왕후가 각각 발원하여 건립했다는 것이다.[69] 또한 사리봉영기 중의 '法王出世…' 라는 기록은 『법화경』과 관련이 있고, 따라서 왕후는 법화신앙자였으며, 이는 미륵사 창건 과정에서 미륵신앙이 법화신앙으로 전환되는 것을 의미한다는 주장도 제기되었다.[70] 그러나 여기에 대해서 무왕과 사탁왕후의 신앙이 서로 다르다는 근거는 없으며, 오히려 사리봉영기에 국왕과 왕후에 대한 발원을 나란히 기록하고 있기 때문에 미륵사가 곧 왕실의 원찰인 것을 말해주고 있고, 또한 미륵사 삼원병치가람은 미륵삼회를 의미하는 것이라고 하면서 중원과 동서원의 신앙 배경이 다르다는 주장은 자기 모순이고 더욱이 미륵신앙을 석가신앙과 구분하여 대립적으로 이해하는 것은 더욱 곤란하다는 주장도 제기되었다.[71]

---

68) 황혜경, 1977, 「백제의 가람 배치」, 고려대학교 교육대학원 석사학위논문.
69) 조경철, 2009, 「백제 익산 미륵사 창건의 신앙적 배경」, 『한국사상사학회 발표회 발표요지』, 2009. 3. 14.
70) 길기태, 2009, 「무왕대 미륵사 창건 과정과 불교계」, 『한국사상사학회 발표회 발표요지』, 2009.3.14.
71) 김상현, 2009, 「미륵사 서탑 봉안기의 기초적 검토」, 『대발견 사리장엄, 미륵사의 재조명』, 원광대학교 마한·백제문화연구소, 148~149쪽.

⑷ 석조 유물

　미륵사지에 남아 있는 백제 석조 유물은 석탑과 석등을 들 수 있다. 이중 석탑은 오래 전부터 많은 연구자의 연구 대상이 되었다. 왜냐하면 미륵사지 석탑은 양식상 목탑을 번안하여 만든 우리나라 석탑의 시원형으로 보았기 때문이다.[72) 우리나라에 불교가 전래된 이후 줄곧 목탑이 만들어지다가 7세기 이후에 들어와서 석탑이 만들어진다.[73) 즉 낮은 기단에 초석과 기둥을 사용하고 1층은 목조탑과 같이 내부로 통하며 중앙에 심초석과 함께 찰주를 두는데, 이러한 형식은 바로 석탑의 시원 양식임을 짐작케 한다. 조형의 탑으로서 미륵사지 석탑이 7세기 전반에 세워졌다는 설에 대해서는 거의 이견이 없었다.[74) 그런데 양식적으로는 미륵사지 석탑이 시원적인 모습을 보이지만 실제 시기적으로는 정림사지 석탑이 앞선다는 반론이 대두되었다.[75) 그러나 발굴 조사 결과 정림사지는 석탑 이전에 목탑을 조성하였고, 그 이후에 정림사지 석탑이 축조된 관계로 미륵사지 석탑이 시원 양식의 석탑이라는 재반론이 제기되었다.[76) 정림사지에 대해서는 국립부여문화재연구소에서 재발굴 조사를 실시하고 있기 때문에 목탑지 주변에 대한 조사가 이루어진다면 좀 더 구체적인 사실을 알 수 있으리라 생각한다. 어쨌든 미륵사지 석탑은 정림사지 석탑에 비해 목탑을 충실하게 번안한 시원적인 형식임에는 틀림없다. 그리고 석재의 조립부터 양식 하나 하나에 이르기까지 중국으로부터의 영향을 받아 건립된 것이 아니라 기존의 축적된 기술력을 총체적으로 결집해 백제가 독자적으로 이룩한 석탑임이 확인되었다.[77)

　미륵사지 동탑지에는 석탑이 허물어진 잔해가 산더미같이 있었다고 한다. 그러나 석탑의 부재들은 완전하게 반출되어 그 자리에는 지표에 노출되었던 초석 몇 개만이 남아 목탑이 있었던 것으로 추정하기도 하였다. 그러나 발굴 조사 결과 기단의 규모나 출토 석재 등을 통해 서탑과 동일한 양식의 석탑이 있었다는 것이 보고되었다.[78)

72) 고유섭, 1975, 『한국탑파의 연구』, 동화출판공사.
73) 윤장섭은 7세기 초에 만들어진 것으로 보고 있다.(윤장섭, 1990, 『한국건축사』, 동명사, 87쪽.)
74) 전영래, 1981, 「한국탑과 건축의 기원과 연대론 -미륵사지석탑을 중심으로-」, 『조대미술』 3, 조선대학교 미술대학.
75) 홍재선, 1988, 「백제계석탑의 연구 -미륵사탑과 정림사탑을 중심으로-」, 『초우 황수영박사 고희기념논총』, 초우 황수영 박사 고희기념논문집 간행위원회.
76) 김정기, 1984, 「미륵사지탑과 정림사탑 -건립시기 선후에 관하여-」, 『고고미술』 161, 한국미술사학회.
77) 박경식, 2011, 「미륵사지석탑을 통해 본 백제 석조문화의 독창성」, 『미륵사지 석탑 보수정비』, 국립문화재연구소·전라북도.

미륵사지의 종합적인 발굴 조사가 진행될 당시 동탑을 복원해야 한다는 여론이 고조되었다. 복원설계를 위해 서탑과 동·서탑 주변의 탑부재에 대한 조사가 진행되면서 석탑의 층수 문제가 다시 제기되었다. 원래 미륵사지 석탑을 복원하기 위해 처음 실시한 복원설계도에는 7층탑으로 계획되었다.[79] 그러나 동탑지 주변 석재의 체감율을 검토한 결과, 9층 옥개석으로 판단되는 석재가 확인되어 9층탑으로 재설계되었다. 그리고 설계과정에서 미륵사지 동탑은 양식적으로도 서탑과는 다른, 보다 늦은 시기에 축조된 것으로 조사자들은 판단하였다.[80]

미륵사지 석탑이 다시 한 번 학계의 뜨거운 관심을 받게 된 것은 서탑의 붕괴를 막기 위한 해체 작업 중 사리장엄구가 발견되면서부터이다.[81] 특히 사리장엄구 중에서 '己亥(639)' 銘 사리봉영기가 발견되어 미륵사지 서탑만큼은 639년 이후에 완성된 것으로 확인되었다. 또한 사리봉영기의 내용 중에는 창건 발원자인 백제 왕후가 기존에 당연시 되어왔던 선화공주가 아니라 沙乇積德의 딸로 표기되어 있어 미륵사의 창건 발원자와 관련하여 뜨거운 논쟁이 이루어졌고, 출토 사리장엄구에 대해서도 꾸준하게 연구가 진행되고 있다.[82]

장기간 해체 작업이 진행된 서탑은 복원 작업을 개시할 시점에 접어들면서 국제학술회의를 통해 복원안에 대한 논의가 이루어졌다. 복원에는 서탑도 9층으로 보고 전체를 복원하는 완전 복원안과 해체 전까지 남아있는 형태를 충실히 따르는 6층 전체 복원안 및 6층 부분 복원안이 대두되었다. 천득염은 6층 복원의 필요성을 강조하면서 두 안의 장단점을 소개하고 있다.[83] 석탑 해체를 담당했던 배병선도 해체 과정에서 발견된 노반받침석이나 우주석 등의 부재가 9층으로 추정해 볼 수 있는 실마리를 제공한다고 보았다. 복원에 대해서는 역사적 가치와 진정성을 회복한다는 측면에서 6층까지의 복원안으로

---

78) 정명호, 1974, 「익산 미륵사지 동탑지 및 서탑조사보고서」, 『마한·백제문화』 1, 원광대학교 마한·백제문화연구소.

79) 전라북도, 1979, 『익산 미륵사지 서탑 실측 및 종합복원보고서』, 금성종합설계사·전라북도.

80) 전라북도, 1990, 『미륵사지동탑 - 복원설계보고서』.

81) 문화재관리국·국립문화재연구소·전라북도·익산시, 2009, 『사리장엄 - 미륵사지석탑 사리장엄』.

82) 김상현은 사리장엄구에서 기록이 나온 이상 절대 선화공주는 발원자가 될 수 없다고 하는데 반하여, 홍윤식은 선화공주의 발원을 주장하였다. 박현숙은 발원의 주체는 무왕이며, 미륵사 창건의 대역사를 추진한 세력은 선화공주, 백제왕후, 사택씨 세력으로 보고 있다.

83) 천득염, 2011, 「미륵사지 석탑 복원에 대한 소고」, 『미륵사지 석탑 보수정비』, 국립문화재연구소·전라북도.

줄히고, 그 중 새로운 석재의 사용을 최소화하고 축조에 사용된 석재를 보존 활용할 수 있는 6층 부분 복원안을 주장하였다.[84] 학술회의에서는 최종적으로 6층 부분 복원안이 가장 적합한 안으로 의견이 모아졌다.

석등에 대해서도 다양한 연구들이 있는데 동탑과 금당 사이에 위치하고 있는 석등을 우리나라 석등의 시원 양식으로 보고 있다.[85] 석등의 화사석이나 옥개석은 현재 국립전주박물관 뜰에 전시되어 있다.

2) 帝釋寺址

제석사지의 창건에 관한 국내의 기록은 확인되지 않는다. 단지 일본에서 발견된 중국측 문헌인 『관세음응험기』의 백제 관련 기사[86]를 통해 무왕에 의해 창건된 사찰임을 알 수 있을 뿐이다. 제석사지에 관한 연구도 응험기의 발견과 함께 본격적으로 진행되었다고 할 수 있다. 황수영은 응험기의 천도 기록과 익산에 산재한 유적들을 바탕으로 백제의 익산 천도의 가능성과 함께 제석사는 내불당적인 성격의 사원임을 밝힌 바 있다.[87] 이후 홍윤식은 제석사를 국조신앙의례와 아울러 호국안민의 기원을 목적으로 하는 사찰이라고 그 성격을 규정하고 있다.[88] 박상준은 무왕은 익산 천도와 더불어 제석신앙을 새로운 지지계층들을 중심으로 한 종래의 천신관과 융합, 종교 사상적인 지배 이데올로기로 적극 활용했을 것으로 보았다. 그리고 기존 왕실불교의 한계를 뛰어 넘으며 종래의 천신관을 융합 확장함으로써 강력한 왕권 확립에 이용하여 백제의 중흥을 이끌어 낸 것으로 보고 있다.[89]

---

84) 배병선, 2011, 「미륵사지 석탑 보수정비 계획안」, 『미륵사지 석탑 보수정비』, 국립문화재연구소 · 전라북도.

85) 석등에 관한 논문은 다음과 같다.
황수영, 1962, 「익산 미륵사지의 백제석등」, 『고고미술』 3권 2호, 고고미술동인회.
정명호, 1975, 「백제 시대의 석등 -미륵사지 석등을 중심으로-」, 『마한 · 백제문화』 1, 원광대학교 마한 · 백제문화연구소.
정명호, 1983, 「미륵사지 석등에 관한 연구」, 『마한 · 백제문화』 6, 원광대학교 마한 · 백제문화연구소.
정계옥, 1984, 「미륵사지 석등에 관한 연구」, 『소헌 남도영박사 회갑기념사학논총』.

86) 牧田諦亮, 1969, 『六朝古逸觀世音應驗記の硏究』, 平樂社書店.

87) 황수영, 1973, 「백제 제석사지의 연구」, 『백제연구』 4, 충남대학교 백제연구소.

88) 홍윤식, 1977, 「백제 제석신앙고」, 『마한 · 백제문화』 2, 원광대학교 마한 · 백제문화연구소.

89) 박상준, 2006, 「신라 · 백제의 왕권강화와 제석신앙」, 동국대학교 대학원 석사학위논문, 47쪽.

　　최근 최완규는 제석사지의 성격에 대해서 새로운 주장을 전개하였다. 즉, 제석사지의 발굴 조사 결과 목탑지와 금당지 사이의 서편에서 현재 남아 있는 목탑지의 규모와 축조 수법이 비슷한 방형 건물지의 기초부가 새롭게 발견되었는데, 제석사가 왕실의 원찰이면서 제석신앙이 국조신앙과 결부된 관점에서 보면 방형 건물지는 시조를 모신 건물이었을 것으로 판단하고 묘사의 기능을 수행했던 것으로 추정하고 있다.[90]

　　제석사지의 규모와 성격을 규명하기 위한 시굴 조사가 1993년 원광대학교 마한·백제문화연구소에 의해 제한적인 범위 안에서 이루어졌다.[91] 그리고 필자는 이러한 자료를 바탕으로 가람 배치나 기단 구조 등을 복원하고, 『관세음응험기』에 나오는 화재 이후 更造寺한 위치를 왕궁리 유적으로 비정한 바 있다.[92] 그러나 제석사지 폐기장 시굴 조사 이후 원래의 제석사 터에 다시 사찰을 중건한 것으로 정정할 수 밖에 없었다.

---

90) 최완규, 2011, 「백제 무왕대 '익산 천도'의 재해석」, 『백제말기 '익산 천도'의 제문제』, 익산역사지구 세계유산등재추진 국제학술회의 발표요지, 원광대학교 마한·백제문화연구소, 121쪽.

91) 김선기·김종문·조상미·임영호, 1994, 『익산제석사지시굴조사보고서』, 원광대학교 마한·백제문화연구소.

92) 김선기, 2009, 「익산 제석사지 일연구 -갱조사의 위치문제를 중심으로-」, 『문물연구』 6, (재)동아시아문물연구학술재단·한국문물연구원.

제석사지 폐기장에 대한 시굴 조사는 2003년과 2004년에 걸쳐 이루어졌다.[93] 원래 왕궁리 와요지로 비정되던 지역이었으나 조사 결과, 화재 잔재물을 폐기한 것으로 확인되었다. 그 결과 제석사지가 貞觀13年(639) 화재에 의해 소실되었음을 기록한 『관세음응험기』제석사지 관련 기록을 한층 더 신뢰하게 되었다. 응험기의 기록은 제석사를 중건하고 있음을 밝히고 있는데, 그 시기는 출토 명문와를 통해 병오년(646) 이후 완성된 것으로 비정하고 있다.[94] 지금 제석사지에 대한 종합발굴 조사가 국립부여문화재연구소에 의해 진행되고 있는 중이다.

3) 大官寺址

대관사지는 『삼국사기』의 기록에 단편적으로 나타나고 있을 뿐이다. 대관사의 위치에 대해서는 채집된 기와를 통해 왕궁리 유적일 것으로 송상규[95]와 藤澤一夫[96] 등에 의해 주장되었다. 대관사지 발굴 조사 이전에는 사역 안에 위치한 왕궁리 오층석탑과 관련된 연구가 일제강점기 이후 꾸준히 이루어져 왔다. 석탑의 축조 시기에 대해서는 고려 시대로부터 통일신라 시대, 백제 시대 축조설 등 다양하게 제기되어 왔다.[97]

지난 1965년 왕궁리 오층석탑의 해체보수 과정에서 사리장엄구가 발견되어 여기에 대한 연구도 계속되고 있다. 특히 사리장엄구 가운데 금강경판은 금제로 알려져 왔으나 실제 분석 결과, 도금 은판인 것으로 밝혀졌다.[98] 사리장엄구의 제작 시기에 대해서는 탑의 창건과도 맞물려 고려 시대 제작설과 통일신라 시대 제작설 등이 있었으나, 최근에는 금강경판의 서체 분석 등을 통해서 백제설이 제기되고,[99] 사리내함의 문양 분석을 통해서도 역시 백제 시대에 제작되었다는 설[100]이 제기되어 관심이 집중되고 있

93) 김선기 · 조상미, 2006, 『익산왕궁리전와요지(제석사폐기장)시굴조사보고서』, 원광대학교 박물관.
94) 김선기, 2007, 「익산 제석사지 백제기와에 대하여」, 『기와학회논문집』 3, 한국기와학회.
95) 송상규, 1976, 「왕궁평 성에 대한 연구」, 『백제연구』 7, 충남대학교 백제연구소, 117쪽.
96) 藤澤一夫, 1977, 「百濟 別都 益山 王宮里廢寺卽 大官寺考」, 『馬韓 · 百濟文化』 2, 원광대학교 마한 · 백제문화연구소, 157~164쪽.
97) 천득염, 1990, 「백제계석탑의 조형특성과 변천에 관한 연구」, 고려대학교 박사학위논문, 202~207쪽에 잘 정리되어 있다.
98) 유혜선 · 이영범, 2006, 「국보 제123호 왕궁리 5층석탑 출토 사리기 성분분석 연구」, 『한국문화재보존과학회 2006년도 제23회 학술대회 발표 논문집』, 한국문화재보존과학회.
99) 송일기, 2004, 「익산 왕궁탑출토 '백제금지각필 금강사경' 의 연구」, 『마한 · 백제문화』 16, 원광대학교 마한 · 백제문화연구소.

사진 4 왕궁리유적(대관사지) 전경

다. 여기에 반하여 사리장엄구는 백제 전통을 강하게 담은 900년경 제작된 유물로 보고, 견훤을 왕궁리탑 사리장엄구의 제작 발원 주체로 단정한 연구도 있다.[101]

대관사지에 대한 발굴 조사는 1976년 원광대학교 마한·백제문화연구소에 의해 처음 이루어졌다.[102] 대관사지는 왕궁성으로 전해오는 왕궁리 유적 안에 위치하고 있어 이 일대에 대해서는 백제 시대 궁궐지 외에도 보덕국의 치소, 후백제 견훤의 도읍지 등 여러가지 이설이 있었다. 발굴 조사는 그 성격을 밝히고자 대관사지와 주변의 성곽에 대한 시굴 조사 성격으로 이루어졌다. 조사 결과, 대관사지에서는 석탑 뒤에서 금당지와 강당지 계단석으로 추정되는 석재가 발견되었다. 여기에서 출토된 기와 중에는 통

100) 한정호, 2005, 「익산 왕궁리 오층석탑 사리장엄구의 편년 재검토 -금제사리내함을 중심으로-」, 『불교미술사학』 3, 불교미술사학회.

101) 조원교, 2009, 「익산 왕궁리 오층석탑 발견 사리장엄구에 대한 연구」, 『백제연구』 49, 충남대학교 백제연구소.

102) 정명호, 1977, 「익산 왕궁리 성지 발굴 조사 보고서」, 『마한·백제문화』 2, 원광대학교 마한·백제문화연구소.

일신라나 고려 초의 기와로 판단되는 것에서 '官宮寺' 명 명문와가 출토되어 당시 사찰명이 관궁사였음을 알게 하였다.

대관사지에 대한 본격적인 발굴 조사는 왕궁리 유적에 대한 종합적인 발굴 조사 계획에 의해 1989년부터 부여문화재연구소에서 담당하여 지금까지 조사가 진행되고 있다. 제1차 년도에는 5층 석탑 뒤쪽 금당지와 강당지에 대한 조사가 있었다. 당시 조사에서 작은 규모의 후대 강당지가 확인되었으며, 회랑지 등의 유구는 확인할 수 없었다.[103] 이후 석탑지 주변 조사를 통해 오층석탑 아래에서 목탑지로 판단되는 백제 시대 유구가 확인되었다.[104] 그리고 왕궁리 유적 정비에 앞서 익산시 대행 사업으로 2003년부터 2004년까지 5층석탑 주변에 대한 기존 조사에서 확인된 유구를 재조사하였다.[105]

발굴 조사에서 출토된 유물도 기와가 주종을 이룬다. 왕궁리 유적의 궁성은 대관사지보다 앞선 시기의 유적으로 보고 다양하게 출토된 막새들에 대한 편년작업도 있었다.[106] 그리고 발굴 조사에서 출토된 명문와 중에는 '官宮寺', '大官官寺', '大官宮寺', '王宮寺' 등 다양한 사찰명 명문와들이 출토되기도 하였다.[107] 대관사지에서는 유구가 중첩되어 있어서 그 해석에 차이를 보이고 있다. 즉, 대부분의 연구자는 왕궁리 유적에 대해 궁성이 먼저 만들어지고 의자왕 대에 무왕의 원찰로서 사찰이 들어서는 것으로 보거나,[108] 무왕 사후 의자왕 때나 백제 멸망 이후의 사찰로 판단하고 있다.[109] 그리고 궁성 남문 바로 북쪽에 놓인 건물지에 대해서는 외조정전으로 보기도 한다.[110] 하지만 필자는 대관사가 무왕의 원찰이 아니고, 조성 시기는 궁성과 함께이며, 외조정전으로 보는 건물지는 사찰로 올라가는 석축 전면의 누각 건물로 보는 견해를 밝힌 바 있다.[111]

왕궁리 유적의 조사성과와 아울러 출토 유구와 유물의 성격 등을 종합하여 연구한

103) 국립부여문화재연구소, 1992, 『왕궁리유적발굴중간보고』.
104) 국립부여문화재연구소, 1977, 『왕궁리』, 발굴조사중간보고Ⅱ.
105) 국립부여문화재연구소, 2008, 『왕궁리』, 발굴중간보고Ⅵ.
106) 윤근일, 1990, 「왕궁리유적 출토 막새의 편년에 관한 고찰」, 『창산 김정기박사 회갑기념논총』, 기념논총간행위원회.
107) 이신효, 2005, 「백제 왕궁출토 사찰명기와의 검토」, 『익산향토문화』 4, 익산교원향토문화연구회.
108) 이신효, 2006 「익산 백제왕궁 출토 사찰명기와의 고찰」, 『호남고고학보』 23, 호남고고학회.
109) 전용호, 2009, 「왕궁리유적의 최근 발굴성과」, 『익산 왕궁리 유적-발굴 20년 성과와 의의』, 주류성, 49쪽.
110) 박순발, 2009, 「동아시아 도성사에서 본 익산 왕궁리 유적」, 『익산 왕궁리 유적-발굴 20년 성과와 의의』, 주류성, 329쪽.
111) 김선기, 2010, 「발굴 조사 성과를 통해 본 익산의 백제사찰」, 『백제문화』 43, 충남대학교 백제연구소.

내용은『익산 왕궁리 유적-발굴 20년 성과와 의의』라는 책으로 발간되었다.

4) 蓮洞里寺址

연동리사지는 백제 시대 대형 석불이 위치해 일찍부터 미술사적인 연구가 진행되어 왔다.[112] 이러한 일련의 연구는 대체적으로 7세기 전반에 석불이 조성된 것으로 보고 있다. 특히 김주성은 연동리 석불좌상과 광배의 도안은 623년 제작된 일본 법륭사의 금동석가삼존불을 연상시킨다고 하고 이러한 양식이 일본에 전달되는 시간을 고려해 볼 때 610년대에는 연동리 불상이 제작되었다고 추정하고 있다.[113]

연동리사지에 대한 조사는 1989년 원광대학교 마한·백제문화연구소에 의해 이루어졌다. 연동리사지는 석불사로 불리면서 석불좌상과 광배가 보호각과 같은 조악한 건물 안에 보존되어 있었다. 당시 보호각을 헐고 새로운 법당을 조성한다는 소식을 듣고 법당의 건립에 앞서 긴급하게 조사를 실시하게 되었으나 사역 일원에 대한 충분한 조사는 이루어지지 못했다.[114] 금당지와 주변을 조사하였는데 탑이나 강당 등을 확인할 수 없는 독특한 가람 배치였으며, 금당의 내진고주는 굴립주를, 외진주는 방형의 초석을 사용한 건물지임이 확인되었다. 당시의 조사에서 백제 시대 암수키와들은 다수 출토되었으나 막새기와는 전혀 확인되지 않았다.

최근 원광대학교 마한·백제문화연구소에서 사역 동쪽에 대한 시굴 조사를 실시하였다. 여기에서는 와요지와 함께 수막새 기와가 출토되었다.

---

112) 진홍섭, 1976,『한국의 불상』, 일지사.
　　김명숙, 1979, 「한국 불상광배의 양식연구」,『이대사원』16, 이화여자대학교 사학회.
　　문명대, 1980,『한국조각사』, 열화당.
　　임홍락, 1989, 「연동리사지에 대한 일고찰」,『향토사연구』1, 한국향토사연구전국협의회.
　　정영호, 1992, 「백제의 불교미술」,『백제조각 공예도록』, 백제문화개발연구원.
　　大西修也, 1976, 「百濟石佛坐像-益山蓮洞里石彫如來をめぐって-」,『佛教藝術』107, 每日日報社.
　　大西修也, 1978, 「百濟佛再考 -新發見の百濟石佛と偏衫を着用した服制をめぐって-」,『佛教藝術』117, 每日日報社.
　　久野健, 1982, 「백제불상의 복제와 그 원류」,『백제연구』특집호, 충남대학교 백제연구소.
113) 김주성, 2009, 「7세기 각종 자료에 보이는 익산의 위상」,『익산 왕궁리 유적-발굴 20년 성과와 의의』, 국립부여문화재연구소, 259쪽.
114) 김선기, 1990, 「익산 백제연동리사지 조사연구」,『여산유병덕박사화갑기념 한국철학종교사상사』, 여산유병덕박사화갑기념 논문집간행위원회.

사진 5 연동리사지 광배 보수작업

5) 師子寺址

사자사지에 대한 조사는 1992년부터 1993년까지 2차에 걸쳐서 실시되었다.[115] 지형상 백제 시대 유구층위까지는 조사할 수 없었으나 백제 시대 암수키와들이 출토되었다. 그리고 '師子寺造瓦'라고 하는 명문이 새겨진 고려시대 휘안문암막새가 출토되어 이곳이 바로 『삼국유사』에 등장하는 지명법사가 주석했던 사자사임을 알 수 있었다.

사자사에 대한 별도의 연구는 거의 없고, 불교사상적 측면에서 미륵사와 관련하여 설명되기도 한다. 즉 사자사의 사자는 미륵이 하생하기 전 보살이었을 때, 도솔천에서 앉아 있던 그 사자상좌를 뜻하는 것이기 때문에 사자사는 미륵하생 이전의 주처인 兜率天을 상징하고 있는 것이라고 한다.[116] 같은 맥락에서 미륵산의 원래의 명칭인 용화

---

115) 국립부여문화재연구소, 1994, 『사자암』, 발굴조사보고서.
116) 김영태, 1975, 「미륵사 창건 연기설화고」, 『마한·백제문화』 1, 원광대학교 마한·백제문화연구소, 103쪽.

산은 그 이름에서 미륵의 도솔천에 비견하여 생각할 수 있게 되며 사자사의 사명도 미륵이 도솔천의 칠보대 내 마니전상의 사자상좌에 화생한다고 설한 사자상좌에서 유래한 것을 생각할 수 있다고 한다. 그러므로 미륵사가 미륵하생 신앙을 표방하고 있는데 대응하여 사자사는 미륵의 상생신앙을 보여 주는 것으로 사자사의 주존은 도솔천에서 설법하고 있는 交脚倚像의 미륵보살상으로 추정하고 있다.[117]

사진 6 사자암 전경

117) 田村圓澄, 1982, 「백제미륵신앙」, 『마한·백제문화』 4·5합집, 원광대학교 마한·백제문화연구소, 36쪽.

益山 金馬渚의 百濟文化

chapter II

金馬渚 百濟 寺址의 構造와 編年

II. 金馬渚 百濟 寺址의 構造와 編年 _ 47

II. 金馬渚 百濟 寺址의 構造와 編年

1. 百濟 寺址 槪觀

1) 師子寺址[1)]

(1) 사적과 발굴 조사

師子寺址는 백제 시대 거찰인 미륵사지가 위치한 미륵산 장군봉의 동남쪽 8부 능선 상 계곡(표고 320m)에 있는 지금의 사자암 자리이다. 이곳은 행정구역상으로 익산시 금마면 신용리 산 609-1번지에 해당한다.

사자암은 최근 발굴 조사에서 '師子寺' 銘 암막새가 출토되어 원래 『삼국유사』 무왕조에 나타나는 지명법사가 주석했던 백제 시대 師子寺였음을 알 수 있었다.

무왕조에는 미륵사 창건 연기설화가 기록되어 있는데, 신라 진평왕의 딸을 취해 인심을 얻어, 왕위에 오른 무왕은 선화비와 함께 용화산 사자사의 지명법사를 찾아가던 도중 용화산 아래 연못에서 미륵삼존이 출현한 것을 인연으로 미륵사를 창건하게 된

---

1) 사자사지에 대해서는 아래의 자료를 참고하였다.

부여문화재연구소, 1994, 『사자암』, 발굴조사보고서.

김선기, 1997, 「전북의 전통사찰 I (익산시)」, 『전통사찰총서』 8, 사찰문화연구원.

김선기·임홍락, 1998, 『익산의 사지와 전통사찰』, 익산문화원.

김선기, 2003, 「익산의 불교문화유적」, 『익산의 선사와 고대문화』, 원광대학교 마한·백제문화연구소.

다. 미륵사를 창건할 때 지명법사는 신통력을 발휘하여 하룻밤 사이에 산을 허물어 못을 메웠다고 기록하고 있다. 이러한 기록을 통해 볼 때 사자사는 미륵사보다 앞서 창건되었음을 알 수 있다. 그러나 창건 뒤의 연혁은 문헌 자료를 통해서는 전혀 확인할 수 없다. 다만 발굴 조사에서 백제 시대의 기와편들과 함께 통일신라, 고려 및 조선 시대의 유물들이 출토되는 것으로 보아 지금까지 단절없이 법맥을 이어온 것으로 판단된다. 사자사가 언제 사자암으로 개칭되었는지 정확히 알 수 없으나, '至治二年' 銘의 암막새(사진 7)[2]에는 '師子寺'라고 하고 있다. 지치 2년은 고려 충숙왕 9년(1322)에 해당하므로 고려 시대까지는 사자사로 불린 것으로 파악할 수 있다. 그런데 조선 시대 『신증동국여지승람』에는 사자암이 용화산 상에 있음을 밝히고 있어 조선 시대에 접어들면서 사자암으로 개칭되었을 것으로 판단된다.

사자사지는 사적 제150호로 지정된 미륵사지 문화재 보호구역 내에 위치하고 있었기 때문에, 1992년 당시 지금의 사자암 법당을 개축하기 위해 국가지정문화재 현상변경허가 신청을 하였다. 이에 문화재관리국은 우선 법당을 철거하고 지하유구 확인을 위한 예비 시굴 조사를 실시한 후 건물의 신축 허가 여부를 결정한다는 방침이었다. 1993년 3월 발굴 조사를 실시한 결과, 『삼국유사』에 기록된 사자사 터일 가능성이 높아져 그 해 5월에서 8월까지 확대발굴 조사를 실시하였다.

(2) 발굴유구

사자사지의 발굴 결과 5차례 정도 시기를 달리하는 유구가 중첩된 상태로 확인되었는데(사진 8)[3] 최상층의 1차 건물지는 법당 신축을 위해 철거하기 전까지 사용되던 건물지로서 정면 4칸 측면 3칸 규모의 목조건물이며, 지붕에는 시멘트기와를 올린 상태였다. 일반주택구조와 같이 법당·마루·부엌·방이 있는 구조이며 철거과정에서 상량목 2개가 수습되었는데, 하나는 '皇帝卽位二年戊申'으로 순종 2년(1908)에 해당되는 것이었고, 나머지 하나는 단기 4289년(1956)에 개축할 때 기록한 묵서명이다.

1차 건물지보다 30cm 정도 하층에 위치하는 2차 건물지는 1차 건물지 신축 당시 대부분 훼손되었고 북쪽과 서쪽 기단 석축 일부가 남아 있는 상태였다. 초석이나 적심석으로 판단되는 흔적은 보이지만 정형성이 없어 규모 파악에는 어려움이 있었다. 2차

---

2) 부여문화재연구소, 1994, 『사자암』, 발굴조사보고서, 333쪽.
3) 부여문화재연구소, 1994, 『사자암』, 발굴조사보고서, 299쪽.

사진 7 사자암 발굴전경

건물지 서남쪽에서 온돌 시설의 고래와 연도 일부가 확인되고 기단토에서 사찰명과 절
대연대를 알 수 있는 '至治二年師子寺造瓦'銘 휘안문암막새가 출토되었다.(사진 8) 지
치는 元나라의 연호로 2년은 고려 시대인 1322년에 해당한다.

　3차 건물지는 2차 건물지 밑에서 일부만 노출되었는데, 1·2차 건물지와 마찬가지
로 중앙에는 법당, 동서에는 승방시설과 요사채를 겸한 건물지로 추정되었다. 북쪽 기
단 석축과 서쪽의 온돌 시설, 2기의 초석, 암거 시설 등이 노출되었으나 건물의 일부만
이 확인되어 정확한 규모나 구조는 알 수 없었다. 여기에서 와편이나 자기류 뿐만 아니
라 청동보살입상을 비롯한 금동신장상, 금동탑 상륜부, 청동탑 상륜부와 옥개파편 등
이 수습되었다.

　4차 유구는 1차 건물지 철거 전 법당지를 포함해 그 전방의 석탑이 위치했던 마당까
지 범위를 확장 조사하여 그 전모를 파악할 수 있었다. 4차 유구의 구조와 배치는 중정
을 중심으로 북쪽은 높은 석축기단 위에 법당을 두고, 동·서 양 측면에 요사채와 남쪽
에 樓를 배치해 산지 가람의 면모를 갖췄던 것으로 판단되었다.

　법당 유구는 동서로 연결되는 남쪽의 석축기단만 확인되었으나, 서쪽 끝은 발굴 당

사진 8
'至治二年師子寺造瓦' 명 암막새

시 사용 중인 요사채 안으로 연결되어 정확한 규모 파악이 어려웠다. 석축 서쪽은 중정에서 법당으로 연결되는 5단의 계단 시설이 확인되었으나, 발굴 당시 사용 중인 임시 법당과 석수조 때문에 기단 석렬 등의 존재 여부만 확인하는 정도였다.

중정은 법당의 남측 기단 석축보다 120cm 내외 정도 낮게 위치하며 구지표가 비교적 잘 노출되어 있었다. 중정 곳곳에는 땅을 파고 작은 석재나 와편을 의도적으로 채워 다진 구덩이들이 보이는데 상부 하중을 지탱하기 위한 장치로 보였다. 중정 남쪽의 누로 추정되는 건물지는 동서로 연결되는 기단석과 남쪽 축대, 축대 동쪽에 중정으로 진입할 수 있도록 시설된 돌계단과 계단측면 막음석 등이 조사되었다.

법당 전면에 쌓인 퇴적토의 조사 과정에서 절대 편년이 가능한 기와류를 비롯해 청동유물 등이 다수 수습되었다. 기와류에는 '天曆三年(1330)'·'成化二十年(1484)'·'嘉靖二十二年(1543)'·'萬曆二年(1574)' 등의 명문이 새겨진 암·수막새와 평기와들이 있었다. 청동제품은 크기 10cm 내외의 청동약사여래입상, 청동여래입상, 청동탑 상륜부, 청동추 등이 출토되었다.

제5차 유구는 제4차 건물인 법당 내의 남북 탐색트렌치 조사에서 동서 방향의 연결 축대가 노출되었으며, 법당 남편 축대 외부의 중정 하층에서 동서 축대 및 계단지가 확인되었다. 그리고 요사채 서남편 기단축과 탐색트렌치에서 동서 축대가 노출되었다. 즉 4차 건물지 지하층에서 조사된 5차 건물지는 크게 상·중·하의 삼단 석축으로 대지를 조성하였으며, 중단과 하단에서 일부 건물지의 흔적이 확인되었다.

출토 유물은 기와류를 비롯하여 청자편 등이 주로 수습되었다. 특히 미륵사지에서 출토된 중판연화문 수막새와 서조문 암막새가 수습되고, 고려 시대 제작으로 보이는 청동향로 등이 출토되었다.

발굴 조사를 마무리하는 단계에서는 5차 유구의 하층에 또 다른 시기의 유구가 존재 하는지를 파악하기 위하여 4차 유구인 법당 남쪽 석축에서부터 탐색갱을 설치하여 조사하였다. 그 결과 또 다른 동서 방향으로 연결되는 축대와 이 축대를 보호하기 위한 보조축대, 그리고 최하층에서 인공의 흔적이 있는 낙석 암반이 확인되었다. 낙석 위쪽으로 경사진 퇴적토가 5층 정도로 나타나고 있는데, 이 토층들은 해무리굽 청자 포함층과 통일신라 시대의 와편과 토기편만이 포함되어 있는 층으로 구분되었다. 낙석 암반을 완전히 노출시키지는 못했지만 암반 상면에 너비 14cm, 길이 15cm의 정으로 다듬한 큰 홈이 가로지르고, 동쪽에는 지름 3cm 정도의 작은 홈이 있었다. 이 홈들의 정확한 용도는 알 수 없으나 마모 흔적 등으로 보아 물과 관련된 시설로 추측되었다. 거대한 낙석의 노출로 인해 더 이상의 작업은 불가능하였으나, 낙석의 인공 흔적과 성토층에서 수습되는 유물로 보아 하층에 유구가 있을 것으로 판단되었다. 수습된 유물로는 백제 시대 평기와의 파편과 함께 통일신라 시대로 알려진 '金馬渚城' 명의 명문와 편구병편 등이 있다.

발굴 조사 전의 사자암터는 매우 협소한 공간에 마련되어 있었으나, 조사 결과 4차와 5차 유구가 존재했던 당시만 하더라도 산 경사면을 보완해 3단 정도의 축대로 계단식 대지를 조성해 건물을 세웠던 것으로 확인되었다. 조사 지역이 한정되어 전면 발굴이 이루어지지 못해 각 유구에 맞는 정확한 건물의 배치나 규모 파악에는 한계가 있었다. 그리고 고려 시대 이전의 건물지는 확인하지 못하였지만, 탐색조사 등에서 확인된 많은 통일신라 시대 유물의 출토나 백제 기와편의 출토, 그리고 '師子寺' 명 명문와의 출토 등을 통해 이 사자암이 『삼국유사』 무왕조의 미륵사 창건연기설화에 나타나는 백제 시대 사자사터임이 확인된 것은 커다란 성과였다.

⑶ 출토 유물

사자암 발굴 조사에서 출토된 유물은 기와 · 도자기 · 금동제품 · 청동제품 · 철제품 등 매우 다양하다.

그 중 기와는 가장 선행하는 백제 시대 평기와(탁본 1)[4]가 탐색갱 최하층에서 수습되는 것을 시작으로 각 시기에 해당하는 유구에서 각각의 평기와와 막새기와가 출토되

---

4) 부여문화재연구소, 1994, 『사자암』, 발굴조사보고서, 256쪽.

도면 1 사자사지 출토 청동약사여래입상

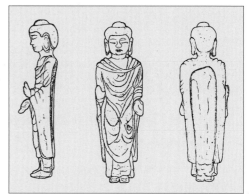

탁본 1 사자사지출토 백제 기와 탁본   도면 2 사자사지 출토 청동여래입상

었다.

특히 절대 편년을 가능하게 해주는 명문와가 많이 출토되었고, 대표적으로 至治二年(1322)명 휘안문암막새에 '師子寺'라는 명문이 양각되어 있다.(사진 8) 그 외에도 天曆 三年(1330) · 成化 二十年(1484) · 嘉靖 二十二年(1541), 萬曆 二年(1574) · 八年(1580) · 十七年(1589)명의 명문와가 출토되어 각 유구의 편년 결정에 도움을 주었다. 또 미륵사지에서 출토된 것과 동일한 문양의 평기와 · 막새기와 · 명문기와 등이 있고, 특히 통일신라 시대의 것으로 파악되는 '金馬渚城'의 명문기와도 출토되었다.

그리고 도자기류 가운데 토기는 통일신라 시대 편구병과 광구대호 구연부 파편이 출토되었다. 자기는 초기 청자라고 할 수 있는 해무리굽을 한 순청자를 비롯해서 녹청자와 순청자, 북송 성요 및 경덕진요의 중국 자기와 고려 백자, 다양한 기법으로 제작한 청자 · 분청사기 · 백자 등 고려 초기에서 조선 말기까지 유행한 자기류 파편들이 출토되었다.

　금속 제품은 크게 불교와 관련된 금동 및 청동제품과 생활 용구로 사용되었던 철제 품으로 나눌 수 있다. 불교 관련유물은 청동약사여래입상(도면 1)[5] · 청동여래입상(도면 2)[6] · 청동보살입상 · 금동부조신장상과 청동 혹은 금동의 소탑부재의 탑 상륜부와 옥개파편이 있으며, 청동향로 및 향완도 있다. 생활 용구는 청동추와 청동용기의 구연부편, 철제솥 구연부편, 들쇠 · 문고리 · 못 등으로 다양한 편이다.

⑷ 삼층석탑

　석탑(도면 3)[7]은 조사 전까지 1차 건물지인 법당 앞 마당에 위치하였는데, 십여 년

도면 3　사자암 3층석탑 실측도

5) 부여문화재연구소, 1994, 『사자암』, 발굴조사보고서, 274쪽.
6) 부여문화재연구소, 1994, 『사자암』, 발굴조사보고서, 274쪽.
7) 부여문화재연구소, 1994, 『사자암』, 발굴조사보고서, 285쪽.

전 남쪽 30여m 떨어진 곳에서 옮겨온 것이라고 한다. 발굴 조사 당시 해체 조사한 후, 대웅전 앞마당에 다시 복원하였다.

석탑은 크게 기단부와 탑신부만 남아 있기 때문에 온전한 상태의 것이 아니며, 사용된 부재도 순수 탑재로만 구성된 것은 아니다. 기단부에 해당하는 지대석과 기단 면석·복련대좌·팔각간석·앙련대좌 등으로 보아 석등 부재가 일부 혼입된 상태이다.

기단부 지대석은 2매의 석재로 되어 있고, 상면에 기단 면석받침이 2단으로 몰딩처리 되어 있으며, 네 모퉁이에 우주가 놓일 수 있도록 돌출시켜 홈을 팠다. 그 위로 측면에 각기 2개씩 안상이 부조된 기단 면석 역시 2매의 석재로 조립되어 올려지고, 석등부재로 보이는 복련대좌가 기단 갑석으로 사용되었으며, 그 위에 팔각주형의 간석이 놓이고 다시 앙련대좌가 올려져 탑 1층은 완연한 석등의 양식을 하고 있다. 앙련대좌 위로 우주를 간략하게 각출시킨 탑신이 놓이고 삼단 옥개받침이 표현된 옥개석을 올렸다. 그 위에 다시 모난 자연석을 놓았으며, 그 위로 뒤집힌 상태의 삼단 옥개받침을 갖춘 옥개석이 놓여 있다. 그 위에 다시 모난 자연석이 올려져 3층 석탑의 탑신처럼 보이게 하였다. 석탑의 크기는 지대석부터 상층까지 총 276cm에 이른다.

2) 蓮洞里寺址[8]

(1) 사적과 발굴 조사

익산시 삼기면 연동리 산 220번지에 위치하며, 보물로 지정된 백제 시대 석불좌상과 광배가 지금의 석불사 법당 내에 모셔져 있다. 사역 주변에 가공된 기단 석재와 기와편이 간혹 보이기는 하지만, 석불좌상과 관련되는 사찰의 창건 연대나 사찰명을 확인할 수 있는 문헌 자료가 전혀 남아 있지 않아 불상이 위치하고 있는 곳의 행정구역 명칭을 따서 蓮洞里寺址라 명명하였다.

이 석불좌상과 광배는 1963년에 건립된 보호각에 안치되어 있었으며, 주민들이 평

---

8) 연동리사지에 대해서는 아래의 자료를 참고하였다.
김선기, 1990, 「익산백제연동리사지 조사연구」, 『한국철학종교사상사』, 여산 유병덕 박사 화갑기념논총, 원광대학교 종교문제연구소.
김선기, 1997, 「전북의 전통사찰 I (익산시)」, 『전통사찰총서』 8, 사찰문화연구원.
김선기·임홍락, 1998, 『익산의 사지와 전통사찰』, 익산문화원.
김선기, 2003, 「익산의 불교문화유적」, 『익산의 선사와 고대문화』, 원광대학교 마한·백제문화연구소.

소 미륵불이라고 칭하여 '彌勒殿'이라는 당호를 사용하고 있었다. 그 뒤 보호각을 철거하고 목조로 된 법당을 축조하는 과정에서 1989년 10월 원광대학교 마한·백제문화연구소의 자비 부담으로 이 일대에 대한 발굴 조사를 실시하게 되었다.

발굴 조사 결과, 연동리사지 창건은 미륵사 창건 전에 이루어진 것으로 판단되었다. 즉 백제 시대 유물로 판단되는 평기와의 등문양이 대부분 무문이나 단선문·정격자문 등이고, 제작 기법도 6세기 후반의 정암리 와요지에서와 같이 와도의 절단 방향이 주로 안에서 밖으로 나타나고 있는 점, 암키와들은 모두 통쪽와통을 사용하고 있는 점, 미륵사지의 원형 초석과는 달리 부여 군수리사지나 왕흥사지에서 보이는 방형 초석을 사용하고 있는 점 등이 이를 뒷받침한다. 그리고 폐사된 시기는 미륵사지에서 상감청자와 함께 출토되는 어골문과 국화문, 혹은 어골문과 반호문이 결합된 형태의 평기와 등문양이 보이고 있어 고려 시대 12~13세기 경까지는 법등을 이어왔던 것으로 판단되었다.

(2) 가람 배치

발굴 조사는 철거된 보호각 주위의 금당지를 중심으로 이루어졌으며 나머지 지역에 대해서는 유구 잔존 여부만 확인하는 탐색갱을 설치하는 정도였다. 현 석불사의 경내가 매우 비좁기 때문에 금당지 주변에 대한 충분한 조사를 할 수 없었다. 금당지를 제외한 대부분의 사역에서 많은 지형 변화가 있었던 것으로 판단되었으나 주변에서는 전혀 다른 건물지의 흔적이 보이지 않았다. 원래 백제 전통 가람 배치는 중문과 탑·금당·강당을 차례로 배치하고 주변을 회랑으로 구획하고 있으나, 지금까지의 조사 결과를 바탕으로 보면 연동리사지는 금당만 존재하는 특이한 배치 양상을 보이고 있다.

(3) 금당지

건물 기단석이 북쪽에 6.1m 정도 남아 있고, 동쪽에 1매의 석재만 남아 있기 때문에 정확한 규모를 확인하기 어려웠으나, 석불 좌대와 광배 대석의 위치와 초석의 위치 등을 고려하여 판단하였을 때 동서 13.8m, 남북 12.8m 규모의 정방형에 가까운 형태였음을 것을 알 수 있었다.(사진 9)

동·서·북쪽의 기단 구성은 미륵사지 회랑지에서 보이는 것과 같이 면석을 겸한 지대석 위에 갑석을 올려놓은 상태로 생각되나, 발굴 조사에서 갑석은 확인되지 않았다. 전면인 남쪽은 전정을 확장하기 위해 삭토한 때문인지 조사된 기단토 상면과 전면 대지와는 레벨차가 큰 편이었다. 따라서 남쪽 기단이 나머지의 기단 구조와 동일한 것

사진 9 연동리사지 금당지 발굴전경

인지는 확인할 수 없었다. 다만 발굴 조사 전 보호각 뒤에는 높이 80cm 내외의 면석재로 판단되는 높은 석재가 놓여 있어 전면 기단 면석으로 사용했을 가능성도 있다.

건물 기단 내부에서는 원래 위치에 놓여 있던 초석은 확인되지 않았다. 다만 2개소의 초석 적심과 4개소의 굴립주공이 밝혀져 정면 3칸, 측면 3칸의 건물이었음을 알 수 있었다.

발굴 전 보호각 뒤에는 2매의 방형 초석이 놓여 있어서 금당지에 사용했던 것으로 판단된다. 초석은 한 변이 47cm 내외 크기로 주좌가 없이 상면만 편평하게 가공한 형태이다. 굴립주공은 기둥을 초석 위에 세우는 방식과는 다르게 지면을 파고 기둥을 매설하는 방법으로 석불과 광배 주변의 4개소에서 확인되었다. 주공의 하부 폭은 70cm~90cm 내외이고, 상부 폭은 110cm~140cm 내외로 일정하지 않으며, 깊이는 1m 내외이다. 이러한 굴립주를 사용한 건축 구조는 우리나라 사원건축에서 처음 나타난 것으로 한국건축사 연구의 귀중한 자료라고 할 수 있다.

⑷ 출토 유물

발굴 조사에서 출토된 유물은 주로 기와편이며 암막새 2점과 발굴 조사 전부터 사찰에서 보관하고 있던 치미편 1점이 있었다. 그러나 백제 시대의 막새는 출토되지 않았으며 출토된 치미도 작은 편이어서 전체의 형태는 살필 수 없다. 그밖에 토제 소탑편 4점도 출토되었다.

이곳에서 출토된 평기와들은 총 1,284점인데, 암키와는 939점이고 수키와는 345점이다. 그 중 백제 시대로 편년되는 기와의 등문양은 문양이 없는 소문과 단선문·정격자문의 평기와편이 보이고,(탁본 2)[9] 통일신라 시대로 편년되는 기와의 등문양은 장선

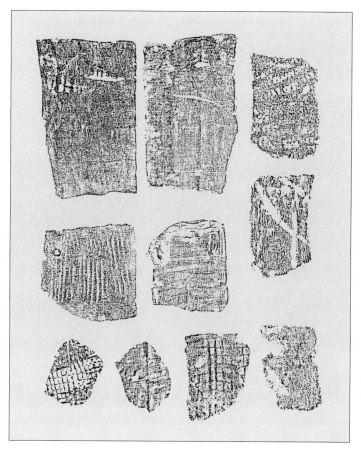

탁본 2
연동리사지 백제 기와 탁본

_____
9) 김선기, 1990, 「익산백제연동리사지 조사연구」, 『한국철학종교사상사』, 원광대학교 종교문제연구소.

문 · 세선문 · 단사선문 · 사격자문 · 격자문 · 어골문 · 집선문 계통이 있다. 그리고 고려 시대 기와는 주로 어골문과 방곽문 · 차륜문 · 집선문 등이 복합된 문양이었다.

(5) 석불좌상과 광배

불상의 모습은 원래의 불두가 훼손된 것을 근래에 조잡하게 제작하여 올려놓은 상태이다. 불두의 훼손에 대해서는 전설이 전해 오는데, 임진왜란 때 왜장 加藤清正이 칼로 쳐서 잘랐기 때문이라고 한다. 하지만 광배 하단부가 절단되어 있는 것으로 보아 광배가 앞으로 넘어지는 과정에서 머리가 절단되면서 가슴과 어깨부분의 석재가 일부 함께 떨어져 나간 것으로 판단된다.

석불(도면 4)[10]은 별석으로 된 좌대 위에 결가부좌하고 있는데 좌대는 상현좌이다. 좌대 크기는 전면 폭 225cm, 높이 약 45cm로 아래에 10cm 가량의 돌대를 두고 있다. 광배 좌대 아래에는 가공된 지대석이 놓여 있는데, 석불 좌대 아래에도 동일한 형태의 지대석이 있었을 것이나 결실되었다.

몸체는 곳곳이 떨어져 나가 원상이 부분적으로 훼손된 상태이다. 그러나 어깨는 넓고 반듯하게 내려와 강건한 작풍을 보이며, 두 무릎을 넓게 펴서 안정감이 있다. 法衣는 통견으로써 비교적 얇게 표현되어 있다. 어깨에서부터 흘러내린 옷자락은 두 팔에 걸쳐서 무릎과 그 아래의 좌대를 덮어 상현좌를 이루고 있으나 그다지 힘차 보이지 않지만 옷 주름은 활달하고 사실적인 느낌을 준다. 그리고 가슴부분은 명치 근처에서 치마와 허리띠의 매듭코를 법의 밖으로 약간 드러내고 있다. 수인의 형태는 오른손을 무릎 위에 가볍게 올려놓았는데, 두 번째와 세 번째 손가락은 안으로 쥐고, 나머지 손가락은 곧게 펴고 있다. 왼손은 가슴에 대고 있는데, 엄지와 중지를 서로 맞대고 나머지 손가락은 곧게 펴고 있는 특이한 형태를 보인다.

광배는 舟形의 거신광으로서 2매로 절단된 것을 접합하였다. 광배 좌대는 비교적 거칠게 다듬은 2매의 석재를 맞대어 설치하였으며, 그 위에 광배를 꽂을 수 있는 구멍을 두었다. 좌대의 아래에는 좌대의 연변을 따라 잘 가공된 지대석을 설치하였다. 석불좌상 전체를 뒤에서 감싸고 있는 주형광배는 두광에 백제의 연화문 와당에서 볼 수 있는 것과 비슷한 형태의 16엽의 연화문을 두고, 그 외연에 넓고 좁은 형태를 반복하는

---

10) 김선기, 1990, 「익산백제연동리사지 조사연구」, 『한국철학종교사상사』, 원광대학교 종교문제연구소.

연화문상의 문양을 조각하였다. 그리고 그 주위에 6조의 원권문을 돌렸는데, 가장 외연의 것은 수직으로 뻗어 내려 신광부를 형성하고 있다. 신광부에는 수직 돌선의 안쪽에 또 하나의 수직돌선을 두고 내부에는 연화문 좌대 위에 화염보주문을 올린 형태의문양을 좌우에 각각 3개소씩 6개를 배열하고 있다. 주변에는 얕은 음각선으로 화염문을 표현하였다. 화염문 안에도 연화좌대 위에 결가부좌를 하고 앉아 있는 化佛이 표현되었는데, 상부 중앙에 1구와 좌우에 대칭으로 각각 3구씩 모두 7구이다. 화불들은 과거 7불을 의미하겠지만, 이러한 광배의 표현 수법은 삼국 시대의 금동삼존불 광배와 직

결되는 것이어서 주목된다. 광배의 높이는 4.48m이다.

3) 大官寺址[11]

(1) 사적과 발굴 조사

대관사에 관한 기록은 『삼국사기』에 처음 나타나고 있다. 무열왕 5년 6월조에 '대관사 우물이 피가 되고 금마군 땅에 5보나 넓게 피가 흘렀다.' 라고 기록하고 있다.[12] 무열왕 8년은 661년으로 백제를 멸망시킨 무열왕의 죽음과 관련한 신이기사이다. 그

사진 10 왕궁리 유적(대관사지) 전경

---

11) 대관사지에 대해서는 아래의 자료를 참고하였다.
　　국립부여문화재연구소, 1991~2008, 『왕궁리』, 발굴중간보고 Ⅰ~Ⅵ.
　　김선기 · 임홍락, 1998, 『익산의 사지와 전통사찰』, 익산문화원.
　　최맹식, 2003, 「익산 왕궁리 유적의 성격」, 『익산의 선사와 고대문화』, 원광대학교 마한 · 백제문화연구소.

사진 11 대관사지 발굴부분

런데 왕궁리 유적의 오층석탑 주변 발굴 조사에서 '官宮寺'·'大官官寺'·'王宮寺' 등의 명문와가 출토되고, 『신증동국여지승람』에 王宮井의 기사가 보이며, 『금마지』에 도 왕궁정이 탑 북쪽 20보에서 발견된다고 하는 점으로 미루어 이곳이 대관사지로 판 단된다. 타날된 기와에서 다양한 사찰명이 확인되지만, 통일신라 이후의 기와들이기 때문에 여기서는 『삼국사기』 기록을 따라 대관사라고 한다.[13] 대관사는 문헌 자료를 통해서는 창건 시기 등을 전혀 알 수 없다.

---

12) 『三國史記』 武烈王 8年 6月條
「大官寺井水爲血 金馬郡地流血廣五步」
13) 이신효도 초기에는 「대관사」로 불렀으나 시간이 흐름에 따라 대관관사, 관궁사로 변하였고, 과거 백 제 왕궁 내에 건립된 원찰이라는 사실을 알고 있던 와공에 의해 왕궁사라 한 것으로 보고 있다.(이신 효, 2005, 「백제 왕궁출토 사찰명기와의 검토」, 『익산향토문화』 4, 익산교원향토문화연구회.)

왕궁리 유적은 백제 시대 궁궐 유적과 사찰 유적이 중복된 복합 유적으로 일찍부터 주목되어 왔다. 왕궁리 유적에 대한 최초의 발굴 조사는 1976년 원광대학교 마한·백제문화연구소에 의해 실시되었다. 당시는 궁성의 궁장과 아울러 현존하고 있는 5층 석탑 북쪽의 금당지와 강당지 등을 시굴 조사하는데 불과했다. 당시 사찰 유적에서는 '官宮寺' 명 명문와가 출토되어 오층석탑을 포함하는 지역의 사찰명으로 추정하였다.

왕궁리 유적에 대한 종합적인 발굴 조사는 1989년 현 국립부여문화재연구소에 의한 조사였으며, 지금도 조사가 진행되고 있다.(사진 10) 대관사지의 발굴 조사도 이때 이루어졌다. 대관사 창건에 대한 것은 백제 시대로부터 통일신라 시대까지 이설이 있지만 발굴 조사 결과 백제 시대에 축조된 것으로 판단되었다. 통일신라 시대에는 석탑의 건립과 강당지의 축소 등 대규모의 중창이 있었으나, 고려 시대 유물이 보이지 않는 것으로 미루어 보아 통일신라 시대까지 법등이 이어진 것으로 판단하고 있다.

(2) 가람 배치

마지막까지 존속된 사지는 자북에서 약 6.8° 동쪽으로 편향된 남북 축선 상에 5층 석탑·금당지·강당지가 놓여 1탑1금당의 가람 배치를 보이고 있다. 금당지는 석탑 중심에서 37.5m 정도 떨어져 있으며, 강당지는 탑 중심에서 80.1m, 금당지 중심에서 42.16m 떨어져 있다. 그러나 석탑이나 강당은 통일신라 시대에 축조된 후대 유구이다. 오층 석탑 아래에서는 정방형의 형태는 아니지만 목탑지로 추정되는 판축시설이 확인되었다. 그리고 금당지 뒤에서는 앞선 시기의 강당지 기단으로 추정되는 건물지도 확인되어, 원래의 가람 배치는 목탑을 기준으로 금당 강당을 배치하는 백제 시대 전형적인 1탑1금당의 배치로 판단되었다. 그러나 중문지나 회랑지의 흔적은 찾을 수 없었다.(사진 11)[14]

(3) 목탑지

5층 석탑 아래에서 목탑지로 추정되는 축기부가 확인되었다. 추정 목탑 축기부는 앞선 시기에 조성된 것으로 판단되는 건물지3의 남쪽부분이나 건물지1 남쪽 석축배수로를 부분적으로 파괴하고 조성되었다.

축기부 판축기법과 축조 순서를 보면 동변에 접한 동서 길이 12.88m, 남북 폭 6.7m

---

14) 국립부여문화재연구소, 2008, 『왕궁리』, 발굴중간보고VI, 원색도판 2.

를 적갈색 점토와 황백색 마사토를 교대로 판축하여 내측 판축부를 먼저 만든 후 가장 자리에서 다시 굴광하여 약간 색조나 점성이 다른 갈색계 사질점토를 교대로 판축하는 방법으로 외측 판축부를 조성하였다. 이 과정에서 외측 판축부는 내측 판축부에 거의 접하거나 부분적으로 이를 파괴하면서 조성되었다. 축기부 규모는 동서 길이 16.85m, 남북 폭 12.7m이고, 장축 방향은 N8°E였다. 따라서 장방형이 아니므로 목탑이 아닌 정교하게 기단 축기부를 조성한 특별한 성격의 건물지이거나, 아니면 내측 판축부의 동·서변에 맞춰 동서 길이 11.5m, 남북 폭 12.7m로 축소하여 기단을 조성한 건물지3을 목탑으로 추정하기도 한다.[15]

(4) 금당지

금당지는 석탑과 더불어 통일신라 시대에 중건되어지므로 지금 노출된 건물의 구조나 규모가 백제 시대에 만들어진 것으로는 단정할 수 없다. 조사된 금당지는 기단을 기준으로 하여 동서 23.2m, 남북 16.33m 규모이다. 건물 구조는 정면 5칸(19.13m), 측면 4칸(14.5m)으로 중앙 칸에는 초석을 두지 않은 통칸 형식이다. 정면의 주칸 거리는 협칸이 각각 250cm이고, 중앙 3칸은 480cm이다. 측면 중앙 2칸은 360cm이고, 협칸은 각각 250cm이다. 조사 보고서는 기단의 형태를 이중기단으로 보고, 면석을 겸한 지대석이 놓이고 그 위에 판석형 갑석을 올린 뒤에 밀림방지턱이 있는 지대석과 면석·갑석을 올린 형태로 복원하고 있다. 계단은 남쪽과 북쪽 및 동쪽에서 발견되었다. 동쪽 계단은 토층이나 지대석 하부에 다른 용도의 가공석이 놓인 것으로 보아 후대에 만들어진 것으로 판단된다. 남쪽과 북쪽의 계단은 기단 판축층의 한쪽 부분을 되파기하여 계단석을 놓고 뒷채움하는 방식으로 조성되었다.

금당지 축기부는 생토면을 살짝 굴광하여 그 경계를 설정하고, 내부는 회백색·흑갈색·황갈색 사질점토를 수평으로 2cm~4cm 두께로 정교하게 판축하였다. 기단 판축은 대개 25개 층위로 세분되어진다. 장축 방향은 N95.3°E이다. 그리고 기단 내부 판축토에 대한 조사에서 시루 등 백제 시대 토기편과 기와편이 소량 출토되어 금당 조성 이전에 건물지가 존재했을 가능성이 확인되었다.

---

15) 국립부여문화재연구소, 2008, 『왕궁리』, 발굴중간보고VI, 319쪽.

(5) 강당지

초석이나 기단석은 잔존하지 않았으며, 가공석과 자연석을 이용한 원형적심 26개소가 일정한 거리를 두고 나타났다. 노출된 강당지 아래에서도 창건 시기의 것으로 판단되는 건물지가 있는 것으로 보아 현 강당지도 석탑과 더불어 통일신라 시대에 중건된 것으로 판단된다. 내외진 초석적심 모두 원형이며, 외진 초석적심보다 내진 초석적심의 직경이 약 50cm 내외로 컸다. 적심으로 사용된 석재 중에는 방형의 잘 가공된 석재들이 다수 포함되어 주변 석축 등을 뽑아 전용한 것으로 판단된다. 적심석 배치에 의하면 건물지는 정면 5칸(14.8m), 측면 4칸(9.6m)의 규모이다. 정면의 주칸 거리는 230cm-330cm-360cm-330-230cm로 중앙 칸이 큰 형태이며, 측면은 230cm-250cm-250cm-230cm로 중앙에 내진초석을 배치하지 않은 통칸 형식이다.

금당지 북쪽으로 15m, 강당지에서 남쪽으로 10m 떨어진 지점에서는 창건 시기의 강당지 계단으로 판단되는 유구가 확인되었다. 전면의 계단은 모두 3개소인데, 중심간 거리는 16.66m이다. 계단 시설과 함께 기단 뒤채움부가 좌·우측 계단 시설에서 각각 8.4m와 6.4m가 남아 있어, 원래의 강당 기단 규모는 최소한의 동서 길이가 50.14m가 된다. 계단 간의 간격보다 외측계단에서 측면기단까지의 간격이 큰 미륵사지 강당지(정면 66.65m, 측면 19.8m)의 형태와 비교하여 복원해 보면 이와 유사하거나 약간 작은 규모였을 것으로 추정되었다.

(6) 출토 유물

대관사지는 백제 시대 창건 이후 통일신라 시대까지 법맥을 이어온 것으로 판단되어 출토 유물 또한 백제에서 통일신라 시대에 속한 것들이 대부분이다. 대관사지는 앞선 시기의 유구를 부수고 조성되었기 때문에 출토된 유물은 앞선 시기와 혼재되었을 가능성도 배제할 수는 없다. 여하튼 사역 일원에서 출토된 유물은 수막새가 대표된다. 우선 백제 시대 수막새는 8엽 단판연화문 수막새가 주류를 이루는데, 화엽 끝이 하트모양을 이루고 자방 안의 연자가 9과, 22과, 25과인 것 등이 있다. 통일신라 시대 수막새는 드림새에 8엽의 복판연화문을 배치한 것과 복엽중판의 형태가 다수 출토되고, 당초문 암막새도 함께 출토되었다.

명문와는 '官宮寺'·'大官宮寺'·'大官官寺'·'彌力寺'·'丁昜寺'·'王宮寺' 등 사찰명을 날인한 것이 출토되었다. 그리고 원형인각명문와는 인장의 형태에 따라 원형, 방형, 장방형의 3가지가 출토되었는데, 여기에는 간지가 표기되거나 10간 중의 한 글자만 있는 것, 12지지 중의 한 글자와 집단이나 제작자를 표기한 인장 2개가 함께 날인된 것, '上部乙瓦'와 같이 위치를 표기하기 위한 것, 문양이나 기호로 보이는 것 등 다양한 형태가 출토되었다.

4) 帝釋寺址[16]

(1) 사적과 발굴 조사

제석사지는 익산시 왕궁면 왕궁리 궁평마을에 위치하고 있다. 이곳에 帝釋寺址가 존재한다는 사실은 일제강점기 초기인 1913년 이전까지 帝石面으로 불렸다고 하는 점에서 짐작할 수 있다. 그리고 여기에서 출토되어 1942년도 국립공주박물관에 기탁된 '帝釋寺' 銘 명문기와와 백제 시대의 와당들은 이곳이 바로 백제의 제석사지임을 확증하는 적극적인 자료가 되었다.

기록이 전혀 남아있지 않았던 제석사가 학계의 주목을 받기 시작한 것은 일본 京都大學 인문과학연구소 교수였던 牧田諦亮 박사에 의해 『觀世音應驗記』가 소개되면서부터이다. 이 문헌은 중국 육조 시대에 陸杲 등이 지은 것으로, 말미에 있는 백제 관계 기사에서 제석사에 대한 내용이 나오고 있다. 여기에는 백제 무광왕이 지모밀지에 천도하여 제석정사를 지었는데, 貞觀十三年(639) 11월에 뇌우에 의해 불당과 칠급부도 및 낭방이 모두 불타버렸다고 기록하고 있다. 이 기록에 의하면 제석사는 칠층의 목탑과 불당과 회랑 및 승방 등을 갖춘 가람이었을 것으로 판단되었다.

제석사지에는 목탑지로 판단되는 토단이 있고, 그 위에 장방형 사리공이 있는 心礎石이 2매로 절단된 채 남아 있다. 그리고 뒤쪽에 민가가 일부 자리하고 있지만 민가 서쪽 대밭에도 약간 높은 토단이 남아 있어 이곳이 『관세음응험기』에 나오는 불당지임을

---

16) 제석사지에 대해서는 아래의 자료를 참고하였다.
　김선기·김종문·조상미·임영호, 1994, 『익산제석사지시굴조사보고서』, 원광대학교 마한·백제문화연구소.
　김선기·임홍락, 1998, 『익산의 사지와 전통사찰』, 익산문화원.
　김선기, 2003, 「익산의 불교문화유적」, 『익산의 선사와 고대문화』, 원광대학교 마한·백제문화연구소.
　김선기·조상미, 2006, 『익산왕궁리전와요지(제석사폐기장)』, 시굴조사보고서, 원광대학교 박물관.
　국립부여문화재연구소, 2007, 『익산 제석사지 -제1차 조사-』, 자문위원회의자료.
　국립부여문화재연구소, 2009, 『익산 제석사지 -제2차 조사-』, 자문위원회의자료.

강당지

금당지

동회랑지

목탑지

중문지

사진 12
제석사지 발굴 전경

알 수 있을 정도이고 그 외의 사정은 확인할 길이 없었다.

제석사지에 대한 최초의 조사는 원광대학교 마한·백제문화연구소에 의해 실시된 시굴 조사였다. 당시 조사는 사역에 대한 정비를 하고자 그 범위를 확인하기 위한 것이었다. 조사는 1993년 11월부터 이듬해까지 이루어졌는데, 당시 목탑지와 주변은 민묘가 자리하여 조사할 수 없었다. 다만 금당지와 강당지 그리고 회랑이 있었을 것으로 추정되는 목탑지 남쪽과 서쪽에 대한 극히 제한적인 범위의 조사였지만, 백제 제석사임이 다시 한 번 확인되었으며 나름대로 가람 배치 등을 복원할 수 있었다.

그 후 제석사를 창건하기 위해 기와를 제작했던 와요지로 전해오는 지역에 대한 시굴 조사도 2003~2004년에 이루어졌다. 조사결과 기와나 소조상 등 제석사와 관련된 귀중한 자료가 출토되어 와요지가 아닌 정관 13년 제석사 화재 당시의 잔재를 폐기한 곳으로 밝혀졌다.

제석사지에 대한 본격적인 조사는 2007년부터 국립부여문화재연구소에서 실시하고 있다. 현재까지의 조사 결과 중문·금당·강당·회랑 등이 확인되어 전반적인 가람 배치가 드러나고 있다. 목탑지와 금당지 사이 서쪽에서는 앞선 시기의 판축기부도 확인되었다.(사진 12)[17]

(2) 가람 배치

가람 배치는 중문-탑-금당-강당을 남북 일직선상에 배치하고, 회랑으로 주변을 구획한 전형적인 백제 가람 배치 형식을 보이고 있다. 중문은 판축기부만이 확인되었는데, 여기에서 북쪽 17.7m 지점에 목탑을 두고 있다. 목탑과 금당 간의 거리는 17.26m이며, 금당과 강당 간의 거리는 25m 내외로 확인되었다. 건물지 중심 간의 거리를 보면 중문과 탑지는 37m, 탑지와 금당지는 41.7m, 금당지와 강당지는 46.68m 정도였다.

회랑은 동·서 회랑과 남회랑 일부가 확인되었다. 목탑의 중심에서 동·서 회랑까지의 거리는 42.2m이고, 회랑 폭은 7.8m 정도였다. 동회랑과 서회랑은 금당지 북쪽 기단까지 이어지다가 승방으로 추정되는 부속건물지와 연결되고 있다. 회랑과 부속건물지가 연결되는 양상은 부여 정림사지나 왕흥사지 및 능산리사지에서 발견되는 것과 동일하였다. 이러한 가람 배치는 『관세음응험기』의 '佛堂七級浮圖乃至廊房一皆燒盡' 기사와 일치한다.

그리고 목탑지와 금당지 사이의 서쪽에서 방형에 가까운 건물지 축기부가 확인되어 주목된다. 축기부의 규모는 동서 21.5m, 남북 20.8m로 목탑지와 거의 비슷한 크기를 보이고 있다. 축기부는 최대 130cm 두께로 목탑지에서 확인되는 것보다는 치밀하게 달구질을 하는 등 보다 더 정교하게 판축을 하였다. 방형의 축기부는 목탑이나 금당지보다는 이른 시기에 만들어졌으며, 목탑과 규모나 축조 수법이 동일하기 때문에 목탑과 유사한 성격의 건물지로 추정된다.

이처럼 제석사지는 동·서 회랑의 사이가 약 100m이고, 중문에서 강당까지의 거리가 약 140m에 달하는 백제 시대 회랑을 갖추면서 1탑1금당의 배치를 보이는 사지 중에

---

17) 국립부여문화재연구소, 2011, 『제석사지』 발굴조사보고서 I, 37쪽.

서 가장 규모가 크다는 점이 주목된다.

(3) 중문지

중문지는 목탑지 전면에 남회랑지와 접하고 있었다. 중문의 기단 기초는 성토층을 되파기하고 갈색사질점토 위주로 판축하여 조성하였는데, 두께는 110cm 가량 남아 있다. 판축 양상은 목탑이나 금당 등 건물에 비해 약간 조잡하다. 규모는 동서 길이 23.56m, 남북 폭 14.6m로 추정되었다.

(4) 목탑지

목탑지는 이중기단으로 밝혀졌다. 기단 한 변의 길이는 21.2m이며, 상하층 기단 사이의 폭은 110cm이다.(사진 13)[18] 기단 내부에는 단층기단 구조의 단이 확인되었는데, 한 변의 길이가 11.2m이고 이 단위에 심초석이 놓여 있다.[19]

사진 13 제석사지 목탑지

기단 기초는 굴광판축으로부터 지상 판축까지 크게 4부분으로 구성된 수평상의 정교한 판축이었다. 기단 구조는 외측기단의 경우, 지대석 겸 면석을 놓고 그 위에 갑석을, 그리고 뒤에 밀림방지턱이 있는 지대석과 면석·갑석을 올리는 형태로 판단된다. 기단 내부에서도 밀림방지턱이 있는 지대석이 남아있는 것으로 보아 위에 면석과 갑석을 올린 단층기단 형태의 단이 있었음을 알 수 있다. 계단은 외측기단의 네 방향에서 확인되었는데 폭은 3.4m이다. 『관세음응험기』에 七級浮圖의 소실을 기록하고 있어 목탑은 7층이었던 것으로 추정된다.

심초석은 2매로 절단되었는데, 복원한 평면형태는 1.82m×1.75m 크기의 정방형에 가까우며, 두께는 0.76m이다. 사리공의 크기는 길이 60cm, 폭 26cm, 깊이 16cm이다. 사리공 주변 심주를 받는 부분은 방형으로 잘 가공되었다. 목탑지에서는 심초석 외에 장주형의 초석 5기가 확인되었다. 높이는 72~99cm 크기인데, 측면은 방형으로 다듬고 원형의 주좌를 만든 형태이다. 미륵사지 금당이나 왕궁리 유적에서 확인된 장주형의 초석과 비슷하지만 주좌 아래에 귀틀을 받치는 홈이 없는 것이 차이점이다.

(5) 금당지

금당지는 이중기단 형태로 하층기단은 너비 31.8m, 폭 23.6m이고, 상층기단은 너비 29.6m, 폭 20.8m이다. 기단의 세부적인 형태는 면석을 겸한 지대석을 놓고 그 위에 갑석을 올리고, 갑석 뒤에는 밀림방지턱이 있는 지대석과 면석·갑석을 올린 것으로 판단된다. 그러나 하층기단 갑석재가 확인되지 않아 석재 외에도 전을 깔았을 가능성도 있다. 하지만 전의 출토 예가 없고, 마을에서 갑석재로 판단될 수 있는 석재부재들이 확인되는 것으로 보아 미륵사지와 같이 석재를 사용했던 것으로 판단된다.

기단 내부는 판축을 하여 조성한 것으로 확인되었다. 그러나 기단토가 대부분 삭평되고 기단 자체도 거의 남아 있지 않은 상태여서 건물에 사용된 초석이나 초석적심 등은 확인할 수 없다.

계단은 남쪽과 북쪽 중앙에 각각 설치한 것으로 확인되었다. 계단석은 남아있지 않고, 적심석이나 석재가 빠져나간 흔적만 남아있어 이를 근거로 복원된 계단의 규모는 동서 너비 4.7m~4.8m, 남북 폭 2.8m~3m로 판단된다.

---

18) 국립부여문화재연구소, 2009, 『익산 제석사지 -제2차 조사-』, 자문위원회의자료, 12쪽.
19) 내측기단은 건물지 안에 만든 단으로 생각된다.

서측 기단 외부에서 백제 기와가 다량 출토되었는데, 여기서는 인동당초문 암막새와 단판연화문 수막새가 함께 출토되었다.

⑹ 강당지

강당지 일부는 민가가 있었던 지역으로 조사 결과, 기단석들도 완전히 결실되었다. 그러나 지대석이 빠진 흔적이나 기단토 경사를 통해서 전체적인 규모는 어느 정도 유추해 볼 수 있었다. 원광대학교 마한·백제문화연구소 조사에서 확인된 규모를 보면 동서 너비 52.7m, 남북 폭 18.4m로 추정하였다.

기단은 지대석과 면석·갑석을 갖춘 단층기단으로 추정되었다. 계단 형태는 정확하지 않으며, 기단토가 대부분 삭평되어 초석이나 적심의 흔적도 잔존하지 않았다. 기단토의 구축도 탑지나 금당지와 같이 판축기법을 사용하지 않았을 것으로 판단된다.

강당지 서북쪽에서 백제 시대에서 고려 시대에 이르는 사이에 사용된 기와편이 집중 출토되었다. 여기에는 백제 시대 원형인각명문기와, 통일신라 시대 명문기와 및 연화문 수막새, 고려 시대 귀목문 암막새와 수막새 등이 출토되었다.

⑺ 회랑지

남회랑과 동회랑 일부가 확인되어 회랑의 형태를 알 수 있다. 대부분의 기단석들과 초석은 결실되었으나 기단 석재가 빠져나간 흔적이 정연하여 어느 정도의 규모를 추정할 수 있는데 동회랑은 폭 7.8m, 남북 길이 40m 가량이다. 현재 기초 판축층은 대부분 유실되어 일부 구간만 남아있고, 남회랑도 같은 폭의 규모인데 기단토는 동회랑과는 달리 북쪽에서 남쪽 방향으로 성토된 퇴적층 상면에 적갈색사질토로 판축하였다.

⑻ 동·서 건물지

동·서 건물지는 동회랑과 서회랑 북쪽 경계와 접하고 있다. 동쪽 건물지에서 보면 동회랑과 접하는 경계 지점은 금당지 북쪽 기단선상에 위치하고 있다.

기단은 동쪽에서 일부 확인되고, 서쪽 기단은 석재가 빠진 흔적만 남아 있다. 건물지 서쪽 기단은 동회랑 서쪽 기단의 위치와 일치하며, 기단의 동서 폭은 13.2m로 동회랑보다 넓다. 기단은 가공도가 떨어진 석재를 세워 조성하였고, 안쪽 초석으로 추정되는 방형석재 2매도 확인되었다. 기단 내부는 적갈색사질점토로 채워져 있으나 일부만 남아 있다.

(9) 출토 유물

유물은 주로 금당지·동회랑지·강당지 주변에서 출토되었으며, 기와류·토기류·토제품·동제품 등이었다. 그 중 기와류는 인동당초문 암막새를 비롯해서 수막새·원형인각명문기와, 통일신라 시대 명문기와 등이었다.

백제 시대 암막새는 인동당초문 암막새 한 종류가 출토되었다. 드림새 중앙에는 鬼面紋이 시문되고, 좌우에는 도식화 된 인동당초문을 배치하였다. 드림새와 접합된 암키와의 등면은 대부분 무문에 가깝게 정면되어 있으나 단선문이 시문되어 있는 것도 있다. 기와의 측단 절개흔은 와도 등을 사용해 여러 번 다듬어 깔끔하게 처리했다. 내면의 마포는 평직으로 올이 매우 성글다든지 기와의 형태나 태토 상태 등이 백제계로 보이기는 하지만 통쪽와통의 흔적은 살펴지지 않는다.

수막새는 4종류가 수습되었는데, 금당지에서 주로 출토된 연화문 수막새는 발굴 조사 전부터 수습되어 제석사지를 대표하는 유물로 알려져 왔다. 8엽으로 구성된 화엽은 도톰하고 끝이 반전되어 입체감 있게 표현된 연화문이다. 화판 사이에 움푹 파인 경계선이 형성되고, 1조의 양각원권의 자방 안에 1+5과의 연자가 배치되었다. 목탑지에서는 앞의 연화문 수막새와 크기나 형태는 유사하나 화엽의 입체감이 덜하고 안에 3엽의 인동문이 배치된 수막새가 출토되었다. 그리고 목탑지 동측기단에서 왕궁리 유적이나 부소산 폐사지에서 출토된 바 있는 선단이 하트 모양의 8엽 연화문이 배치되고 중앙에 다수의 연자가 있는 수막새도 확인되었다. 2차 조사에서는 강당지 북쪽에서 태극문수막새와 원형인장을 사용하여 '辰', '巳·毛', '午·斯', '午·止', '上𠃌乙瓦' 등의 문자를 타날한 명문기와가 출토되었다.

통일신라 시대 이후의 유물은 복엽단판연화문 수막새로서, 강당지 서남 기단부를 조사할 때 와적층에서 집중적으로 출토되었다. 미륵사지나 왕궁리 유적의 통일신라 유구에서 주로 출토되는 수막새로 주연과 자방부에 연주문이나 연자의 표현 유무에 따라 약간씩 다른 형식이 함께 확인되나 제석사지에서는 연주와 연자가 없는 형식만 수습되었다. 명문은 '丁昜'·'丁昜寺'·'帝釋寺' 銘 명문와들이 주로 출토되었고, 고려 시대 유물로는 휘안문암·수막새가 출토되었다.

시굴 조사에서 확인된 암·수키와 등문양은 무문을 비롯한 선조문·격자문·어골문·방곽문으로 대별되며 세분하면 20여 종이 된다. 백제계의 무문과 단선문을 포함하여 통일신라계로 판단되는 격자·어골문계의 다양한 문양들이 출토되었다. 기와류의 대부분이 인근의 왕궁리 유적이나 미륵사지 등에서 출토된 것과 공급처가 같은 곳으로 판단될 정도로 매우 유사하다.

토기류는 백제 시대 표식유물인 삼족토기편을 비롯하여 완·대부완·뚜껑·벼루·호형토기 등 주로 백제 시대로부터 통일신라 시대로 편년되는 유물들이 출토되었다.

⑽ 제석사 폐기장

폐기장은 원래 제석사를 건립하기 위해 기와를 제작하는 와요지로 전해오던 지역인데, 유구의 성격과 범위를 확인하기 위하여 2003년과 2004년 두 차례에 걸쳐 시굴 조사를 실시한 결과 화재의 잔재물을 폐기한 곳임이 확인되었다. 여기에서는 다량의 와편·소조상편·벽체편과 이들이 부스러진 소토 등이 뒤섞여 있었다.

막새기와 중 암막새 출토는 없고, 8엽연화문 수막새만 다량으로 출토되었다. 수막새는 와범의 형태에 따라 4종류로 나눠지는데, 자방의 연자 숫자나 형태가 상이한 점이 특징이다. 평기와 중 암키와는 통쪽와통에 의해 제작되었으며, 통쪽의 연결방식은 두 구멍 한 줄 엮기가 주류를 이룬다. 수키와는 토수와도 간혹 확인되나 미구와가 대부분이다. 등문양은 선문이 다양하게 살펴지며, 격자문도 극소수 조사되었다. 벽체편은 일부 백회를 바른 것도 있으며 퇴색했지만 벽화의 흔적이 살펴진다.

제석사 건물 내부를 장엄했던 것으로 추정되는 소조상의 출토량은 매우 많으나 대

사진 14 제석사지 폐기장

사진 15 제석사지 폐기장 유물출토상태

부분 훼손된 채 폐기되어 원형을 파악하는데 큰 어려움이 있다. 하지만 부분적으로 복원되는 편들이 있어 당시 수려했던 조각 기법을 엿보는 데는 부족함이 없다. 상의 종류는 불보살상·천부상·신장상·악귀상·동물상류들(사진 16, 도면 5, 6, 7)이[20] 있으나 어느 곳에 어떠한 상태로 봉안되었는지는 알 수 없다.

여기에서 출토된 유물들은 『관세음응험기』의 기사에 정관 13년 화재와 더불어 재건한 기록이 있기 때문에 639년 이전까지 사용되었던 유물로 판단할 수 있다는 점에서 그 중요성을 더해준다.

5) 彌勒寺址[21]

(1) 사적과 발굴 조사

미륵사지는 익산시 금마면 기양리 미륵산 남쪽 사면에 위치한다. 『삼국유사』 무왕조에 창건연기설화가 전해오고 있어 미륵사지의 창건은 백제 무왕 때 이루어진 것으로 대부분 의견의 일치를 보이고 있다. 그러나 필자는 사찰의 발원은 무왕일 수 있으나 완

---

20) 김선기·조상미, 2006, 『익산왕궁리전와요지(제석사폐기장)』, 시굴조사보고서, 원광대학교 박물관.

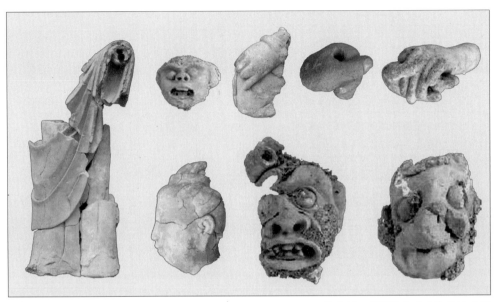

사진 16   제석사지 폐기장 출토 유물

도면 5   제석사 폐기장 출토
소조입상

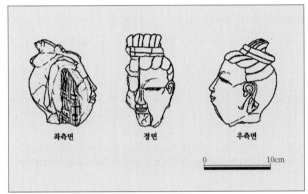

도면 6   제석사 폐기장 소조천부상 두부

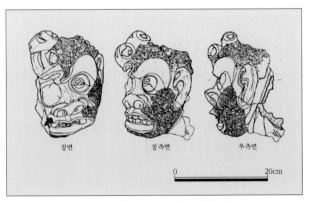

도면 7   제석사 폐기장 소조 악귀상 두부

성 시점은 의자왕 때로 보고 있다. 발굴 조사에서 삼원의 가람 배치가 확인된 미륵사지
는 통일신라 시대에 들어와서 당간지주를 세우고 더불어 남회랑과 연못 등을 확장하여
사찰의 면모를 일신하게 된다. 그러나 방대한 규모의 미륵사지는 중원과 동원을 차례
로 폐기하고 서원 일부를 중심으로 조선 시대까지 법맥을 이어왔던 것으로 확인된다.

　　미륵사지에 대한 최초의 발굴 조사는 1966년 4월과 5월에 실시되었다. 당시 주민들
에 의해 미륵사지 서탑 뒤쪽에 저수지를 막으려는 과정에서 건물지가 노출되어 긴급
조사가 이루어지고 저수지 건설작업은 중단되었다. 그 후 1974년과 1975년 원광대학
교 마한 · 백제문화연구소에서 동탑지에 대한 발굴 조사를 실시하여 서탑과 같은 석탑
이 있었음을 밝혔다. 그리고 종합적인 발굴 조사가 이루어진 것은 국립문화재연구소에
의해서이다. 1차 5개년 계획에 의해 1980년부터 1984년까지 사역의 중심부에 대한 조

---

21) 미륵사지에 대해서는 아래의 자료를 참고하였다.
　　홍사준, 1966, 「백제미륵사지 발굴작업 약보」, 『고고미술』 7권 5호, 한국미술사학회.
　　정명호, 1975, 「동탑지발굴 조사보고서」, 『마한 · 백제문화』 1, 원광대학교 마한 · 백제문화연구소.
　　전라북도, 1990, 『미륵사지동탑』, 복원설계보고서.
　　국립문화재연구소, 2005, 『미륵사지석탑』, 해체조사보고서 I ~Ⅲ.
　　문화재관리국 · 문화재연구소, 1989, 『미륵사』, 유적발굴조사보고서 I.
　　국립부여문화재연구소, 1996, 『미륵사』, 유적발굴조사보고서 Ⅱ.

사가 이루어졌고, 다시 2차 5개년 계획이 수립되어 1985년도부터 1989년도까지 사역 서북편 외곽지역을 중점적으로 조사하였다. 이어서 3차 5개년 계획은 1990년부터 1994년까지 연못터를 중심으로 하는 사역 남쪽에 대한 조사와 아울러 전시관 부지와 중심곽의 정밀 조사를 실시하였다. 이후 유물의 정리와 발굴 조사 보고서 집필 작업을 병행하여 1996년까지 모든 조사를 완료하였다. 당시 단일 유적으로서는 가장 긴 기간인 17년 간의 발굴 조사였다.

발굴 조사가 진행되는 과정에서 동탑에서 출토된 석재와 아울러 서탑 조사 자료를 바탕으로 동탑 복원이 이루어졌다. 그리고 붕괴 위험이 있는 서탑의 해체보수사업이 진행되고 있으며, 그 과정에서 2009년에 사리장엄구가 출토되었다.

(2) 가람 배치

발굴 조사에서 드러난 미륵사지 최초의 가람은 남쪽에서부터 북쪽으로 중문·탑·금당을 배치하고, 이것을 다시 횡축에 맞추어 3개소에 병렬해 놓고 그 주위에 복랑의 회랑을 둘렀다.(사진 17) 중원은 남회랑에 붙여 동·서·북을 회랑으로 완전히 둘러막았다. 중원 동·서 회랑에 대응하여 동원의 동회랑과 서원의 서회랑은 남회랑과 일정한 간격을 두고 북쪽으로 이어지는데, 각각 서쪽과 동쪽으로 꺾여 동원과 서원의 북회랑을 이루고 동·서 승방과 연결시켰다. 남북 장방형의 승방은 북단부에서 다시 북회랑과 이어지고 대규모의 강당 동서편에 연결되어 강당원을 이루었다. 동·서원과 강당원은 내측이 터져 있어 폐쇄된 중원과는 달리 자유롭게 통행을 할 수 있게 하였다. 강당지 북쪽에는 역시 대형의 건물지가 확인되었는데 승방으로 추정된다. 남회랑에는 각 원의 규모에 맞게 각각 중문을 두었으며, 그 앞에 석축과 함께 중문에 오를 수 있는 계단을 각각 배치하였다. 이러한 배치 양상은『삼국유사』무왕조의 '殿塔廊廡三所創之'의 기록과 일치하여 주목된다.

동원 남회랑 동단부에서 약 4m 가량 떨어져 남으로 약 73m 가량 연장되는 단랑의 회랑지가 위치한다. 회랑은 남단부에서 서절하여 약 44.5m 연장된 지점에 남문지로 보이는 유구와 그 앞에 폭넓은 계단지가 노출되어 중앙의 당간지주를 둘러싼 또 하나의 회랑을 두었다. 회랑 앞에서는 연못지도 확인되었다. 그런데 단랑의 회랑지는 창건당시의 유구는 아니고, 통일신라 시대에 추가로 확장한 건물지이다. 그러므로 미륵사지의 백제 시대 초창기 가람은 3탑3금당을 동서로 병치한 3원의 가람이며, 중원 뒤쪽에 강당과 강당 좌우와 북쪽에 승방을 배치하는 형태를 기본으로 한 가람 배치이다.

(3) 중문지

중문지는 3원병치의 가람에 걸맞게 3곳에서 확인되었다. 동원 중문지 외에는 파괴가 심한 상태지만 동·서원 같은 규모로써 동서 길이 12.3m, 남북 폭 7.9m로 정면 3칸(315cm·370cm·315cm), 측면 2칸(280cm·280cm)의 크기로 추정할 수 있다.

중원의 중문지도 기단의 유실이 심해서 기단이나 초석 혹은 초석적심이 확인되지 않았다. 기단 내부 조사에서 할석들을 깐 흔적이 확인되었는데, 그 범위가 대체로 중문과 일치하는 것으로 보인다. 이를 바탕으로 추정해 본 결과, 중문의 기단 규모는 동서 길이 19.2m, 남북 폭 8.4m이며, 주칸은 정면 5칸(330cm·330cm·370cm·330cm·330cm), 측면 2칸(305cm·305cm)으로 판단된다.

(4) 탑지

탑은 중원에 목탑을 배치하고 동원과 서원에는 석탑을 두었다. 중원과 동원의 탑은 기단 부분만 남아 있고, 서원 석탑은 반파된 채 남아 있다.

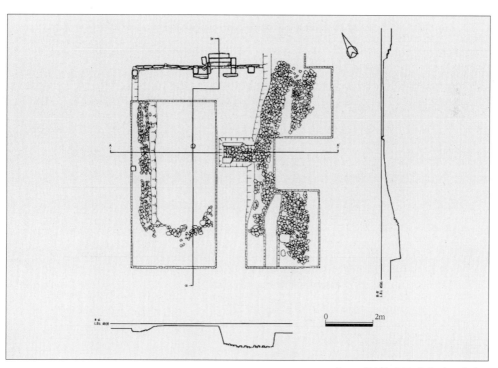

0   2m

도면 8 미륵사지 목탑지 평·단면도

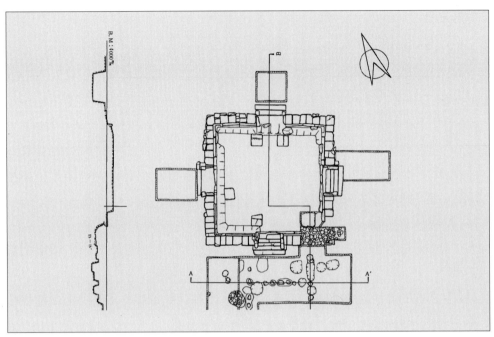

도면 9 미륵사지 동탑지 평·단면도

중원의 목탑지 동쪽 부분은 수로에 의해 이미 유실되었으며, 기단석도 대부분 결실되고 북쪽 일부만 남아 있다. 기단 상면도 이미 깎여나가 초석 등 유구는 전혀 확인되지 않았다.(도면 8)[22]

남아 있는 기단 부재를 통해 볼 때, 이중기단의 구조이며 하층기단 면석을 기준으로 18.56m 규모의 정방형 건물지로 판단된다. 네면 중앙에 각각 계단을 두었으며, 북변의 잔존 예로 보아 계단의 폭은 256cm이고, 하층기단 면석에서 110cm 가량 돌출되었다. 기단토는 마사토를 이용하여 5~10cm 내외의 두께로 판축하였다.

동탑지는 1974년 원광대학교 마한·백제문화연구소에서 발굴 조사한 결과를 토대로 보면 이중기단의 형태로 서탑과 동일한 석탑이 있었을 것으로 추정되었다.(도면 9)[23] 하층기단의 규모는 한 변 12.6m이며, 상층기단은 한 변 10.8m의 규모로 정면 3칸, 측면 3칸의 각 주칸은 250cm 크기이다.

22) 국립부여문화재연구소, 1996, 『미륵사』, 유적발굴조사보고서 II, 420쪽.
23) 문화재관리국·문화재연구소, 1989, 『미륵사』, 유적발굴조사보고서 I, 89쪽.

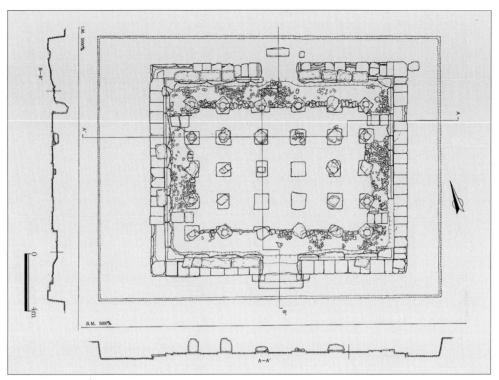

도면 10 미륵사지 동원 금당지 평·단면도

동탑 축조를 위한 기단 조성 방법을 보면, 먼저 탑이 세워질 일원을 점토 및 마사토로 다져 대지 조성을 한 후 기초부분을 만들기 위하여 되파기를 하였다. 되파기는 기단보다 70~80cm의 외부에서 기단부 안쪽으로 경사지게 굴토하였다. 여기에 5단의 할석층을 황갈색점토와 마사토로 다져가며 1m 높이로 조성하였다. 그리고 초반석이 놓일 자리를 마련한 다음 다시 황갈색점토와 쇄석을 두께 30cm로 다지고 초반석을 올려놓았다. 초반석 상층 주변에서도 역시 적색점토와 쇄석이 나타나며, 이것은 초반석 위에 놓이는 상층초석을 보강했던 것으로 판단된다.

(5) 금당지

동원 금당지 기단은 지대석과 면석을 겸한 석재 위에 판석형의 갑석을 놓고, 그 뒤에 밀림방지턱이 있는 상층기단 지대석·면석·갑석을 올리는 이중기단이다.(도면 10)[24]

복원된 기단의 전체 높이는 126cm이다. 금당지 외열초석 중심 바로 안쪽에 잡석을 쌓아 기단석과의 사이에 흙을 채워 토단을 만들었다. 그러므로 이 석렬을 경계로 안쪽

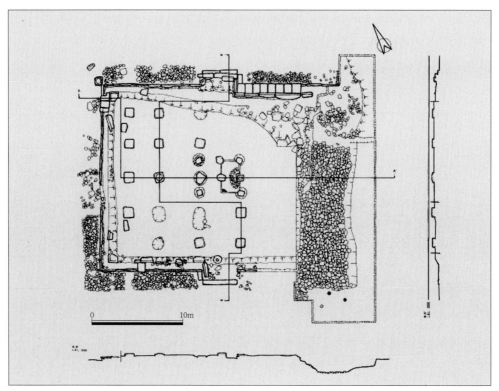

도면 11 미륵사지 중원 금당지 평·단면도

은 기단 내부에 만들어진 지하공간이 된다. 그리고 내부 공간으로 통할 수 있는 통로가 동쪽과 서쪽에서 각각 1개소씩 발견되었다. 건물지의 기단 남쪽과 북쪽 중앙에 각각 1개소씩의 계단지가 확인되었는데, 계단의 폭은 233cm이다.

　금당지의 주칸은 정면 5칸(230cm·230cm·270cm·230cm·230cm)으로 전체길이 12.7m이며, 측면 4칸(230cm·230cm·230cm·230cm)은 전체 길이 9.2m이다. 하층기단의 규모는 정면 17.9m, 측면 14.4m이며, 상층기단 지대석을 중심으로 한 규모는 정면 16.3m, 측면 12.8m이다. 금당지의 내부 공간에 통칸을 두지 않고 측면 중앙열에도 초석을 배치하고 있다. 초석의 형태는 매우 독특한데, 아래에 방형의 초반석을 놓고, 그 위에 사각주형의 장주형 초석을 배치하였다. 초석 주좌는 춤이 높고, 귀틀을 걸칠 수 있는 홈을 마련하였다.

24) 문화재관리국·문화재연구소, 1989,『미륵사』, 유적발굴조사보고서 I , 도면 4.

건물지 동남편과 서남편 하층기단 밖에서 복발형의 초석이 출토된 것으로 보아 보조 기둥인 활주를 세운 것 같이 보이나 확실한 용도는 알 수 없다.

중원 금당지는 동측 일부가 하천으로 인하여 유실되었다.(도면 11)[25] 동원 금당지와 마찬가지로 이중기단인데, 복원된 기단의 높이는 144cm이다. 기단 내부에 공간을 마련하였으며, 출입구시설도 일부 확인되었다. 남쪽과 북쪽에 각각 계단 1개소씩을 두었다. 초반석과 주초의 형태도 동원 금당지와 같으며 주칸도 정면 5칸, 측면 4칸으로 동일하나 중원 금당지의 규모가 크다. 정면은 주칸 거리 330cm · 440cm · 440cm · 330cm로 19.8m이고, 측면은 330cm · 370cm · 370cm · 330cm로 14m이다. 상층기단 지대석을 기준으로 한 규모는 동서 길이 24m, 남북 폭 18.2m이다. 하층기단 갑석의 길이가 100cm이므로 하층기단을 중심으로 했을 때의 규모는 동서 길이 26m, 남북 폭 20.2m이다.

건물지 중앙에 정면과 측면 각각 2칸의 구조를 갖는 초석재들이 확인되었는데, 불상을 안치하기 위한 기반시설로 판단된다.

금당지 서북쪽 기단 모서리에 팔각주좌를 갖춘 석물과 팔각간주석이 출토되었는데, 활주 초석으로 사용되었을 것으로 생각되지만 동원 금당지 출토품과는 다른 형태이다.

서원 금당지는 동원 금당지와 대동소이한 형태이나 잔존상태가 좋지 않다. 일부 장주형 초석은 부러져 없어졌거나 상면을 뾰족하게 추가 가공된 모습을 보이는데, 이는 후대에 돌절구를 만들기 위하여 훼손시킨 흔적이다.

⑹ 강당지

강당지의 기단은 밀림방지턱이 있는 지대석 · 면석 · 갑석을 올린 단층기단이며, 전체 높이는 1m가 된다. 정면 모두 3개소에 계단이 설치되어 있는데, 폭은 5.3m이며 지대석으로부터 5단의 답석으로 구성되어 있다. 기단의 측면에서도 작은 계단 시설이 확인된다.(도면 12)[26]

초석은 95cm의 방형 초석으로 중앙에 직경 55cm의 원형주좌가 돌출되어 있고 고막이가 각출된 것도 있다. 동쪽과 서쪽 외진초석렬은 방형 초석과는 달리 직경 70cm의

---

25) 국립부여문화재연구소, 1996, 『미륵사』, 유적발굴조사보고서 II, 419쪽.
26) 국립부여문화재연구소, 1996, 『미륵사』, 유적발굴조사보고서 II, 414쪽.

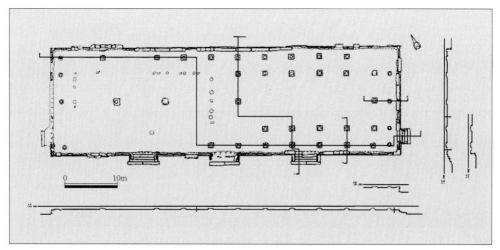

도면 12 미륵사지 강당지 평·단면도

원형 초석에 40cm 크기의 원형주좌가 있어서 당초부터 다른 초석을 사용한 것인지 아니면 개축을 하면서 별도로 사용한 것인지 확실하지 않다. 그러나 원형 초석에 각출된 고막이의 방향이 초석렬과 방향이 맞지 않아 창건 때부터 원형 초석을 사용하지 않았던 것으로 생각된다.

초석의 배치는 정면 13칸, 측면 4칸이며 측면 내부 중앙에는 초석을 배치하지 않은 통칸으로 조성하였다. 정면은 중앙 11칸의 주칸 길이가 각각 505cm, 좌우 협칸은 310cm로 전체 길이 61.75m이다. 측면 중앙 2칸의 주칸 길이는 505cm이고, 전후 협칸은 310cm로 전체 길이 16.3m이다. 기단 규모는 동서 길이 65.65m, 남북 폭 19.8m이다.

구지표 위의 와편층에서는 6엽단판연화문 수막새, 백제 기와편, 통일신라 시대 기와편, 원형인각명문와편이 집중 출토되고 목탄과 소토와 벽체편도 출토되었다.

(7) 회랑지

백제 시대 창건 회랑은 기본적으로 복랑으로 만들어졌다. 기단의 폭은 6.6m 내외의 규모이며, 복랑의 주칸은 2.15m 내외이고, 길이 방향의 주칸은 약 3.3m를 기본으로 하고 있다. 단지 회랑이 접하는 곳은 모두 2.15m의 주칸을 보이며, 동원과 서원의 북회랑은 다른 부분과는 달리 동서의 주칸이 325cm·375cm·375cm·400cm를 보이고 있다. 기단 구조는 면석을 겸한 지대석 위에 갑석을 올린 형태이다.

남회랑지의 전체 길이를 도면에서 측정해 보면 173m이다. 중원의 동·서 회랑은

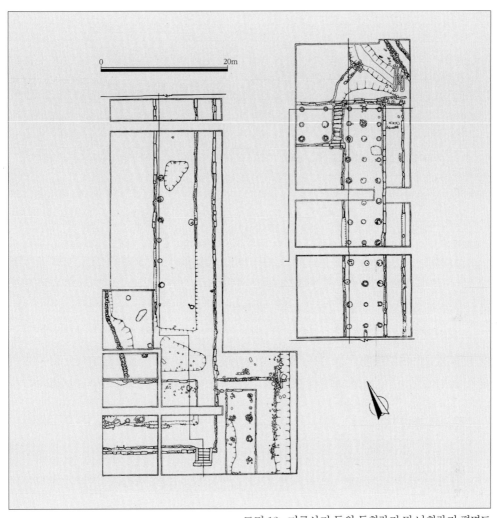

도면 13 미륵사지 동원 동회랑지 및 남회랑지 평면도

남회랑과 북회랑에 직접 연결된 상태로 탑과 금당지를 감싸고 있어 평면상으로 완전히 밀폐되었다. 중원 동·서 회랑의 남회랑지 북쪽 초석렬에서 북회랑지 남쪽 초석렬까지의 거리는 82.5m이고, 북회랑 기단 사이의 길이는 73.16m이다. 중원 동·서 회랑은 동원의 서회랑과 서원의 동회랑을 겸하고 있다.(도면 13)[27] 동원의 동회랑은 남회랑 북쪽 기단으로부터 4.5m 떨어져 남쪽 기단이 시작되는데, 북회랑까지의 기단 거리는

---

27) 문화재관리국·문화재연구소, 1989, 『미륵사』, 유적발굴조사보고서 I , 105쪽.

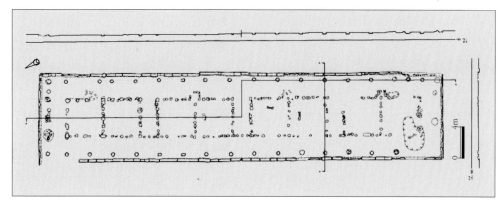

도면 14 미륵사지 동원 승방지 평 · 단면도

77.15m 내외이다. 동회랑은 서절하여 북회랑을 형성한 후 승방지와 접속되는데 동회
랑 동쪽 초석 중심에서 동원 승방지 동쪽 초석 중심까지의 거리는 19.05m이다. 서원의
서회랑과 북회랑도 동원의 회랑과 같은 양상이다.

초석의 형태는 대부분 직경 65cm 내외의 원형 초석으로 직경 45cm 내외의 주좌를
높지 않게 각출하였다. 중원 북회랑 동북우에는 초석은 고막이와 원형주좌를 각출한
원형 초석이 있다. 초석의 형태나 크기는 다른 회랑지에서 출토되는 것과 비슷하다.

⑻ 동 · 서 승방지

동원과 서원의 북회랑과 접해서 남북 장방형의 승방지가 위치한다. 동원 승방지의
기단 규모는 남북 길이 65.5m, 동서 폭은 약 14m이다. 기단의 구조는 회랑지와 마찬가
지로 면석을 겸한 지대석 위에 갑석을 올리는 형태이다.(도면 14)[28]

원형주좌가 각출된 원형 초석을 사용한 회랑지와는 달리 주좌가 없는 원형 초석을
사용하였다. 초석의 직경은 53cm이다. 일부 주좌가 있는 것과 장방형의 할석을 초석으
로 사용한 예도 있는데, 후대에 개보수할 때 초석으로 대용한 것으로 판단된다. 초석은
외열에만 배치하고 안쪽에는 초석이 없이 고막이 석렬만 노출되었다. 주칸은 남북 18
칸, 동서 4칸이다. 주칸 거리는 도리칸이 남쪽 3칸은 2.3m이고, 중앙 13칸은 3.9m이며,
북쪽 2칸은 2.15m이다. 양칸은 모두 2.95m이다. 초석 중심과 기단 외연과의 거리는
1.1m이다.

---

28) 국립부여문화재연구소, 1996, 『미륵사』, 유적발굴조사보고서Ⅱ, 415쪽.

승방지 내부에서 나오는 고막이 석렬은 중앙에 방을 배치했던 시설로 판단된다. 고막이 석렬은 한 변이 6m의 정방형 평면을 남북으로 2개씩 연속하여 만들고 있으며, 한 쌍의 방과 그 곁에 있는 또 한 쌍의 방 사이는 약 3m 가량 떨어져 4개조가 확인되었다. 동원 승방지 북쪽 끝 부분은 다시 북회랑이 형성되어 강당지 동쪽에 연결된다.

서원 승방지 위에서는 많은 후대건물지들이 겹쳐 있는데, 조사 결과 동원과 비슷한 규모의 승방지가 있었던 것으로 판단된다. 단지 주칸 거리는 북측 1칸이 2.9m이고, 나머지는 동원과 같이 3.8m이다.

⑼ 북승방지

북쪽 승방지는 강당지 북쪽 석축 위에 동서 방향으로 나란히 배치된 건물지이다. 기단 내에서 동원 승방지와 같은 방의 구조가 확인되어 승방이 있었음을 알 수 있다.(도면 15)[29]

건물의 기단 규모는 동서 길이 160m, 남북 폭 14m이다. 창건 당시 북쪽 승방지의 동서 기단거리는 133.4m이었던 것을 26.6m나 더 길게 보완하여 증축하였음이 확인된다. 증축 보완한 건물지 석재 등은 초기 석재의 치석 방법 등 기술상에 있어서 조금도

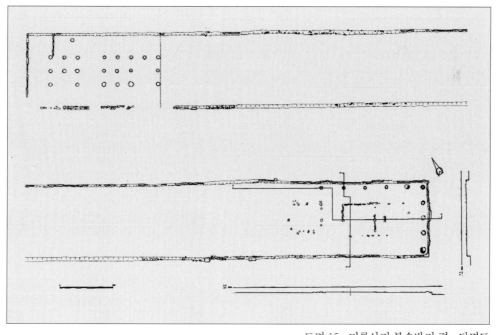

도면 15 미륵사지 북승방지 평·단면도

뒤지지 않는다.

기단은 회랑지나 승방지에서 확인된 것과 마찬가지로 면석을 겸한 지대석 위에 갑석을 올린 것으로 판단되나 갑석은 한 점도 확인되지 않았다. 초석은 원형 초석에 주좌가 있는 것과 없는 것이 있다. 북승방지 동쪽 기단 부분에서 확인된 바로는 동원 승방지와 같이 한 변 6m의 방 2기씩이 한 조를 이루면서 배치되어 있고, 방과 방 사이에는 2m의 공간을 두고 있다. 다만 나중에 보완 증축했던 부분의 내부 시설은 동편의 초기 승방지와는 다른 구조를 보인다.

⑽ 출토 유물

미륵사지에서는 다양한 유물이 출토되었으나 유적의 성격상 기와류가 주종을 이룬다. 대체적으로 중심곽에서는 39종의 암막새와 54종의 수막새 그리고 연목와와 박공막새가 출토되었다. 암막새는 주로 당초문 계열이 출토되고 있으며, 수막새는 8엽의 화엽 선단이 하트모양인 것과 함께 미륵사지 전형적인 수막새라고 할 수 있는 6엽단판 연화문 수막새가 주종을 이룬다. 6엽수막새의 경우 화엽 안에 인동문이 시문되거나 다이아몬드형으로 꽃술과 같은 형태이다. 통일신라 시대나 고려 시대까지도 다양한 형태의 수막새가 출토되었다.

이외에 백제 시대 유물로 주목되는 것은 원형인각명문기와이다. 하나의 인각에 '丁巳', '己丑'과 같은 간지가 각인된 것, 10간 12지 중 한 글자만 각인되거나, 2개의 인장 안에 각각 한 글자씩 인각된 것 등 여러 형태의 원형인각명문와가 출토되었다. 이 외에 평기와의 등면에 명문을 타날한 기와들도 다수 출토되었는데, '彌勒寺' 銘 외에 '延祐', '天曆', '太平興國' 등 연호가 표기된 명문와도 출토되었다.

---

29) 국립부여문화재연구소, 1996, 『미륵사』, 유적발굴조사보고서 Ⅱ, 417쪽.

2. 堂塔 構造

1) 基壇 基礎

당탑을 건립하기 위해서는 먼저 구축하고자 하는 건물의 기초가 되는 부분을 만들어야 하는데 이를 기단 기초라 한다. 여기에서 기단 기초라고 함은 건물지를 조성하기 위한 기단 아래의 기초부분과 기단 구축토까지를 포함하는 의미이다. 기단 기초는 지표면을 기준으로 하여 아래를 기초부로, 위를 기단토 부분으로 나눌 수 있다. 하지만 기단 기초를 구축하는 공법상 굴광을 하여 만들 때는 지하부분에서 지상부분까지 모두 판축에 의하여 구축되어지는 경우가 있기 때문에 층위상에서 나누기 어려울 때도 있다.

기단 기초는 지형이나 지질에 따라 성토하거나 삭토하는 방법을 이용하여 세우고자 하는 건물의 범위만큼 단을 만든다. 이는 건물의 하중을 견뎌야 하는 가장 기본적인 구조물이므로 튼튼하게 하기 위한 여러 가지 방법들이 기단 기초의 구축에 사용된다. 특히 사찰건물의 주요 당이나 탑은 대체로 규모가 크기 때문에 기단 기초를 만드는데 더욱 심혈을 기울이고 있다.

기단 기초를 구축하는 방법으로는 지상성토형, 굴광판축형, 지상삭토형으로 분류하기도 한다.[30] 또한 기초 유형을 구분하면서 온통기초, 독립기초, 혼합기초로 나누고 온통기초는 삭토기초, 성토기초, 지상판축기초, 굴광기초로 세분하기도 한다.[31]

지금까지 익산 금마저 지역 사지 조사에서 나타나는 기단 기초의 구축 방법은 크게 성토하는 방법과 삭토하는 방법으로 나눌 수 있다. 삭토법은 건축하고자 하는 부분만을 남겨놓고 주변의 흙을 제거하여 단을 만드는 방법이다. 물론 삭토하는 과정에서 부족한 부분은 다시 성토를 하기도 한다. 성토법에는 성토다짐법, 판축법, 토석혼축법이 있는데, 판축법은 다시 지상에만 판축하는 지상판축법과 성토하여 대지를 조성한 후 기초부분만을 되파서 성토하는 굴광판축법으로 나눌 수 있다. 그리고 이러한 각각의 축기의 법식을 혼합하여 사용하는 토석혼축+판축법, 토석혼축+성토법이 있다.(도면 16)

---

30) 정자영·탁경백, 2007, 「한국 고대 목탑의 기단 및 심초부 축조기법에 관한 고찰 -백제 사지를 중심으로-」, 『문화재』 40, 국립문화재연구소.

31) 한욱, 2009, 「6~8세기 백제·신라건축의 기초부 비교 연구 -사찰유적을 중심으로-」, 『문화재』 42권 2호, 국립문화재연구소.

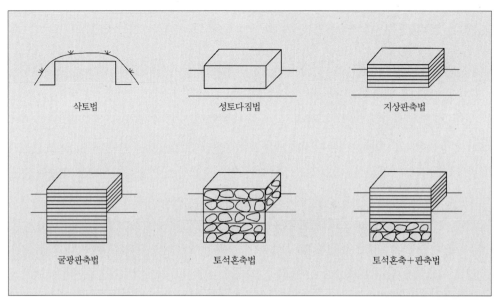

도면 16 기단구축 모식도

성토다짐법은 순수한 흙만을 성토하면서 다지는 가장 일반적인 방법이다. 판축법은 중국 고대로부터 발달한 지정 공법으로 일종의 지반 개량법인데, 흙을 쌓고 다지는 과정의 반복을 통하여 필요한 구조적인 강도를 얻는 방법이다.[32] 일반적인 판축공법은 구조물의 기반 하부를 구조물보다 넓게 파내고 지내력이 우수한 점토와 풍화토 등을 얇게 펴 깔고 물을 부어 공극을 줄이고자 목도로 다지면서 소요되는 높이만큼 성토하는데 특별히 부재료를 사용하지 않는다.

토석혼축법은 지반층이 약한 지역에서 사용하는 것으로 생각되는데, 비교적 큰 돌을 놓고 흙을 부어가면서 다짐하는 공법이다. 하부를 토석혼축으로 하고 상부를 판축하는 방법도 사용되고 있다.

(1) 사자사지 · 연동리사지

사자사지에서는 관련유구가 조사되지 않아 기단 기초를 구축하는 방법은 알 수 없다.

연동리사지에서는 금당지 축기부의 기단구축토는 황갈색생토층 위에 적갈색사질

---

32) 손희주 · 박언곤, 2001, 「판축을 이용한 구조물 축조법에 관한 연구」, 『대한건축학회 학술발표논문집』 계획계 21권 2호, 대한건축학회.

점토를 다진 성토다짐법에 의해 이루어졌다.

(2) 대관사지

금당지 축기부의 기단토는 생토층 위에 5~10cm 두께로 정연하게 판축하여 조성하였는데, 건물지 중심에서 외부로 갈수록 조잡하다.(도면 17)[33] 생토층을 일부 굴광하고 다듬은 돌로 석축기단을 조성한 후에 황갈색마사토와 적갈색사질점토로 단단하게 판축하여 조성되었다고 보고하고 있어,[34] 금당지의 기단 기초에는 약간의 굴광은 하였으나 지상판축에 의해서 조성된 것으로 판단된다. 그리고 기단 내부 판축토에서는 시루 등 백제토기편과 기와편이 소량 출토되었다.

백제 시대에 조성된 것으로 판단되는 강당지의 기단 기초에 대해서는 아직 보고되지 않았다. 단지 여기서 판축법의 흔적은 확인되지 않아 성토다짐한 것으로 판단된다.

대관사지에서 주목되는 기단 기초 구축방법은 건물지22이다. 다른 지역에서는 성토다짐을 하거나 아니면 판축기법을 사용한데 반하여, 여기에서는 삭토하는 방법으로 기단 기초를 조성하고 있다. 즉 건물지22의 기단 기초는 일차적으로 생토면을 부분적

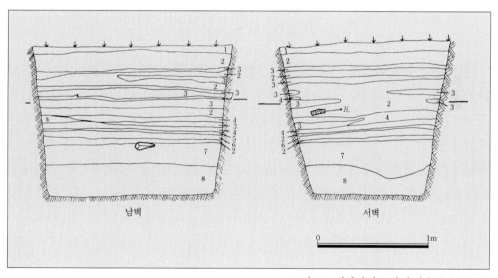

남벽   서벽

도면 17   대관사지 금당지 판축부분 토층도

---

33) 부여문화재연구소, 1992, 『왕궁리 유적발굴중간보고』, 177쪽.
34) 국립부여문화재연구소, 1998, 『왕궁리』, 발굴중간보고VI, 330쪽.

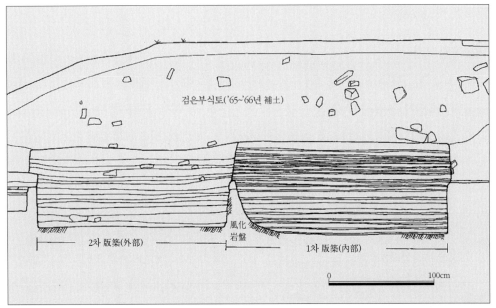

검은부식토('65~'66년 補土)

風化
岩盤

2차 版築(外部)

1차 版築(內部)

0   100cm

도면 18 대관사지 목탑지 판축부분 토층도

으로 잘라내어 기단의 범위를 결정하고 기단석을 놓아 기단부를 조성한 후에 이차적으
로 기단 내부 초석이 놓일 자리에 생토를 굴광하여 토심적심을 하는 방식이 적용되었
다.[35)]

　대관사지 추정 목탑지 기단 기초는 내측과 외측으로 나누어 판축한 것으로 밝혀졌
다.(도면 18)[36)] 내측은 약 50cm 가량의 생토층을 굴광한 후 판축하였다. 그리고 내측
과 외측 경계지점에는 풍화암반층을 뾰족하게 돌출시켜 경계로 삼았다. 내측 판축층은
아주 정교하게 판축을 하였는데, 토질이 다른 두 가지의 흙을 이용하였다. 즉 황색이나
명황색마사토를 간층으로 넣고 그 사이사이의 층은 적갈색점토를 넣어 다졌는데, 간혹
암갈색사질점토나 적갈색사질점토로 만들어진 층이 확인되기도 한다. 내측판축의 특
징은 목도로 다진 흔적이 간층인 마사토층마다 또렷하게 빈틈없이 나타나고 있다는 점
이다. 모두 32개 층위의 판축층이 나타나는데, 16개의 마사토층에서 모두 목도의 흔적
이 나타나고 있는 것으로 보아 층층마다 굳고 고르게 다지는 작업을 얼마나 세심하게

---

35) 국립부여문화재연구소, 1998, 『왕궁리』, 발굴중간보고VI, 242쪽.
36) 국립부여문화재연구소, 1997, 『왕궁리』, 발굴조사중간보고II. 43쪽.

했는지 알 수 있다. 적갈색점토층은 3~4cm의 두께이고, 황색마사토층은 2~3cm로 이루어져 있다. 목도의 흔적은 직경이 3~4cm이거나 큰 것은 5~7cm 크기이다.

외측판축은 35~45cm 정도의 풍화암반층을 파내고 축조하였다. 내측 판축층과 가장 차이가 나는 점은 황색마사토와 같은 간층을 넣지 않아 각 층은 서로 비슷한 성격의 토질로 구성되어 있다는 점이며, 토층 속에는 작은 화강암제 석편이 드물게 섞여 있다. 전체적인 판축층의 규모는 동서 길이 16.85m, 남북 폭 12.76m로 장방형 형태를 보인다.

판축층 내에서는 드물게 아주 작은 백제 기와편이 혼입된 예가 보이고 있다. 이러한 현상은 같은 시기에 축기부가 조성된 것으로 판단되는 금당지에서도 확인된다.[37]

한편, 목탑지로 추정되는 판축층은 앞선 시기로 판단되는 건물지3의 기단 기초를 깨고 기초가 형성되어 있어서 목탑지 축기부로 보기 어려운 상황이라 하고, 내측 판축부의 동·서변에 맞춰 동서 길이 11.5m, 남북 길이 12.7m의 건물지3의 축소된 기단을 목탑지로 봐야 할 것으로 추정하고 있다.[38] 그러나 지금까지 백제 시대에 건축된 목탑지의 기단 기초는 대부분 판축기법을 사용하고 있어[39] 수긍하기 어렵다.

이상에서 대관사지는 다양하게 기단 기초를 구축하고 있음을 알 수 있다. 즉 탑지는 내외의 판축기법이 다르지만 굴광판축에 의해 기단 기초가 만들어졌으며, 금당지는 약간의 굴광만을 한 지상판축법을 사용하였고, 강당지는 성토다짐의 방법으로 축기부를 조성한 것을 알 수 있다. 그리고 건물지22는 생토를 기단토로 하는 삭토법에 의한 기단 기초를 하고 있다.

(3) 제석사지

금당지 기단 내부 판축층은 생토인 적색점토층 상면에서부터 위로 크게 갈색모래층-적갈색사질점토층-황색마사토층-적갈색사질점토층으로 이루어진 지상판축에 의해 기단 기초가 만들어졌다. 기단 내부 판축토의 상부를 적갈색사질점토층으로 하고, 하부는 황색마사토층으로 구분하여 판축하는 양상은 목탑지에서도 확인된다.[40]

---

37) 국립부여문화재연구소, 1997, 『왕궁리』, 발굴조사중간보고Ⅱ, 41~45쪽.

38) 국립부여문화재연구소, 1998, 『왕궁리』, 발굴중간보고Ⅵ, 319쪽.

39) 지금까지 조사된 백제 시대 목탑지의 경우 대부분 굴광판축이나 지상판축의 형태로 기단토가 만들어지고 부소산 폐사지만 생토층을 삭토하여 목탑지 기단을 조성하였다.
   (국립부여문화재연구소, 2009, 『한·중·일 고대사지 비교연구(1) - 목탑지 편』)

40) 국립부여문화재연구소, 2008, 『익산 제석사지 - 제1차 조사』, 자문위원회의자료, 5쪽.

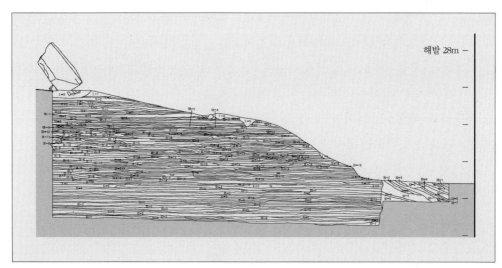

해발 28m ─

도면 19　제석사지 목탑지 실측도(남측부분)

　　강당지에 대해서는 아직 완벽한 조사가 이루어지지 않았다. 원광대학교 마한·백제문화연구소의 시굴 조사에서 밝혀진 바로는 대부분 기단토가 삭토되어 정확한 사항은 알 수 없으나 성토다짐의 방법으로 조성했을 것으로 판단된다.

　　제석사지 목탑지의 경우 축기부는 크게 4부분으로 구분되며 수평상의 정교한 판축으로 조성된 굴광판축이다.(도면 19)[41] 특히 거의 대부분의 판축층에서 직경 2~4cm의 달구질한 목도의 흔적이 확인되어 기단 축조 과정에서 고도의 토목건축 기술이 적용되었음을 알 수 있다. 즉 목탑 기단 기초는 우선 지면을 굴광하여 내부를 약 70cm 두께의 갈색사질점토 위주로 판축하였고, 다시 지상에는 아래에서부터 위로 약 250cm 두께로 정교하게 판축하였는데, 세부적으로는 3단으로 구분되었다. 즉 아래에서부터 황·적색마사토층(140cm)-갈색점토층(54cm)-갈색사질점토층(58cm)으로 나누어진다.[42]

　　이러한 양상으로 보아 목탑지는 굴광판축에 의해 지상 기단부까지를 포함하는 기단 기초를 조성하였으며, 금당지는 지상에만 판축을 하여 기단 기초를 조성한 지상판축법을 사용하고 있고, 강당지는 성토다짐법에 의해 기단 기초를 조성하였음을 알 수 있다.

---

41) 국립부여문화재연구소, 2011, 『익산 제석사지』, 발굴조사보고서 Ⅰ, 73쪽

42) 국립부여문화재연구소, 2008, 『익산 제석사지 - 제1차 조사』, 자문위원회의자료, 3쪽.

(4) 미륵사지

중원 금당지는 기단 기초 구축을 위하여 하층기단 면석 전방 210cm까지 되파기하였다. 되파기 한 바닥층까지의 깊이는 확인되지 않았으나, 중원 금당지의 지표면에서부터 약 150cm 깊이까지는 20~30cm 크기의 호박돌로만 다져 넣고, 그 상층은 호박돌과 진흙, 사질 섞인 마사토 등과 혼합하여 다진 토석혼축을 하였다. 지상부분은 건물지 외열초석과 기단석 사이만 기단토로 채우고 가운데 부분은 공간구조를 하고 있는데 성토다짐으로 기단토를 구축하였다. 동원이나 서원의 금당지도 같은 구조이며, 강당지나 회랑지 및 승방지도 성토다짐방법으로 기단 기초를 만들었던 것으로 확인된다.

중원 목탑지의 기단 기초는 추정 기단 상면에서부터 1.9m까지의 깊이는 판축을 하였고, 그 아래에는 할석과 점토를 교대로 다진 다짐층을 약 2m 깊이로 깔은 토석혼축 방법의 기단 기초이다. 할석층의 매층 높이는 25cm 내외이고, 판축한 토층은 총 46단으로 이루어져 있다. 각 판축층은 3~5cm 정도의 두께를 보이는데, 각각의 층은 고르고 서로 겹쳐짐이 없이 모두 수평을 이루고 있어 매우 정성들여 다졌음을 알 수 있다.(도

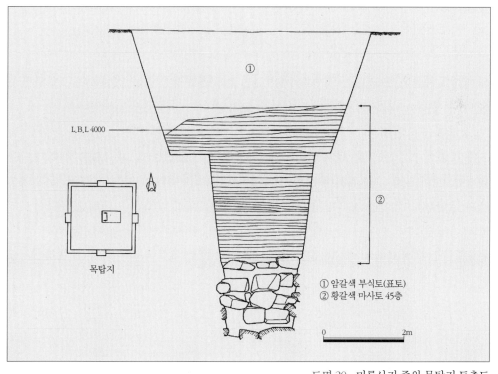

도면 20 미륵사지 중원 목탑지 토층도

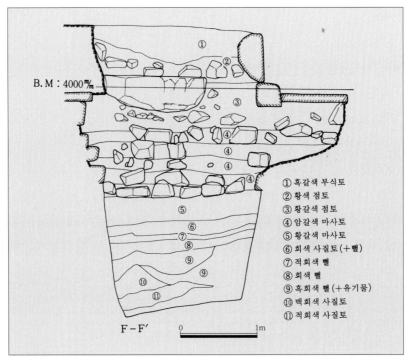

① 흑갈색 부식토
② 황색 점토
③ 황갈색 점토
④ 암갈색 마사토
⑤ 황갈색 마사토
⑥ 회색 사질토(+뻘)
⑦ 적회색 뻘
⑧ 회색 뻘
⑨ 흑회색 뻘(+유기물)
⑩ 백회색 사질토
⑪ 적회색 사질토

도면 21 미륵사지 동탑지 하부 토층도

면 20) 또한 판축층을 이루고 있는 각 토층은 밝은 황갈색이나 미색 또는 적회갈색 등의 마사토층을 이루고 있는 것으로 보아 전반적으로 일정한 흙을 정선하여 조성하였음을 알 수 있다. 그러나 각 판축층을 다진 목도의 흔적은 발견하지 못하였다.

동탑지는 목탑지와는 달리 정교한 판축 흔적이 보이지 않는다.(도면 21)[43] 탑을 축조하기 위한 기단 조성은 먼저 탑이 세워질 일정 범위를 점토 및 마사토로 다져 대지를 조성한 후 기초를 하기 위하여 되파기 하였다. 되파기는 기단보다 70~80cm 정도 외부에서 기단부 안쪽으로 경사지게 굴토하고, 이어서 5단의 할석층을 차례로 황갈색점토와 마사토로 다져가며 1m 높이로 조성하였다. 그리고 초반석이 놓일 자리를 마련한 다음, 다시 황갈색점토와 쇄석으로 두께 30cm 정도로 다지고 초반석을 올려 놓았다. 초반석 상층 주변에서도 역시 적갈색점토와 쇄석이 나타나는데, 이것은 초반석 위에 놓이는 상층초석을 보강했던 것으로 판단된다. 서탑의 조성 기법도 동탑과 대동소이할

---

43) 문화재관리국·문화재연구소, 1989, 『미륵사』I, 유적발굴조사보고서, 94쪽.

것으로 판단된다. 현재 해체조사가 진행 중이므로 자세한 내용은 후일 보고될 것이다.

이상 미륵사지에서 나타나는 기단 기초 구축 양상은 탑지의 경우 동원과 서원의 석탑에서는 일정한 부분까지 성토를 하여 대지를 조성한 후 기단외부에서 되파기하여 토석혼축에 의한 방법으로 기단 기초를 구축하였고, 중원 목탑지에서 아래층은 토석혼축의 방법을 사용하고 상층에는 정교한 판축법을 사용하고 있음이 특징인데, 여기서도 굴광판축에 의해 조성되었다. 중원 금당지도 되파기를 하여 토석혼축으로 축기부를 조성하였으며, 상면의 기단토는 성토다짐에 의해 만들어졌는데 동금당과 서금당도 같은 형태로 판단된다. 한편 강당지 등 그 외의 건물지는 성토다짐을 하여 기단 기초를 조성하였음을 알 수 있다.

(5) 기단 기초의 검토

백제 시대 사찰의 중심 구역에서는 탑과 금당과 강당, 그리고 승방과 회랑이 대부분 확인된다. 탑은 사리를 봉안하는 공간이며, 금당은 형상을 봉안하는 공간이다. 그러므로 두 공간은 佛의 공간이라고 할 수 있다. 그리고 강당은 강법을 위한 공간으로써 僧의 공간이라고 할 수 있어 사찰에서는 세 건축물이 중심 건물임을 알 수 있다. 그리고 중문 회랑과 더불어 승방 등은 중심건물에 대한 부속 건물의 성격을 보인다고 할 수 있다. 그러므로 사역 안에서 나타나는 건물들은 성격에 따라 위계의 차이를 보이고 있으며, 위계의 차이는 건물의 규모에도 영향을 주기 때문에 결국 기단 기초의 조성 방식에서도 차이를 보인다.

지금까지 익산 금마저 지역 사지에서 밝혀진 건물지 기단 기초 구축 방법을 종합하면 〈표 1〉과 같다.

표 1 익산 금마저 지역 사지 기단 기초 현황

구분		연동리사지	대관사지	제석사지	미륵사지
당	금당지	성토다짐	지상판축법	지상판축법	토석혼축+성토법
	강당지	-	성토다짐	성토다짐	성토다짐
	중문 · 회랑 · 승방	-	성토다짐	성토다짐	성토다짐
	기타	-	삭토법(건물지22)		
탑	목탑지	-	굴광판축법	굴광판축법	토석혼축+굴광판축법
	석탑지	-	-	-	토석혼축법

금당지를 조성하기 위한 방법으로 연동리사지에서는 성토다짐법을 쓰고 있지만,

대관사지와 제석사지에서는 지상판축법, 미륵사지에서는 토석혼축을 한 위에 성토다짐법을 사용하여 기단 기초를 구축한 것으로 나타난다. 강당지에서는 모두 성토다짐법을 사용하고, 중문과 회랑, 그리고 승방에서도 성토다짐을 하고 있음을 알 수 있다. 그리고 대관사지의 건물지22[44]는 삭토법에 의해 기단 기초를 한 것으로 확인된다. 목탑지인 대관사지와 제석사지에서는 굴광판축을 하고 있으며, 제석사지 창건 목탑지로 판단되는 금당지 서남쪽 건물지에서도 정교한 굴광판축을 하고 있는 것으로 확인되었다. 한편 미륵사지 목탑지에서는 토석혼축에 굴광판축법을 사용하고 있는데 반해, 석탑지에서는 토석혼축에 의한 기단 기초를 구축하고 있다.

미륵사지는 금당지나 목탑지·석탑지에서 모두 토석혼축의 기초를 사용하거나 아니면 그 위에 판축이나 성토다짐의 방법으로 기단 기초를 조성하고 있음을 알 수 있다. 다른 사지에서 나타나지 않는 이러한 기법의 변화를 시기적인 차이로 인식할 수도 있으나, 미륵사지가 가지고 있는 지형적 조건이 기단 기초의 차이를 보여주는 것으로 생각된다. 즉 다른 사지들은 모두 구릉성 평지에 조성되기 때문에 지반층이 대부분 단단한 마사토질을 보인다. 그러나 미륵사지는 계곡형 평지이며, 『삼국유사』의 기록에는 연못을 메워 축조하였다고 기록하고 있는데 발굴 조사에서도 그러한 사실들이 확인된다. 그러므로 취약한 기초를 보강하기 위하여 성토를 한 후 깊게 굴광하여 토석혼축에 의한 다짐을 한 것으로 판단된다. 그리고 대관사지나 제석사지에서는 금당지가 지상판축에 의해 조성되나, 미륵사지의 예에서는 판축을 하지 않고 토석혼축 위에 성토다짐을 한 것으로 확인된다. 미륵사지 금당지 기단의 중심부는 공간구조이며, 공간을 만들기 위해서 초반석과 장주형 초석을 사용하였다. 그러므로 기단토에는 하중 분산을 위하여 판축을 해야 할 공간자체가 없는 구조이기 때문에 단지 기단과 외진초석 사이에만 성토다짐을 하고 있다.

이와 같이 미륵사지의 입지나 특수한 건축 구조를 제외한다면 목탑지는 굴광판축을, 금당지는 지상판축을, 강당지와 더불어 부속건물들은 성토다짐의 기단 기초를 하여 사찰을 조성하고 있음을 알 수 있다.

기단 기초를 좀 더 검토하기 위해 부여 지방에서 조사된 백제 사찰과 비교하면 표 2와 같다. 표에서 보면 부여 지역의 금당지는 6세기 전·중반 이후에 창건된 것으로 보

---

44) 건물지22의 성격은 대부분 궁성과 관련된 것으로 보고 있다. 하지만 필자는 대관사와 관련된 건물로 보고자 한다. 자세한 사항은 뒤에서 논한다.

이는 용정리사지나 정림사지·군수리사지는 단순한 성토다짐에 의해 기단 기초를 구축한 것을 알 수 있다. 그러나 판축법에 의해 금당지 기초를 구축한 예는 능산리사지와 왕흥사지에서만 나타난다. 능산리사지는 굴광판축이라고 하나 확실한 상황은 알 수 없다. 단지 "대지 조성토를 다시 파내고 암갈색 사질점토를 다져 넣은 것으로 보인다."고 하고 있다.[45] 사진을 통해 보면 초석이 놓일 자리를 토심적심한 것으로 보일 뿐, 대지 조성토가 어떻게 이루어졌는지는 확실하지 않다. 금당지에 대한 단면조사를 하지 않았기 때문인지, 보고서에 제시된 토층도에서도 굴광판축의 흔적은 찾아볼 수 없다. 만약 굴광판축을 하였다고 해도 금마저와 같이 정교한 모습은 아니었을 것으로 판단된다. 왕흥사지 금당지는 기단토를 어느 정도 성토한 후 그 위에 판축을 하고 있다. 그러므로 금당지에 기단토를 정연하게 판축하는 경우는 능산리사지나 왕흥사지 단계에서 시행되는 것으로 생각된다. 그러나 대지 상면부터나 아니면 대지를 약간 파고 기단토 전체를 지상판축 한 예는 금마저에서만 나타나고 있는 기단 기초 방법임을 알 수 있다.

표 2 백제 지역 금당지 기단 기초 현황

구분	유적명	시대	규모(단위 : m, m²)			기단 구축	판축기법 (단위 : cm)			
			정면	측면	면적		판축방법	전체두께	단위두께	목도사용
부여	용정리사지	6세기 전·중반	30.75	20.19	620.84	성토다짐				
	정림사지	6세기 전·중반	20.55	15.60	320.58	성토다짐				
	군수리사지	6세기 중반	27.27	20.00	545.40	성토다짐				
	능산리사지	위덕 13 (567)	19.94	14.48	288.73	굴광판축	사질점토 충진			
	왕흥사지	위덕 23 (577)	22.70	16.60	376.82	성토, 판축	성토(50) 후 판축		3~4	
	금강사지	7세기 전반	21.00	18.00	378.00	굴광판축		현 90		
	부소산 폐사지	7세기 전·중반	14.10	11.10	156.51	삭토				
익산	대관사지	610무렵	23.20	16.33	378.86	지상판축	점토, 마사토	현 80	2~10	없음
	제석사지	645전후	29.60	20.80	615.68	지상판축	점토, 마사토		2~10	없음
	미륵사지 중원	627무렵	24.00	18.20	436.80	혼축, 성토				

전형적인 형태의 판축이 점토와 마사토를 교대로 얇게 깔고 마사토층을 목도로 다지는 것이라고 할 때, 부여 지역의 발굴 조사 보고서의 내용으로 보면 금당지에서는 이러한 모습을 찾아 볼 수 없다. 금마저 지역에서는 정연하지는 않지만 금당지에서 점토와 마사토를 사용 판축하고 있으나 아직까지 목도의 사용흔은 보고되지 않았다. 그러나 1976년 대관사지 금당지 시굴 조사 당시 목도의 흔적인지는 정확하지 않으나 작은 반구형의 흔적이 있었던 것으로 기억된다.

부여와 익산 금마저 지역 목탑지의 기단 기초 구축상태는 〈표 3〉과 같다. 여기에서 보면 삭토법에 의해서 만들어진 부소산 폐사지와 성토다짐을 한 군수리사지를 제외한 모든 목탑지에서 굴광판축을 하고 있음을 알 수 있다. 판축을 하는 방법도 주로 점토와 마사토를 교대로 다지고 있지만 점토나 마사토만을 가지고 판축한 예도 있다. 대부분의 사지에서는 폐사된 이후 삭토된 부분이 많기 때문에 판축층의 전체 두께는 정확하게 알 수 없다. 하지만 용정리사지나 제석사지에서 조사된 내용을 보면 4m 정도로 두껍게 판축한 예를 볼 수 있다. 이와같이 판축층 전체 두께에서는 부여나 익산 금마저 지역에서 커다란 차이점을 발견할 수 없다. 그러나 판축한 단위층의 두께를 보면 부여 지역은 5~10cm 정도로 두껍게 판축하고 있는데 반해, 익산 금마저 지역은 2~5cm로 상당히 얇게 판축하고 있음을 알 수 있다. 그리고 금마저 지역에서는 목도를 사용하여 판축층을 다지고 있음을 알 수 있는데 반해, 부여 지역에서는 7세기 전반에 창건된 것으로 생각되는 금강사지에서만 목도를 사용하고 있음을 알 수 있어 판축의 방법도 부여와 금마저 간의 차이를 보이고 있다.

이상과 같이 부여 지역의 사지와 비교하였을 때, 금당지 기단 기초 구성에서 완벽한 지상판축의 모습은 대관사지 등 금마저에서만 확인된다. 그리고 부여나 금마저의 목탑지에서는 대부분 굴광판축을 하여 기단 기초를 조성하나, 금마저 지역에서는 판축한 단위층의 두께가 얇고 더구나 목도를 사용하여 다지고 있음을 볼 때, 익산 금마저의 사지에서는 보다 더 발전되고 정교한 기단 기초 조성이 이루어졌음을 알 수 있다.

표 3 백제 지역 목탑지 기단 기초 현황

구분	유적명	시대	규모(단위 : m, m²)			판축 종류	방법	전체 두께	단위층 두께	목도 사용
			정면	측면	면적					
	용정리사지	6세기 전·중반	18.50	18.50	342.25	굴광 판축	점토, 마사토	현 350cm	5~10 cm	
	군수리사지	6세기 중반	14.14	14.14	199.94	성토 다짐	점토			

						굴광판축	점토, 마사토	현 130cm		
부여	능산리사지	위덕 13 (567)	10.30	10.30	106.09	굴광판축	점토, 마사토	현 130cm		
	왕흥사지	위덕 23 (577)	12.20	12.20	148.84	굴광판축	점토, 사질토		5cm	
	금강사지	7세기 전반	14.24	14.24	202.78	굴광판축	점토	현 120cm	5~6 cm	사용
	부소산 폐사지	7세기 전·중반	8.00	8.00	64.00	삭토				
익산	대관사지	610 무렵	16.85	16.85	283.92	굴광판축	점토, 마사토	현 120cm	2~4 cm	사용
	제석사지 (창건가람)	620 전후	19.00	19.00	361.00	굴광판축	점토, 마사토	현 130cm		사용
	제석사지 (중건가람)	645 전후	19.10	19.10	364.81	굴광판축	점토, 마사토	현 328cm	2~4 cm	사용
	미륵사지 중원	627 무렵	17.60	17.60	309.76	굴광판축	마사토	현 193cm	3~5 cm	없음

익산 금마저의 사지에서 나타나는 기단 기초를 종합하면, 목탑지는 모두 굴광판축에 의해 축조되며 금당지는 지상판축, 강당지는 성토다짐에 의해 당탑이 축조됨을 알 수 있다. 목탑지의 판축 방법은 전체적인 판축층이 두터우며, 단위층의 두께가 얇고 점토와 마사토가 질서있게 교대되고 있으며, 목도를 가지고 다짐을 한 흔적이 남아 있는 점으로 보아 금당지 판축방법과 비교하여 훨씬 정교하게 판축하고 있음을 알 수 있다. 이러한 기단 기초 방법의 차이는 각각의 건물이 갖는 위계에 의한 지상건축 구조의 차이가 기단 기초 구축에 반영된 것이라 생각한다. 익산 금마저 지역 백제 사지에서는 지상구조가 전혀 남아 있지 않지만, 제석사지 목탑지는 『관세음응험기』를 통해 7층 전각임을 알 수 있으며, 대관사지의 금당은 2층 전각으로 추정하고 있다.[46] 그리고 위계를 달리하는 강당지는 단층 건물로 복원된다.[47] 이와 같이 탑과 금당과 강당이라는 위계에 따라 건물의 층고를 달리하고 있으며, 거기에 맞게 기단 기초의 조성 방법을 달리하고 있음을 알 수 있다. 단지 연동리사지 금당지에서는 성토다짐에 의한 기단 기초를 하고 있어 시기 차이인지 격을 달리하는 사찰인지는 알 수 없다.

45) 국립부여박물관, 2000, 『능사』, 부여 능산리사지발굴조사 진전보고서, 27쪽.
46) 장헌덕, 1994, 「익산 왕궁리 유적의 금당복원 계획에 관한 연구」, 홍익대학교 대학원 석사학위논문, 135~136쪽.
47) 장경호, 1991, 『백제사찰건축』, 예경산업사, 435쪽.

이러한 내용들을 바탕으로 금마저 지역 사지에서 나타나는 기단 기초의 특징을 살펴보면, 먼저 기단 기초를 하는 데는 미륵사지와 같이 지형적 조건이 우선되고 있음을 알 수 있다. 즉, 계곡평지형의 지형에서는 구릉에 조성된 사지와는 달리 토석혼축을 기본적인 방법으로 사용하고 있다. 그리고 목탑은 굴광판축기법으로, 금당은 기단에 공간구조를 한 미륵사지를 제외하고는 지상판축으로, 강당지를 비롯한 부속건물들은 성토다짐으로 정형화 된다. 이러한 모습은 건물의 위계와도 관련이 있는 삼단계 위계의 기초 방법이라고 생각된다. 이러한 삼단계 위계의 기단 기초 방법은 목도의 사용이라는 정교한 판축 방법의 도입과 함께 부여의 사지에서 보다 발전된 모습을 보여준다.

한편 왕실 조영의 3대 사지인 대관사지나 제석사지에서 삼단계 위계의 기단 기초방법이 사용되고, 지형적 조건이 다른 미륵사지에서도 중원목탑지에서 굴광판축의 기법이 보이는 것은 3대 사찰 조성 기획의 동시성을 보여주는 것이 아닌가 생각된다.

2) 基壇石

기단은 토대를 세우고 단을 쌓은 흙이 흘러내리지 못하게 하는 시설이다. 축조하는 재료에 따라서 석축기단·토축기단·와적기단·전적기단·전석혼축기단·전토혼축기단 등으로 분류하는데, 석축기단의 경우 할석기단과 치석기단으로 다시 세분된다. 한편 축조 방법에 따라 할석난층기단·할석정층기단·치석난층기단·치석정층기단·가구기단 등으로 세분하고 있다.[48] 익산 금마저의 사지에서는 가구식기단만 나타나고 있는 것이 특징이다. 가구식기단은 지대석·면석·갑석을 순서있게 짜 맞춘 기단

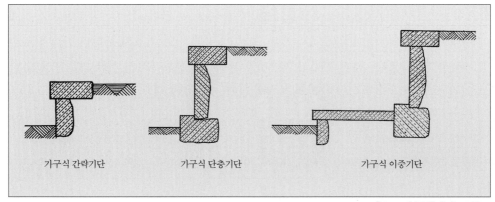

가구식 간략기단   가구식 단층기단   가구식 이중기단

도면 22 가구식기단 모식도

으로 갖춤새에 따라 간략기단과 단층기단 및 이중기단으로 나눌 수 있다.(도면 22) 가구식 간략기단은 면석과 갑석으로만 이루어진 기단으로 지대석이 따로 시설되지 않고 면석이 지대석의 기능까지 겸하고 있는 기단 방식을 말한다. 가구식 단층기단은 지대석과 면석·갑석을 갖춘 기단이며, 가구식 이중기단은 단층기단의 지대석 앞에 다시 판석형의 갑석과 면석을 겸한 지대석을 갖춘 구조를 말한다. 이를 통해서 볼 때 같은 축조 방법이라 하더라도 기단의 구조는 건축물의 위계에 따라 축조 재료나 축조 방법 뿐만 아니라 기단의 형태도 달라졌음을 알 수 있다.

가구식기단 구조는 백제와 신라가 현저한 차이를 보인다. 백제에서는 지대석 상면 안쪽에 면석의 밀림을 방지하기 위한 턱을 얕게 두고 있으며 갑석에는 부연을 두지 않았다. 그러나 신라의 기단에서는 지대석 상면 안쪽을 돌출시켜 면석을 받도록 하였으며 갑석에 부연을 두고 있다.

익산 금마저에서는 정림사지 금당지와 같이 하층기단에 기둥을 세울 초석이 놓여 있거나, 군수리사지에서와 같이 하층기단에 기둥을 세운 흔적이 있는 형태의 차양칸을 둔 이중기단 건물지는 조사되지 않았다. 단지 기단 구조를 알 수 없는 사자사지를 제외하면, 위에서 분류한 바와 같이 모두 가구식기단 구조로 밝혀졌다.

(1) 연동리사지

연동리사지는 금당지 조사에서 남쪽은 완전히 삭평되어 기단의 흔적은 찾아볼 수 없다. 다만 금당지 북쪽과 동쪽에서 지대석으로 보이는 석재와 석렬이 확인되었을 뿐이다.(사진 18) 그런데 노출된 지대석의 상면이 수평을 이루며, 금당지 북쪽에서 노출된 기단의 지대석 상면과 외진초석 적심과의 고저 차이가 크지 않아 지대석 위에 갑석만을 사용한 기단 구조로 판단된다. 즉, 미륵사지 회랑지나 승방지에서와 같이 지대석을 겸한 면석 위에 갑석을 올린 가구식 간략기단의 형식으로 판단된다. 금당지 정면의 경우 현재 기단토와 구지표의 고저차가 커서 북쪽이나 동쪽과는 다른 높은 기단을 조성하였을 가능성은 있으나 금당지 앞 시굴갱에서 곧바로 생토층이 확인되었다. 전하는 바에 의하면, 전정을 넓히기 위해 이 부분을 깎아 내었다고 하므로 기단 상면과 원래의 구지표와의 고저차이는 지금보다는 크지 않았을 것으로 생각된다. 하지만 북쪽이나 동

---

48) 조원창, 2002, 「백제건축의 대일전파」, 상명대학교 대학원 박사학위논문.

사진 18
연동리사지
금당지 북측기단

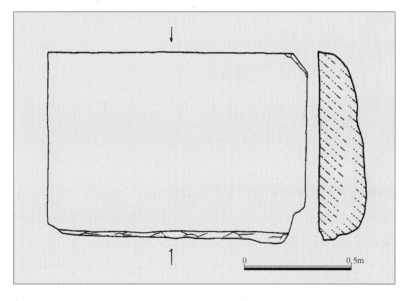

0   0.5m

도면 23
연동리사지
기단석 부재

쪽에서 노출된 가구식 간략기단의 총 높이는 약 50cm 이내로 보아야 하기 때문에, 확인된 건물의 규모로 볼 때 전면을 가구식 간략기단으로 한다면 기단의 높이가 너무 낮은 감이 있다.

그런데 발굴 조사 전 금당지 북쪽에 2매의 초석재와 아울러 기단 면석으로 판단되는 석재가 놓여 있었다. 높이 약 82cm, 너비 약 125cm 크기로, 석재를 가공한 상태를

보면 양 측면과 상부는 직선으로 곱게 다듬었으나 아래는 거칠고 직선화되지 않은 형태로 가공되었다.(도면 23)[49] 별도의 지대석을 이용한 가구기단에서 면석을 올리기 위해서는 지대석 위에 놓이는 부분까지 네 측면을 모두 직선이 되게 가공을 해야만 한다. 그러나 여기에서 발견된 석재는 세 부분만을 가공하고 있는 것으로 보아 아랫부분은 외부로 노출되지 않았던 것으로 판단되어, 이 석재를 사용한 기단은 가구식 간략기단 형태로 추정할 수 있다. 그러나 금당지 북쪽이나 동쪽에서 확인된 지대석을 겸한 면석보다 높이가 높기 때문에 건물이 놓인 지형에 따라, 북쪽이나 동쪽의 지표면이 높은 지역은 높이가 낮은 석재를 사용하고 정면 같이 낮은 지형에는 높이가 높은 석재를 사용한 것이 아닌가 생각된다. 하지만 그 차이는 그다지 크지 않았을 것으로 판단된다.

한편 금당지 남쪽의 현 요사채 전면에 놓여 있는 석재는 또 하나의 가능성을 생각해 볼 수 있게 한다.(사진 19) 석재는 길이 123cm, 폭 58.4cm, 두께 12cm 정도 크기로써 면석재로 추정된다. 하지만 상하와 좌우가 모두 직선으로 가공되어 있고, 장방형의 형태를 띠고 있다는 점에서 앞서 설명한 면석재와는 다른 지대석 위에 사용된 면석일 가능성도 있어 보인다. 이러한 양상은 지형에 따라 후면과 측면 일부를 가구식 간략기단으로 하고, 잘 드러나는 정면은 가구식 단층기단으로 축조하였을 가능성도 배제할 수

---

49) 김선기, 1990, 「익산 연동리사지 조사연구」, 『한국철학종교사상사』, 원광대학교 종교문제연구소.

없다. 연동리사지 금당지에서 가구식 단층기단의 부분적인 사용은 어디까지나 추측이며, 가구식 간략기단의 사용은 확실하다.

발굴 조사 결과에 의거하여 금당지 기단의 규모를 복원해 보면, 정면인 동서 방향은 13.8m, 측면인 남북방향은 12.8m로 정방형에 가깝다.

(2) 대관사지

대관사지 목탑지로 판단되는 오층 석탑 아래의 판축층 주변에서나 강당지 주변에서조차 건물의 기단 구조를 파악할 수 있는 석재는 전혀 확인되지 않았다. 단지 금당지 서쪽 상층 기단부에 일부 절손된 지대석 1점이 남아 있었다.(도면 24-①)[50] 석재는 미륵사지 이층기단 지대석과 같은 형태로써 지대석의 외연에서 19cm 안쪽으로 면석의 밀림을 방지하기 위하여 깊이 2cm 미만의 턱을 마련하고 있다.[51] 이와 같은 석재의 발굴로 대관사지 금당지는 가구식 이중기단 구조를 한 건물지임을 알 수 있다. 이외에도 파손된 주형의 석재가 확인되었다.(도면 24-②) 석재 측면은 면석이 앞으로 도괴되는 것을 막기 위한 홈을 두고 있어, 우주나 탱주로 사용되었을 것으로 생각할 수 있다. 미륵사지의 금당지나 강당지 등의 예로 볼 때, 기단부에 아직 탱주를 사용하지 않고 있음을 알 수 있고, 가공상태로 볼 때 대관사지 금당지에서 확인된 석재는 우주로 사용된 것으로 판단된다. 그러므로 대관사지 금당지는 가구식 이중기단에 우주를 갖춘 기단 구조를 하고 있었음을 알 수 있다.

조사 보고서에서 기단은 상층기단 갑석의 두께까지를 감안하여 90~100cm 높이일 것으로 추정하고 있으며, 하층기단 갑석도 아주 좁은 크기이면서 그 아래에 하층기단 면석을 겸한 지대석을 둔 것으로 복원되었다.[52] 이러한 형태의 복원은 미륵사지에서 확인된 금당지 이중기단의 형태를 바탕으로 한 복원이라고 할 수 있다.

그런데 대관사지 금당지 주변에서는 통일신라 시대 유물들이 다량으로 출토되었다. 그리고 금당지 동쪽에서 후대에 부가된 것으로 판단되는 계단지가 확인되었다. 이러한 양상은 대관사지 금당지가 한 번쯤 구조 변경 등을 수반하는 대규모 중건이 있었던 것으로 판단하게 한다.[53] 그러므로 금당지에 남아 있는 기단토의 양상은 짧은 하층

---

50) 부여문화재연구소, 1992, 『왕궁리유적발굴중간보고』, 181쪽.
51) 부여문화재연구소, 1992, 『왕궁리유적발굴중간보고』, 19~20쪽.
52) 부여문화재연구소, 1992, 『왕궁리유적발굴중간보고』, 20쪽.

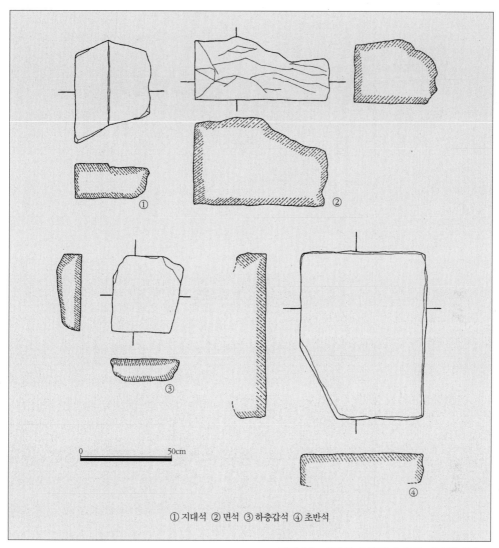

① 지대석 ② 면석 ③ 하층갑석 ④ 초반석

도면 24 대관사지 금당지 출토 기단석 실측도

기단 갑석을 사용한 흔적이 아니라, 하층기단 갑석이 놓이는 부분에 중건기단을 설치
했던 흔적으로 생각된다. 즉 금당지 동쪽 계단지 북쪽에 남아있는 소매지대석의 길이
가 짧고, 그 북쪽으로 이어지는 기단적심석들은 중건 금당지 기단이 놓여 있던 흔적이

---

53) 장헌덕은 유물과 아울러 당척의 사용 등을 이유로 대관사지의 하한을 통일신라로 보고 있다.
(장헌덕, 1994, 「익산 왕궁리 유적의 금당복원 계획에 관한 연구」, 홍익대학교 대학원 석사학위논문.)

II 金馬渚 百濟 寺址의 構造와 編年

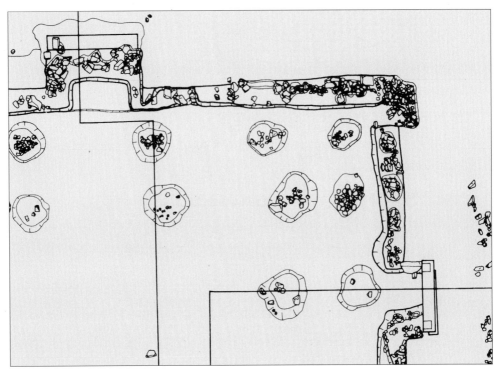

도면 25 대관사지 금당지 평면도 부분

분명하다.(도면 25)[54]

　다시 말해서 통일신라 시대 금당지는 이중기단 형태가 아닌 단층기단으로 중건되었음을 보여주는 것이다. 통일신라 시대에 같이 만들어진 것으로 판단되는 오층 석탑의 기단이 이중이 아닌 단층기단으로 만들어졌다는 점도 금당지 중건 건물은 단층기단이었을 가능성을 뒷받침해 준다. 그러므로 대관사지 금당지 하층기단 갑석은 금강사지나[55] 감은사지의[56] 이중기단 중 하층기단과 같이 형식적으로 짧게 나타나는 것이 아니라, 미륵사지나 복원된 제석사지 금당지와 같이 실질적인 크기를 지닌 기단으로 복원되어져야 한다고 생각한다.[57] 그리고 기단의 높이도 하층기단 갑석에 알맞은 높이로

---

54) 부여문화재연구소, 1992,『왕궁리유적발굴중간보고』, 175쪽.
55) 윤무병, 1969,『금강사』, 국립박물관.
56) 국립경주문화재연구소, 1997,『감은사』, 발굴 조사보고서.
57) 규모가 비슷한 미륵사지 중금당지의 경우 하층기단 갑석인 판석의 길이는 110cm이고, 제석사지의 경우 기단 석재의 빠진 흔적을 통해 보면 미륵사지보다 조금 더 긴 140cm로 확인된다.

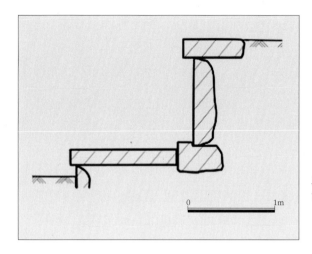

도면 26
대관사지 금당지 기단복원도

조정하는 등 재고해야 할 필요가 있다.

규모가 비슷한 미륵사지 보고 자료를 참고하면, 하층갑석 두께 13cm, 상층 지대석 높이 10cm, 상층면석 높이 97cm, 상층 갑석 높이 20cm로 판단되며, 지면에서 노출된 하층의 지대석을 겸한 면석 높이를 10cm로 보면 모두 155cm의 기단 높이로 복원될 수 있다. 하층갑석의 길이는 120cm로 추정된다.(도면 26) 금당지의 현재 남아 있는 기단 의 규모는 정면 23.2m, 측면 16.33m이다.

추정 목탑지에서는 기단 석재들이 확인되지 않았다. 미륵사지나 제석사지에서는 목탑지가 가구식 이중기단이다. 그러므로 대관사지의 목탑지도 가구식 이중기단일 것 으로 판단된다. 대관사지 창건 금당지가 이중기단이고, 부처의 공간이라는 동일한 위 계적인 면에서 보아도 당연 가구식 이중기단이었을 것으로 생각된다. 기단석은 확인되 지 않았지만, 남아있는 목탑 축기부 판축층의 규모는 동서 길이 16.85m이고, 남북 길 이는 12.7m로 장방형의 형태이다. 그러므로 논란의 여지가 있지만 목탑지의 기단 규모 는 16m 내외의 정방형으로 추정되어 미륵사지 중원 목탑과 평면 규모에서 비슷한 것 으로 판단된다.

강당지에서 기단의 구조를 알 수 있는 석재들은 전혀 확인되지 않았다. 다만 계단 석재 일부만이 강당지 전면에서 노출되었다. 계단 석재는 지복석과 소매석 등이 남아 있으며, 이러한 계단석 부재는 가구기단에서 주로 보이므로 강당지는 미륵사지의 예와 같이 가구식 단층기단의 형태였을 것으로 판단된다. 강당지는 현재 남아있는 적심석들 을 통해 보면, 최소 동서 길이는 50.14m로 판단된다. 그러므로 미륵사지 강당지(정면

65.65m, 측면 19.8m)와 유사하거나 약간 작은 규모와 형태를 하고 있었을 것으로 추정된다.[58]

이를 종합하면 대관사지의 금당과 탑은 가구식 이중기단 구조이며, 강당지는 가구식 단층기단 구조임을 알 수 있다.

(3) 제석사지

제석사지 금당지 기단은 대부분 결실되고 하층기단 지대석만 일부 남아 있다.(사진 20) 잔존 기단토나 기단석이 빠진 자리를 통해 본 기단 구조는 가구식 이중기단이다. 그리고 탱주를 세웠는지는 알 수 없으나, 건물지 각각의 코너에 우주를 세웠던 것으로 추정된다. 기단의 규모는 하층기단의 경우 정면 31.8m, 측면 23.6m이고, 상층기단의 경우 정면 29.6m, 측면 20.8m이다.

민가에서 보이는 제석사지 기단 석재들과 미륵사지 금당지의 예를 통해 나름대로 금당지 기단을 복원할 수 있다. 우선 면석을 겸한 하층기단 지대석은 구지표면에서 10~15cm 높이로 남아 있음이 확인된다. 다음 하층기단 갑석은 전혀 확인할 수 없으나, 미륵사지의 예를 통해 보면 평균 13cm 내외의 두께를 보이고 있어 여기에서 크게 벗어나지는 않을 것으로 보인다. 그리고 하층기단 지대석에서 상층기단 지대석이 빠진 구까지의 거리가 135cm이므로, 하층기단 갑석의 길이는 이보다 약간 긴 140cm 내외가 될 것으로 판단된다. 하층기단 지대석과 상층기단 지대석의 높이 차이는 하층기단 갑

사진 20
제석사지 출토 기단 지대석재

---

58) 국립부여문화재연구소, 1998, 『왕궁리』, 발굴중간보고VI, 368쪽.

석 두께보다 약간 큰 20cm로 추정해 볼 수 있다. 그리고 민가에 남아 있는 석재 자료를 통해 보면 상층기단 지대석의 외연에서 밀림방지턱까지의 간격은 13cm였으며, 면석으로 판단되는 석재의 높이는 약 97cm이거나 아니면 82cm일 것으로 확인된다. 그런데 제석사지 금당지는 미륵사지 중원 금당지와 장축대비 단축의 비례도 일치하고 있을 뿐만 아니라 기단의 규모도 큰 차이가 없다. 따라서 미륵사지 중원 금당지의 면석이 97~98cm로 실측되고 있어 제석사지 금당지 기단 면석 또한 97cm가 될 것으로 생각된다. 상층기단 갑석은 뒤에서 기술한 계단지의 복원을 통해서 볼 때 약 24cm의 두께로 판단된다. 그래서 구지표면에서 하층기단 지대석이 10cm가 노출되고, 상층기단 지대석 밀림방지턱의 깊이가 1.5cm 내외이므로 기단의 총 높이는 약 150cm로 판단된다.(도면 27)[59]

강당지는 기단석이 전혀 남아 있지 않은 상태이다. 1993년 원광대학교 마한·백제문화연구소의 시굴 조사 결과, 기단 지대석이 빠진 흔적이나 기단토의 경사를 감안해 보면 기단의 규모는 정면 52.7m, 남북 18.4m로 추정된다.[60] 기단의 구조는 미륵사지

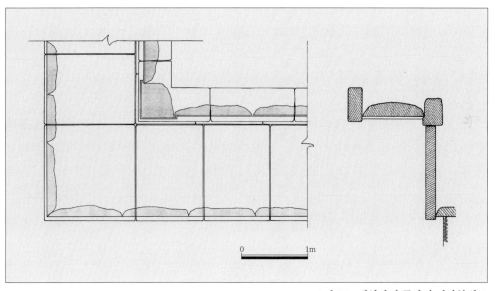

도면 27 제석사지 금당지 기단복원도

59) 김선기·김종문·조상미·임영호, 1994, 『익산제석사지시굴조사보고서』, 원광대학교 마한·백제문화연구소, 전제.

강당지와 같이 가구식 단층기단으로 판단된다. 향후 전면적인 발굴 조사가 이루어지면 그 규모 등이 좀 더 자세히 파악될 수 있을 것이다.

제석사지 목탑지는 가구식 이중기단 구조를 하고 있다. 기단 규모는 하층기단의 경우 21.2m이고, 상층기단은 19m이다. 목탑지 기단 내부에서도 밀림방지턱이 있는 지대석이 놓여있는 것으로 보아 건물 안에 기단과 같은 형태의 단을 두었던 것으로 판단된다. 심초석은 바로 이 단 위에 놓여 있다.

회랑지는 남회랑과 동회랑지 일부가 확인되었는데, 대부분 기단 석재들이 빠져 나간 흔적들만 있다. 목탑지 중심에서 동·서 회랑지까지는 42.2m 떨어져 있어 단일한 원을 구성한 백제 가람 중에서 회랑 내곽이 제일 큰 규모이다. 회랑지의 기단 폭은 7.8m이다. 다른 사지의 예로 보면 가구식 간략기단으로 판단된다.

동·서 건물지는 금당지 북쪽 기단 위치에서부터 회랑과 연결되어 이어진다. 회랑지 안쪽 기단과 동·서 건물지 안쪽 기단과는 나란하게 이어지지만, 폭이 13.2m로 회랑지보다 커진 건물지는 바깥쪽으로 돌출되어 동·서 건물지의 동쪽과 서쪽 기단이 각각 위치한다. 회랑지와 마찬가지로 가구식 간략기단으로 판단된다.

이와 같이 제석사지에서도 탑과 금당은 가구식 이중기단을 사용하고 있으며, 강당지는 가구식 단층기단을 사용하고 있고, 회랑지나 동·서건물지는 가구식 간략기단을 사용했을 것으로 추정된다.

(4) 미륵사지

미륵사지는 금당지나 탑지의 기단 형식이 모두 가구식 이중기단으로 동일한 형태를 보이고 있다. 즉 하층기단 면석을 겸한 지대석과 그 위에 판상형의 갑석을 올리고 다시 밀림방지턱이 있는 상층 지대석에 면석과 갑석을 올린 구조를 보이고 있다.

금당지나 탑의 기단석의 경우 상·하층 갑석이나 지대석의 크기는 비슷하지만 건물의 대소 비례에 따라서 면석의 높이를 조정한 것으로 파악된다. 탑의 기단에서 보면 규모가 작은 동원 석탑의 면석 높이는 66cm인데 반해,(도면 28) 중원 목탑은 72cm로 추정된다. 금당지 면석의 높이는 동원 금당지의 경우 74cm인데 반해,(도면 29) 중원의 금당지는 98cm로 확인된다. 동원의 경우 탑지의 기단보다 금당지의 기단이 약 8cm 가

---

60) 김선기·김종문·조상미·임영호, 1994, 『익산제석사지시굴조사보고서』, 원광대학교 마한·백제문화연구소, 36쪽.

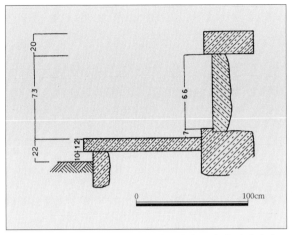

도면 28 미륵사지 동탑지 기단복원도

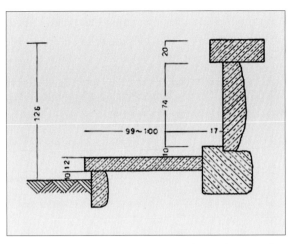

도면 29 미륵사지 동원 금당지 기단복원도

사진 21 미륵사지 동탑지 기단 우주 받침

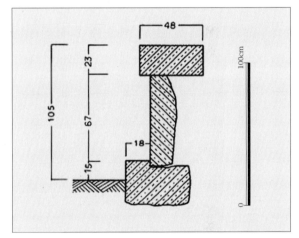

도면 30 미륵사지 강당지 기단복원도

량 높다.

탑지와 금당지에서 탱주는 설치하지 않았다. 그러나 우주를 각각 네 코너에 배치하고 있다.(사진 21) 한편 동원 금당지에서는 동측과 서측에 각각 밖으로 통할 수 있는 開口部 1개소씩을 마련하였다.

강당지에서는 가구식 단층기단의 구조를 보이며,(도면 30) 회랑지와 승방지에서는 가구식 간략기단의 구조를 하고 있다.(도면 31)

이러한 양상을 통해 볼 때 미륵사지의 탑과 금당·강당·회랑·승방 등 모든 건물지에서 가구식기단을 채용하고 있으며, 건물의 위계에 따라 탑과 금당지에서는 가구식

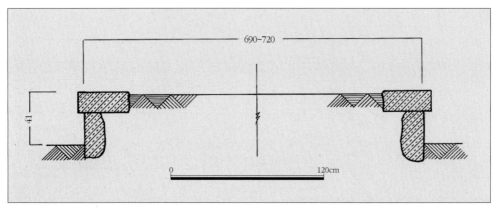

690~720

41

0   120cm

도면 31 미륵사지 승방지 기단복원도

이중기단, 강당지에서는 가구식 단층기단, 승방이나 회랑지에서는 가구식 간략기단으로 만들고 있음을 알 수 있다. 한편 탑과 금당지와 강당지 등 밀림방지턱을 사용하고 있는 기단 지대석을 갖는 건물지에서는 탱주를 세우지는 않았으나 건물의 네 귀에 우주를 세웠던 것으로 밝혀졌다.

미륵사지 탑과 금당지 및 강당지의 기단 크기는 아래 〈표 4〉와 같다.

표 4 미륵사지 당·탑의 기단 규모(단위 : cm)

구분	하층기단		상층기단		비고
	전면	측면	전면	측면	
중원 목탑지	1,856	1,856	(1,683)	(1,683)	미륵사Ⅰ, 83쪽
	1,940	1,940	1,760	1,760	미륵사Ⅰ, 66쪽
중원 금당지	2,600	2,020	2,400	1,820	미륵사Ⅰ, 78쪽
	2,590	2,020	2,400	1,830	미륵사Ⅰ, 65쪽
동원 석탑지	1,260	1,260	1,080	1,080	
동원 금당지	1,790	1,440	1,630	1,280	미륵사Ⅰ, 74쪽
			1,630	1,300	미륵사Ⅰ, 64쪽
강당지	6,520	1,950			미륵사Ⅰ, 70쪽
	6,530	1,960			미륵사Ⅱ, 119쪽

(5) 기단석의 검토

익산 금마저 지역 사지에서 발굴 조사 된 각 건물지의 기단 구조를 보면 다음의 〈표 5〉와 같다.

표 5 금마저 사지의 건물지 기단 구조

구분		연동리사지	대관사지	제석사지	미륵사지
탑	목탑지	-	가구식 이중기단	가구식 이중기단	가구식 이중기단
	석탑지	-	-	-	가구식 이중기단
당	금당지	가구식 간략기단?	가구식 이중기단	가구식 이중기단	가구식 이중기단
	강당지	-	가구식 단층기단	가구식 단층기단	가구식 단층기단
	승방, 회랑	-	가구식 간략기단	가구식 간략기단	가구식 간략기단

표에서 보는 바와 같이 대관사지나 제석사지·미륵사지 탑지에서는 모두 가구식 이중기단의 형태를 보인다. 그리고 금당지에서도 연동리사지를 제외하면 모두 가구식 이중기단의 형태로 구축되었음을 알 수 있다. 이와 같이 탑과 금당이 모두 같은 형태의 가구식 이중기단 구조를 하고 있다는 점은 건물의 격에 있어서 차이를 두지 않고 동일한 위계로 보고 있음을 시사하는 자료라고 할 수 있다.

그러나 대관사지나 제석사지 및 미륵사지 강당지의 기단은 가구식 단층기단 구조를 하고 있다. 이러한 사실로 보아 강당은 탑이나 금당보다 낮은 위계의 구조로서 단층기단으로 구축되고 있음을 알 수 있다. 또한 승방지나 회랑지에서 가구식 간략기단으로 건물이 구축되고 있음을 볼 때, 이들은 강당보다 격이 떨어지는 구조라고 할 수 있다. 곧 기단의 형태는 탑과 금당으로 대별되는 佛의 공간에서는 이중기단을, 설법이나 강법을 위한 공간이라고 할 수 있는 강당은 僧의 공간으로써 단층기단을 사용하고, 그 외의 승방 등의 생활공간이나 부속건물에서는 간략기단을 사용하여 기단부를 구축하고 있다. 이러한 3단계의 위계를 갖는 기단 구조가 금마저의 3대 사지에서 동일하게 나타나고 있다는 특징을 보인다.

익산 금마저의 왕실 조성 3대 사찰에서 공통적으로 나타나는 화강암제 가구식 이중기단 구조의 원류는 부여의 능산리사지에서 찾을 수 있다.[61] 능산리사지는 창왕명 사리감이 출토되어 567년에 사리가 봉안된 것으로 밝혀졌다. 그러므로 능산리사지는 부여에서 나타나는 백제 시대 사찰 중 비교적 이른 시기에 창건된 왕실 조성 사찰이었음을 알 수 있다. 발굴 조사에서 확인된 바로 탑지와 금당지는 하층기단에 초석을 사용하지 않은 가구식 이중기단임을 알 수 있다. 상층기단에는 지대석만 일부 남아 있는데, 밀림방지턱을 만든 지대석을 사용하고 있음을 알 수 있다. 이러한 형태는 백제 시대 가

---

61) 국립부여박물관, 2000, 『능사』, 부여 능산리사지발굴조사 진전보고.

구식기단에서 상층 지대석의 특징을 보여주는 것으로, 금마저에서 확인되는 지대석 형태와 동일하다. 금마저 지역 사지에서는 하층기단 갑석을 판석형으로 정교하게 가공하여 사용하고 있다. 그런데 능산리사지에서는 이러한 갑석은 전혀 확인되지 않고 지대석만 남아 있다. 단지 하층기단과 상층기단 사이에서 10cm 내외의 잔돌이 확인되는데, 갑석을 놓을 때 수평을 잡기 위한 것이 아닌가 보고 있어[62] 하층기단에 갑석을 사용한 것으로 보고 있다. 이에 반해 목탑지를 설명하는 과정에서 하층 기단석의 상부에는 갑석을 놓을 수 있는 홈이나 턱이 마련되어 있지 않았고, 약간 비스듬한 경사를 이루고 있는 기단토 위에 곧바로 목탑에서 흘러내린 기와편들이 쌓여 있었는데, 이로 보아 하층기단과 상층기단 사이에는 처음부터 갑석이 놓이지 않았던 것을 알 수 있었다고 하여,[63] 갑석의 사용을 부정하고 있어 논란의 여지가 있다. 하지만 하층기단 지대석이 놓인 상태로 보아 탑구와 같은 역할을 하였던 것은 아닌 것으로 생각되며, 어떠한 형태로든지 갑석이 있었던 것으로 판단된다. 그러므로 화강암제 가구식 이중기단을 탑과 금당에 사용하고 있음은 두 지역 사지에서 나타나는 공통점이다.

그러나 세부적인 면에서는 약간의 차이를 보인다. 익산 금마저의 왕실 조성 3대 사지에서는 상층기단 지대석 코너에 우주를 세우고 있다. 그러나 능산리사지에서는 이러한 흔적이 상층 지대석에 남아 있지 않은 점이 다르다. 이와 같이 세부적인 면에서는 약간의 차이를 보이지만 익산 금마저 백제 사지에서 나타나는 이중기단의 원류는 능산리사지에서 찾을 수 있으면서 보다 발전적인 면이 익산 금마저 지역 백제 사지에서 나타나고 있다.

가구식 이중기단·단층기단·간략기단의 3단계의 위계를 갖는 기단 구조의 원류 또한 능산리사지에서 찾아 볼 수 있지 않을까 생각된다. 탑과 금당지에서는 가구식 이중기단이 사용되고, 강당지에서는 단층기단의 모습을 보여주고 있으며, 회랑은 20cm 정도의 낮은 기단의 모습을 보인다. 그러나 탑지나 금당지와는 달리 강당지의 기단은 잡석과 와적기단 형태로 조성되어 있고, 회랑지는 잡석을 사용한 석축기단이어서 익산 금마저의 강당지나 회랑지의 기단 형태와는 다른, 보다 발전적인 모습을 보인다. 그러므로 가구식기단으로써 3단계 위계를 갖는 기단 구조의 예는 능산리사지에서도 확인되나 강당지를 포함하여 승방지나 회랑지까지 가공된 화강암을 사용하여 조성한 예는

---

62) 김종만, 2000, 「부여 능산리사지에 대한 소고」, 『신라문화』 17·18집, 동국대학교 신라문화연구소, 59쪽.
63) 국립부여박물관, 2000, 『능사』, 부여 능산리사지발굴조사 진전보고, 24쪽.

익산 금마저 사지에서만 나타나고 있다. 곧 화강암만을 가공하여 사용한 3단계 위계를 갖는 가구식기단 구조는 익산 금마저 지역에 사찰 조성을 하면서 정형화 된 것이며, 이를 통해 백제 왕실에서는 사찰건립에 얼마나 심혈을 기울였는지 알 수 있다.

왕실 조성 3대 사찰의 기단 제원을 살펴보면 〈표 6〉과 같다. 발굴 조사된 유구 대부분의 기단 형태가 완벽하게 남아 있지 않거나 아직 정확한 보고서가 발간되지 않아 대부분 추정되는 복원 수치이다. 기단 복원은 보고자에 따라 달라지므로, 여기에서는 그러한 자료를 참고하고 일부는 필자 나름대로 정리한 수치이다. 건물의 길이는 상층기단을 중심으로 한 길이이다.

표 6 금마저 사지의 건물지 기단 추정 제원(단위 : cm)

구분		대관사지	제석사지 중건가람	미륵사지	
				중원	동·서원
금당지	건물 정면길이	2,320	2,960	2,400	1,630
	기단 전체높이	155	155	144	126
	하층갑석 길이	120	140	111	100
	하층갑석 두께	13	13	13	12당
	상층지대석 높이	10	10	7	10
	상층지대석 너비	19	13	10	17
	상층면석 높이	97	97	101	74
	상층갑석 높이	20	20	20	20
탑지	건물 정면길이	1,685(판축부)	1,910	1,760	1,080
	기단 전체높이		139	130	115
	하층갑석 길이		110	111	110
	하층갑석 두께			13	12
	상층지대석 높이			7	7
	상층지대석 너비			10	10
	상층면석 높이			76	66
	상층갑석 높이			24	20
강당지	건물 정면길이	5,014이상	6,675		
	기단 전체높이		105		
	지대석 높이		15		
	지대석 너비		18		
	면석 높이		67		
	갑석 높이		23		

표에서 보는 바와 같이 대관사지와 제석사지·미륵사지 중원 금당지의 경우 건물 정면 길이에서 약간의 차이를 보이지만 건물지의 갑석의 높이를 모두 20cm로 보았을 때, 건물 기단의 전체 높이는 별다른 차이가 없는 것으로 나타난다. 즉 건물의 규모에

서는 약간의 차이를 보이지만 기단의 높이에서는 차이가 없다. 단지 하층기단 갑석의 길이가 각각의 건물지에서 차이를 보인다.

미륵사지에서는 중원보다 동·서원의 규모가 작은 만큼 건물지도 작으면서 기단의 전체 높이도 낮게 나타난다. 기단의 높이는 면석의 높이를 조정하여 낮추고 있음을 알 수 있다. 탑지도 중원에 비해 동·서원 탑 기단의 높이가 낮게 나타나고 있는데, 역시 면석의 높이를 줄여 조절하고 있다. 그 차이를 보면 중원 금당은 서원 금당에 비해 면석이 27cm가 높고, 탑지는 10cm 가량 높다. 곧 기단의 높이도 건물의 규모와 위계에 관련이 있음을 보여준다.

익산 금마저 사지의 기단에서 나타나는 또 하나의 특징은 탱주가 없이 우주만을 사용하고 있다는 점이다. 단순하게 기둥모양으로 가공하지 않고, 건물지 코너에 지대석 밀림방지턱보다 돌출되게 파낸 후 우주를 세웠다. 우주와 면석과 이어지는 부분에는 면석의 도괴를 방지하기 위한 수직의 턱을 두어 매우 실용적인 형태로 만들었다. 이러한 우주는 미륵사지의 금당지와 탑지 및 강당지에서 확인되며, 대관사지 금당지에서는 우주석이 출토되었고, 제석사지에서는 금당지에서 확인되고 있어 왕실 조성의 3대 사지에서 모두 나타난다.

그리고 기단 구조와 기단 기초의 관계를 보면, 이중기단의 목탑지에서는 굴광판축법의 기단 기초가 사용되며, 이중기단의 금당지에서는 지상판축법에 의한 기단 기초를 사용하고, 단층기단에서는 성토다짐에 의한 기단 기초를 하고 있음을 알 수 있다.

사지에서 기단 구조는 건물의 위계를 보여주는 대표적인 구조이다. 탑과 금당의 화강암을 이용한 가구식 이중기단의 원류는 능산리사지에서 볼 수 있다. 그러나 능산리사지는 금마저와 달리 기단에 우주를 사용하지 않았기 때문에 금마저의 사찰 기단에서 더 발전적인 모습을 찾을 수 있다. 그리고 금마저의 3대 사지에서는 화강암으로 만든 가구식 이중기단·단층기단·간략기단이 사용되고 있어 3단계 위계를 보여주는 가구식기단 형식이다. 이러한 3단계 위계를 보여주는 기단 구조도 역시 능산리사지에서 보여지고 있으나, 금마저의 3대 사찰이 훨씬 발전적인 모습을 보여주기 때문에 사찰 건립에 더 많은 심혈을 기울이고 있음을 알 수 있다. 그리고 대관사지와 제석사지·미륵사지에서 기단 구조의 세부적인 면까지 동일하게 나타나고 있다는 점은 부여와의 관계에 있어서는 발전적인 모습을 보여주지만, 한편으로 익산 금마저 지역 사찰 조성 기획의 동시성을 보여주는 것이라 생각된다.

3단계 위계를 보이는 가구식기단의 형성과 전개에 대해서는 뒤에서 좀더 구체적으로 논하고자 한다.

3) 階段

(1) 연동리사지

연동리사지의 발굴 조사에서는 계단의 흔적이 확인되지 않아 그 정확한 배치나 형태는 알 수 없다. 기단의 형태가 낮은 가구식 간략기단의 모습을 보이고 있는 건물의 후면이나 측면에 특별히 계단을 시설할 필요가 없었을 것으로 판단된다. 뿐만 아니라 금당지 뒤쪽으로는 강당지나 다른 건물지 등이 배치되지 않았다는 점도 동선상 계단의 필요성을 느끼지 못하였을 것으로 보인다. 남쪽 부분의 경우는 북쪽보다도 높은 기단이 있었을 것으로 판단되기 때문에 남쪽에 1개소 정도의 계단이 시설되지 않았을까 여겨진다.

(2) 대관사지

대관사지 추정 목탑지에서는 기단석들과 아울러 계단 부재는 전혀 확인되지 않았다.

금당지 남쪽에서는 계단 부재가 빠져 나간 흔적이 확인되었으며, 북쪽에서는 북변 기단에서 220cm 떨어진 곳에 길이 352cm, 너비 52cm, 두께 26cm의 지복석이 확인되었다.(사진 22) 그리고 동쪽 기단에서도 1개소의 계단지가 확인되었다. 동쪽 계단은 아래에 가공된 장대석이 놓이고, 그 위에 소매갑석을 끼울 수 있는 제1보석의 장대석이 놓여 있는 것으로 보아 후대에 만들어진 것임을 알 수 있다.

이러한 양상을 통해 볼 때, 백제 시대 금당지의 창건 계단은 남쪽과 북쪽 기단 중앙에 각각 1개소씩 배치하는 2면 계단임을 알 수 있다. 주변에 파괴된 채로 방치된 기단 석재 등을 바탕으로 상층 갑석까지의 기단 높이는 90~100cm로 추정하고, 상층기단변에서 지복석까지의 거리를 환산하여 지복석과 갑석을 제외한 4개의 보석을 놓고 짧은 하층기단 갑석을 두는 형태로 복원된 바 있다.(도면 32)[64] 그러나 이러한 기단의 복원 형태는 재고되어야 할 것으로 생각된다.

대관사지 금당지 발굴 조사에서는 초반석으로 보이는 석재가 초석 적심 사이에서 확인된 바 있고,(도면 24-④) 앞의 〈표 6〉에서 보는 바와 같이 대관사지는 미륵사지 중원 금당지의 기단 규모와 비슷하기 때문에, 미륵사지에서 확인되는 금당지 기단자료를

---

64) 부여문화재연구소, 1992, 『왕궁리유적발굴중간보고』, 20쪽.

사진 22 대관사 금당지 발굴전경(북에서)

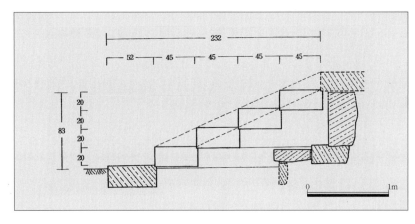

도면 32
대관사지 금당지
계단복원도

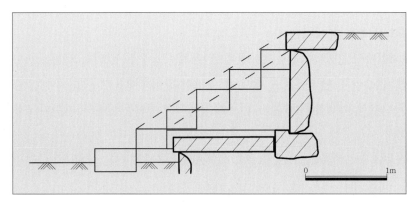

도면 33
대관사지 금당지
계단복원도

참고로 하면 이층기단 면석의 높이는 97cm, 전체 기단 높이를 155cm로 복원할 수 있다. 계단 끝에서 기단 면석까지의 길이는 232cm로 보고되었으므로 보석의 넓이 36cm, 높이 24cm이고, 보석의 수는 5매로 복원된다.(도면 33) 출토된 계단 지복석의 길이가 352cm이므로 계단의 전체 폭도 이와 비슷한 규모였다고 판단된다.

창건 당시의 유구로 판단되는 강당지 계단은 정면 3개 지점에서 확인되었다. 계단 사이는 16.66m 간격을 유지하고 있다. 맨 좌측 계단 시설은 보석·지복석·계단 소매석과 함께 뒷채움석이 발견되었다. 지복석의 크기는 224cm×52cm, 계단 소매석의 크기는 96cm×24cm이다. 중앙계단 시설은 지복석만 확인되었는데, 길이 200cm, 폭 50cm, 두께 23cm의 크기이다. 강당지의 북쪽 부분이 확인되지 않았기 때문에 후면에도 계단을 두었는지는 확실하지 않다. 그리고 미륵사지 강당지에서는 건물의 측면에 각각 1개소씩의 계단을 부가하고 있음을 알 수 있다. 강당지 좌·우는 북회랑이 연결되고 있기 때문에 동선을 고려하여 설치하고 있다. 그러나 대관사지에서는 회랑의 흔적을 발견할 수 없으며, 강당지 측면 부분의 유구도 남아있지 않아 측면 계단 설치 여부도 알 수 없다.

(3) 제석사지

금당지에서는 동쪽과 서쪽 측면에서 계단지가 확인되지 않은 것으로 보아 남쪽과 북쪽에 각각 1개소씩 2면에 계단을 두었을 것으로 판단된다.

금당지 조사 결과, 전면에서는 원위치에 남아 있는 계단 석재들이 전혀 보이지 않았으나 석재들이 빠져나간 흔적을 통해서 추정해 보면 계단의 정면 폭은 460cm이고, 하층기단 면석을 겸한 지대석에서 계단 지복석의 끝까지는 약 70cm 가량 돌출되어 있음을 알 수 있다. 우선 하층기단 지대석에서 지복석 끝까지가 70cm의 간격을 보이므로 미륵사지 동금당지나 동탑지의 예와 같이 여기에는 지복석과 소매갑석이 끼이는 第1步石이 하층기단 앞에 놓이며, 계단의 제2보석 전면이 하층기단 지대석과 일치하고 있음을 알 수 있다. 지복석과 제1보석이 놓이는 간격이 70cm이므로, 이들은 각각 35cm 폭의 踏面을 이루었던 것으로 판단된다. 하층기단 지대석에서부터 상층기단 지대석까지의 거리는 135cm이며, 상층기단 갑석을 상층기단 지대석보다 약 5cm 정도 물려 설치했다고 가정하면, 총 간격은 140cm가 되어 이 사이에는 제1보석과 마찬가지로 각각 35cm 폭의 답면을 갖는 4매의 계단 석재가 들어갈 수 있게 된다. 즉 지복석과 갑석의 사이에는 모두 5매의 보석이 들어가는데, 답면의 폭이 공히 35cm가 되는 계단으로 복

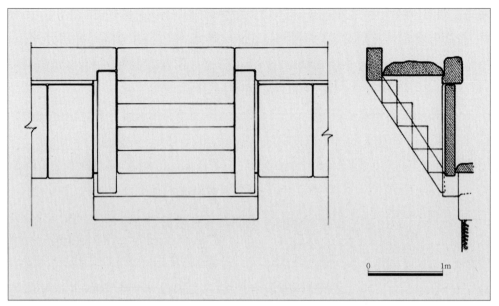

도면 34　제석사지 계단복원도

원된다. 미륵사지에서는 중원 금당지를 제외한 탑과 금당지의 계단에서 지복석과 갑석의 사이에 모두 4개의 보석이 들어가는데 반해, 제석사지 금당지의 보석은 5매로 한 매가 더 많다. 계단석 각각의 높이를 살펴보면, 상층기단 지대석은 밀림방지턱의 깊이가 약 1.5cm 내외이고, 민가에서 발견된 면석재의 높이는 97cm이므로 밀림방지턱이 있는 지대석 위에 세우면 실질적인 면석의 높이는 95.5cm가 된다. 제1보석과 갑석 사이에는 모두 4개의 계단석이 들어가기 때문에 踏高는 24cm로 판단된다.(도면 34)[65]

　미륵사지와 비교해 보았을 때, 계단 소매갑석의 폭은 30cm, 두께는 약 24cm로 가정해 볼 수 있고, 제1보석 양단의 홈에 끼워 결구했던 것으로 판단된다. 소매석(면석)의 크기는 밑변이 약 130cm, 높이는 면석과 같은 약 97cm의 삼각형 형태로 복원된다. 그리고 계단 지복석 좌우에 놓였던 계단 보조석이 빠진 흔적도 확인되었다.

　강당지에서는 기단이 빠진 흔적만 발굴되었기 때문에 정확한 계단구조는 알 수 없다.

　제석사지 목탑지에서 각 방향 네 곳에 배치한 4면 계단이 확인되었으며, 목탑지에서 확인된 계단의 폭은 340cm로써 상층기단에서는 밖으로 176cm, 하층기단에서는 밖

---

65) 김선기 · 김종문 · 조상미 · 임영호, 1994, 『익산제석사지시굴조사보고서』, 원광대학교 마한 · 백제문화연구소.

으로 66cm 돌출되어 지대석이 위치한다. 미륵사지 목탑지나 동탑지의 예에서와 같이, 보석의 높이는 25cm, 폭은 35cm 내외로 판단된다. 그렇다면 제석사지 목탑지 계단도 갑석 상면과 지대석 사이의 계단 보석이 4매였음을 알 수 있다. 그리고 계단 보조석으로 판단되는 석재도 확인되었다.

(4) 미륵사지

미륵사지 계단지는 금마저 지역 사지의 계단지 중에서 가장 잘 남아 있는 예이다. 탑지는 각각의 방향에 계단을 설치한 4면 계단이고, 금당지는 남쪽과 북쪽에만 설치한 2면 계단이다. 규모가 큰 강당지는 정면에 3개소의 계단을 배치하고, 측면에는 각각 1개소씩 작은 규모의 계단을 두고 있다. 탑지나 금당지는 가구식 이중기단의 형태이며, 강당지는 가구식 단층기단 구조이기 때문에 계단 축조 방식은 같으나 건물 기단 높이를 감안하여 보석의 숫자나 높이가 증감된다. 단지 계단 소매석의 형태에서만 약간의 차이를 보일뿐이다.

먼저 미륵사지 탑지나 금당지의 복원된 계단을 보면 중원 금당지를 제외하고 지복석과 갑석 사이에 4매의 보석을 두었다.(도면 35~39)[66] 제1보석은 각 건물지의 하층기단 갑석의 바로 앞쪽에 두었으며, 그 앞에는 지복석을 두었다. 측면의 소매석부분은 지

사진 23 미륵사지 강당지 남측 계단

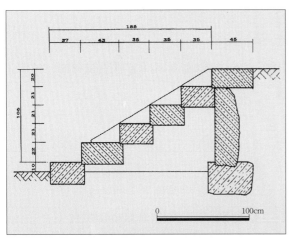

도면 35
미륵사지 동탑지 계단복원도

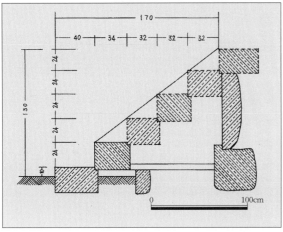

도면 36   미륵사지 목탑지 계단복원도

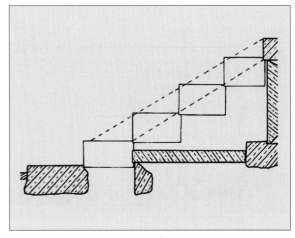

도면 37   미륵사지 동원 금당지 계단복원도

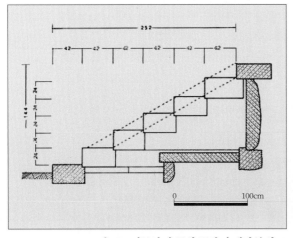

도면 38   미륵사지 중원 금당지 계단복원도

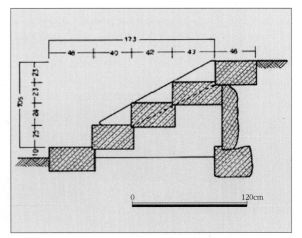

도면 39   미륵사지 강당지 계단복원도

대석과 면석 및 경사진 갑석으로 구성되어 있는데, 제1보석 양쪽에 홈을 두어 소매갑석을 끼울 수 있도록 처리하였다. 그리고 소매 지대석에는 면석이 밀리지 않도록 단을 두었다. 건물의 규모에 따라 기단 높이도 달라지는데, 이는 보석의 높이를 조절하여 맞추었다.

강당지는 단층기단을 이루고 있어 지대석과 갑석 사이에 3매의 보석을 두었으며, 탑지나 금당지와 마찬가지로 제1보석 양측에 홈을 두어 소매갑석을 끼울 수 있도록 하였다.(사진 23, 도면 39)

(5) 계단 구조의 검토

좀 더 자세하게 금마저 3대 사지의 계단 제원을 살펴보면 〈표 7〉과 같다. 앞에서 밝힌 바와 같이 계단의 제원은 발굴 조사된 유구들의 기단 형태가 완벽하게 남아 있지 않거나 정확한 보고서가 발간되지 않아 대부분 추정되는 복원 수치이다. 계단 복원은 보고자에 따라 달라질 수 있으므로, 여기에서는 기존의 자료를 참고하고 일부는 필자 나름대로 정리한 수치이다.

금당지와 탑지에서 확인되는 계단의 너비는 건물 정면 크기에 비례해서 커지고 있음을 알 수 있을 뿐, 기단의 높이는 계단의 크기에 영향을 주지 않고 있다. 보석의 경우 규모가 작은 미륵사지 동·서원 금당지와 탑지, 제석사지 탑지에서는 모두 지복석과 갑석 사이에 4매의 보석을 놓았으며, 나머지 대관사지나 제석사지·미륵사지 중금당지에서는 5매의 보석을 시설하였다. 보석의 너비는 35~45cm 크기로 나타나는데, 동일한 계단에서 지복석이나 제1보석의 너비가 넓은 예가 있어 계단의 폭이 일정하지 않은 경우도 있다. 보석의 높이는 대부분 22~24cm 높이로 비슷하게 나타난다.

계단은 축조 재료나 축조 방법에 따라 다양한 형태로 나타나지만 익산 금마저 지역에서 나타나는 계단의 특색은 소매석을 사용하고 있다는 점이다. 즉 건물지 기단과 직교하여 계단 양단에 소매지대석과 면석을 놓고 계단의 경사에 맞게 소매갑석을 올려 계단의 측면을 마감하고 있다.

---

66) 장경호, 1990, 『백제사찰건축』, 예경산업사, 232~233쪽.
문화재관리국·문화재연구소, 1989, 『미륵사』, 유적발굴조사보고서 I , 75·78·113쪽.

표 7 금마저 사지의 계단 추정 제원(단위 : cm)

구분		대관사지	제석사지 중건가람	미륵사지	
				중원	동·서원
금당지	정면 길이	2,320	2,960	2,400	1,630
	기단 높이	155	159	144	126
	계단 너비	352	460	370	320
	계단 폭	232	210	252	216
	보석 너비	36	35	42	45
	보석 높이	24	24	24	22
	보석 수	5	5	5	4
	계단 수	2면 계단	2면 계단	2면 계단	2면 계단
	계단 보조석	미확인	흔적확인	확인	확인
탑지	정면 길이		1,910	1,760	1,080
	기단 높이		외측기단 139	144	115
	계단 너비		340	260	200
	계단 폭		176	170	185
	보석 너비		35	40~32	43~35
	보석 높이		22	24	21~22
	보석 수		4	4	4
	계단 수		4면 계단	4면 계단	4면 계단
	계단 보조석		확인	확인	확인
강당지	정면 길이			6,675	
	기단 높이			105	
	계단 너비			549(동·서 계단 533)	
	계단 폭			160	
	보석 너비			40~43	
	보석 높이			23~24	
	보석 수			3	
	계단 수			정면3계단	
	계단 보조석			없음	

그리고 소매갑석의 경우 지복석에서 기단 갑석으로 이어지는 것이 아니고 그보다 한 단 높은 제1보석 양단에 홈을 두어 소매갑석을 끼워 기단 갑석에 연결하고 있다. 그리고 계단 양 측면 하층 기단 면석과 지복석 사이에는 계단 보조석을 두고 있음이 특징이다. 계단 보조석은 지복석과 소매지대석 사이 위에 제1보석이 놓이기 때문에 제1보석 아래에 생기는 틈을 막아주는 역할을 하고 있다.

각각의 금당지에서 계단의 배치는 남쪽과 북쪽 기단 중앙에 1개소씩을 둔 2면 계단의 형태이며, 탑지는 4면 계단을 보인다. 강당지의 계단은 대관사지와 미륵사지에서 확인되었는데, 건물지의 규모에 걸맞게 정면에 3개소씩을 시설하였다. 특히 미륵사지는 강당지 측면에 각각 작은 계단을 부가하였다. 제석사지 강당지에서는 아직 정확한 계단의 내용을 알 수 없는데, 다른 사지에서와 마찬가지로 정면에 3개소의 계단을 설치하였을 것으로 판단된다.

익산 금마저의 사지에서 나타나는 바와 같이 가구식기단 구조를 갖는 사지에서는 소매석을 갖춘 계단을 시설하고 있음을 알 수 있다. 가구식기단 구조는 능산리사지에서 확인되며, 발굴 조사 결과 이곳에도 소매석을 갖춘 계단을 시설하고 있음이 밝혀졌다.[67] 그러므로 소매석을 갖춘 계단 시설이 백제 사찰에서는 능산리사지에서 처음 만들어진 것을 알 수 있다. 그러나 세부구조에서는 서로 간에 약간의 차이를 보인다.

우선 소매갑석의 설치 위치이다. 익산 금마저에서는 지복석을 두고 그 윗단인 제1보석 양단에 홈을 두어 소매갑석을 끼울 수 있도록 하였는데, 능산리사지에서는 지복석이 없이 제1보석에 곧바로 소매갑석을 끼우도록 하였다. 즉 지복석이 제1보석이 된다. 그러므로 익산 금마저 사지에서는 기단의 하층갑석 앞에 지복석과 제1보석이 놓이는데 반해, 능산리사지에서는 하층기단 앞에 제1보석이 바로 놓인다. 이러한 구조적 차이 때문에 능산리사지에서는 계단 보조석이 필요 없는데 반해 금마저의 사지에서는 제1보석 아래에 나타나는 틈을 가리기 위해 보조석을 계단 좌·우 하층기단 앞에 시설하고 있다.

능산리사지와 금마저 사지의 계단에서 나타나는 또 하나의 차이는 각 건물에 설치된 계단의 수에서 찾아볼 수 있다. 두 지역의 금당지에서는 모두 남쪽과 북쪽 기단에 각각 1개소씩 2면 계단을 두고 있다. 그러나 금마저의 탑지에서는 4면 계단을 보이는데 반해, 능산리사지에서는 2면 계단을 하고 있다. 계단지가 확인된 사지에서 2면 계단이 나타나는 곳은 군수리사지를 들 수 있다.[68] 그러므로 목탑에는 능산리사지를 축조하던 시기까지 2면 계단을 만들었던 것으로 생각된다. 이보다 10년 늦게 사리가 봉안되는 왕흥사지에서는 4면 계단이 확인되었다.[69] 그러므로 능산리사지에서 2면 계단이 사용되며, 왕흥사지 단계에서 4면 계단이 나타나고, 이러한 형식이 금마저에 반영되면서 새롭게 정형화하고 있음을 알 수 있다.

67) 국립부여박물관, 2000, 『능사』, 부여 능산리사지발굴조사 진전보고, 25~28쪽.
68) 국립부여문화재연구소, 2006, 「부여 군수리사지 제4차」, 『2006 백제문화를 찾아서』, 29쪽.
69) 김혜정, 2008, 「왕흥사지 발굴 조사 성과」, 『부여 왕흥사지 출토 사리기의 의미』, 국제학술대회 발표요지, 국립부여문화재연구소, 21쪽.

다시 말해서 익산 금마저 사지에서 확인되는 계단의 원류는 능산리사지에서 확인할 수 있는데, 금마저에서는 지복석을 두고 제1보석에 소매갑석을 끼운 형태, 계단 보조석의 설치, 탑지의 계단은 2면에서 4면 계단으로 변화되고 있는 것에서 보다 발전적인 모습을 찾아 볼 수 있다.

익산 금마저의 왕실 조성 3대 사지에서는 모두 가구식기단 구조에 소매석을 사용한 계단 형태가 나타나며, 지복석 위에 제1보석을 두고 거기에 소매갑석을 끼우도록 한 형태나 계단 보조석의 사용까지 동일한 형태로 나타나고 있다. 이러한 점에서 사찰 각각의 완성 시기는 다르다 해도 3대 사찰 조성 기획의 동시성을 유추해 볼 수 있지 않을까 생각된다.

4) 礎石

초석은 건물의 최종 기초가 되는 돌로써 기둥 아래에 고여 상부로부터의 하중을 기단 등의 지면으로 전달하는 역할을 한다. 초기는 단순하게 기둥을 고이는 형태를 보이지만, 점차 건물을 장식하고 위계를 표현하는 수단으로 변하기도 한다. 그러므로 초석의 형태는 자연석을 사용하는 경우도 있지만, 석재를 여러 가지 형태로 가공하여 사용하게 된다. 초석을 설치하는 방식도 초석의 형태와 더불어 시기적인 변화의 속성을 가지고 있다.

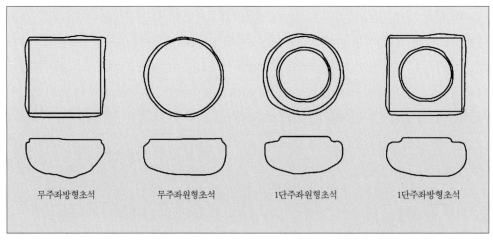

무주좌방형초석　　무주좌원형초석　　1단주좌원형초석　　1단주좌방형초석

도면 40 금마저 사지 출토 일반 초석 모식도

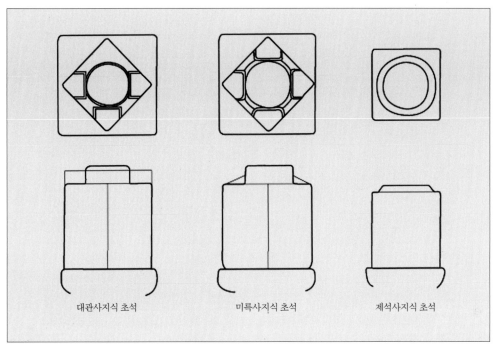

대관사지식 초석   미륵사지식 초석   제석사지식 초석

도면 41 금마저 사지 출토 장주형 초석 모식도

가공 제작된 초석의 형태는 방형 초석과 원형 초석으로 나눠지며, 이들은 다시 무주좌초석, 1단주좌초석, 2단주좌초석 등으로 가공의 형태에 따라 세분되어진다.[70] 익산 금마저의 사지에서 나타나는 초석의 형태는 무주좌 방형 초석, 무주좌 원형 초석, 1단주좌 원형 초석, 1단주좌 방형 초석(도면 40)으로 분류된다.

이 외의 특수한 형태로 장주형의 초석이 있다. 장주형은 초석의 상면 형태를 평면 방형으로 두고 주좌는 낮게 각출하였으며, 초석상면 코너부분에 귀틀을 걸칠 수 있도록 파낸 형태의 대관사식과, 대관사식 형태에 주좌를 높게 각출한 미륵사식, 귀틀을 걸칠 수 있는 홈은 두지 않고 주좌만을 각출한 제석사식(도면 41)으로 나눠진다. 이러한 장주형 초석 아래에는 초반석을 사용한 예가 있다.

익산 금마저의 사지에서 나타나는 정초 방식은 토심적심, 토심적심＋석재적심, 석재적심, 초반석적심(도면 42) 등으로 다양한 형태를 보인다. 토심적심은 초석이 놓일

---

70) 한욱, 2009, 「유구를 통한 6·7세기 백제가람 건물의 복원적 연구」, 홍익대학교 대학원 박사학위논문, 46~47쪽.

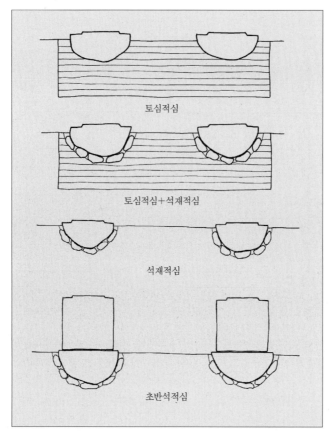

도면 42
정초 방식 모식도

범위만큼 굴광을 하여 판축 등의 방법으로 다짐을 하면서 그 위에 바로 초석을 놓는 방법이다. 토심적심+석재적심은 토심적심을 한 상면을 초석이 들어갈 만큼 낮게 파고 다시 돌로써 적심을 하는 방법이다. 그리고 석재적심은 가장 흔한 방법으로 성토다짐을 한 기단토를 파내고 초석 아래를 돌로써 적심하는 방법이며, 초반석적심은 정확한 의미에서 석재적심과 같으나 장주형 초석을 올릴 초반석을 놓고 석재로써 적심하는 방법이다. 이 외에 흔한 정초 방법은 아니지만, 초석없이 굴광하여 기둥을 세우는 굴립주 형식도 보인다.

(1) 연동리사지

연동리사지 금당지에서 원위치에 놓인 창건 당시의 초석은 확인되지 않았다. 단지 후대에 전용된 것으로 판단되는 방형의 초석들이 석불과 광배 좌대 주위에 놓여 후대 보호각 등에 사용되었던 것으로 판단된다. 금당지 주변 등에서 확인되는 초석재는 모

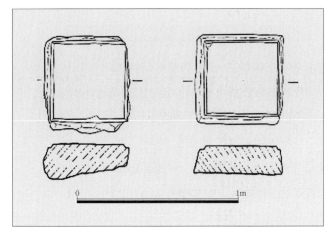

도면 43
연동리사지 초석재

사진 24 연동리사지 초석적심

사진 25 연동리사지 석불 좌대 토심적심

두 무주좌 방형 초석의 형태이다. 즉 사방 약 54cm, 두께 20cm 내외의 석재 주변을 정방형에 가깝게 잘라내고, 상면을 사방 46cm, 높이 약 1.5~2.0cm로 편평하게 가공하여 초석면을 각출하였다.(도면 43)[71] 무주좌 방형 초석의 정초 방법은 성토다짐한 기단토를 파내고 초석 아래에 적심을 괴는 석재적심법을 사용하였다.(사진 24)

발굴 조사 결과 방형 초석은 외진초석렬에서만 사용되었고, 내진고주는 굴립주 방식을 사용했다. 굴립주공은 기단토인 적갈색사질점토층과 그 아래의 생토층까지 약

---

71) 김선기, 1990, 「익산 연동리사지 조사연구」, 『한국철학종교사상사』, 원광대학교 종교문제연구소.

90~100cm 깊이로 굴착하고 있다. 초석과 굴립주공의 배치로 보아 건물의 규모는 정면 3칸, 측면 3칸 규모이다.

초석은 아니지만 대형의 불상과 광배가 놓이는 자리는 높은 하중을 지탱해야 하기 때문에 별도의 기초를 마련하였다. 토층 단면조사에서 밝혀진 바에 의하면, 불상과 광배 좌대에서 약 140cm 이격된 자리부터 대좌 하부 방향으로 생토층을 60cm 깊이로 굴착하였으며, 토광 내부는 적갈색토를 아주 단단하게 다지고 있지만, 여러 개의 층을 이루는 정교한 판축은 하지 않았다. 좌대의 하부에서는 적심으로 사용된 석재들은 전혀 보이지 않고 다짐층 위에 좌대를 바로 올려 놓은 것으로 보아 토심적심의 기법에 의해 기초를 다지고 있음을 알 수 있다.(사진 25)

(2) 대관사지

대관사지 목탑지나 금당지·강당지에 사용된 초석이 원위치에 남아있는 것은 하나도 없다. 단지 목탑지 상층에 있는 5층 석탑 주변에서 대형 초석 3점이 확인되었다.(사진 26) 외형은 장주형의 형태를 보이는데, 초석의 길이와 폭과 높이는 각각 120cm×158cm×70cm, 132cm×152cm×144cm, 144cm×146cm×164cm이고, 상면에 직경 110cm, 높이 4cm의 원형주좌가 만들어져 있으며, 귀틀을 올려놓기 위한 홈은 평면상 방형의 모서리 3부분에 길이와 폭과 높이가 62cm~68cm×20cm~44cm×32cm~44cm 크기로 만들어져 있다.(도면 41) 그러나 이 초석이 목탑지에 사용되었는지 아니면 금당지에 사용되었는지는 알 수 없다. 그런데 금당지 초석적심부분에서 초반석으로 보이

사진 26
대관사지 장주형초석

는 평평한 석재 1점이 출토되어 금당지에도 장주형 초석을 사용했을 것으로 추정하기도 한다.[72]

현재 남아있는 금당지의 유구를 통해 보면, 주칸은 정면 5칸, 측면 4칸으로 된 통칸 구조이다.

강당지에서는 정면 기단부와 계단 부재 일부만 확인되어 정확한 초석의 위치나 형태 등은 알 수 없다. 다만 최근의 강당지 조사에서 무주좌 원형 초석 3점이 출토되었다고 하는데 정확한 내용은 알 수 없다.

대관사지에서 나타나는 또 하나의 독특한 정초 방식이 건물지22에서 조사되었다. 삭토법에 의해서 만들어진 건물지의 기단토는 다시 초석이 놓이는 자리만을 굴광하여 판축하는 토심적심의 구조로 밝혀졌다. 토심적심은 전면 중앙 4열과 측면 중앙 1열에 길이 5.12m, 폭 2.24m의 장방형으로, 4우부에는 길이와 폭이 5.12m인 정방형 형태로 풍화암반을 굴착하였는데, 잔존깊이는 40~100cm이다. 그리고 여기에 작은 사립이 다량 혼입된 적갈색사질점토와 녹갈색점토를 약 10cm 두께로 교차시키면서 단단하게 판축하고 있다. 일부 굴광판축한 상면에는 3m의 간격을 두고 격지석을 사용하여 석재적심을 만든 것으로 판단된다. 이러한 양상으로 보아 토심적심 후에 석재적심을 하고, 초석이나 장주형 초석을 사용하기 위한 초반석을 놓았던 것으로 판단된다.[73] 그리고 대관사지 사역으로 생각할 수 있는 건물지22-②와 같은 경우는 무주좌 원형 초석 아래에 토심적심 구조로 파악된다.

(3) 제석사지

제석사지는 목탑지에서 장주형의 초석재 5기가 확인되었다. 장주형의 초석은 상층 기단 상면에 위치하고 있어 외진주초석으로 사용되었을 것으로 생각되나, 단면조사에서 초반석이 확인되지 않고 주변 흙도 기단토와 달라 정확한 사용위치는 알 수 없다. 높이는 72~99cm인데, 평면은 방형으로 다듬고 귀틀을 걸치는 홈이 없는 원형의 주좌를 만들었다.(사진 27)

금당지나 강당지에서 사용된 초석재는 모두 결실되어 확인할 수 없다. 단지 동·서 건물지 중 동쪽 건물에서 초석재로 추정되는 방형의 석재 2기가 확인된 것으로 보고되

---

72) 부여문화재연구소, 1992, 『왕궁리유적발굴중간보고』, 181쪽.
73) 국립부여문화재연구소, 2008, 『왕궁리』, 발굴중간보고Ⅵ, 242쪽.

었으나 확실한 사항은 알 수 없다. 그리고 사역 내 민가 등에 전용된 석재 중 90× 90cm, 73×73cm 석재가 확인되는데, 방형의 초석재인지 초반석재인지 알 수 없다. 자리를 이탈한 무주좌 원형 초석은 직경 53~57cm 정도의 크기를 보인다.

목탑지나 금당지 강당지 등에서도 원래의 위치에 초석들이 거의 남아 있지 않아 정확한 주칸이나 구조들은 알 수 없다.

(4) 미륵사지

미륵사지 금당지에서는 모두 장주형 초석을 사용하여 건물 기단에 공간구조를 마련하고 있다. 동원 금당지에서 확인된 초석을 세우는 방법은 정방형의 초반석을 놓고, 초반석 네 변 중앙에 장주형의 초석 모서리가 놓이도록 하여 마름모꼴을 이루도록 한 것이 특징이다. 초반석의 크기는 한 변 105cm, 두께 30cm 이상이다. 초석의 한 변은 67~72cm 정도이며, 높이는 94cm로 높다. 초석 상면은 높은 원형 주좌를 각출하였으며, 아래에 너비가 넓은 귀틀을 걸칠 수 있는 홈을 팠기 때문에 건물 내부는 마루구조였을 것으로 생각된다.(사진 28) 건물지 중앙부에도 장주형 초석이 놓여 있어 각 초석에 기둥을 세웠다고 가정할 경우, 내부에 통칸을 두지 않는 협소한 공간을 형성하게 된다.

동원 금당지 주칸은 정면 5칸, 측면 4칸의 구조이다. 중원 금당지는 동원 금당지와 마찬가지로 초반석 위에 장주형의 초석을 배치하여 공간구조를 둔 형식으로 파악된다. 동원과 중원의 금당지 규모를 비교해 보면, 중원의 금당지가 월등하게 큰 규모이지만 주칸은 정면 5칸, 측면 4칸으로 동일하다. 서원 금당지는 동원 금당지와 같은 형식이었

사진 28
미륵사지 장주형초석

을 것으로 판단되어 여기에서는 생략한다.

중앙 목탑지에서는 초석이나 초석 적심이 있었던 위치까지도 깎여나간 상태이기 때문에 한 변의 길이가 18.56m라는 기단 규모 외에는 정확한 주칸이나 초석 배열의 형태는 알 수 없다. 장경호는 중원 목탑지의 층수를 9층으로 보고 목탑을 9층으로 세웠을 경우, 1층의 주칸이 5칸이 되지 않으면 가구 구조상 세우기 어렵다고 하여 중원 목탑지 평면을 중앙 어칸 8척, 협칸 7척씩 총 36척의 평면 형태로 복원하였다.[74] 그러나 배병선은 중원 목탑지 기단 상면에 남아 있는 석재를 초석의 위치로 보고 주칸의 배열을 분석한 결과, 정면 5칸보다 정면 3칸인 경우가 합리적이라고 보았으며, 내부 기둥의 배치도 방사성 배열의 가능성이 높다고 밝히고 있다.[75] 한편 중원 목탑지의 기단토 상면에 위치한 석재를 초석의 적심으로 보고 석탑의 기단과 외진초석 간의 거리 및 금당의 기단과 외진초석까지의 거리를 감안하여 주칸 거리 190cm의 7칸으로 보고자 하는 견해도 있다.[76]

동원과 서원의 탑은 석탑이다. 1974년도 발굴 조사를 실시한 결과 동탑지는 이중기

74) 장경호, 1990, 『백제사찰건축』, 예경산업사, 411쪽.
75) 배병선, 1996, 「목탑지 초석 유구 고찰」, 『미륵사』, 유적발굴조사보고서II, 국립부여문화재연구소, 538~541쪽.
76) 최맹식, 1996, 「초기유구보완조사(사역 중심곽)」, 『미륵사』, 유적발굴조사보고서II, 국립부여문화재연구소, 114~118쪽.

단의 형태를 갖추면서 현존하는 서탑과 동일한 형식의 석탑이 있었던 것으로 보고되었다.[77] 그러나 동탑의 복원설계를 하는 과정에서 조사된 바로는, 동탑은 서탑보다 양식상 늦게 만들어진 것으로 보고, 옥개석 받침을 3단으로 한 9층탑으로 복원하게 되었다.[78] 두 탑은 모두 정면 3칸, 측면 3칸의 초석 배열을 보인다. 방형의 초석을 사용하였는데, 외진에만 주초를 두고 내진주초가 놓여야 할 탑의 내부는 십자형 통로를 만들기 위해 벽체로 쌓아 올렸다. 주칸 거리는 모두 250cm를 보인다.

강당지 초석의 형태는 방형 초석 상면에 원형의 주좌를 각출한 1단주좌 방형 초석이 주류를 이룬다. 그 중에는 원형의 주좌 좌우로 약하게나마 고막이를 각출한 흔적이 있는 것도 있다. 그리고 동측면과 서측면 외열주초는 1단주좌 원형 초석으로 내부에 사용된 초석의 형태와는 다르다. 정면 13칸, 측면 4칸으로 추정된다. 주칸의 간살은 외진열에서 내진열까지는 약 300cm이고, 그 외의 주칸은 약 5m이다.

승방지 등에서는 무주좌 원형 초석도 사용되었다.

(5) 초석의 검토

이상 금마저에서 나타나는 초석의 형태와 정초 방식은 〈표 8〉과 같다. 초석의 형태와 정초 방식과의 관계를 보면 무주좌 방형 초석, 무주좌 원형 초석, 1단주좌 원형 초석, 1단주좌 방형 초석은 대부분 석재적심을 하고 있다. 그리고 무주좌 원형 초석에서는 토심적심법이 사용되기도 하며, 장주형 초석은 석재적심+초반석의 정초 방식을 사용하고 있다. 그리고 왕궁리 유적 건물지22에서는 토심+석재적심의 정초 방식도 확인

표 8 익산 금마저 지역 사지의 초석형태 및 정초 방식

구분	연동리사지	대관사지	제석사지	미륵사지
초석 형태	• 무주좌 방형 초석	• 무주좌 원형 초석 • 장주형 초석	• 무주좌 원형 초석 • 장주형 초석	• 무주좌 원형 초석 • 1단주좌 원형 초석 • 1단주좌 방형 초석 • 장주형 초석
정초 방식	• 굴립주공 • 토심적심 • 석재적심	• 토심적심 • 토심+석재적심 • 석재적심	• 석재적심	• 석재적심 • 석재적심+초반석

---

77) 원광대학교 마한·백제문화연구소, 1975, 「미륵사지 동탑지 및 서탑 조사보고서」, 『마한·백제문화』 1.
78) 문화재관리국·전라북도, 1990, 『미륵사지 동탑-복원설계보고서』.

되는데, 여기에는 장주형 초석이 사용되었을 것으로 판단된다.

익산 금마저 사지에서 나타나는 초석들이 원위치에서 확인된 예는 미륵사지 외에는 미미한 상태이다. 따라서 초석의 형태에 의한 건물의 위계를 살피기는 어렵다. 단지 초석이나 정초 방식에 있어서는 발전적인 면과 더불어 왕실 조성 3대 사찰에서는 공통적인 면이 나타난다.

우선 발전적인 면을 보면, 부여 지역에서 나타나는 초석의 형태는 군수리사지 금당지와 정림사지 강당지에서는 방형 초석을 사용하고 있으며, 약간 늦은 능산리사지 강당과 공방지에서는 원형 초석을 사용하고 있으나 아직 주좌를 만들지 않고 있다.[79] 주좌가 없는 초석이 주좌가 있는 초석보다 시기적으로 앞서며, 무주좌 초석에서는 방형 초석이 원형 초석보다 앞서는 것으로 생각된다.[80] 그러나 왕궁리 유적 내에서 발굴 조사된 양상을 통해 보면, 왕궁리유적에서 대관사지보다 앞서는 시기의 건물지에서는 대부분 무주좌 원형 초석을 사용하고 있기 때문에 능산리사지와는 시기적으로 커다란 차이를 보이지는 않을 것으로 생각된다. 그런데 금마저 대관사지에서는 장주형 초석에서 원형주좌가 나타나며, 미륵사지와 제석사지 장주형 초석에서는 주좌의 높이가 높게 나타난다. 또한 미륵사지에서는 원형 초석과 방형 초석에도 주좌를 각출하고 있을 뿐만 아니라 고막이를 각출한 예도 있어 주좌의 사용이 보편화되어 가고 있음을 알 수 있고, 매우 발전된 면모를 보여주고 있다.

정초 방식에서도 발전적인 면을 드러낸다. 익산 금마저의 건물지에서 일찍 사용되는 정초 방법은 토심적심법이다. 이러한 예는 왕궁리 유적의 대관사지보다 앞선 시기에 만들어진 건물지에서 확인되는데, 무주좌 원형 초석에서 토심적심을 하고 있다. 초석은 아니지만 연동리사지 석불좌상과 광배 좌대의 적심에서도 석재를 전혀 사용하지 않고 토심적심에 의해 하부를 기초하고 있다. 대관사지와 관련이 있을 것으로 추정되는 건물지22-②에서 원형 초석에 토심적심을 한 정초 방법이 확인되어 왕궁리 유적에

79) 한욱, 2009, 「6~8세기 백제·신라건축의 기초부 비교연구 -사찰유적을 중심으로-」, 『문화재』 42권 2호, 국립문화재연구소, 121쪽.

80) 부여의 군수리사지와 정림사지에서는 무주좌 방형 초석이 사용되고 있으며, 능사에서는 무주좌 방형 초석과 아울러 무주좌 원형 초석이 사용되고 있는 것으로 보아 무주좌 방형 초석이 원형 초석보다 먼저 만들어지는 것으로 판단된다. 그리고 주좌를 각출한 예는 미륵사지에서 시작되는 것으로 보고 있다.(한욱, 2009, 「6~8세기 백제·신라건축의 기초부 비교연구 -사찰유적을 중심으로-」, 『문화재』 42권 2호, 국립문화재연구소, 119쪽.

서 확인되는 앞선 시기의 건물지 조성 방법이 곧바로 대관사지에 이어지는 것으로 생각된다. 토심적심은 건물지22에서도 확인된다. 여기에서도 토심적심 위에 석재적심을 한 발전적인 모습을 보여준다.

한편 금마저의 왕실 조성 3대 사지에서 무주좌 원형 초석과 장주형 초석이 공통적으로 나타나고 있다. 대관사지에서는 강당지와 건물지22-②에서 보이며, 제석사지는 정확한 위치는 알 수 없지만 원위치를 이탈한 초석들이 확인된다. 그리고 미륵사지에서는 승방지 등에 사용되고 있다. 미륵사지에서 원형주좌를 갖는 방형 초석과 원형 초석이 사용되면서 무주좌 초석은 격이 낮은 건물에 사용되고 있다. 장주형 초석은 세 사찰에서 모두 사용하고 있는데, 미륵사지는 귀틀을 거는 홈을 마련하여 공간구조를 만들고 있다. 나머지는 원위치를 떠나 있지만 대관사지는 귀틀을 걸 수 있는 형태로, 제석사지는 원형주좌만을 각출한 형태로 만들어졌다. 이러한 장주형 초석은 부여 임강사지에서도 확인된다고 하나 정확한 내용은 알 수 없다. 하지만 장주형 초석의 사용은 금마저의 3대 사지에서 나타나는 독특한 공통점으로 사찰 조성 기획의 동시성을 생각해 볼 수 있다.

지금까지 당탑 구조에 대하여 살펴보았는데, 부여에서 조사된 능산리사지의 당탑 구조가 바로 익산 금마저 지역에 영향을 주고 있음을 알 수 있다. 당탑 구조의 원류는 능산리사지에서 찾아 볼 수 있으나, 시간적 변화와 아울러 익산 금마저의 사지에서 더욱 발전된 면모를 보여준다. 한편 익산 금마저의 왕실 조성 가람인 대관사지와 제석사지·미륵사지의 당탑 구조를 구성하는 요소들은 세부적인 부분까지 동일한 형식으로 만들었다는 공통점을 찾아볼 수 있다.

우선 능산리사지가 중심이 되겠지만, 부여 지역과 금마저의 3대 사찰과 비교하여 나타나는 발전적인 요소 중 기단 기초를 보면 부여 지역과 달리 익산 금마저의 목탑지에서는 판축층 각각의 두께가 얇고 목도를 사용하여 다진 견고한 굴광판축을 보인다. 또한 금당지에서는 완전한 지상판축법에 의해 기단 기초를 조성하고 있음을 알 수 있다. 기단석은 능산리사지에서부터 화강암으로 만든 가구식 이중기단이 금당지와 탑지에서 나타나고 있는데 반해, 금마저에서는 정교하게 가공된 화강암으로 금당지와 탑지에 가구식 이중기단을 조립하고 강당지에는 가구식 단층기단을, 회랑지나 승방지에는 가구식 간략기단을 구축하는 3단계 위계를 갖는 가람이 조성된다. 즉 능산리사지의 강당지는 잡석의 석축과 와적기단으로 조성되며 회랑지 역시 석축기단을 보이는데, 금마저에서는 모두 가공된 화강암을 사용하고 있다. 나아가 기단의 코너에 실용적인 형태의 우주를 세우고 있는 점도 발전적으로 변화한 모습이다. 가구식기단 구조를 갖는 건물에서의 계단은 소매석으로 좌우를 마감한 형태이다. 능산리사지에서는 지복석에 소매갑석을 끼우는 구조인데 비해, 미륵사지에서는 지복석 위에 제1보석을 놓고 갑석을 끼우고 있다. 그리고 부여의 목탑지들에서 나타나는 2면 계단이 금마저에서는 4면 계단으로 바뀐다. 초석도 무주좌 방형 초석-무주좌 원형 초석-1단주좌 원형 초석-1단주좌 방형 초석으로, 무주좌에서 주좌의 표현이라는 발전적인 면을 보여준다. 한편 금마저에서는 장주형 초석을 사용하고 있는데, 여기에 주좌가 각출되어 있는 것이 특징이다. 정초 방법도 토심적심, 토심적심+석재적심, 석재적심 등 다양하게 나타나며, 장주형 초석에서는 초반석을 사용하고 있다는 특징을 보여주고 있다.

대관사지와 제석사지·미륵사지에서 나타나는 공통적인 요소는 기단 기초가 탑과 금당과 강당에서 각각 굴광판축·지상판축·성토다짐을 하고 있는 점이다. 물론 지형이 계곡평지에 해당하는 미륵사지에서는 약간 다른 양상을 보이고 있다. 기단석은 정교하게 다듬은 화강암제 가구식기단을 사용하는데, 이중기단·단층기단·간략기단으로 3단계의 위계를 보인다. 나아가 기단에는 탱주의 사용없이 우주만을 사용하고 있는 것도 공통적으로 나타나는 요소이다. 계단은 소매석으로 계단 측면을 마감하는데, 지복석 윗단인 제1보석에 소매갑석을 끼우며 계단 측면과 접하여 하층기단 전방에 놓는 계단 보조석까지 같은 양상을 보여 주고 있다. 초석도 원형 초석과 아울러 장주형 초석이 3개의 사지에서 공통적으로 확인된다.

당탑 구조를 통해 보았을 때 금마저의 대관사지·제석사지·미륵사지는 부여 능산리사지의 전통을 이어가고 있지만, 익산 금마저의 사찰에서 좀 더 세련되게 발전시켜 백제 사찰 구조의 진수를 보여주고 있다. 이와 같이 발전적인 측면과 아울러 금마저의 왕실 조성 3대 사지에서 세세한 부분까지 공통적인 모습을 보여준다는 점은 사찰 창건 기획의 동시성을 생각하게 한다. 대형의 사찰을 조성하는 데에는 많은 시간이 소용될 수 밖에 없는데도 불구하고 세심한 부분까지 동일한 형태를 보이고 있기 때문에, 사찰 건립의 완성 시기는 각각 달랐다 하더라도 창건의 기획은 같았을 개연성이 높은 것이다. 이와 같은 창건 시기 문제는 뒷장에서 유물을 통해 다시 검증해 보기로 한다.

3. 伽藍 構造

우리나라 고대로부터 조영되어 온 가람의 유형을 분류하고자 하는 시도는 오래 전부터 있었다. 그 내용은 대체로 구조적인 면과 제도적인 면으로 나눠진다. 제도적인 면도 현재 남아 있는 가람의 구조를 바탕으로 하고 있기 때문에 구조적인 면에서의 분류와 커다란 차이를 보이지는 않는다고 생각한다.

우선 藤島亥治郎은 단탑식 · 쌍탑식 · 자유식으로 분류하고, 이를 다시 평지와 산지로 세분하고 있다.[81] 신영훈 · 김동현은 크게 평지와 산지 가람으로 나누고 단탑식 · 쌍탑식 · 무탑식으로 세분하여 지형과 탑을 기준으로 한 분류를 시도하였다.[82] 정인국도 가람 배치의 발전 과정을 연속적인 성질로 파악한 후 탑의 성질과 입지 조건, 축선 성질을 가지고 세분하고 있다.[83] 박만식도 정인국의 배치계획론에 탑파의 축조 재료와 금당의 수를 포함하여 더 세분하고자 하였다.[84]

진홍섭은 백제의 가람 제도를 논하면서 첫째, 산 중복 경사면에 석굴을 수반하여 건립된 사원, 평지에 남북 혹은 동서를 주축으로 하는 일탑식 가람, 남북을 주축으로 가람을 배치하되 탑을 건립하지 아니한 사원으로 분류하고 있다.[85]

이러한 분류 내용을 종합해 보면 백제 가람은 기본적으로 산지 가람과 평지 가람으로 나눌 수 있다. 산지 가람은 공주 지역에서 석굴을 수반하는 가람의 형태로 나타난다. 그러나 이 지역 산지 가람의 발굴 조사에서 적극적인 백제 시대 유물은 출토되지 않았다. 하지만 백제 시대에 굴원수행을 목적으로 사용하였을 것으로 판단되며, 석굴 앞의 건물들은 이러한 인연에 의해 늦은 시기에 만들어졌을 가능성이 크다고 생각한다. 그리고 평지 가람에서는 탑의 건립 여부에 따라 무탑1금당식 · 1탑1금당식 · 3탑3금당식으로 세분할 수 있다. 결국 3탑3금당식도 각각의 1탑1금당을 회랑으로 구획하고 있으므로 백제 가람 조성의 전통이라 할 수 있는 1탑1금당식을 따르고 있는 것이으로 판단된다.

좀 더 세부적으로 살펴보면, 군수리사지에서는 1탑1금당의 배치를 보이나 회랑지

---

81) 藤島亥次郎, 1973, 『朝鮮建築史論』, 경인문화사, 319쪽.
82) 신영훈 · 김동현, 1977, 『한국고건축단장』 하, 동산문화사, 14~21쪽.
83) 정인국, 1980, 『한국건축양식론』, 일지사, 136~141쪽.
84) 박만식, 1975, 「한국고대가람의 배치 및 평면계획에 관한 연구」, 『충남대학교 공업기술개발연구소 논문집』 2권 1호, 충남대학교 공업기술연구소, 107~108쪽.
85) 진홍섭, 1971, 「백제사원의 가람제도」, 『백제연구』 2, 충남대학교 백제연구소.

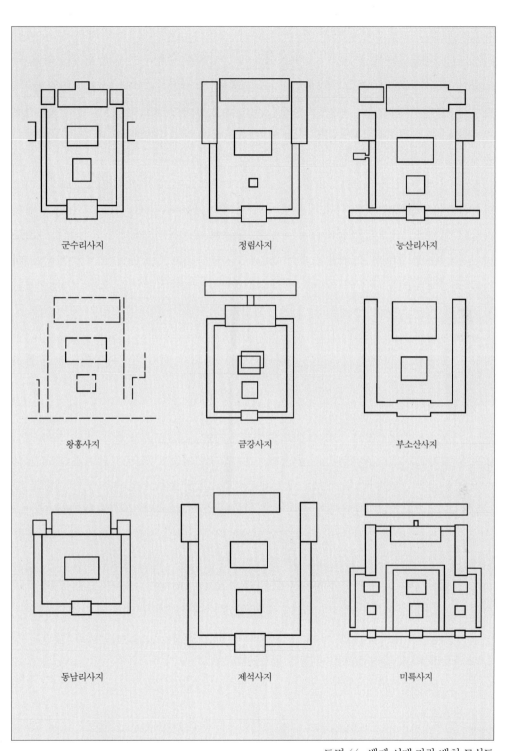

군수리사지　　　　　정림사지　　　　　능산리사지

왕흥사지　　　　　금강사지　　　　　부소산사지

동남리사지　　　　　제석사지　　　　　미륵사지

도면 44　백제 시대 가람 배치 모식도

좌우에 건물 기초부분이 확인된 예이며, 정림사지와 능산리사지·왕흥사지에서는 1탑 1금당의 배치를 보이면서 동·서 회랑 북쪽에 승방지로 추정되는 건물을 연결하고 있는 점이 특징이다. 이러한 가람 배치 양상은 금마저의 제석사지에서 나타나고 있다. 그리고 금강사지에서는 동·서 회랑지와 연결되는 승방지가 확인되지 않고 동·서 회랑과 북회랑이 바로 연결되어 강당지로 이어지고 있어 이 단계에서는 비로소 북회랑이 출현하고 있음을 알 수 있다.(도면 44)

금마저 백제 사지의 입지도 산지 가람과 평지 가람으로 대별할 수 있다. 사자사지는 미륵산 8부 능선에 위치한 산지 가람이며, 나머지는 구릉이나 구릉 말단에 형성된 평지 가람의 형태를 보인다. 연동리사지는 구릉 능선에 위치하며, 제석사지와 대관사지도 평지형 구릉에 대지를 조성한 후 창건하였다. 미륵사지는 미륵산의 남사면 자락에 대지를 조성하였는데, 좌우의 구릉이 남북으로 이어져 사찰을 감싸고 있다. 『삼국유사』의 기록과 같이 연못을 메우고 조성한 사찰임이 밝혀졌으며, 중심 가람의 전반적인 구조가 평평한 대지상에 이루어졌기 때문에 평지형 가람에 속한다고 할 수 있다. 이러한 양상은 산 중턱 경사지에 자리잡는 신라계 사찰과는 달리 백제인의 평지지향적인 입지관으로 보고 있다.[86]

사자사지는 발굴 조사에서 지형적인 어려움 때문에 백제 시대 유구는 확인하지 못했다. 다만 여기에서 백제 시대 기와편들이 출토되는 것으로 보아 분명 백제 당시의 건물이 있었을 것으로 판단된다. 지형이 매우 협소하기 때문에 평지 가람처럼 당탑을 갖추지 못한 산지 가람이었을 것으로 생각된다. 그러나 암굴을 수반하는 산지 가람의 형태는 아니다. 왜냐하면 사자사지의 주변은 기암들과 어우러져 아름다운 풍광을 보이고는 있지만, 자연암굴이 발견되지는 않기 때문이다. 그러므로 굴원수행은 아니지만 수행자의 의지처로써 암자와 같은 건물을 지어 사용한 수행가람[87]으로 판단된다.

연동리사지에 대해서는 전면적인 발굴 조사가 이루어지지 못하였으며, 주변의 지형에 많은 변화가 이루어졌지만 1989년도 발굴 조사에서는 금당지 외에 다른 건물지는 확인되지 않았다. 즉 연동리사지는 탑을 만들지 않고 금당지만을 둔 무탑1금당식의 가람 배치를 보이고 있는 것으로 추정된다.(도면 45)[88]

---

86) 김형래·김경표, 1999, 「익산 미륵사지 가람 배치 특성」, 『충북대학교 건설기술 논문집』 18권 2호, 충북대학교 건설기술연구소, 86쪽.
87) 김선기, 1985, 「백제가람의 유형과 전개에 관한 연구」, 원광대학교 대학원 석사학위논문.

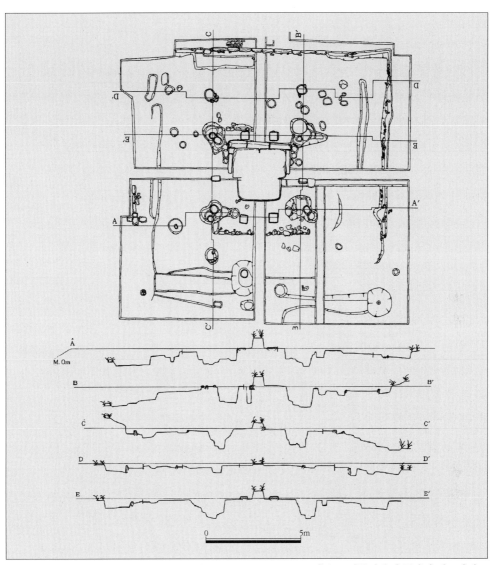

　　사찰에서 탑이 건립되지 않은 예는 부여의 동남리사지[89]를 들 수 있다.(도면 44) 동
남리사지의 가람 배치는 금당을 중심으로 앞에 중문을 두고, 뒤에 강당을 배치한 후 중

88) 김선기, 1990, 「익산 연동리사지 조사연구」, 『한국철학종교사상사』, 원광대학교 종교문제연구소.
89) 石田茂作, 1939, 「扶餘 東南里 廢寺址 發掘調査」, 『昭和 十三年度 古蹟 發掘調査 報告書』, 朝鮮古蹟
　　研究會.

문으로부터 강당까지를 회랑으로 두르고 있다. 이러한 배치 양상은 백제 시대 전통적인 가람 배치에서 탑만 없는 형태이다.

가람의 중심곽에서 금당지만 확인된 예는 예산 사면석불 금당지를 들 수 있다.[90] 사면석불의 인근에서 백제 시대 가람이 나타날 가능성은 배제할 수 없지만, 석불 주변의 지형상 금당지만을 갖춘 사찰임을 알 수 있다.

백제 시대 가람 배치는 1탑1금당의 배치를 기본으로 하여 중문에서부터 강당까지 회랑을 둘러 1원을 형성하고 있음을 기본으로 한다. 여기에 비하여 금마저 3대 사지의 하나인 미륵사지는 3탑3금당의 배치 양상을 보이기 때문에 3원병치식 가람으로 부른다. 그런데 1원의 가람 배치인 대관사지에서는 중문이 보이지 않고, 오히려 그 자리에 배례공간으로 판단되는 누각형 건물지가 나타난다. 그래서 1원식의 가람 배치를 중문이 없는 1원배례루식과 중문을 갖춘 1원중문식으로 나누어 살펴보고자 한다.

1) 一院拜禮樓式

대관사지는 왕궁리 유적의 발굴 조사를 시작할 당시 제일 먼저 조사되었는데, 유구의 중첩 등에 의해 최근에 들어와 정밀 조사가 실시된 후 발굴 조사 보고서가 발간된 바 있다.[91]

처음 발굴 조사에서는 오층 석탑 뒤에서 금당지와 소규모의 강당지가 조사되었는데, 왕궁리 5층 석탑과 더불어 통일신라 시대에 조성된 가람으로 판단되었다. 그 후 오층 석탑 아래에서 목탑 기단 기초로 판단되는 정교한 판축층이 확인되어 이를 목탑지로 추정하였다. 목탑지로 추정되는 판축층은 주변에 있던 앞선 시기의 건물지들을 파괴하고 만들어졌기 때문에 대관사지 이전에 어떤 성격인지를 알 수 없지만 상당히 큰 규모의 건물이 운영되고 있었음을 알 수 있게 해 준다.

대관사지는 연구자에 따라서 백제 무왕의 원찰로 보기도 하고, 혹은 백제 말기에서 통일신라 시대 극초기에 창건된 사찰로 보기도 한다.[92] 그러나 최근에는 목탑지로 추

---

90) 박영복 · 조유전, 1983, 「예산 백제사면석불 조사 및 발굴」, 『문화재』 16, 문화재관리국.

91) 국립부여문화재연구소, 2008, 『왕궁리』, 발굴중간보고Ⅵ.

92) 김용민은 사찰지구에서 출토되는 유물을 통해 사찰운영의 중심시기는 통일신라이지만 상한은 백제 말로 볼 수 있다고 하였다.(김용민, 2007, 「익산 왕궁성 발굴성과와 그 성격」, 『마한 · 백제문화』 17, 원광대학교 마한 · 백제문화연구소, 31쪽.)

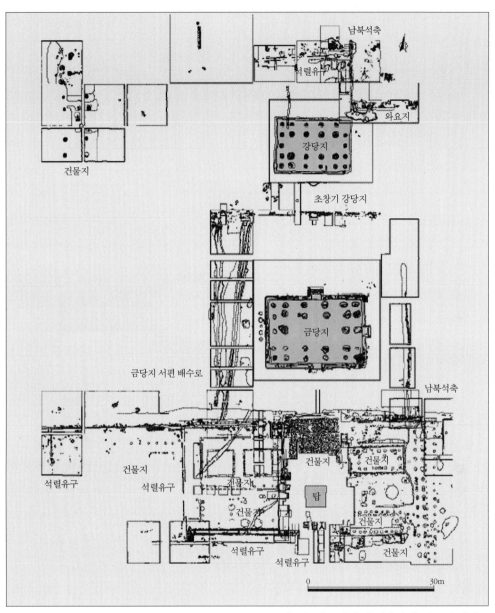

도면 46 왕궁리 유적(대관사지) 건물지 배치도

정되는 축기부 판축층이 장방형의 형태를 보이고 있지 않다는 점을 들어서 탑지가 아닐 가능성을 제기하고 판축층과 접해 북쪽에서 나타난 건물지로 판단되는 유구(건물지 3)가 탑지일 가능성도 제기되었다.[93]

한편, 소규모의 강당지 남쪽에서 3개소의 계단지를 포함하는 기단부가 조사되었는데, 이 유구가 백제 시대 창건 강당지로 추정되고 있다. 그러나 백제 시대 사지에서 나타나는 중문과 회랑이 대관사지에서는 확인되지 않고 있는 점이 일반적인 백제 사찰의 가람 배치와 다르다.(도면 46)[94]

발굴 조사 결과를 종합해 보면, 대관사지의 가람 구조를 복원하기 위해서는 조사된 유구를 해석하는데 있어서 몇 가지 문제점을 해결하지 않으면 안 된다. 그 첫째가 대관사지의 창건 시기가 과연 언제인가를 규명해야 한다. 그리고 장방형 형태로 나타나는 판축층이 과연 목탑지의 기단 기초인지 규명되어야 한다. 다음으로 대관사지와 동서석축 1과 건물지22는 어떠한 성격인지, 다시 말해서 석축1과 건물지22를 과연 대관사지와 연결지을 수 있겠는가 하는 문제를 해결해야만 한다. 마지막으로 대관사지는 궁장 안에 위치한 사찰인데 출입할 수 있는 중문이나 이를 감싸는 회랑이 존재하지 않는다는 점을 어떻게 해석하여야 하는가 이다. 즉 궁장과 대관사지는 어떠한 관계인가를 해결해야 정확한 대관사지의 가람 구조를 복원할 수 있다고 생각한다. 이러한 문제점들을 살펴보면서 대관사지 가람 구조를 추적해 보고자 한다.

(1) 왕궁리 유적의 석축과 대지 조성

왕궁리 유적은 남북 장방형의 궁장지 안쪽 중앙부분이 높은 언덕을 형성하고 있으며, 그 남쪽으로는 평탄한 대지를 이루고 있다. 여기에는 평평한 대지를 조성하기 위해 모두 동서 방향에 4개의 석축을 시설하였다. 각각의 석축 간격은 일정하지 않아 궁장의 남벽에서부터 79.4m, 44.27m, 75.1m, 46.48m씩 떨어져 위치한다. 그러므로 석축의 간격은 대략 1.9 : 1.1 : 1.8 : 1.1, 즉 2 : 1 : 2 : 1의 비율로 공간이 구획되어 있어 왕궁리 유적이 일정한 공간 비례를 적용하여 계획적으로 설계되고 축조된 곳임을 엿볼 수 있다고 한다.[95] 그런데 석축의 축선을 살펴보면, 궁장의 축선과 비교할 때 동서석축2와 3은 비슷한 방향을 보이지만 동서석축1과 4는 축선이 많이 틀어져 있음을 알 수 있다.(도면 47)[96] 특히 동서석축 4는 다른 석축의 축선보다 훨씬 더 틀어져서 방향을 달리하고 있다. 축선이 달리 배치되었다는 점은 위에서 언급한 계획적인 대지 조성과 배

---

93) 국립부여문화재연구소, 2008, 『왕궁리』, 발굴중간보고VI, 446쪽.
94) 국립부여문화재연구소, 2008, 『왕궁리』, 발굴중간보고VI, 318쪽.
95) 국립부여문화재연구소, 2008, 『왕궁리』, 발굴중간보고VI, 47쪽.
96) 국립부여문화재연구소 보고서 도면 필자 편집.

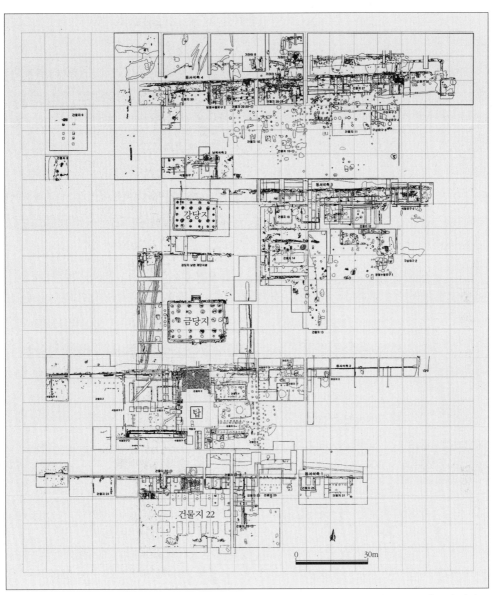

도면 47　왕궁리 유적 중심곽 건물지 배치도

치된다. 이와 같이 축선을 달리 한다는 것은 석축이 시기를 달리하여 축조되었을 가능
성을 시사해 주는 것이라고 할 수 있다. 지금까지는 4개의 동서석축을 대관사지와 관
련된 석축이 아니라 앞선 시기 궁성과 관련된 석축으로 보고 있다. 대관사지를 창건함
에 있어서 대지를 조성하기 위하여 동서석축2를 파괴하고 있는 것은 사실이기 때문에
분명 앞선 시기에 조성된 석축임을 알 수 있다. 그러나 필자는 최소한 동서석축1은 대

관사지를 위해서 축조한 석축이라고 생각하며, 여기에 대해서는 뒤에서 다시 논하고자 한다.

왕궁리 유적의 대지 조성에는 자연 구릉을 최대한 활용했던 것으로 보인다. 특히 궁장의 남동부는 엄청난 양의 성토를 통한 대지 조성을 하고 있는 것으로 확인되고 있다.[97] 그런데 동서석축1의 동남우 성벽 내측 남북향 토층탐색갱을 보면 비교적 안정된 성토층에서 와편들을 포함하고 있는 것이 밝혀졌다. 따라서 안정된 성토층에서 기와를 포함하는 유물이 확인되고 있다는 것은 해당 성토층이 왕궁리 유적에서 가장 선행되는 유구를 조성하기 위해 성토한 것이 아님을 알 수 있다. 조사 보고서에서도 성토층에서 발견되는 유물은 그 층이 시기적으로 가장 앞서는 것으로 볼 수 없다는 근거자료가 되는 셈이라고 밝히고 있다.[98]

대지를 조성하는 과정에서 와편이 포함된 예와 마찬가지로 궁장을 조사하는 과정에서도 상당수의 기와편과 토기편들을 포함하고 있음이 확인되었다. 이러한 양상은 궁장 내부의 동남쪽 등을 포함하는 성토층과 궁장이 같은 시기에 조성되었을 개연성을 보여주는 것이며, 분명한 것은 기와가 포함된 부분의 성토층과 궁장을 조성하기 이전에 이 일대에는 이미 기와를 사용한 건물이 존재하고 있었음을 의미한다. 대관사지를 조성하기 위하여 동서석축2를 파괴하고 있고, 목탑으로 추정되는 판축으로 된 축기부는 주변의 앞선 시기 건물지들을 파괴하고 조성되고 있으며, 목탑지 판축층이나 금당지 판축층에서도 기와편들이 포함되어 있다는 점에서 왕궁리 유적의 대지 조성, 궁장의 축조, 대관사지 대지의 조성과 건립에는 서로 연계성이 있음을 시사하는 대목이라 생각한다.

(2) 추정 목탑지와 금당지 · 강당지

금당지 앞의 오층 석탑 하부에서 판축층이 확인됨에 따라서 이 판축층이 대관사지의 목탑지일 가능성이 제기되었다.(도면 48) 그 판축층은 내측판축과 외측판축으로 나뉜다. 내측에는 木搗로 다진 흔적이 밝혀져 내측이 훨씬 더 정교하게 판축되었음을 알 수 있다. 외측과 내측 판축층의 동서 길이가 16.85m에 달해 목탑 축기부로 추정되었지만 판축층은 평면형태가 장방형이어서 탑 축기부의 전형이라 할 수 있는 정방형의

---

97) 이명호, 2009, 「익산 왕궁성의 대지조성과 성벽 축조방식에 대한 연구」, 『익산 왕궁리 유적』, 발굴 20년 성과와 의의, 국립부여문화재연구소, 69~76쪽.
98) 국립부여문화재연구소, 1997, 『왕궁리』, 발굴조사중간보고 II, 66쪽.

사진 29　왕궁리 5층 석탑 해체사진(1965년)

구조가 아니라는 문제를 안고 있다. 여기에 대해서는 목탑을 만들면서 앞선 시기로 판단되는 건물지3의 성토층을 부수고 만들었기 때문에 건물지3의 단단한 축기부를 그대로 이용한 것으로 보기도 한다.[99]

　　그런데 최근 발굴 조사에서는 목탑 축기부로 판단했던 판축층이 장방형을 이루고 있으며, 건물지3의 축기부를 파괴하고 판축층이 만들어졌기 때문에, 오히려 건물지3을 목탑의 축기부로 봐야 한다는 새로운 의견이 제시되었다.[100] 또한 건물지 3의 성격은 잘 알 수 없지만, 먼저 탑과 금당·강당을 축으로 하는 축선 상에 있다고 하는 점은 기본적으로 사찰유구일 가능성이 크며, 일반 건물과 다른 기초부분의 특징을 감안할 때 석탑의 기초였을 가능성이 제시되기도 하였다.[101]

---

99) 국립부여문화재연구소, 1997, 『왕궁리』, 발굴조사중간보고II, 53~54쪽.

100) 전용호, 2008, 『왕궁리』, 발굴중간보고VI, 국립부여문화재연구소, 319쪽.

101) 김용민, 2007, 「익산 왕궁성 발굴성과와 그 성격」, 『마한·백제문화』 17, 원광대학교 마한·백제문화연구소, 37쪽.

이에 반해 판축 축기부를 목탑으로 보고자 하는 새로운 견해도 있다. 왕궁리 5층 석탑에서 출토된 사리장엄구를 백제 시대 7세기 전반 작품으로 편년하고, 현존하고 있는 석탑을 고려 시대에 축조한 것으로 보고 있으며, 석탑 안에서 확인된 품자형 사리공과 심초석 등이 백제 시대에 만들어진 목탑 부재로 보인다고 하는 관점에서 목탑의 가능성을 제기하고 있다.(사진 29)[102]

필자는 지금까지 조사된 부여나 금마저의 목탑지에서는 대부분 판축기법에 의해 축기부를 조성하고 있으며,[103] 아울러 대관사지 금당지에서도 판축기법의 기단 기초가 확인된다는 점, 궁장 남문으로부터 추정 목탑지의 판축대지와 아울러 금당지·강당지까지 남북중심축이 일치하고, 추정 목탑지를 복원하면 현존하고 있는 석탑이 정확히 그 중심에 위치하고 있다는 점 등에서 판축대지가 목탑지임은 부정할 수 없다고 생각한다. 오층 석탑의 해체과정에서 발견된 품자형 사리공을 마련한 심초석과 사천주로 보이는 초반석과 그 위의 팔각주형의 초석 등은 앞선 시기 목탑의 부재로 추정되며, 이러한 부재들은 추정 목탑지 기단 기초의 거의 중앙에 위치하고 있다는 점은 석탑을 축조하는 과정에서 의도적으로 목탑에 사용되었던 심초석과 사천주 부재를 옮겨 놓은 것이라 할 수 있다. 이러한 행위는 이전 목탑을 조성했던 정신과 전통을 잇고자 하는 의미로 보인다는 점에서 판축 축기부가 목탑의 일부였음은 부정될 수 없다고 생각한다. 그렇다고 한다면 앞선 시기에 만들어졌다고 보고 있는 건물지3은 오히려 목탑 판축기부를 파괴하면서 조성된 늦은 시기의 유구였을 가능성이 크다.

금당지 조사에서도 판축기법에 의한 기단 기초가 조성되어 있음이 확인되었다.(도면 49)[104] 이 판축층에서도 약간의 기와들이 출토되고 있어서 목탑의 판축층과 같은 양상을 보여주고 있고, 그 위치 또한 대관사지의 정확한 남북중심축선 상에 놓여 있다. 단, 노출된 기단부의 양상으로 보아 석탑을 건립할 즈음에 사찰의 대대적인 중건이 있었던 것으로 추정된다. 금당지 기단부를 보았을 때 통일신라 시대에 중건된 금당지는 이전 건물의 하층기단이 있던 부분에 단층기단으로 조성되었음을 알 수 있다. 단층기단은 중건 금당지와 함께 오층 석탑에서도 보인다. 동쪽에 위치한 계단지도 중건 금당지

---

102) 한정호, 2005, 「익산 왕궁리 오층석탑 사리장엄구의 편년 재검토:금제사리내함을 중심으로」, 『불교미술사학』 제3집, 불교미술사학회, 49~51쪽.
103) 용정리사지, 군수리사지, 능산리사지, 왕흥사지, 미륵사지, 제석사지 등의 목탑지 축기부에서 순수한 굴광판축을 하거나 혹은 혼합된 형태로 나타난다.
104) 국립부여문화재연구소, 2008, 『왕궁리』, 발굴중간보고Ⅵ, 331쪽.

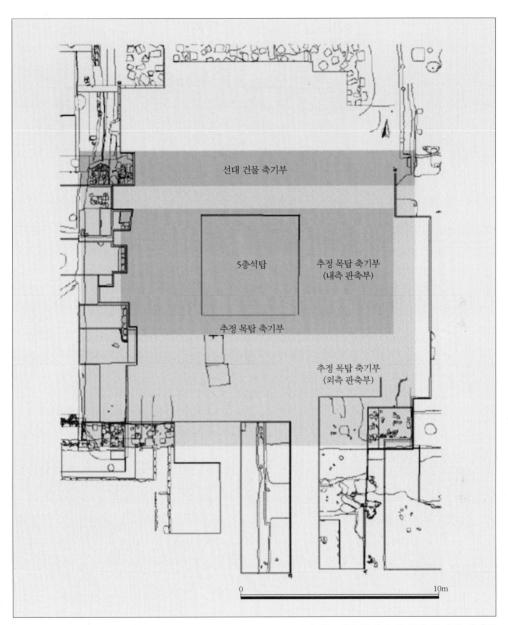

선대 건물 축기부

5층석탑

추정 목탑 축기부
(내측 판축부)

추정 목탑 축기부

추정 목탑 축기부
(외측 판축부)

0					10m

도면 48　대관사지 추정 목탑 축기부 평면도

를 조성하면서 시설한 것으로 생각된다. 그러나 창건 건물지가 앞장에서 살펴본 바와
같이 가구식 이중기단에 소매석을 갖추고, 전후 양면에 계단을 설치한 2면 계단의 금당
지였음을 남아 있는 기단토의 양상이나 기단 부재 등을 통해 살펴볼 수 있다. 그러므로
금당지에서 확인된 초석적심은 확실한 백제 시대 것으로는 보기 어려우나 커다란 틀에

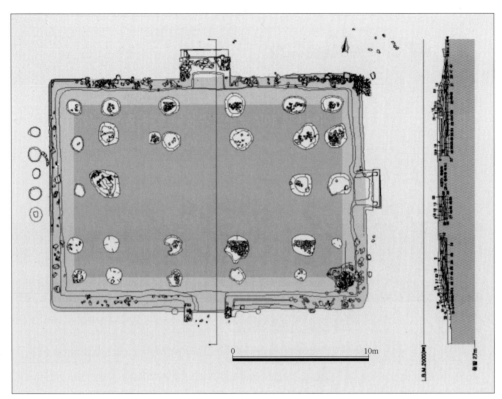

도면 49 대관사지 금당지 평·단면도

서의 위치는 벗어나지는 않았을 것으로 생각된다. 그리고 초반석으로 판단되는 석재가 금당지 적심석 사이에서 출토되어 미륵사지의 예에서와 같이 장주형 초석을 사용하였을 가능성도 제기되었다. 그러나 지상판축을 한 금당지의 기단 기초는 공간 구조를 갖춘 미륵사지 금당지와는 다른 모습이기 때문에 장주형 초석을 사용한 시설은 아니었을 것으로 판단된다.

강당지가 위치할 지점은 발굴 조사 초기에 작은 규모의 건물지가 밝혀졌다. 이 건물지 아래에는 앞선 시기의 유구 흔적이 있고, 금당 건물지보다 작기 때문에 창건 시기의 강당지가 아닌 후대건물지로 추정하였다. 아마 석탑을 조성하던 통일신라 시대 금당과 더불어 중건한 강당과 관련된 건물지로 판단되었다.

그러나 최근 후대 강당지 아래층에서 창건 당시의 강당지로 보이는 기단 일부와 함께 계단지가 발굴되었다.(도면 50)[105] 계단 시설은 3개소에서 나타나는데, 중심 간의 거리는 16.66m이며, 총 거리는 33.34m이다. 그리고 기단의 뒷채움부가 좌우측 계단 시설에서 각각 8.4m, 6.4m까지 남아있어 계단 시설을 포함한 원래 강당의 기단 규모는 최소 동서 길이 50.14m로 볼 수 있다. 그러므로 강당지는 미륵사지 강당지(65.65m× 19.8m)와 유사하거나 약간 작은 규모일 것으로 보고 있다.[106]

지금까지의 내용을 종합하면, 대관사지가 탑과 금당·강당을 배치하는 전형적인 백제 시대 1탑1금당의 가람 배치 구조임을 알 수 있다. 그러나 문제는 목탑지 앞을 어떻게 조성하였는가 하는 점이다. 왜냐하면 아직까지 중문지로 판단할 수 있는 건물지가 확인되지 않고 있다. 더불어 남회랑이나 동회랑 혹은 서회랑지가 있었을 것으로 판단되는 지점에서는 건물지의 흔적이 전혀 밝혀지지 않고 있기 때문이다. 일반적인 백제 시대 가람 배치, 특히 왕실과 관련된 것으로 파악되는 사찰에서는 반드시 중문과 회랑이 나타나야 하기 때문이다.[107] 그리고 만일 동서석축1과 건물지22가 대관사지보다

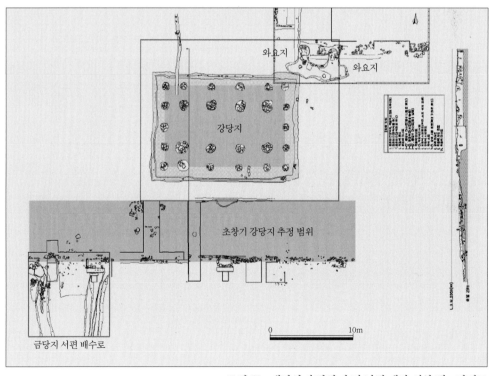

도면 50　대관사지 강당지 및 남편 계단 시설 평·단면도

---

105) 국립부여문화재연구소, 2008, 『왕궁리』, 발굴중간보고VI, 368쪽.
106) 국립부여문화재연구소, 2008, 『왕궁리』, 발굴중간보고VI, 368쪽.

앞선 시기에 사용된 건물이며, 대관사지가 조성될 때 대지 조성을 하기 위해 이미 폐기하여 땅 속에 묻었다면, 당연히 그 자리에는 중문지가 있어야 할 위치라고 생각된다. 하지만 상층에서 건물지의 흔적은 찾아볼 수 없다.

그런데 석축1에서 추정 목탑지 남쪽 기단까지는 약 18.6m 정도 이격되어 있으며, 목탑이 16.85m의 정방형이라는 가정 아래 목탑지와 금당지와 기단간격은 18.6m, 금당지와 강당지의 기단간격도 18.6m로 환산되어 거의 같은 간격으로 구획된 배치 양상을 보이고 있는 것으로 확인된다.[108] 이러한 점은 대관사지를 건립할 당시 석축 1을 포함하는 가람 축조의 개연성을 보여주는 것이라고 생각된다.

또한 동서석축1과 건물지22 주변에서 출토되는 유물은 금당지를 중심으로 한 사역 중심곽에서 출토되는 유물과 동일하다는 점을 알 수 있다. 금당지를 포함하는 대관사지 중심곽에서는 보다 앞선 시기의 건물지와 중첩되고 있기 때문에 동서석축1과 건물지22는 대관사지보다 앞선 시기의 건물지이거나, 혹은 대관사지와 같은 시기에 조성되었거나, 아니면 조성시기는 다르더라도 함께 사용되었던 건물지였음을 시사하여 준다. 만일 이러한 유물들이 앞선 시기의 건물지가 아닌 대관사지 금당지 등에서 사용된 것이라면 동서석축1과 건물지22는 대관사를 형성하고 있던 가람의 일부였음을 확신할 수 있다. 여기에서 출토되는 유물에 대한 분석은 뒤로 미루고, 대관사지 가람 구조를 추론하기 위하여 우선 동서석축1과 건물지22의 성격을 밝혀보고자 한다.

(3) 동서석축1과 건물지22의 성격

발굴 조사에서는 석탑의 바로 남쪽에 있는 동서석축1의 앞을 너비 570cm의 범위로 노출시킨 바 있다. 그 결과 이 지역은 석축의 기능을 상실한 후 인위적으로 메웠던 것으로 조사되었는데, 그 메워진 두께는 200cm 내외로 확인되었다. 토층의 양상을 보면, 잔존한 석축의 2~3단 높이 정도가 석축 앞의 구지표로 드러났다. 그런데 이 구지표면에는 백제 기와가 거의 촘촘히 깔려 있었다. 이 중에는 원형인각명문와와 백제 연화문 수막새가 확인되었다. 이들 백제 평기와가 덮인 층은 지표하 180~200cm 깊이였는데,

---

107) 모식도에서 보는 바와 같이 부여 지역에서 배치 구조를 알 수 있는 사찰 중 용정리사지를 제외하고는 대부분 중문과 회랑이 만들어져 있다.

108) 건물지간의 기단간격 거리는 필자가 도면으로 환산한 수치이기 때문에, 실제 거리와는 약간 차이가 있을 수 있다.

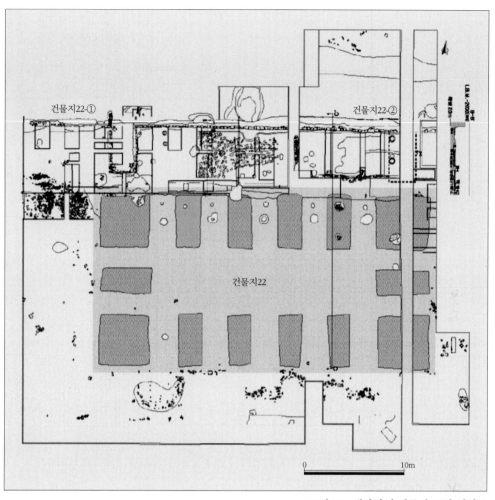

백제 평기와의 하부에서 생토층까지 다시 2개의 토층으로 이루어져 있다. 이 토층은
인위적인 다짐층으로 드러났으며, 백제계 평기와 여러 조각이 화강암 격지석과 함께
가끔 혼입된 상태로 확인되었다고 한다.[109] 이와 같이 다량의 백제 시대 문화층 아래에
또 다른 와편층이 확인되고 있다는 점은 동서석축1이 초창기의 유구가 아님을 시사하
여 준다. 즉 동서석축1 위의 목탑지 주변에서 발굴된 앞선 시기의 건물지에 사용된 기
와가 석축의 조성과 함께 혼입되었을 가능성을 암시해 준다. 그렇다면 이 석축이 설치

---

109) 국립부여문화재연구소, 2001, 『왕궁리』 발굴중간보고 Ⅲ, 342쪽.

사진 30 왕궁리 유적 건물지 22

되기 이전, 동서석축2 앞쪽은 완만한 경사면을 이루고 있었던 지역이 아닌가 생각된다. 이러한 양상은 동서석축2가 조성된 이후 동서석축1이 조성되었을 가능성을 보여준다.(도면 51)[110]

  그리고 조사 당시 백제 시대 문화층에서는 건물지22의 지붕에서 사용된 것으로 판단되는 와편층에서 부여식 연화문 수막새 B-3형 2점과 태극문수막새 1점, '首府' 명 인각명문와 1점, '刀下' 명 원형인각명문와 1점, '卯' 명 명문와 1점이 출토된 것으로 보고되었다. 이러한 기와는 동서석축2를 파괴하고 들어서는 대관사지 금당지 일원의 기와 출토 양상과 같은 맥락을 보인다. 그러므로 금당지 주변에서 출토된 기와가 금당지에서 사용된 것이 확실하다면 대관사 창건에 의해 파괴된 동서석축2보다 동서석축1이 늦게 조성된 사실을 다시 한 번 뒷받침해 줄 수 있다.

  동서석축1(사진 31)[111]과 건물지22를 건축했던 토층의 양상을 보면, 동서석축을 축

---

110) 국립부여문화재연구소, 2008, 『왕궁리』, 발굴중간보고VI, 245쪽.
111) 국립부여문화재연구소, 2008, 『왕궁리』, 발굴중간보고VI, 원색도판 3.

사진 31 동서석축1 발굴상태

조하기 위하여 앞쪽의 경사면을 완전히 삭평한 것이 아니라 건물지22 기단부분의 생토
층을 남겨둔 채로 잘라내고 있다. 따라서 건물지22의 기단 기초는 일차적으로 기단 범
위만큼 생토를 삭토하여 기단석을 놓고, 그 후에 이차적으로 생토면인 기단 내부에 토
심적심을 하여 초석을 놓은 점으로 보아[112] 동서석축1과 건물지22는 동시에 계획하여
만들어진 것임을 알 수 있다.

　　동서석축1과 건물지22와의 사이에는 건물지에서 2m 이상의 높은 석축 윗부분과 이
어주기 위한 통로 시설로 판단되는 건물지22-①과 건물지22-②가 있다. 이러한 사실도
두 시설이 동시에 만들어지고 사용되었으며, 또한 동시에 폐기되었음을 말하여 준다.

　　건물지22는 왕궁리 유적에서 발굴된 건물지 중 대형에 속한다. 건물의 구조도 정면
7칸, 측면 4칸의 형태이면서 통칸의 구조를 하고 있다. 그리고 적심의 형태는 동남리사
지,[113] 능산리사지,[114] 관북리 유적[115] 등에서 나타나는 토심적심의 구조를 보이고 있

112) 국립부여문화재연구소, 2008, 『왕궁리』, 발굴중간보고VI, 242쪽.
113) 국립부여문화재연구소, 2008, 「동남리사지」, 『백제폐사지』, 학술조사보고서, 55~57쪽.

사진 32　건물지 22-① 연결시설

다. 그런데 일부 토심적심에서는 작은 격지 등을 이용한 석재적심의 흔적이 2개소에
있다. 이것은 순수한 토심적심 위에 초석을 올리지 않고, 다시 적심을 한 구조임을 알
수 있게 한다. 하지만 남아있는 초석이 없어서 이러한 적심에 어떠한 형태의 초석을 사
용하였는지 알 수 없다. 단지 왕궁리 5층 석탑 주변에 위치해 있었던 대형 초석 3점은
장주형 초석이다. 초석의 길이와 폭과 높이는 각각 120cm×158cm×170cm, 132cm×
152cm×144cm, 144cm×146cm×164cm이고, 상면에 직경 ?, 높이 4cm의 원형주좌가
만들어져 있다. 주좌 모서리 세 곳에서는 귀틀을 올려놓기 위한 홈을 62~68cm×
20~44cm×32~44cm의 길이와 폭과 높이로 만들었다. 그래서 발굴 조사팀은 건물지22
와 동서석축1과의 높이 차이를 고려하고, 건물의 규모 및 성격을 종합하면 이 장주형
초석을 건물지22의 토심 위에 올려 사용하였던 것으로 볼 가능성도 있다고 하였다.[116]

---

114) 국립부여박물관, 2000, 『능사』, 부여 능산리발굴조사 진전보고.
115) 국립부여문화재연구소, 2009, 『부여 관북리 백제유적』, 122~130쪽.

구지표면에서 석축까지의 높이는 약 220cm로 추정되고 있다. 그러므로 건물지22-①과 건물지22-②가 수평의 높이로 건물지22와 석축을 이어주는 시설이라고 한다면, 건물지22의 기단 상면 높이도 구지표면으로부터 최소한 220cm가 되어야 한다. 기단을 높이기 위한 방법은 여러 가지가 있을 수 있다. 동서석축1과 건물지22에서 확인된 초석적심과의 높이 차가 얼마인지 알 수 없으나, 장주형 초석의 높이가 144~170cm이므로 건물지22에 사용되었을 가능성은 확실하다. 이러한 장주형 초석은 미륵사지 금당지에서 기단에 공간구조를 시설하기 위해 귀틀을 걸칠 수 있는 홈을 설치한 예가 있다. 그리고 공간구조가 필요 없는 제석사지 목탑지에서 확인되는 장주형 초석에는 주좌 옆에 귀틀을 걸치는 홈을 두지 않았다. 그런데 대관사지에서 출토된 장주형 초석에는 귀틀을 걸칠 수 있는 홈이 마련되어 있다는 점에서 건물지22는 장주형 초석을 이용하여 공간구조를 만들었다고 하기보다는 누마루를 시설한 건물이라고 생각된다.[117]

이외에도 동서석축1에서 주목되는 것은 건물지24와 건물지25로 불리는 석축 전방의 돌출시설이다. 대관사지 중심축에서 동쪽의 석축 돌출부가 약간 더 멀리 위치한다. 축조 방법 면에서 볼 때, 건물지25의 돌출시설은 석축과 동시에 축조하였음을 보여주고, 건물지24는 동서석축보다 늦게 붙여 만든 상태라고 여겨진다. 이러한 시설들은 석축을 오르는 출입시설과 관련이 있는 것으로 판단되며, 특히 대관사지 중심 건물지 외곽으로 오르는 출입시설로 판단된다.

건물지22를 궁궐건물의 일부로 보고, 내전이나 조회·제례를 치르는 전각 건물의 성격을 가졌다고 보거나,[118] 혹은 외조 정전인 태극전일 가능성이 높은 것으로 보고 있다.[119] 그러나 동서석축1과 건물지22는 동시에 계획하여 만들어졌으며, 건물지22의 축선은 궁장의 남문지, 추정 목탑지, 금당지, 강당지 등을 포함하는 건물지 남북 축선과 동일한 위치에 있다. 그러므로 건물지22에 사용된 유물과 금당지에서 사용된 유물이 일치한다면, 건물지22는 대관사지 가람 배치와 관련된 전각으로서 전면에 높은 석축을

---

116) 국립부여문화재연구소, 2008, 『왕궁리』, 발굴중간보고VI, 247쪽.
117) 건물지22의 경우, 일본 법륭사의 금당처럼 내부에 고주를 사용하지 않고 평주 위에 공포와 평좌를 짜 올려 이층기둥을 세우는 방식으로 중층 건물을 건립했을 것으로 추정하고 있다.(배병선, 2009, 「왕궁리 유적 백제건물지의 구조분석」, 『익산 왕궁리 유적』, 발굴 20년 성과와 의미, 국립부여문화재연구소, 123쪽.)
118) 국립부여문화재연구소, 2008, 『왕궁리』, 발굴중간보고VI, 248쪽.
119) 박순발, 2009, 「동아시아 도성사에서 본 익산 왕궁리 유적」, 『익산 왕궁리 유적』, 발굴 20년의 성과와 의미, 국립부여문화재연구소, 328쪽.

갖춘 가람 중심곽으로 건너가는 통로적인 역할을 하는 2층 누각의 건물로 보아야 할 것이다. 물론 통칸으로 된 누각의 구조로 보아 단순한 통로의 역할만을 담당했던 것이 아닌 의식이나 의례 등 배례의 공간으로서 역할을 했던 배례루로 생각된다. 이를 뒷받침하기 위한 출토 유물의 분석은 후술 하기로 하고 우선 궁장과의 관계를 검토하고자 한다.

(4) 宮墻과 가람 구조와 관계

이상을 종합해 보면 대관사지 가람 구조는 미륵사지 3원병치의 가람 배치와 더불어 또 하나의 새로운 배치 양상을 보여준다고 할 수 있다. 즉 전면에 배례공간으로써 통칸 구조의 배례루를 두고, 배례루 동쪽과 서쪽 후면에 접하여 동서석축으로 이어지는 통로형 건물을 두었다. 그리고 석축 상면에 목탑과 금당과 강당을 배치하는 형태를 보인다. 그러나 회랑과 중문지로 파악할 수 있는 유구가 발견되지 않는 것으로 보아 대관사지는 백제 사지에서 보편적으로 보이는 중문과 회랑을 원래 계획하지 않은 사찰임을 알 수 있다.(도면 52)[120]

이와 같이 회랑 등을 시설하지 않았다면 대관사지를 넓게 둘러싸고 있는 궁장지가 사찰 영역과 외부 지역을 구획하는 역할을 하고 있다고 생각된다.[121] 그렇다면 궁장의 중앙 남문지는 사찰로 들어가는 중심 통로 역할을 한 것으로 가정할 수 있다. 왜냐하면 대관사지 금당지와 건물지22의 초창 유물로 판단되는 백제 시대 연화문 B형의 수막새 (표 13 참조)가 궁장지의 초기 유물로 등장하기 때문이다. 그러므로 건물지22와 궁장지는 같은 시기에 조성되었음을 알 수 있다.[122] 나아가 대관사지와 관련된 탑·금당·강당지와 건물지22의 중심축이 궁장 중앙 남문과 축선이 정확하게 일치하고 있는 점은 같은 목적으로 같은 시기에 만들어졌음을 알 수 있다. 그러므로 궁장 남벽에 설치된 3개소의 문 가운데 중앙에 설치된 문은 대관사로 들어가는 중문의 역할을 하고 있음을

---

120) 국립부여문화재연구소, 2008,『왕궁리』, 발굴중간보고VI의 보고서 도면을 필자가 편집하였다.

121) 전용호는 대관사지에 회랑 등이 확인되지 않고 있으며, 궁장이 회랑의 역할을 하였던 것이 아닌가 추정하고 있다. (전용호, 2009,「왕궁리 유적의 최근 발굴성과」,『익산 왕궁리 유적』, 발굴 20년의 성과와 의의, 국립부여문화재연구소, 49쪽.)

122) 궁장지에 대해서는 성벽이 방형계인 점과 방어시설이 없는 점을 통해 행정적인 업무를 보는 장소로서 적합하며, 시기적으로는 안승의 보덕국과 관련이 있을 것으로 보는 견해(지병목, 1999,「익산 왕궁리 유적의 성격에 대한 시론 -성곽유구를 중심으로-」,『사학연구』58·59호, 한국사학회.)와 왕궁성과 같은 방형계 성벽의 경우 국내성·안학궁과 유사한 점에서 고구려와 백제의 도성과의 교류가 있었으며, 성벽의 축조 시기는 선행유적보다 한 단계 늦은 시기로 보는 견해가 있다.(최맹식, 1999,「왕궁리 유적의 최근 발굴성과」,『마한·백제문화』14, 원광대학교 마한·백제문화연구소.)

알 수 있다.

대관사지 사역에서 동서석축1의 앞까지 완전한 형태의 평지 가람을 조성하기 위해서는 엄청난 양의 성토를 수반하는 토목공사를 병행하지 않으면 안 되는 지형 구조이다. 그렇기 때문에 성토를 최소화 하기위한 목적으로 목탑지 앞에 동서석축1과 같은 높은 축대를 설치하는 과정 속에서 독특한 가람 배치가 발생했다고 생각된다. 그 이면에는 대관사지 북쪽에 있는 석축4를 포함하는 기존의 시설들을 훼손하지 않고 조화롭게 조성해야 한다는 문제를 안고 있었던 것으로 판단된다.

그리고 밖에서 조망될 수 있는 구릉 능선 위에 회랑을 두지 않고, 배례루와 높은 석축 위에 목탑과 금당과 강당을 두어 보다 돋보이게 조성하고 있는 점이 대관사지의 특징이다. 이와 같은 사찰 구조로 조성한 이유는 왕실에 의해서 창건된 사찰로서의 위용과 위엄을 돋보이게 하는 효과를 감안한 권위적 상징체계의 가람 조영으로 판단된다. 나아가 석축은 현세와 부처의 세계를 구분하고, 건물지22와 좌우의 통로형 건물은 두 세계를 연결해 주는 상징적 의미도 지니고 있을 것이라 생각된다.

다음에는 이러한 가람 구조의 확실성을 담보하기 위해 관련 유구들에서 출토되는 유물의 분석을 통해 이를 검증해 보고자 한다.

⑸ 왕궁리 유적 출토 유물의 검토

왕궁리 유적의 수막새 출토 양상을 살펴보면 〈표 9〉와 같다.(수막새의 형식분류는 표 12·13 참조) 여기에서 비교적 빠른 시기에 제작된 기와인 연화문 B형식 수막새는 모두 356점이 출토되었다. 이중 금당지 주변에서는 141개의 연화문 B형 수막새가 출토되어 가장 많은 수량을 기록하고 있다. 여기에서 금당지 주변이라 함은 금당지와 강당지에 인접한 구역뿐만 아니라, 오층 석탑 주변 구역까지 사역으로 판단되는 곳을 모두 포함하였다. 대부분의 수막새는 금당지, 강당지, 대관사지를 세우면서 파괴된 금당지와 추정 목탑지 사이의 동서석축2, 금당지 동쪽의 남북 석축1에서 주로 출토되고 있음을 알 수 있다. 오층 석탑 주변의 앞선 시기에 만들어진 건물지에서는 정확히 어떠한 기와를 사용하였는지 알 수 없으나, 추정 목탑지가 파괴하고 있는 건물지1과 건물지2 등의 주변에서는 각각 6점씩만 출토되었기 때문에 전체 출토 수량에 큰 영향은 미치지 못하고 있다. 또한 위의 두 건물지는 표토 바로 아래에서 발굴되었기 때문에 여기에서 출토된 수막새들이 이들 건물지와 관련이 있는지는 확실하지 않다.

표 9 왕궁리유적 백제 수막새 출토 현황

구분	연화문								소문	태극문			계
	A-1	B-1	B-2	B-3	B형	D-2	D-3	D-5		A	B	C	
금당지	3	22											25
강당지		5	1										6
동서석축2	4	14	1	40	1					2	1		63
남북 석축1	2	27	1		1								31
금당서배수로		1									1		2
1번 건물지				6						1			7
2번 건물지				6		1							7
4번 건물지				3									3
5번 건물지				1			1						2
6번 건물지							1						1
17번 건물지		4			1						1		6
금당주변 합계	9	73	3	56	3		3			3	3		153
동서석축1	1	3	5	25		1			1	2	1		39
22번 건물지			2							1			3
22-2번 건물지			1										1
23번 건물지			1								1		2
25번 건물지		2											2
석축1주변 합계	1	5	9	25		1			1	3	2		47
동성벽		1		9							1		11
서성벽	3		4	19	1	1	1		3	1	2	2	37
남성벽	1	2		21	25				3	12	6		70
북성벽			1										1
성벽주변 합계	5	2	5	49	26	1	1		6	13	9	2	119
15번 건물지	1	1	1	1	1								5
10번 건물지			2							1			3
12번 건물지	1		1										2
석축3주변 합계	2	1	4	1	1					1			10
동서석축4			1										1
15번 건물지		1	1				1						3
27번 건물지			1										1
28번 건물지	1												1
석축4주변 합계	1	1	3				1						6
동서석축 배수로		3	5	7	1						2		18
공방 폐기장		1	6	3									10
소토구, 소토층			9	20	2				3				34
포석포와 시설			3	2									5
공방지역 합계		4	23	32	3				3		2		67
1호 가마터		1			1								2
4호 가마터		1											1
5호 가마터			1										1

구분													총계
담장시설유구					5	1							6
탑 하부					1								1
고려건물지		1	2	1	20						1		25
기타 합계		1	4	2	26	2					1		36
총 계	1	18	90	59	189	35	2	5	10	20	17	2	438

그리고 지금까지 많은 학자들이 대관사지보다 앞선 시기에 건립된 것으로 보아 왔던 동서석축1과 토심적심의 대형 건물지인 건물지22 주변에서도 40점에 달하는 연화문 B형 수막새가 출토되었으며, 성벽 주변에서 61점과 공방지역에서 59점 등 많은 수량이 출토되었다. 이에 반하여 대관사지보다 앞서 만들어진 시설이라고 할 수 있는 동서석축3과 동서석축4 주변에서는 8점과 4점으로 아주 미미한 수량의 연화문 B형 수막새가 출토되고 있음이 주목된다. 이와 같은 연화문 B형 수막새 출토 양상은 대관사지와 동서석축1, 건물지22 등이 동시에 축조되었음을 시사해주는 자료이다.

또한 왕궁리 유적의 유물 출토 양상은 원형인각간지명와에서도 비슷하게 나타난다. 즉 연화문 B형 수막새와 시기적으로 큰 차이가 없을 것으로 판단되는 '丁巳'(597)瓦·'壬戌'(602)瓦·'己丑'(629)瓦도 연화문 B형 수막새가 집중 출토되고 있는 지역에서 주로 나타나고 있다. 모두 36점으로 금당지 주변에서 10점, 동서석축1 주변에서 10점, 궁장 주변에서 10점이 출토되어 대관사지나 궁장지 등에 집중되고 있는데 반해 동서석축3·4에서는 1점만 출토되었다.(표 10)

표 10 왕궁리유적 원형인각명문와 출토 현황

구분	간지명				천간명		지지명									
	1인장			2인장	1인장	2인장	1인장					2인장				
	丁巳	壬戌	己丑	己酉	丙	己卯	寅	卯	辰	巳	酉	巳	午	未	申	戌
	597	602	629	649	646	649	642	643	644	645	649	645	646	647	648	650
금당지	2		2		4	1		9	47				12	15		5	1
강당지			1						6					1		1	
동서석축2	1				1	1			4		1	3				7	
남북석축1							2	5						1		1	1
금당서배수로						1		5					1	1		1	
1번 건물지								1						1		1	
2번 건물지	1		2		1		1	2					1				
3번 건물지																	
4번 건물지	1							1						1			
5번 건물지								2								1	
6번 건물지								1									

17번 건물지								1	4						1	
금당지주변 계	5		5		7	2		13	78		1	20	19		18	2
동서석축1	2		8	1	7			1	23	2		8	1	1	13	
22번 건물지								1	3							
23번 건물지								1								
25번 건물지												1				
석축1주변 계	2		8	1	7			3	26	2		9	1	1	13	
동성벽			4					1	12			2	3		1	
서성벽	2		1		5		1	6	10			6			1	
남성벽	1	1	1		5		1	3	54	1	2	3	2		2	2
북성벽			1					1	5						1	
성벽주변 계	3	1	6		11		2	11	81	1	2	11	5		5	2
동서석축3			1		1			2	1			2		1	3	
12번 건물지									1			3				
14번 건물지									1					1	2	
석축3주변 계			1		1			2	3			5		2	5	
동서석축4									1			1	1			
11번 건물지					1											
15번 건물지									1							
27번 건물지																
석축4주변 계					1				2			1	1			
공방지역	1		1		1	1	1	1	10			3	1		7	
공방지역 계	1		1		1	1	1	1	10			3	1		7	
8번 건물지					1				2			2				
5호 와요지																
탑 하부									3			1	1	1		
담장시설유구	1				1	1			3			1	2		2	
고려 건물지			2						11	1		2				
남측 건물지															1	
전시관 부지					1											
기타 계	1		2		3	1			19	1		6	3	1	3	
총 계	12	1	23		31	4	3	30	219	4	3	55	30	4	51	4

이와 같은 유물 출토 양상으로 볼 때, 대관사지 금당지·강당지와 동서석축1, 건물지22 및 궁장과 공방지는 같은 시기에 조성되었다고 볼 수 밖에 없다. 따라서 왕궁리 유적이 궁장과 함께 석축을 이용하여 대지를 조성한 앞선 시기의 궁성이 있었으며, 이들 건물을 파괴하고 무왕의 원찰로서 대관사를 지었다고 보는 기존의 견해를 달리 보고자 한다. 즉 필자는 왕궁리 유적에는 어떠한 용도인지는 분명하지 않으나 앞선 시기의 건물은 있었고,[123] 이후 왕실의 필요에 의하여 궁장의 축조와 함께 일부 건물을 제거하고 그 안에 중심이 되는 시설로서 대관사를 창건한 것이라고 생각한다.

궁장지의 조성과 더불어 대관사가 창건된다는 점은 궁장의 성토층 내부와[124] 대관사지 대지 조성층,[125] 목탑지와 금당지의 판축층에서 모두 백제시대 기와편과 토기편 등이 포함되어 있다는 점에서 그 가능성을 분명하게 보여주고 있다. 이러한 유물들은 대관사보다도 앞선 시기에 축조되었던 백제 시대 건물지에 사용된 기와일 것임은 자명한 사실이다.

대관사지와 동서석축1, 건물지22, 궁장지가 동시에 조성되었다는 논리가 성립되려면 금당지 주변에서 출토된 연화문 B형 수막새가 대관사지 금당지와 관련이 있는 유물인지, 아니면 금당지보다 앞선 시기의 건물지에서 사용된 것인지를 판단해야 할 필요가 있다. 만약 연화문 B형 수막새가 금당지보다 앞선 시기의 건물지에서 사용된 기와라고 한다면, 대관사지가 궁장과 동시에 만들어진 것이 아니고 오히려 늦게 만들어지면서 무왕의 원찰로 조성되었을 가능성에 힘을 더해 줄 수 있기 때문이다. 따라서 이 문제는 대관사지의 조성 시기를 규명하고, 건물지22가 대관사와 관련된 배례루적인 성격을 규명하는데 중요한 단서가 되기 때문에 반드시 짚고 넘어가야 할 문제이다.

먼저 검토해야 할 점은 금당지 주변의 발굴 조사 결과 앞선 시기의 유구 흔적이 있었느냐 하는 문제이다. 보고된 내용에 의하면 제2석축이 대관사의 건립에 의하여 깎여 나갔기 때문에 금당지 주변 아래에서는 앞선 시기의 유구가 전혀 확인되지 않았음을 밝히고 있다. 또한 일반적인 백제 시대 가람 배치라면 금당지 좌우에는 반드시 회랑이 있어야 한다. 회랑과 접한 구지표면은 당연히 금당과 접한 구지표면보다 낮거나 최소한 같은 높이여야 한다. 그러나 대관사지 금당지 동쪽의 회랑이 있어야 할 자리는 오히려 금당지 구지표면보다 더 높게 남아 있으면서도 관련 유구의 흔적은 전혀 확인되지

---

123) 필자는 중국제 연화문준의 출토를 근거로 6세기 중엽 이후에는 이미 왕궁리 유적이 경영되고 있었을 것으로 보고 있다. 그리고 『신증동국여지승람』의 기록을 통해 보면, 서동의 어머니가 집을 짓고 살았다는 마룡지 옆의 축실지가 있다는 점은 이미 익산은 무왕의 등극 이전에 백제 왕실과의 관련이 있었음을 시사한다. 또한 무왕과 선화비의 능으로 전해지는 쌍릉이 익산에 있다고 하는 점도 그가 익산에서 태어 났음을 간접적으로 말하여 주고 있다고 생각한다.

124) 백제유물의 적지 않은 양이 체성부 내부와 더불어 체성부와 접한 부석시설의 하부 및 구지표층 하부에서 출토되고 있고, 남성벽·동성벽·서성벽·북성벽 토층에서 모두 공통으로 나타나고 있다.

125) 비교적 안정된 성토층으로 관찰된 제IV층에서 와편이 검출된 점은 대지 성토작업과 성벽이 같은 시기에 조성되었다고 판단할 수 밖에 없다고 하고 있다.(국립부여문화재연구소, 1997, 『왕궁리』, 발굴조사중간보고II, 66쪽.) 그러나 이러한 백제 와편의 출토 때문에 성벽의 초축 시기는 통일신라 시대 극초기 경의 어느 시기로 편년하기도 하였다.

않았다. 이러한 사실은 금당지 주변의 대지 조성 당시 동서석축2와 더불어 상당부분 삭토를 했을 개연성을 나타내주는 정황이기도 하다. 대지 조성을 하면서 앞선 시기 건물지에서 사용했던 구지표면을 깎아 내고 금당을 조성하였기 때문에 그와 관련된 유물들도 모두 함께 깎여 나갔을 것이다. 그렇다면 금당지 주변에서 출토되는 유물들은 당연 순수하게 금당지와 관련된 것임은 자명한 사실이다. 특히 깎여나간 동서석축2를 제외하고 다른 유구를 확인할 수 없는 금당지 주변에서 출토되는 유물들은 더욱 그러하다고 할 수 있다.

그런데 보고서에서는 동서석축1과 건물지22가 궁성과 관련이 있으면서 시기적으로 제일 앞서는 유구로 판단하고 있다. 삭토된 지역에 금당지를 세운 것이라면 당연히 동서석축1과 건물지22 관련 유물보다도 늦은 시기의 유물들이 확인되어야 마땅하다. 그러나 두 지역은 백제 시대 기와 중 연화문 B형 수막새가 대부분을 차지하고 있을 뿐이다.

다음으로 금당지 주변의 유물 출토 상황이 어떠한지를 살펴보고자 한다. 보고서에서는 금당지 주변 발굴 조사에서 출토된 유물들은 정확한 층위 구분이 없이 백제 시대부터 통일신라 시대 유물까지 함께 출토된 것처럼 보고되었다. 따라서 금당지 주변 발굴 조사에서 나타나는 유물 출토 양상을 검토해 보고, 이른 시기의 연화문 B형 수막새가 확실하게 금당지에 속하는가 하는 귀속문제를 좀더 확인해 보고자 한다.

우선 금당지 기단토에서 출토된 백제 시대 기와의 문제이다. 금당지는 백제의 전통적인 판축 기단을 가지고 있다. 판축 기단토 내에서는 백제 시대의 작은 평기와편들과 함께 연화문 수막새 1점이 출토되었다. 이런 백제계 연화문 수막새들이 추정 금당지 서편 기단 외부의 기와 구덩이에서 주로 출토되어 금당지 운영 당시 사용되었던 막새라기보다는 그보다 이른 시기에 있었던 건물지에 사용된 것으로 추정하고 있다.[126] 기단토 속에서 백제 기와가 출토된 것은 이미 금당지 축조 이전에 건물이 있었음을 의미하는 것이며, 그 건물들은 가까이에 있는 추정 목탑지 주변 건물지나 혹은 금당지를 세우고자 하는 구역에 있었던 앞선 시기의 건물지에 사용된 기와였을 가능성이 높다. 그리고 금당지 판축토에서 출토된 기와는 대관사지의 창건 시기와 관련하여 매우 중요한 유물이기 때문에 출토된 수막새가 어떠한 형식이었는지 알 수 없음은 매우 아쉬운 일이다. 그러나 이와는 달리 해석할 수 있는 두 가지 가능성이 있다. 하나는 출토 위치가

---

126) 부여문화재연구소, 1992, 『왕궁리유적발굴중간보고』, 153쪽.

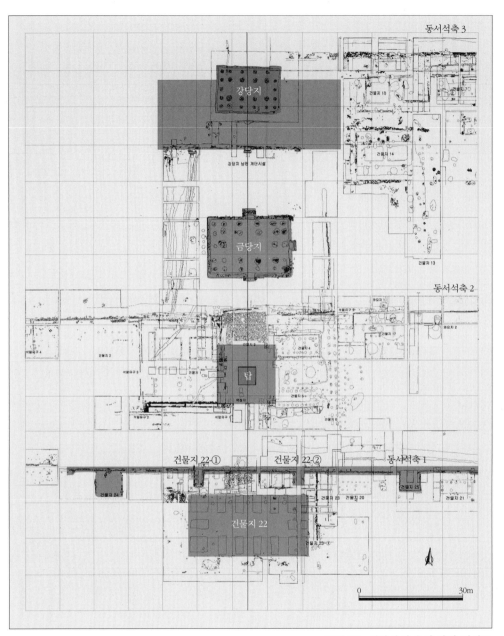

도면 52 대관사지 추정 가람 배치도

목탑지와 인접한 금당지이기 때문에 목탑이 앞서 건립되었다면, 건립에 사용된 수막새가 금당지 판축토에 들어갔을 개연성이 있다고 하는 점이다. 또 하나는 금당지가 통일신라 시대에 중건될 때 유입되었을 가능성도 있다. 그러므로 백제 시대 연화문 수막새가 꼭 대관사보다 앞선 시기에 사용된 기와라고만 생각할 수는 없다.

다음으로 금당지 주변은 대지를 조성할 당시 삭토하였기 때문에 겹치는 유구는 없으나, 주변에서는 몇몇의 구덩이들이 확인되었다. 보고서에서는 이 구덩이들 속에 앞선 시기의 것으로 판단되는 기와가 다량으로 들어 있었다고 하였다.[127] 이러한 양상은 금당지 주변에 흩어져 있던 기와 등을 묻기 위해서 만든 기와구덩이로 생각할 수 밖에 없다. 특히 금당지의 동쪽에 계단지를 시설하는 등 후대에 중건한 흔적을 보이고 있다고 하는 점은 중건 당시 기와를 폐기하기 위한 구덩이가 필요하였을 것이며, 금당지 주변에서 확인된 구덩이가 바로 이때 만들어진 것이 아닌가 한다. 금당지 주변에서 백제 시대 수막새 뿐만아니라 통일신라 시대 막새류들이 함께 출토되고 있다는 사실은 중건을 위한 폐와무지였음을 뒷받침한다.

마지막으로 유물의 출토 위치 문제이다. 앞에서 밝힌 바와 같이 금당지 주변에는 통일신라 시대의 유물까지 같이 출토되고 있다. 확실한 층위의 구분이 없이 시기가 다른 유물들이 혼재되어 있다고 하는 점은 지표로부터 유구층의 깊이가 매우 낮기 때문에 아래층에 있던 유물들이 경작 등에 의해 교란되어 섞였을 가능성을 높여준다. 그러나 지금까지 보고된 내용에는 금당지 주변 백제 시대 수막새의 출토 지점을 알 수 있는 자료는 없다. 하지만 백제 시대 원형인각명문와들의 출토는 대체적으로 금당지 기단 전방 10m 이내에서 대부분 이루어지고 있다. 추정하건데, 같은 백제 시대 기와인 수막새 또한 이러한 범주를 벗어나지 않는 범위 내에서 출토되었을 것으로 생각한다. 이러한 양상은 백제 시대 기와들이 앞선 시기의 건물지에서 사용된 것이 아닌 대관사지 금당지에 귀속되었던 유물들임을 뒷받침해 주는 결정적인 증거이다.

이와 같은 유물의 출토 양상은 대관사지 가람 배치가 궁장을 포함하여 건물지22, 동서석축 및 탑과 금당·강당지가 같은 시기에 만들어지고 있음을 뒷받침해 주는 보다 확실한 자료이고, 결국 대관사지의 가람 배치는 배례루를 둔 독특한 또 하나의 사찰이었음을 알 수 있다.

---

127) 부여문화재연구소, 1992, 『왕궁리유적발굴중간보고』, 17쪽.

2) 一院中門式

필자는 1993년의 제석사지 시굴 조사에서 밝혀진 금당지와 강당지 등의 자료와 『관세음응험기』의 문헌기록을 바탕으로 하여 제석사지의 가람 배치는 중문과 탑·금당·강당을 배치하고, 회랑으로 주위를 구획한 1탑1금당식의 전형적인 백제 시대 양식임을 밝힌 바 있다.[128] 이후 제석사지에 대한 사적 지정과 함께 주변 건물지와 토지 매입이 이루어지고, 국립부여문화재연구소에서 실시한 2007년~2009년에 걸친 조사를 통하여 목탑지와 중문지, 회랑지 및 동회랑과 서회랑 북편으로 이어지는 동·서 건물지가 확인됨에 따라서 더 정확한 가람 배치 구조를 알 수 있게 되었다. 즉 전형적인 백제 시대 1탑1금당식의 배치를 따르는 일원중문식 가람 배치이다. 회랑 북쪽에 접하여 동·서 건물지를 배치하고 있는 점이 기존에 주장했던 가람 배치와 다른 점인데, 최근에 부여의 능산리사지[129]나 왕흥사지[130] 및 정림사지[131]에서도 동·서 회랑 북쪽에 연결된 승방으로 추정되는 부속건물지가 있는 것으로 확인되었다.(도면 53)[132]

그러나 이러한 가람 구조는 제석사지의 창건가람은 아니다. 『관세음응험기』의 기록에 의하면, 제석사지는 무왕 초기에 창건된 후 정관 13년 기해(639)에 뇌우로 인한 화재로 모두 불타 버렸다. 그런데 1993년도의 시굴 조사에서는 금당지가 비교적 안정된 층에서 확인되었으며, 백제 시대 수막새·암막새가 출토되고 있고, 여기에서는 화재의 흔적은 역력했으며, 시굴 조사 당시에는 확실한 건물의 중첩이 확인되지 않았다. 따라서 화재에도 불에 타지 않았던 사리를 사찰을 다시 지어 봉안했음을 기록한『관세음응험기』에 따라 그 위치는 제석사지가 아닐 것이라는 결론을 내렸다. 금마저에서 미륵사지를 제외한 백제 시대 목탑을 갖춘 곳이 유일하게 대관사지였기 때문에, 『관세음응험기』에서 말하는 '更造寺'의 위치를 이곳으로 보고자 한 바 있다.[133]

그 후 2003년도에는 제석사지 창건에 소요되는 기와를 제작했던 와요지로 전해오

---

128) 김선기·김종문·조상미·임영호, 1994, 『익산제석사지시굴조사보고서』, 원광대학교 마한·백제문화연구소, 30쪽.
129) 국립부여박물관, 2000, 『능사』, 부여 능산리발굴조사 진전보고.
130) 국립부여문화재연구소. 2008, 「부여 왕흥사지 제9차 발굴 조사」, 『백제문화를 찾아서』.
131) 국립부여문화재연구소. 2008, 「부여 정림사지 제8차 발굴 조사」, 『백제문화를 찾아서』.
132) 국립부여문화재연구소, 2011, 『제석사지』, 발굴조사보고서 I, 36쪽.
133) 김선기, 2002, 「익산 제석사지 일고찰 - '갱조사'의 위치문제를 중심으로-」, 『문물연구』 6, (재)동아시아문물연구학술재단·한국문물연구원.

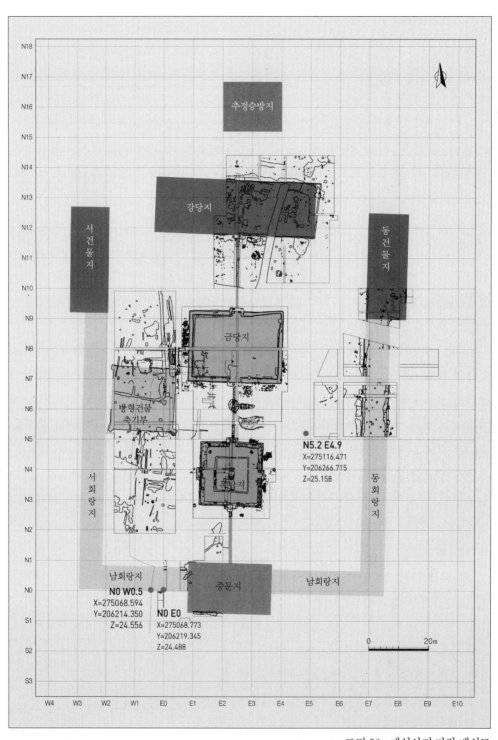

도면 53 제석사지 가람 배치도

는 지역에 대한 시굴 조사가 있었다. 그러나 이곳에 퇴적되어 있는 유물들을 통해 제석사의 화재로 인해 발생된 잔재물을 폐기한 유적으로 확인되었다. 이러한 조사 결과는 제석사지의 화재 이후 다시 조성한 사찰은 대관사가 아니고, 그 자리에 다시 만들어진 것으로 판단하게 하였다.[134]

2007년도부터 시행되고 있는 국립부여문화재연구소의 종합 발굴 조사에서도 지금의 제석사지가 己亥년 화재 이후 그 자리에 중건된 가람일 것으로 판단할 수 있는 자료들이 확인되었다. 우선 목탑지나 금당지 기단토에서 기와편들이 수습되고 있다는 점과, 목탑지 서북방 지역인 금당지와의 사이에서 방형의 축기부가 확인되고 있다는 점이 바로 그것이다. 특히 방형 축기부는 현존 목탑지의 축기부와 동일한 규모와 축조 수법을 보이고 있는데, 그 규모는 동서 길이 21.5m, 남북 폭 20.8m이며, 잔존 최대 깊이는 130cm로 굴광판축을 하였다. 판축층은 매우 치밀하게 달구질한 흔적이 있으며, 유물이 전혀 출토되지 않았다는 점[135]은 제석사지 창건 시기의 목탑 건물지로 추정할 수 있는 근거이다.

제석사 창건 당시의 유구는 좀 더 발굴 조사가 진행되어야 구체적인 내용 확인이 가능할 것이라고 생각하는데, 『관세음응험기』에서는 7층 목탑과 낭방이 있었음을 기록하고 있어 창건 당시의 사찰도 1탑1금당을 배치하는 구조였을 것으로 추정된다. 그런데 발굴된 중건가람에서도 1탑1금당을 배치한 일원중문식의 전통적인 배치 구조로 밝혀지고 있다. 대관사지와 미륵사지의 가람 구조는 나름대로 독특한 형식이 확인되지만, 제석사지는 전통적인 구조를 고수하고 있는 점이 주목된다.

3) 三院竝置式

미륵사지는 북쪽의 미륵산(용화산)을 배경으로 하여 남사면 자락에 위치한다. 사역의 동쪽과 서쪽은 낮은 구릉이 감싸고 있는 지형이다. 미륵사지의 백제 시대 창건가람은 남쪽의 세 곳에 동서 방향의 축선을 맞춰 중문과 탑·금당을 남북으로 배열하고, 그 사이를 복랑의 회랑으로 구획하여 동원·중원·서원의 삼원을 병치한 3탑3금당의 배치이다. 중원의 북쪽은 북회랑으로 구획하여 막았으며, 동원과 서원은 북회랑을 만들

---

134) 김선기·조상미, 2006, 『익산왕궁리전와요지(제석사폐기장)』, 시굴조사보고서, 원광대학교 박물관.
135) 국립부여문화재연구소, 2009, 『익산 제석사지 -제2차 조사-』 현장설명회의자료.

어 동쪽과 서쪽에 남북 방향의 승방을 연결시키고 그 북단부에 다시 강당을 두어 강당원을 조성하였다. 강당지와 승방지는 회랑으로 연결하였다. 강당지 북편으로는 석축을 두고 대형의 북승방지로 추정되는 건물을 배치하였는데, 강당과 북승방지 사이에는 다리를 두어 연결하였다.

통일신라 시대에 들어서면 미륵사지의 사역이 확장되는데, 중문지 앞 동쪽과 서쪽에 당간지주를 각각 두고 다시 단랑의 회랑을 구획하여 세 곳에 남문을 두었으며, 남문지 남쪽으로 연못을 만들어 장엄하고 있다.

삼원병치의 가람 배치 방식은 미륵사지를 제외하고는 삼국 시대나 그 이후의 어떠한 가람에서도 나타나지 않는 형식이다. 이러한 가람 배치는 고구려 삼금당형식이 더욱 발전하여 황룡사의 삼금당병렬식으로 나타나며, 이것이 각각 사찰의 성격으로 규모가 커진 한국의 독특한 형식으로 미륵사에서 나타난다고 보기도 한다.[136] 그러나 모두가 잘 아는 바와 같이, 삼원병치 가람의 발생은 미륵신앙의 내용으로 설명되어질 수 밖에 없으며, 그러한 배치형식의 발생이 고구려나 신라의 영향이 아닌 백제 독자적인 배치 양식을 보이는 새로운 창안이다.

미륵신앙의 내용을 보면, 미륵은 불교에 있어 메시아로서 석가의 다음 대 부처로 정해져 있는 보살이다. 앞으로 성불할 부처이기 때문에 미래불이나 당래불로도 불리며, 조상에 있어서 보살상으로 만들어지지만 여래상으로도 조성되어진다. 전하는 바에 의하면 미륵과 석가는 보살 시절 성불하기 위해 같이 수행을 하게 되었다고 한다. 근기면에서는 미륵보살이 먼저 성불할 수 있었으나, 석가의 수행이 맹렬하여 그가 먼저 성불하였기 때문에 현재불이 되었으며, 미륵은 석가의 다음 대의 부처로 정해진 것이다. 미륵은 지금도 불교의 세계관에서 말하는 천부의 하나인 도솔천에서 천중을 위하여 설법을 하면서 아직도 수행을 계속하고 있다고 한다. 그렇다면 미륵은 언제 성불을 하게 될까? 이는 석가의 세계가 다하는 56억 7천만 년 후의 일이라고도 하며, 말법세에 성불(미륵하생)한다고도 한다. 하생한 미륵은 용화보리수나무 아래에서 삼회의 설법을 통해 중생을 구제하게 되는데, 초회에 96억, 재회에 94억, 삼회에 92억의 중생을 구제한다고 한다.(용화삼회) 그러므로 우리는 미륵을 믿고 선근을 쌓아 용화삼회의 설법에 참

---

136) 김형래 · 김경표, 1999, 「익산 미륵사지 가람 배치특성」, 『충북대학교 건축기술논문집』 18권 2호, 충북대학교 건설기술연구소.

여하여 구제를 받아야 한다는 내용이 미륵신앙의 요체이다.[137)]

『삼국유사』 무왕조에는 왕위에 오른 무왕과 선화가 용화산 사자사의 지명법사를

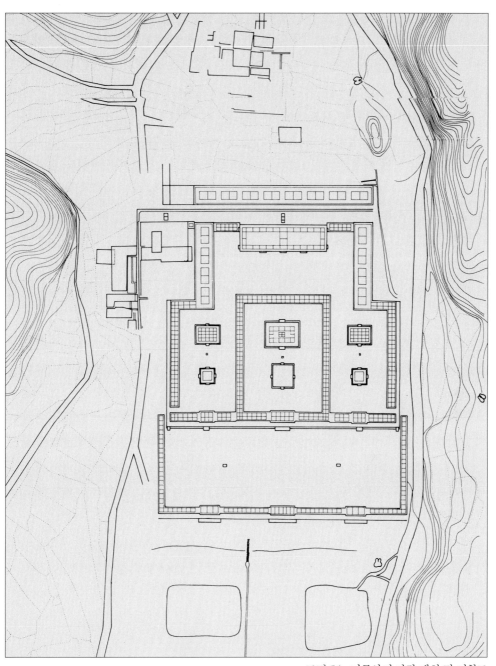

도면 54 미륵사지 가람 배치 및 지형도

찾아가다가 이곳 연못 속에서 미륵삼존이 출현한 인연으로 그 연못을 메워 미륵삼존을 모시는 전·탑·낭무를 세 곳에 두고 미륵사라 하였다고 한다. 곧 미륵삼존의 출현은 바로 미륵의 하생을 의미하며, 용화산 아래에 미륵삼존을 모시는 전·탑·낭무를 세 곳에 두었다고 함은 경전에 설하고 있는 미륵의 하생 장면을 가람으로 구상화하고 있음을 보여주는 것이다. 즉 금마저는 미륵 하생의 땅이며, 미륵사는 철저하게 용화삼회의 미륵사상을 기반으로 삼원병치의 가람이 만들어졌음을 의미한다. 이러한 연유에 의해서 미륵삼존을 각각 모시는 독립된 공간으로서 중원이 크고 좌우의 동원과 서원의 규모가 작은 삼원의 가람이 계획된 것이다.(도면 54)[138]

가람을 구축하는데 있어서 각각 1탑1금당을 배치하고, 각 원의 주변을 중문으로부터 회랑으로 구획하고 있는 점, 그리고 금당의 뒤쪽에 강당을 배치하고 있는 점에서 미륵사지 가람 조성의 기본은 철저하게 백제 가람 배치의 전통을 따르고 있음을 보여준다. 그리고 강당원의 강당 좌우에 승방을 배치하여 동원과 서원 회랑과 연결시키고 있는 배치 형식도 최근에 새롭게 나타나고 있는 백제 시대 가람 배치의 회랑과 연결된 승방 배치방식을 따르고 있다. 강당원의 동승방과 서승방을 연결하기 위하여 동원과 서원에서 북회랑이 형성되고 있음은 백제 사찰에서 나타나지 않는 새로운 배치 양상을 보여준다.

이와 같이 동원과 서원에 승방과 연결된 북회랑이 만들어지게 되는 것은 미륵사 창건 지역의 지형적인 영향 때문이라고 할 수 있다. 즉 용화산(현 미륵산) 자락에서 좌우로 흘러내리는 구릉 사이에 위치하기 때문에 탑과 금당이 병치된 남쪽 지역은 구릉과 구릉 사이가 넓은데 비해, 승방과 강당이 들어가야 하는 북쪽 지역은 구릉의 폭이 좁아지고 있다. 구릉 사이의 폭이 줄어들기 때문에 지형에 따른 주변 환경과의 조화를 위해 강당원의 규모를 줄여야 할 필요성이 있었고, 강당원의 규모를 줄이기 위해서 동원과 서원의 동회랑과 서회랑에서 이어지는 북회랑이 등장할 수 밖에 없었기 때문에 이와 같은 독특한 가람 배치 형식이 발생했다고 생각된다.

곧 미륵사지 삼원병치의 가람 배치는 백제 시대 가람 배치의 전통성과 용화삼회의 사상성, 그리고 가람 조성에 있어 지형과의 조화라는 관점에서 창안되어진 것임을 알 수 있다.

---

137) 김삼룡, 1983, 『한국미륵신앙의 연구』, 동화출판공사.
138) 국립부여문화재연구소, 1996, 『미륵사』, 유적발굴조사보고서 II.

이상에서 보면 익산 금마저의 왕실 조성 3대 사찰인 대관사지와 제석사지·미륵사지에서는 각각 독특한 가람 배치 형식이 나타난다. 대관사지는 궁장의 조성과 더불어 궁장 안의 중추적 건물로 자리 잡는다. 회랑과 별도의 중문이 없이 궁장과 중앙 남문이 그 역할을 했으며, 높은 석축을 두고 배례루를 배치하여 중심 사역과 연결할 수 있게 한 일원배례루식은 먼 거리에서도 조망할 수 있는 권위적 상징체계를 갖춘 사찰이라고 생각된다. 한편 제석사지는 창건가람이나 중건가람에서 모두 전형적인 일원중문식 가람 배치임이 확인되어, 백제 시대 가람 배치의 전통을 고수하는 가람 조성의 의도가 보여진다. 나아가 미륵사지의 삼원병치의 가람 배치는 사상성을 보여주는 가히 혁신적인 형식으로 조성된다. 곧 금마저에 조성된 3대 사지는 권위와 전통과 혁신이라는 상징체계를 보여준다. 아울러 기본적으로는 1탑1금당이라는 가람 배치 전통 속에서 주어진 지형에 따라 변화를 주는 백제인의 뛰어난 조영 감각을 보여주는 가람 배치이다.

그런데 3대 사지에 남아 있는 당탑 구조로 보았을 때, 세부적인 형식에서는 세 사찰에서 모두 동일한 형태로 만들어지며, 출토된 초기 유물의 형식도 같아 사찰 조성 기획의 동시성을 보여준다고 할 수 있다. 하지만 가람 배치에서는 각각의 사지에서 서로 다른 독특한 형태의 배치를 보여주고 있어 동시성과 배치된다고 할 수 있다. 그렇다면 이러한 현상은 어떻게 설명되어질 수 있을까? 가람 배치가 서로 다름은 각각의 사찰 조영 목적을 다르게 기획하고 있기 때문이리라. 신앙의 주체라고 할 수 있는 제석이나 미륵 등 불보살의 명칭을 가지고 사찰명으로 삼고 있는 것도 신행의 형태가 각각 달랐음을 의미한다. 미륵신앙의 사상적 요소를 구상화시켜 가람 배치를 완성하고 있는 백제인들의 뛰어난 조영 감각은 충분히 각각의 조영 목적에 맞는 가람 배치를 완성할 수 있는 능력이 있었다고 생각한다. 아울러 3대 사지의 가람 배치가 달리 나타남은 역으로 사찰 조영 기획의 동시성을 보여준다고 생각한다.

사찰 조성 기획의 동시성을 규명하고 아울러 백제시대 익산 금마저의 사찰 조성의 전개 양상을 살펴보기 위해 다음 장에서는 사지에서 출토된 유물을 편년해 보고자 한다.

4. 出土 기와의 編年

1) 수막새

(1) 型式 分類

익산 금마저의 백제 사지에서 출토되는 유물은 주로 기와류이며, 기와 중에서도 수막새가 출토 수량이나 다양성에서 대표된다. 수막새는 형식에 따라서 부여 지역과 같은 요지에서 만들어졌을 것으로 판단되는 동형의 기와도 있으나, 제석사지나 미륵사지를 중심으로 익산 금마저에서 주로 확인되는 독특한 형식의 기와들이 많은 양을 차지하고 있다. 이들 수막새 중에서 단판연화문계열의 백제 시대 수막새를 중심으로 형식 분류를 시도해 보고자 한다.

형식 분류에서 시간적 변화의 속성을 잘 보여주고 있는 것은 화엽 끝부분의 처리 상태라고 생각된다. 그러므로 형식 분류는 우선 화엽 선단의 처리형태에 따라 구분하고자 한다. 각 형식의 속성 변화는 〈도면 55〉와 같다.

금마저에서 출토된 백제 시대 연화문 수막새는 모두 6가지 형식으로 대별된다. A형

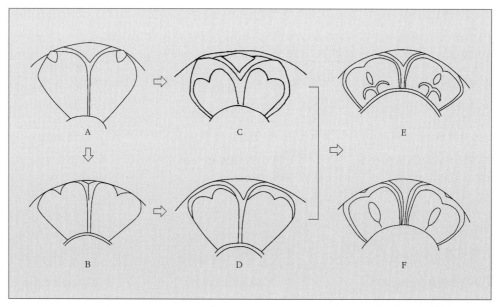

도면 55 연화문 수막새 화엽 모식도

식은 8엽으로 화엽의 선단을 뾰족하게 처리하였으며, 일부에서는 뾰족한 선단이 점과 같이 표현되기도 하는데 자방은 원판형의 모습을 보인다. B형식은 8엽으로 화엽의 선단이 둥글면서 안으로 열입되어 하트형을 보이며, 자방은 원권을 둘러 처리하였다. C형식은 8엽으로 선단을 뾰족하게 처리하였으나, 화엽에 볼륨감이 있고 판단이 반전되고 있으며, 자방은 확실한 원판형을 보인다. D형식은 8엽으로 화엽의 선단이 둥글면서 하트모양으로 만입되나 볼륨감이 있고 판단이 반전된다. E형식은 6엽으로 줄어들며, 화엽 안에 심엽문을 넣은 것이 특징이다. 자방은 넓고 화판이 좁으며 화륜이 양각선 모양이다. F형식은 6엽이며, 화엽 안에 꽃술을 표현하고 있다. 자방이 크고 화판이 좁으며 화륜이 볼륨감있게 처리되었다. 이들 각 형식의 출토유적을 보면 아래 〈표 11〉과 같다.

표 11 형식별 백제 연화문 수막새 출토 현황

구분		A형식	B형식	C형식	D형식	E형식	F형식
부여	관북리 유적	◆	◆				
	쌍북리 유적		◆				
	구아리 유적	◆	◆				
	부소산성		◆				
	부소산 폐사지		◆				
	천왕사지	◆					
익산	대관사지	◆			◆		
	제석사 폐기장			◆	◆		
	제석사지		◆		◆		
	미륵사지	◆	◆			◆	◆

위의 표에서 나타나는 것처럼 익산 금마저에서 출토된 백제 수막새는 크게 2가지 양상을 보인다. 하나는 부여 지역의 출토품과 동형의 수막새이며, 다른 하나는 금마저에서만 사용된 수막새이다. 금마저와 아울러 부여 지역에서 출토되는 수막새는 여기에서는 '부여식'으로 분류하였다. 부여식은 A형식과 B형식 두 가지로 나눠진다. 그리고 금마저에서만 사용된 수막새는 각각 유적의 창건 혹은 중건 기와로 사용되고 있기 때문에 사용된 유적의 명칭에 따라 '제석사식'(C형식, D형식), '미륵사식'(E형식, F형식)으로 나누고자 한다.

① A형식(부여식)

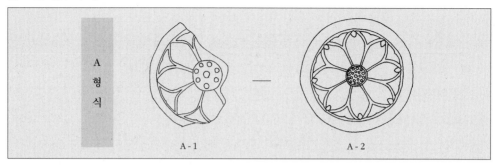

도면 56 연화문 수막새 A형식 모식도

A형식은 부여식으로 금마저에서 출토된 것은 화엽 선단의 모양과 자방의 연자 수에 의해 모두 두 가지 형식으로 세분된다.(도면 56, 표 12)

표 12 연화문 A형식 정의

형식		정의	출토유적
연화문 A	단판연화문 A - 1	8엽단판연화문으로 소문의 주연은 높고 넓지 않으며, 화판과의 사이에는 구상권대가 형성되어 있음. 화엽은 세장하고 판단을 둥글게 반전시켜 중앙을 뾰족하게 처리했음. 화엽 간에는 역삼각형 돌기가 낮게 융기되어 자방부에까지 접해 있음. 높지 않은 자방에는 중앙에 1과, 외연 가까이에 6과의 연자가 배치됨.	왕궁리 유적
	단판연화문 A - 2	8엽단판연화문으로 소문의 주연은 높고 넓으며, 화판과의 사이에는 구상권대가 형성되어 있음. 화엽은 세장하고 판단을 둥글게 반전시켜 중앙을 뾰족하게 처리했음. 화엽 간에는 역삼각형 돌기가 낮게 융기되어 자방부에까지 접해있음. 가는 양각 원권으로 구획된 자방부에는 1+8+17과의 연자가 배치됨.	미륵사지

② B형식(부여식)

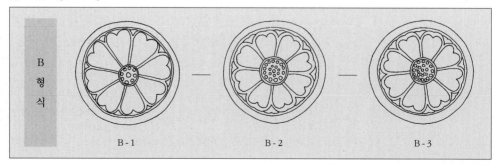

도면 57 연화문 수막새 B형식 모식도

B형식은 부여식에 속하는데, 금마저에서 출토된 예는 자방의 연자 배열 형태에 따라 3종류로 나눠진다.(도면 57, 표 13) B - 1식은 자방중앙을 중심으로 한 겹의 연자가 배치되어 있으며, B - 2식은 2겹의 연자가 배치되었는데, 비교적 정연한 형태를 보인다. B - 3식은 연자의 배치가 정연하지 못하여 연자끼리 겹쳐 표현되기도 한다.

표 13 연화문 B형식 정의

형식		정의	출토유적	비고
연화문 B	연화문 B - 1	8엽단판연화문으로 소문의 주연은 낮고 좁으며, 화판과의 사이에는 구상권대로 구획되어 있음. 화판은 세장한 편으로 화엽 끝을 쐐기형태로 깊게 열입반전시켜 하트형태를 띰. 화엽 간의 역삼각형 돌기는 높게 융기되어 끝이 양각 원으로 구획된 자방부에까지 접해 있음. 자방부에는 1+8과의 연자가 배치됨.	미륵사지, 왕궁리 유적, 익산토성	부여 부소산 폐사지, 관북리 유적 등 출토 예 있음
	연화문 B - 2	연화문 B - 1과 같은 유형으로 자방의 크기 및 연자의 배치가 다름. 자방이 비교적 넓어 상대적으로 화엽의 길이가 짧아졌으며, 자방 안에는 1+7+16(18)과의 연자가 정연하게 배치됨.	미륵사지, 왕궁리 유적, 제석사지	
	연화문 B - 3	연화문 B - 2와 같은 유형이지만 자방의 크기나 연자의 배치가 다름. 자방 안에는 3열로 연자가 배치되었으나 엉겨 붙어 그 배열이 정연하지 못함.	왕궁리 유적	

③ C형식(제석사식)

제석사 폐기장에서만 출토된다. 함께 출토된 4종류의 수막새 중 출토 수량이 가장 적으며 이질적이다.(도면 58, 표 14)

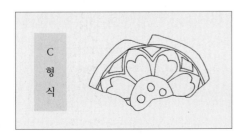

도면 58
연화문 수막새 C형식 모식도

표 14 연화문 C형식 정의

형식		정의	출토유적
연 화 문 C	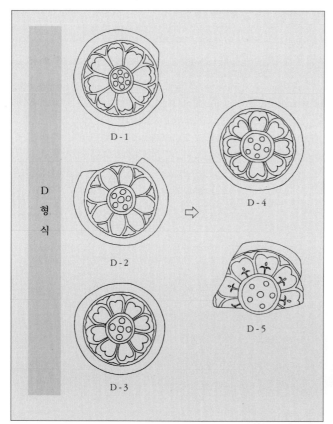	파편으로만 출토됨. 8엽의 연판으로 추정되며, 화엽은 타원형으로 판단을 뾰족하게 처리함. 간엽은 마름모형태를 띰. 자방부는 돌출된 원판형태로 1+5과의 연자가 배치되었음.	제석사 폐기장

④ D형식(제석사식)

　　제석사 폐기장과 제석사지 시굴 조사 및 발굴 조사에서 출토되었다.(도면 59, 표 15) D - 1, D - 2, D - 3형은 제석사지 폐기장에서 출토된 유물로, 판단이 둥글고 볼륨감이 있으면서 반전하고 있는 점은 세 형식 모두 동일하나 연판의 표현에서 약간이 차이가 있어 동범와의 차원에서 분류되었다. D - 4형도 연판이나 자방에서는 커다란 차이가 없으나, 자방의 직경이 커지면서 연판이 작아진다는 특징이 있으며, D - 5형은 연판 안에 미륵사지의 예와 같이 심엽문을 시문하였다.

D
형
식

D - 1

D - 2

D - 3

D - 4

D - 5

도면 59
연화문 수막새 D형식 모식도

표 15 연화문 D형식 정의

형식		정의	출토유적	비고
연화문 D	연화문 D - 1	8엽단판연화문으로 소문의 주연은 넓고 높으며, 화판과의 사이에는 음각원권으로 구획됨. 타원형에 가까운 화엽은 화륜이 약하게 살펴지며, 판근을 도톰하게 처리하고 판단부를 반전시켜 입체감을 줌. 화엽 사이의 간엽은 역삼각형태로 판단과 같이 반전시켜 표현함. 양각 원권으로 구획된 자방부에는 1+6과의 연자가 배치됨.	제석사 폐기장,	
	연화문 D - 2	연화문 D - 1과 같은 유형이지만, 화엽이 좀 더 타원형에 가까운 형태임. 자방이 D - 1형보다 약간 크고 안에는 1+5과의 연자가 배치되어 있음.	제석사 폐기장, 제석사지, 왕궁리 유적	
	연화문 D - 3	연화문 D - 1과 같은 유형이지만, 타원형의 화엽이 비교적 짧고 화륜이 좀 더 선명함. 중앙의 양각 원권으로 구획된 자방부 안에는 1+4과의 연자가 배치되어 있음. D - 1·2에 비해 크기가 약간 작으며, 화엽 끝이 뭉개지거나 화륜이 강조된 채 제작된 예가 많음.	제석사 폐기장, 제석사지, 왕궁리 유적	
	연화문 D - 4	연화문 D - 1과 같은 유형이지만, 자방부가 넓어지면서 상대적으로 화판부가 좁아져 화엽이 짧아졌으며, 양각 원권으로 구획된 자방 안에는 1+5과의 연자가 배치됨. 제석사지 금당지 남측기단 외부에서 인동당초문 암막새와 공반 출토된 바 있음.	제석사지	제석사 폐기장에서는 출토되지 않음
	연화문 D - 5	연화문 D - 4와 매우 유사하지만, 화엽 안에 심엽문이 배치되어 있는 것이 특징임.	왕궁리 유적, 제석사지	제석사 폐기장에서는 출토되지 않음

⑤ E형식(미륵사식)

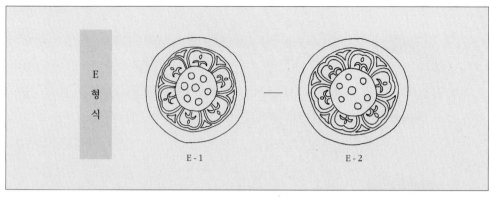

도면 60 연화문 수막새 E형식 모식도

미륵사지에서 출토되는 것으로 화엽이 8엽에서 6엽으로 줄어든 독특한 형식이다. 화엽 안에 심엽문을 시문하고 있으며, 자방의 크기가 급격히 커졌다는 특징을 지니고 있다. 연자의 형태 등 차이에 의해 세분된다.(도면 60, 표16)

표 16 연화문 E형식 정의

형식		정의	출토유적
연화문 E	연화문 E - 1	소문의 주연은 넓고 높으며, 화판과는 구상권대로 구획되어 있음. 불륜이 전혀 없는 화판부에는 6엽의 넓은 화엽이 화륜으로 표현됨. 짧은 화엽의 판단 안쪽을 열입반전시키고, 화엽 중앙에는 심엽문을 장식함. 중앙에는 돌출된 원판형 자방부가 넓게 자리해 있으며, 안에는 1+6과의 굵은 연자가 배치되어 있음.	미륵사지
	연화문 E - 2	연화문 E - 1과 같은 유형이나 연자가 작고 뾰족하게 표현됨.	미륵사지

⑥ F형식(미륵사식)

미륵사지 출토 수막새 중에서 가장 많이 출토된 형식이다.(도면 61, 표 17) E형식보다 화륜이 선명하면서 심엽문 대신 꽃술모양을 시문하였다. 각각의 형식들은 비슷하나 연자의 형태에서 약간씩 차이가 난다. F - 3형부터는 연판의 두께가 두꺼워지면서 연판

안의 연화의 표현이 균등하게 정제되지 않고 흐트러진 점이 특징이다.

도면 61 연화문 수막새 F형식 모식도

표 17 연화문 F형식 정의

형식		정의	출토유적	비고
연화문 F	 연화문 F - 1	소문의 넓고 높은 주연으로 화판과는 깊게 패인 구상권대로 구획됨. 화륜으로 표현된 6엽의 넓은 화엽 안에는 세장하게 둥근 꽃술을 하나씩 배치하였다. 화륜이 양감 있게 표현되었고, 긴 역삼각형 간엽이 돌출되었으며, 자방부에까지 닿아있음. 자방부는 돌출된 원판형태로 안에 1+6과의 굵은 연자가 배치됨.	미륵사지	
	 연화문 F - 2	연화문 F - 1과 유사하지만 자방의 돌출 정도가 보다 낮고 연자의 크기도 작고 낮음.	미륵사지	
	 연화문 F - 3	연화문 F - 1과 유사하지만 자방의 돌출 정도가 보다 낮고, 연자의 크기도 작고 낮으며 드림새의 두께가 2배 이상 두꺼움.	미륵사지	미륵사지 보고서는 G형으로 분류

 연화문 F - 4	연화문 F - 1과 유사하지만 화판에 돌려진 화류이 매끄럽지 못하고 날카로우며, 화엽의 크기가 일정치 않음. 화엽의 중앙면이 도톰해 만개한 것처럼 보임. 자방이 높게 돌출되었고, 연자도 굵음.	미륵사지	미륵사지 보고서는 G형으로 분류
 연화문 F - 5	연화문 F - 4와 유사하지만 자방이 보다 작고 낮으며, 연자의 크기가 일정치 않고 뾰족함.	미륵사지	미륵사지 보고서는 G형으로 분류

(2) 編年

① Ⅰ기 : 부여식

부여식 수막새인 연화문 A형식은 판단부가 뾰족하게 돌출된 형태로써, 일부 돌기모양을 보이기도 한다. 웅진도읍기부터 나타나 사비도읍기까지 쓰이던 형식으로 박용진의 원형주문형연판단원주형(1115L)에 속하는 형식이다.[139] A - 1형과 A - 2형은 자방에서 서로 다른 특징을 보인다. 전자는 평면적인 자방 안에 1+8과의 연자를 배치하고 있는데, 8과는 자방의 외연에 치우쳐 배치하고 있음이 특징이다. 반면 후자는 1+8+17과의 연자를 자방 안에 삼중으로 빼곡히 배열하고 있다. 전자는 관북리 유적과 더불어 구아리 유적 출토품[140]이 있다. 후자는 천왕사지 출토품[141]과 거의 동일한 특징을 보이며, 관북리 유적에서도 비슷한 형태의 수막새가 출토된 것으로 보고되었다.[142]

연화문 B형은 부여 지방과 익산 금마저에서 다양하게 출토되는 기와로 화엽 끝이 쐐기모양으로 열입되어 하트형으로 변화된 형식이다. 자방의 형태에 따라 3개의 종류

---

139) 박용진, 1976, 「백제와당의 체계적 분류 -수막새 기와를 중심으로-」, 『백제문화』 9, 공주대학교 백제문화연구소, 27~28쪽.
140) 박용진, 1976, 「백제와당의 체계적 분류 -수막새 기와를 중심으로-」, 『백제문화』 9, 공주대학교 백제문화연구소, 27~28쪽.
141) 백제문화개발연구원, 1983, 『백제 와전 도록』, 198쪽.
142) 국립부여문화재연구소, 2009, 『부여 관북리 백제유적』, 발굴 조사보고Ⅳ, 115~123쪽.

로 세분되어진다.

익산 금마저에서 출토된 부여식 연화문 수막새의 유적별 출토 통계를 보면 아래 〈표 18〉과 같다.

표 18 부여식 연화문 수막새 출토 현황

구분		대관사지	제석사지		미륵사지	합계
			폐기장	사지		
부여식 수막새	A - 1	1				1
	A - 2				3	3
	계	1			3	4
	B - 1	18			7	25
	B - 2	90		1	7	98
	B - 3	59			8	67
	B형	189				189
	계	356		1	22	379

A형식은 대관사지와 미륵사지에서만 출토되는데, 극히 소량이어서 어떠한 목적으로 사용된 기와인지 쉽게 파악할 수 없다. B형식의 기와는 379개로 아주 많은 양이 출토되었다. 이 중 대관사지에서 356점이 출토되어 대부분을 차지하고 있으며, 미륵사지에서 22점만 출토되었고, 제석사지에서는 1차 발굴 조사 보고서에서 1점만 소개되었다. 이러한 양상을 통해 보면 연화문 B형식은 대관사지 창건과 관련된 주된 기와임을 알 수 있다. 김종만은 연화문 A형식과 B형식의 분포 양상을 통해 A형식은 6세기 중반 이후에서 6세기 말까지 사용된 형태이고, B형식은 7세기 초에 사용된 것으로 보아 A형식은 위덕왕과 관련하여, 그리고 B형식은 혜왕과 무왕 이후와 관련하여 살펴볼 수 있는 자료로 파악하고 있다.[143] 그리고 소재윤은 IiH1형식(A형식)과 IiE5형식(B형식)이 부여와 익산 금마저뿐만 아니라 멀리 일본 풍포사, 법융사(斑鳩寺), 비조사에서도 나타나므로, 미륵사의 창건 연대인 600년보다 이른 6세기 중후반과 6세기 후반에 각각 출발하여 이를 모방한 사찰의 수막새로 사용했을 가능성이 크다고 보고 있다. 그리하여 A형식은 부여 왕흥사지 등에서 7세기 초반까지 주로 사용하게 되며, B형식은 위덕왕 때(554~597) 와공집단에서 주로 생산하는 형식이고, 이를 생산하는 와공집단은 미륵사지나 왕궁리 유적의 조성이 일단락되고 무왕이 사비경영에 다시 복귀하게 된 시점에

---

143) 김종만, 2003, 「사비시대 백제토기와 사회상」, 『백제연구』 37, 충남대학교 백제연구소, 50쪽.

부여로 파급되어 F형식과 같은 말기 형식이 만들어진다고 하고 있다.[144]

이러한 주장들은 대체적으로 7세기를 전후한 시기에 사용된 기와로서, A형식이 B형식보다 앞서는 시기의 기와로 보고 있다. 그리고 관북리 유적의 2008년도 조사 구역 2구역에서 부와시설이 나타나는데, 여기서는 폐기의 동시성이 확보되는 많은 수의 수막새와 원형인각명문와가 출토되었다. 그 중에는 소문수막새를 비롯하여 B형으로 분류된 수막새와 '乙丑' 명 원형인각명문와가 포함되어 있다. 을축명 기와는 무왕 6년(605)에 해당하는 것으로 알려져 있다.

대관사지나 미륵사지에서 출토되는 원형인각명문와의 경우, '丁巳(597)' 명와가 상당수 출토되고 있으며, 이 외에도 '壬戌(602)', '乙丑(605)' 명와가 출토되고 있는데, '壬戌' 명와의 경우 출토수량에서 상당한 비중을 차지하고 있다. 이러한 명문와는 대관사지나 미륵사지에서 사용된 부여식 연화문 수막새와 같은 시기로 편년할 수 있을 것으로 생각된다. 그러므로 A형식은 600년을 전후한 시기, B형식은 이보다 약간 늦은 시기로 편년할 수 있다. 결국 부여식 연화문 수막새는 금마저 지역에서 600년을 전후한 시기에 사용되었던 기와로 생각된다.

② II기 : 제석사식

제석사식 기와는 금마저 지역에서만 출토되는 것으로 유적별 출토 양상을 보면 아래 〈표 19〉와 같다.

표 19 제석사식 연화문 수막새 출토 현황

구분		대관사지	제석사지		미륵사지	합계
			폐기장	사지		
제석사식 수막새	C		16			16
	D - 1		233			233
	D - 2	35	143	2		180
	D - 3	2	235	2		239
	D - 4			17		17
	D - 5	5		4		9
	계	42	627	25		694

(제석사지 출토품은 시굴 조사와 1차년도 발굴 조사 보고서 자료를 합한 숫자임)

144) 소재윤, 2006, 「웅진·사비기 백제 수막새에 대한 편년 연구 -금강유역을 중심으로-」, 『호남고고학보』 23, 호남고고학회, 25쪽.

위의 표에서 보는 바와 같이 C형식은 제석사지 폐기장에서만 출토되고, D형식은 제석사지와 대관사지에서만 모두 694점이 출토되었다. 제석사지 폐기장에서 출토된 C형식과 D - 1 · D - 2 · D - 3형식은 627점이며, D - 2 · D - 3형식은 제석사지와 더불어 왕궁리 유적 대관사지에서 일부 출토되었다. 그리고 D - 4형식 제석사지에서만 출토되고 D - 5형식 일부가 대관사지에서 출토되었다.

『관세음응험기』는 정관 13년(639) 제석사지의 화재관련 기사를 싣고 있다. 그 내용을 보면 불에 타지 않은 사리병과 금강반야경판을 사찰을 다시 지어 봉안하고 있음을 밝히고 있다.[145] 원광대학교 마한 · 백제문화연구소의 시굴 조사 결과, 금당지의 비교적 안정된 층위에서 소토와 함께 산화된 백제 시대 연화문 수막새(D - 4형)와 인동당초문 암막새가 출토되었다. 전형적인 백제 말기로 편년되는 수막새와 암막새의 세트 관계가 처음 밝혀진 것이다. 그런데 제석사 와요지로 전해오는 지역의 시굴 조사에서는 제석사지 기와와 같은 瓦范으로 만들어진 연화문 수막새(D - 4 · D - 5형식)와 인동당초문 암막새가 출토되지 않아, 두 유적 간의 시기적인 차이가 있음을 알 수 있다. 나아가 그동안 와요지로 전해왔던 유적은 639년 제석사지 화재로 인해 생성된 잔재물을 일시에 버렸던 폐기장임이 밝혀졌다.[146] 그러므로 폐기장에서 출토된 기와를 포함하는 유물들은 639년 이전에 사용되었던 것이고, 제석사지에서만 출토된 수막새는 재건가람인 639년 이후에 사용된 유물로써 절대 편년을 추정할 수 있다.

제석사지 수막새는 화엽의 끝을 반전시켜 양감 있게 표현하면서 원권을 둘러 자방을 구획한 특징을 갖고 있으며, 가까운 왕궁리 유적 이외에서는 출토된 예가 없다. 지금까지 많은 기와 연구자들은 제석사지 출토 수막새를 세분하지 않고, 동일한 형식으로 분류하거나 자방의 연자 수에 의해 속성분류를 하는 것이 일반적이었다. 그런데 동일한 와범을 사용하여 제작된 同范瓦라는 관점에서 분류를 시도한 바, 제석사지시굴조사와 제석사 폐기장에서 모두 6가지의 형식이 확인되었다.(표 15) 폐기장에서 출토된 연화문 수막새는 C와 D - 1 ~ D - 3형식으로 분류되는데, 제석사지에서는 폐기장에서 출토된 것과 같은 와범으로 제작된 D - 2 · D - 3형식 외에도 D - 4 · D - 5형식의 연화문 수막새가 출토되었다. 제석사지에서 출토된 D - 2 · D - 3형식의 수막새는 소량으로

145) 牧田諦亮, 1970, 『六朝古逸觀世音應驗記の研究』, 平樂寺書店.
146) 김선기 · 김종문 · 조상미 · 임영호, 1994, 『제석사지시굴조사보고서』, 원광대학교 마한 · 백제문화연구소.

시굴 조사에서 대부분 교란층이나 표토층에서 수습되었다. D - 4형식은 금당지의 안정된 퇴적층에서 인동당초문 암막새와 공반된 것이다. 그리고 최근의 발굴 조사에서 D - 5형이 새롭게 확인되었다. D - 4·D - 5형식 수막새의 출토 수량은 많지 않지만 D - 4형식은 금당지에서, D-5형식은 탑지에서 주로 출토되고 있다.[147] 이와 같은 조사 결과를 통해 보았을 때 폐기장 출토 수막새는 639년까지 사용된 수막새, 다시 말해 639년 이전에 제작된 창건 기와이며, 제석사지에서만 출토된 D - 4형식이나 D - 5형식의 수막새는 639년 이후에 제작 사용된 중건 기와임을 알 수 있다.

폐기장에서만 출토된 C형식은 다른 형식에 비해 적은 양이 출토되고 있다. 자방의 형태가 다른 형식에서는 양각 원권으로 표현되어 있는데 비해 C형식은 원판형으로 정암리요지에서 제작된 기와[148]와 비슷한 형태를 보이고 있다. 그리고 폐기장에서 출토된 수막새의 연자 수는 1+4과, 1+5과, 1+6과의 세 종류로 각각 속성을 달리하고 있다. 그러므로 연자 수를 달리하는 기와의 제작 시기에는 차이가 있을 것으로 생각할 수 있으나 커다란 차이를 보이지 않는다. 왜냐하면 제석사 창건에서 화재를 입은 때까지는 오랜 시간이 지나지 않았을 것으로 생각되기 때문이다. 더구나 보다 늦은 시기에 제작된 연화문 수막새 D - 4형식에서도 연자수가 1+5과를 보이고 있어 제석사지에 있어서만큼은 연자의 배치와 그 숫자가 시기 변화를 나타내 주는 속성은 아님을 알 수 있다. 단지 폐기장 출토 수막새와 제석사지 D - 4형식 수막새의 가장 두드러진 차이점은 자방의 크기이다. 즉 D - 4형식 수막새에서는 연판의 직경에서 자방 직경이 차지하는 점유비중이 크다는 것이다. 이러한 차이는 시간의 변화를 나타내 주는 속성으로 판단된다. 연화문 수막새 C형식과 D - 1형식은 화판에서 자방이 차지하는 비율이(연판 직경대 자방 직경의 비율) 36%인데 비해, D - 2·3형식은 40%, D - 4형식은 45%를 보이고 있다. 이러한 양상은 시기가 늦을수록 자방부의 직경이 커지는 반면, 화엽은 상대적으로 짧아지는 특징을 보여주는 것으로 생각된다.(표 20 참조)

---

147) 국립부여문화재연구소, 2011, 『제석사지』, 발굴 조사보고서 I , 234쪽.
148) 김성구·신광섭·김종만, 1988, 『부여 정암리가마터 I 』, 국립부여박물관.
　　신광섭·김종만, 1992, 『부여 정암리가마터 II 』, 국립부여박물관.

표 20 제석사지 및 제석사폐기장 출토 연화문 수막새(단위 cm, 제석사지는 시굴 조사 출토 유물)

구분	탁본	연자수	드림새직경	화판직경	자방직경	자방/화판(%)	비고
C형 (16점)		1+5	14.0 (추정)	11.0 (추정)	3.9~4.1 (원판형 - 凸面)	36	• 제석사 폐기장
D - 1형 (233점)		1+6	13.2~ 13.6	10.2~ 10.4	3.6~3.8 (양각원권)	36	• 제석사지 • 제석사 폐기장
D - 2형 (143점)		1+5	13.2~ 13.6	9.8~ 10.0	3.9~4.1 (양각원권)	40	• 제석사지 • 제석사 폐기장 • 왕궁리 유적(33점)
D - 3형 (235점)		1+4	12.2~ 12.8	9.1~ 9.4	3.6~3.8 (양각원권)	40	• 제석사지 • 제석사 폐기장 • 왕궁리 유적(2점)
D - 4형 (13점)		1+5	14.5	11.1	5.0 (양각원권)	45	제석사지 (금당지)

연판의 크기에서 자방부가 차지하는 비율이 시간적 변화의 속성이라고 한다면, 실질적으로 금마저에서 출토된 부여식 수막새의 자방부는 제석사지 출토 수막새보다 더 작은 양상을 보여 주어야 한다. 보고서에는 화판부의 실측치가 제시되지 않은 것이 대부분이어서 사진 등에 의한 비율을 환산하면, 미륵사지에서 출토된 A - 1형식 수막새의 경우 약 26%로 비율이 제일 작은 양상을 보인다.[149] 그리고 왕궁리 유적에서 조사된 A - 2형식 수막새는 약 30%의 점유비율을 보이는 것으로 보아, 자방부가 점유하는 비율이 클수록 늦은 시기에 편년될 수 있는 사실을 뒷받침해 준다.

---

149) 문화재관리국·문화재연구소, 1989, 『미륵사』, 유적발굴조사보고서 I , 168쪽.

그런데 미륵사식 수막새인 연화문 E형식에서는 화판에서 자방이 차지하는 비율이 50%에서 약간 선회하는 양상을 보이며, F형식은 이보다 약간 작은 47% 정도여서 대체적으로 50%내외의 점유율을 보인다. 그리고 여기에서 출토되는 간지명 원형인각명문와 중 '丁亥'와 '己丑'명 원형인각명문와[150]가 함께 출토되고 있어 전자는 627년, 후자는 629년으로 비정된다. 이러한 양상을 통해 볼 때, 제석사식 수막새인 C와 D - 1, D - 2, D - 3형은 부여식보다는 늦고, 미륵사식보다는 앞서는 620년 경을 전후하여 제작된 기와로 판단된다.

그리고 화재 기사의 정관 13년(639년) 이후에 제작된 것으로 판단되는 D - 4형식 수막새는 '巳·毛', '巳·止', '午·斯'명 원형 인각 지지명와와 함께 출토되고 있다. '巳'와 '午'가 들어가는 원형인각지지명와는 화재가 난 639년 이후에서 백제가 멸망하기 전까지의 사이에 해당되어야 하므로 乙巳年인 645년과 丙午年인 646년으로 판단된다. 그렇다면 연화문 D - 4형식은 이 무렵에 만들어진 것임을 알 수 있다.

수막새 D - 5형식은 화엽의 처리나 자방의 크기 및 연자의 배치 등에서 D - 4형식과 동일한 형태를 보인다. 단지 각각의 화엽 안에 미륵사지식 수막새에서 보이는 심엽문을 배치한 것이 특징이다. 이러한 형태도 D - 4형식과 거의 같은 시기에 사용된 것으로 판단된다.

③ Ⅲ기 : 미륵사식

미륵사지에서 출토된 미륵사식 수막새는 다른 지역에서는 사용된 예가 거의 없으며, 단편적으로 왕궁리 유적에서 출토되고 있을 뿐이다. 두드러진 특징은 8엽의 연화문으로 연판이 구성되던 것이 미륵사지에 와서는 6엽으로 화엽의 숫자가 줄어들고 있다는 점이다. 백제 시대 미륵사식 연화문 수막새의 형식은 대체로 2가지로 나눌 수 있는데, 우선 연화문 E형식은 화엽 안에 심엽문이 각각 표현되고 있다는 점을 특징으로 할 수 있다. E - 1형과 E - 2형의 화엽의 표현은 같은 양상을 보이는데 비해 자방의 형태에서 약간 변화가 있다. 즉 E - 1형에 비해 E - 2형의 연자가 작고 뾰족하게 표현되고 있다.

연화문 F형식은 모두 5가지 형태로 나눠진다. 연화문 F - 1~F - 5형까지는 6엽의 화엽이 배치되어 있으면서 화엽의 화륜이 도톰한 형태에서 소략해지거나 퇴화되는 양상

---

150) 문화재관리국·문화재연구소, 1989, 『미륵사』, 유적발굴조사보고서 Ⅰ, 229~230쪽.

을 보인다. 그리고 자방 안의 연자가 작아지거나 크기가 일정하지 않으며, 두께도 F - 3 형부터는 두터워지는 양상을 보인다. 이렇게 분류되는 F형식의 연화문 수막새는 나중에 주연에 연주문이 나타나거나 화엽이 8엽으로 만들어지는 형식으로 변화되고 있다.

〈표 21〉에서와 같이 미륵사식 연화문 수막새는 미륵사지 외의 유적에서 거의 출토되지 않는다. 부여식 연화문 수막새도 소량만 출토되고 있어 E형식이나 F형식이 미륵사지 창건 기와로 사용된 것임을 알 수 있다.

표 21 미륵사식 연화문 수막새 출토 현황

구분		대관사지	제석사지		미륵사지	합계
			폐기장	사지		
미륵사식 수막새	E - 1				610	610
	E - 2					
	계				610	610
	F - 1				273	273
	F - 2				75	75
	F - 3				170	170
	F - 4				520	520
	F - 5					
	계				1,038	1,038

미륵사 창건에 관해서는 많은 이설이 있으나 대체로 무왕 대에 창건한 것으로 보는데는 이론이 없다. 그러나 필자는 제석사지를 중심으로 한 소위 원형인각지지명와의 편년을 통해 미륵사지의 발원은 무왕 대에 비롯된다고 해도, 그 완성시기는 乙巳年인 645년 이후 백제 종말기를 거치는 것으로 주장한 바 있다.[151] 이후 2009년 1월, 미륵사지 서탑 보수정비 과정의 해체작업 중 심주석에서 사리장엄구와 함께 '己亥年(639)' 銘 사리봉영기[152]가 출토되어 미륵사지 완성은 무왕이 아닌 의자왕 대에 이루어진 것임을 증명해 주는 계기가 되었다. 사리장엄구와 더불어 출토된 봉영기는 미륵사지에 관한 가장 신빙성 있는 역사적 사실을 기록한 기년이 표기되어 있다는 점에서 미륵사지 연구에 새로운 전기를 마련하였으며, 출토 유물 등의 편년에 새로운 기준점을 제공해 주었다고 할 수 있다. 미륵사식 수막새의 편년도 이 기준을 적용하여 살펴 볼 필요가

151) 김선기, 2007, 「익산 제석사 백제기와에 대하여」, 『기와학회논문집』 3, 한국기와학회.
152) 문화재청 외, 2009, 『미륵사지석탑 사리장엄』.

있다.

최근에 미륵사지 서탑을 모두 해체한 후 기단토에 대한 토층 조사를 실시한 바 있다. 여기에서 연화문 E - 1형식에 해당하는 수막새와 연화문 F - 1형에 속하는 수막새가 출토되었다.[153] 그러므로 이 두 가지 형식의 수막새는 639년 이전에 사용된 것이 분명하다. 특히 F - 1형식의 수막새는 전면에 주칠이 되어 있는 것으로 보아 의장 효과를 높이고자 하였던 것으로 추정된다. 그리고 미륵사지에서 639년 이전의 유물로 판단되는 것은 '丁亥'와 '己丑' 명 원형인각명문와[154]가 있다. 전자는 627년, 후자는 629년으로 비정하고 있으므로, 대체적으로 연화문 E형식과 연화문 F형식은 620년대 후반 경을 전후한 시기에 사용되기 시작한 것으로 판단된다.

연화문 E형식은 단지 2가지 형태로만 분류되며, 두 형식의 차이가 크지 않은 것으로 보아 단기간에 사용된 수막새라 할 수 있다. 그러나 연화문 F형식의 수막새는 형태나 제작 기법 등에 많은 변화를 가져오고 있기 때문에 대규모의 사찰인 미륵사 건립과정의 역사성을 말하여 주면서 비교적 장기간에 걸쳐 사용된 수막새로 판단된다. 보고서의 내용이 소략한 면이 있지만, 우선 초기 수막새의 접합 기법에서 드림새 뒤에 수키와를 그대로 붙이는 방법이 사용되었는데 반해 F - 3형식에서부터 주연 부분은 별도 제작하거나 드림새에 접합될 부분을 만들지 않고 수키와를 주연 부분까지 돌출시키는 방법을 주로 사용하는 것 같다.[155]

미륵사지 강당지 주변 발굴 조사 중 구지표 상면 와편층에서는 연목와와 6엽연화문 수막새, 백제·통일신라의 와편, 원형인각명문와편 등이 집중 출토되었고, 불에 탄 목탄과 소토, 벽체편이 노출되었다. 수막새는 기단 주위 기단 면석에서 1.6~1.9m 떨어진 곳에서 주로 수습되었고, 와편층은 기단 면석에서 4m에 이르는 곳에서만 노출되었다.[156] 이러한 출토 양상은 강당지가 폐기되면서 형성된 층이 매우 안정된 상태로 남아 있었다는 증거이다. 여기에서 출토된 통일신라 시대 기와의 양상은 알 수 없으나 백제 시대 연화문 수막새는 E - 2형식과 F - 1, F - 2형식의 수막새로 판단되며, 원형인각명문와는 '丁亥' 명과 '巳·止' 명 원형인각명문와가 포함되어 있다. 전자는 627년으로 편

153) 국립문화재연구소, 2010, 「미륵사지석탑 제18차 자문위원회의」, 회의자료.
154) 문화재관리국·문화재연구소, 1989, 『미륵사』, 유적발굴조사보고서 I , 229~230쪽.
155) 문화재관리국·문화재연구소, 1989, 『미륵사』, 유적발굴조사보고서 I , 168~171쪽.
156) 문화재관리국·문화재연구소, 1989, 『미륵사』, 유적발굴조사보고서 I , 110쪽.

년되며, 후자는 을사년인 645년으로 편년된다. 그런데 여기에서 출토된 수막새의 통계표를 보면, 보고서의 F(E - 1 · 2)형 23점, F1(F - 1)형 34점, F2(F - 2)형 16점, F3(F - 3)형 출토 없음, G(F - 4 · 5 · 6)형 29점, I(F - 7)형 1점이 출토되었다. 이와 같이 동일한 유구에서 수막새 E형과 F - 1 · 2형이 집중 출토될 뿐만 아니라 시기를 달리한다고 생각되는 F - 3형의 유물이 출토되지 않다가 F - 4 · 5형이 집중된다고 하는 점은 출토된 원형인각명문와가 627년, 645년으로 시기 차이를 보이면서 편년되는 것과 마찬가지로 같은 층에서 출토되었지만 수막새에서도 형식 간에 시기 차이가 있음을 알려주고 있다. 이와 같이 동일 층위에서 출토되는 유물 중 특히 기와류가 시기 차이를 두고 집중되고 있는 점은 건물의 보수나 번와공사 과정에서 원래의 유물과 새롭게 교체되는 유물이 혼재되면서 나타나는 양상으로 파악된다. 강당지에서 중앙부는 1단주좌 방형 초석을 사용한데 반해, 협칸을 구성하는 동쪽과 서쪽 끝부분은 1단주좌 원형 초석을 사용하고 있다는 점[157]도 건물의 보수흔적일 가능성을 시사해 준다.

이러한 양상을 통해 보았을 때, E형식이나 F - 1 · 2형식의 수막새는 620년대 후반 경에 사용한 것으로 판단되며, F - 4 · 5형식은 645년 경에 그리고 F - 3형식은 그 사이 과도기적인 것으로 편년이 가능할 것으로 생각된다.

이상을 종합하면 3대 사지에서 출토되는 수막새는 〈표 22〉와 같이 편년될 수 있다고 생각한다.

Ⅰ기는 부여식 연화문 수막새를 사용하던 시기라고 할 수 있다. 다시 말해서 익산 금마저 지역만이 갖는 독특한 문양을 제작하지 못하고 부여에서 사용되던 수막새의 문양을 그대로 받아들여 사용하던 시기이다. 이러한 문양은 일반적으로 7세기를 전후한 시기로 편년하고 있으며, 후술할 원형인각의 '丁巳(597)' 명와, '壬戌(602)' 명와, '乙丑(605)명와가 이를 뒷받침한다고 생각한다. 그러므로 금마저에서 600년을 전후한 시기에서 늦어도 610년 경까지 사용된 기와라고 할 수 있으며, 대관사지 창건 기와로 사용되었다.

Ⅱ기는 선단을 뾰족하게 처리한 A형식과 하트모양의 B형식 전통이 C형식과 D형식에 영향을 주어 만들어지는 시기이다. 아직 부여식 기와의 전통이 남아 있는 시기로 제석사지 창건 기와로 사용되었으며, 620년 경으로 편년된다.

---

157) 국립부여문화재연구소, 1996, 『미륵사』, 유적발굴조사보고서 Ⅱ, 120쪽.

표 22 익산 금마저 출토 백제 시대 연화문 수막새 편년표

Ⅲ기는 부여식 기와의 전통에서 탈피하여 금마저 지역 고유의 수막새 문양을 만들어 사용하는 시기이다. 화엽은 8엽에서 6엽으로 줄어들고 있으며, 화엽 안에 심엽문이나 꽃술 모양을 넣은 것이 특징이다. 미륵사지 창건 기와로 사용되는데, 특히 F형은 비교적 긴 시간 동안 사용된 것으로 판단된다. E형식과 F - 1 · 2형은 미륵사지에서 처음 사용되는 수막새로써, '丁亥(627)'와 '己丑(629)' 명와가 함께 출토되는 것으로 보아 대체로 620년대 후반 무렵에 사용된 기와로 판단된다. 그리고 F - 5 · 6은 미륵사지가 완성되는 시점에서 사용된 것으로 판단된다. 뒤에서 논할 원형인각지지명와나 천간명와의 편년에서 나타나는 바와 같이 645년을 전후한 시기에 사용된 것으로 판단되며, F3은 F-1 · 2와 F-4 · 5형의 과도기적인 형식으로 생각된다.

종합하면 부여식은 부여의 수막새 형식을 그대로 답습하는 단계이고, 제석사식은 부여의 전통에서 변화가 감지되는 형식이며, 미륵사식은 독창적인 형태로 변화한 모습이라고 할 수 있다. 그리고 〈표 18〉에서 보는 바와 같이 부여식의 B - 2형은 대관사지뿐만 아니라 미륵사지와 제석사지에서도 확인된다. 이는 당탑 구조에서 살펴본 바와 마찬가지로 왕실에서 조성한 3대 사찰 건립의 동시성을 말하여 주는 것으로 생각한다.

2) 銘文瓦

(1) 型式 分類

우리가 일반적으로 말하는 인각와란 백제 시대에 만들어진 특징적인 기와로써, 원형이나 방형 또는 장방형이나 말각방형의 인장을 기와의 등면에 타날한 암·수키와를 가리킨다. 그리고 인각 안에는 문자나 기호 등이 새겨지기 마련이다. 그러나 '인각'이란 용어의 범위는 우리가 통상적으로 사용하는 인장이 있는 기와 뿐만 아니라 기와를 제작하는 과정에서 타날되는 모든 문양을 포함하는 것으로 보아야 한다. 이러한 문제점을 해결하기 위하여 '인장와'라는 명칭을 사용하기도 하는데 여기에도 문자가 있는 것과 기호 등이 포함되어 있다. 인각와에서는 문자의 기록이 중요한 요소가 되며, 문자가 인각된 것과 기호가 인각된 것을 구분하기 위하여 이를 명문와의 범주에 포함시켜 분류하고자 한다.

기와에 타날되는 명문은 내용상 여러 가지로 나타나며, 대표적인 예로 사찰명·관청명·간지명·천간명·지지명·시주자명 등이 있다. 이러한 명문을 시문하는 방법에 따라 인각명문와·판각명문와·침선명문와 : 범형명문와로 분류할 수 있다.(표 23)

표 23 명문와 분류표

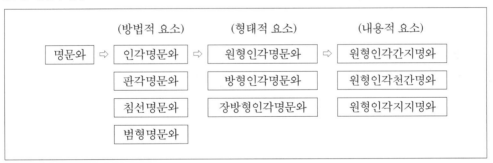

인각명문와는 기와의 성형과는 무관하게 별도의 인장으로 타날하여 명문을 새기는 방법이다. 판각명문와는 기와를 성형하는 과정에서 두드리는 고판에 문양과 더불어 명문을 넣거나 명문만을 넣어 타날한 결과 나타나는 명문와이다. 침선명문와는 기와 성형과는 무관하며, 기와성형 후 건조과정에서 와도나 나뭇가지 등을 사용하여 직접 쓰는 방법으로 내용은 매우 다양하게 나타난다. 마지막으로 범형명문와는 암막새나 수막새 등을 제작하는 와범에 명문을 넣어 찍어내는 것을 말한다.

이 중 인각명문와는 인장의 형태에 따라 원형인각명문와・방형인각명문와・장방형인각명문와 등으로 세분할 수 있다. 여기에서 논하고자 하는 인각명문와는 바로 원형인각명문와임을 밝혀둔다. 그리고 기년을 나타내는 명문의 내용상으로는 원형인각간지명와・원형인각천간명와・원형인각지지명와로 나눌 수 있다. 경우에 따라서 원형인각명문와에는 1개의 인장을 타날한 것과 2개의 인장을 타날한 것으로 세분된다.

기년과 관련된 원형인각명문와를 좀 더 구체적으로 살펴보면, 원권이나 이중의 원권 안에 명문을 새기고 있다. 글자를 새기는 방법도 음각・양각의 기법과 좌서・우서의 새김방법 등으로도 구분된다. 이중 원형인각간지명와는 1개의 인장을 사용하여 간지 두 글자를 인장 안에 모두 새긴 것이 대부분인데, 2개의 인장으로 한글자씩 인각한 것도 보인다. 원형인각천간명와도 하나의 인장 안에 천간 중 한 글자를 새긴 것이 있으며, 또 하나는 2개의 인장 안에 하나는 천간명을, 다른 하나는 제작집단 등으로 추정되는 글자를 나란히 인각한 형태의 것도 있다. 이러한 양상은 원형인각지지명와에서도 동일하게 나타난다.

백제 시대 기와 중 수막새와 더불어 인각명문와는 형식 분류, 편년과 변천, 혹은 유적의 연대 파악, 그리고 5부와 관련하여 비교적 활발하게 연구되어 왔다. 특히 간지명으로 보이는 인각명문와들이 상당수 출토되고 있어서 유적의 편년에 중요한 단서를 제공하기도 하지만, 간지는 60년마다 다시 돌아오기 때문에 편년을 하는데 논란거리를 제공하기도 한다.

인각명문와의 편년에 대한 연구를 살펴보면, 김성구는 부여 지역에 있는 백제 요지를 다루면서 "미륵사지 인각와와 같은 형식의 유물이 왕진리 요지에서 주로 출토되는 것으로 보고, 왕진리 요지는 사비천도 이후에 곧바로 개요되어 7세기 전반까지 조업 활동을 계속한 것"으로 간주하고 있어 인각명문와를 7세기 전반까지 사용된 것으로 보고 있다.[158]

심상육도 "인각와는 백제의 중앙(도성)과 연관이 깊은 부여와 익산에서 대부분 출토되는데, 출현기에는 극소수의 인각명문와가 사용처를 염두에 두고 제작되다가 이후 통일된 관리 하에서 공급 측면으로 대량 제작되었으며, 사용 중심 시기는 7세기 이후

---

158) 김성구, 1990, 「부여의 백제요지와 출토 유물에 대하여」, 『백제연구』 21, 충남대학교 백제연구소, 228~231쪽.

백제 멸망까지"로 보고 있다.[159] 즉 인각명문와는 무왕 대 이후에는 다수의 기와에 찍은 것으로 판단되며, 부소산성과 아울러 미륵사지에서 출토된 '巳·刀'명 인각명문와의 편년도 단순히 7세기 이후라고 보고 있다.[160]

노기환은 미륵사지는 629년 뒤 멀지 않은 시기에 창건되며, 원형인각지지명와가 미륵사지 뿐만 아니라 제석사지, 왕궁리 유적에서도 출토되고, 왕궁리 유적 서북편 지역의 공방 관련 시설은 백제 사비 도읍기인 7세기 전반~중반으로 편년되는 전형적인 토기들이 공반되는 양상과 공방지 출토 목탄에 대한 가속질량분석기(AMS)에 의한 방사성탄소연대의 교정연대(535~630)를 통하여 무왕 대까지 사용하고 폐기되었을 것으로 보고, 인각명문와의 하한을 640년대 전후까지로 설정할 수 있다고 보았다.[161]

이상의 연구 자료를 통해서 보면, 인각명문와를 백제 시대의 특징적인 유물로 파악하고 있으며, 대체적으로 무왕 즉위 이후인 7세기 전반에 대량으로 만들어지는 것으로 보고 있다. 그러나 아직까지 구체적인 천간명이나 원형인각지지명와에 대한 절대 편년은 이루어지지 않았다. 다만 미륵사지에서 다량으로 출토되는 인각명문와는 무왕 창건이라는 『삼국유사』의 기록을 바탕으로 하여 대체적인 시기를 640년 전후까지로 파악하고 있다.

백제 지역에서 출토된 인각명문와는 총 3,565점이며, 공주에서는 17점으로 극소수를 보인 반면, 금마저에서는 60여 종 2,427점으로 전체의 68.1%를 차지하고 있다. 부여에서는 70여 종 1,021점이 출토되어 28.6%를 차지하고 있어 익산 금마저와 부여 두 지역에 집중되고 있다.[162] 그 중에서도 특히 금마저의 경우에는 미륵사지와 왕궁리 유적에 집중되고 있어,[163] 무왕의 익산천도설과[164] 연관지어 보고 있으며, 부여의 경우에는 관북리 유적과 부소산성에서 집중되고 있어,[165] 사비성 수축과 함께 무왕의 웅진성 이

---

159) 심상육, 2005, 「백제시대 인각와에 관한 연구」, 공주대학교 대학원 석사학위논문, 57쪽.

160) 심상육, 2005, 「백제 인각와의 출현과 변천과정 검토」, 『백제문화』 34, 공주대학교 백제문화연구소, 265쪽.

161) 노기환, 2007, 「미륵사지 출토 백제 인각와 연구」, 전북대학교 대학원 석사학위논문, 66~67쪽.

162) 부여지방의 인각명문와 출토수량에 대해서는 沈相六의 통계를 따랐으며,(沈相六, 2005, 「백제시대 인각와에 관한 연구」, 공주대학교 대학원 석사학위논문, 14쪽.) 익산 지역의 출토수량에 대해서는 필자가 다시 집계한 수치이다.

163) 익산지방에서 출토되는 인각명문와는 彌勒寺址에서 40종 1,605점, 王宮里 遺蹟은 4차 조사보고서 내용까지 포함하여 60여 종 793점, 帝釋寺址 6종 6점, 五金山城 24점, 猪土城 5점 등, 2,427점이 조사 보고되었다. 왕궁리 유적은 최근까지 발굴 조사가 이루어져 더 많은 수가 증가했다.

어기사[166]와 관련이 있을 것으로 추정하기도 한다. 이와 같이 백제 지역 내에서도 부여와 익산 금마저에서 인각명문와가 집중적으로 출토되고, 두 지역 인각명문와의 상당수는 같은 인장으로 날인한 것으로 보아, 왕도로서의 익산 경영을 생각해 보았을 때 백제 무왕과 깊은 관계 속에서 생산되었을 가능성이 높다고 보고 있는 것이다.[167]

인각명문와 중에서 기년을 기록한 것으로 보이는 것은 당연히 간지명과 천간명, 지지명와를 들 수 있다. 간지명은 쉽게 그 기년을 확인할 수 있으나 천간이나 지지명은 10년 혹은 12년을 주기로 나타나므로, 이 명문와의 절대연대를 편년하는데 많은 어려움이 있다.

본고에서는 지금까지의 연구가 천간이나 원형인각지지명와가 주로 무왕 대에 만들어진다고만 보고 있는 데에서 한걸음 더 나아가, 익산 금마저에서 출토된 원형인각간지명와에 대해 분석하고 원형인각천간명과 원형인각지지명와에 대한 절대 편년을 시도해 보고자 한다.

(2) 型式別 編年

① 圓形印刻干支銘瓦(탁본 3)

㉠ '丁巳'銘瓦

'정사' 명와는 미륵사지에서 대체적으로 3가지 형태로 출토되고 있다.[168] 왕궁리 유적에서는 새로운 형태의 정사와가 출토된 바 있다. 부여의 구아리 유적,[169] 관북리 유적[170]에서도 丁巳명와가 출토되고 있으며, 미륵사지 출토품과 동범와라 할 정도로 같은 형태를 보이고 있다.

정사명와에 대한 편년은 藤澤一夫·홍재선·이다운은 위덕왕 44년(597)으로 보고

---

164) 김삼룡, 1977, 『익산문화권의 연구』, 원광대학교 마한·백제문화연구소.
165) 모두 70여부여에서 출토된 인각명문와는 총 1021점이다.
  (심상육, 2005, 「백제시대 인각와에 관한 연구」, 공주대학교 대학원 석사학위논문, 14쪽.)
166) 『三國史記』 卷第27, 百濟本紀 5, 武王31年條.
167) 이다운, 2007, 「인각와를 통해 본 익산의 기와에 대한 연구」, 『고문화』, 70, 한국대학박물관협회, 90쪽.
168) 노기환, 2007, 「미륵사지 출토 백제 인각와 연구」, 전북대학교 대학원 석사학위논문, 9~10쪽.
169) 부여문화재연구소, 1993, 『부여 구아리 백제유적 발굴 조사보고서』, 95·114쪽 탁본.
170) 국립부여문화재연구소, 2009, 『부여 관북리 백제유적 발굴보고』III, 292~295 탁본.
  국립부여문화재연구소, 2009, 『부여 관북리 백제유적 발굴보고』IV, 52·61 탁본.

있는데 반해, 윤덕향[171]·최맹식·노중국·심상육·노기환[172]은 의자왕 17년(657)으로 보고 있어 서로 다른 견해를 보인다.

미륵사지나 왕궁리 유적에서는 제일 빠른 시기로 판단되는 연화문 수막새 A형이 출토되고 있으며, 부여 지역 유적에서도 연화문 수막새 A형식이나 B형식이 함께 출토되고 있는 점에서 볼 때, 597년으로 편년하는 데는 무리가 없다고 생각한다. 그러나 보고서에는 이보다 늦은 시기로 판단되는 수막새와 함께 필자가 의자왕 대로 편년하는 원형인각지지명와도 출토되고 있어 丁巳명와가 어느 유물과 공반되었는지 알 수 없기 때문에 속단하는데 무리가 있을 수 있다.

ⓒ '壬戌○○' 銘瓦

'壬戌○○' 명와[173]는 4개의 글자를 하나의 인장 안에 새긴 후 타날한 것이다. 하나의 인장 안에 2글자의 간지명을 표현하고 있는 것과는 다른 양상을 보인다. 壬자는 선명하게 나타나고 있으나 戌은 희미하며, 나머지 2자는 파악이 불가한 상태이다. 이와 같은 유물은 부소산성에서도 출토된 바 있다.[174] 임술년은 무왕 3년(602)으로 편년된다.

ⓒ '乙丑' 銘瓦

'乙丑' 명와[175]는 음각과 양각의 기법이 동시에 나타나지만 기와의 질 등이 똑같아 같은 시기에 만들어진 것으로 판단되며, 간지로 보아 605년에 제작된 기와로 편년한다.[176] 乙丑이 기축으로 혼돈 될 여지가 있으나, 己丑명 기와와는 약간의 차이를 보인다. 이 기와에 대해 665년 의자왕 대로 편년하기도 하나,[177] 미륵사지에서는 A형식이나 B형식의 수막새도 출토되고 있어서 605년으로 편년하여도 무리는 없는 것으로 판단된다.

ⓔ '丁亥' 銘瓦

'丁亥' 명와[178]는 음각원 안에 다시 양각원이 돌려지고, 그 내부에는 상하에 丁亥, 좌우로는 또 다른 기호나 문자가 각인되어 있으나 정확하게 판독되지 않는다. 하나의

---

171) 윤덕향, 1989, 「인각명문와」, 『미륵사』 유적발굴조사보고서Ⅰ, 문화재관리국·문화재연구소, 250쪽.
172) 노기환, 2007, 「미륵사지 출토 백제 인각와 연구」, 전북대학교 대학원 석사학위논문, 64쪽.
173) 국립부여문화재연구소, 1996, 『미륵사』, 유적발굴조사보고서Ⅱ(도판편), 605쪽 ①번 탁본.
174) 부여문화재연구소, 1995, 『부소산성』, 발굴조사중간보고.
175) 국립부여문화재연구소, 1996, 『미륵사』, 유적발굴조사보고서Ⅱ(도판편), 605쪽 ②·③번 탁본.
176) 이난영, 1996, 「인각와」, 『미륵사』, 유적발굴조사보고서Ⅱ(본문편), 국립부여문화재연구소, 247쪽.
177) 윤덕향, 1989, 『미륵사』, 유적발굴조사보고서Ⅰ, 문화재관리국·문화재연구소, 251쪽.
178) 국립부여문화재연구소, 1996, 『미륵사』, 유적발굴조사보고서Ⅱ(도판편), 605쪽 ⑤번 탁본.

인장 안에 4개의 글자를 새기고 있으며, 글자의 배열도 상하 좌우로 이루어진 것으로 판단되어 매우 특이한 형태를 보인다. 무왕 연간인 627년으로 비정된다.

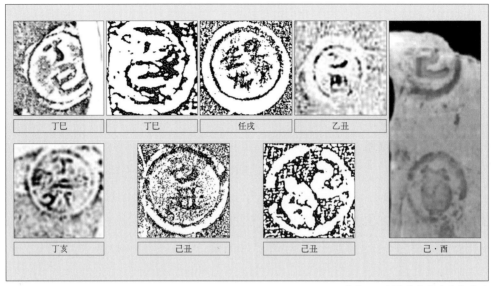

탁본 3 원형인각간지명와 탁본

⑩ '己丑' 銘瓦

'己丑' 명와[179]는 음각원권 안에 다시 양각원권이 돌려지고, 그 내부에 상하로 己丑이라 양각한 형태인데, 글자의 형태에 따라 2가지로 세분된다. 그리고 음각원권 안에 음각으로 타날된 형태도 있는데, 이를 기축으로 보기도 하지만 을축명 인각명문와로 판독하기도 한다.[180] 무왕 30년(629)으로 비정한다.

⑪ '己·酉' 銘瓦

'己·酉' 명와는 2개의 인각에 각각 1자씩 천간과 지지명을 인각하고 있다. 글자는 음각원권 안에 음각으로 타날되어 있다. 각각의 인장이 己酉년을 표현하고 있는 것으로 보여지기 때문에 의자왕 9년(649)으로 판단된다.

---

179) 국립부여문화재연구소, 1996, 『미륵사』, 유적발굴조사보고서Ⅱ(도판편), 605쪽 ⑥번 탁본.
180) 윤덕향은 己丑으로, 이난영은 乙丑으로 판독하고 있다.

② 圓形印刻地支銘瓦

㉠ 제석사지 출토 원형인각지지명와의 편년

원형인각명문와에는 2개의 인장에 위·아래로 각각 1글자씩을 음각이나 양각으로 새겨 타날한 형태의 기와들이 있다. 이와 같이 두 개의 인장이 동시에 찍힌 원형인각지지명와의 경우, 위쪽의 글자는 생산년도를 나타내는 간지 중의 한 글자라고 하는 데는 이론의 여지가 없다. 그러나 아래의 인각은 기와 제작을 담당한 와공을 나타내고 있는 것으로 파악한 연구가 있다.[181] 한편으로는 공급이나 생산 집단을 나타내는 인장으로 보고자하는 경우도 있다.[182] 이 외에도 기와 제작을 담당했던 와공도 조영주체도 아닌 검사관으로 판단된다는 주장도 제기되었다.[183] 이러한 시각들은 나름대로 타당성을 지니고 있다.

제석사지 시굴 조사에서는 몇 점의 인각명문와가 수습되었다. 부여 지역이나 인근의 미륵사지, 왕궁리 유적 등지에서 보이는 것과 동형의 인장이 찍힌 기와들로 내용은 '巳·毛', '午·斯', '上阝乙瓦' 銘 인각명문와와 화문과 같은 문양인각와가 확인되었다.(탁본 4) 대부분 작은 파편이어서 정확한 제작 방법은 파악되지 않지만, 등면에 단선문계 선문이 인장과 함께 타날되어 있고, 암키와의 경우 내면에서는 통쪽흔이 확인된다.[184]

그리고 판독이 거의 불가능해 보고서에 넣지 못했던 2종류의 인각명문와가 최근 다시 판독되었다. 그 중 하나의 끝 글자는 '止'이며, 다른 하나는 '丙' 명 인각명문와이다.[185] 그러므로 제석사지에서는 '巳·毛', '巳·止', '午·斯'의 지지명 인각명문와와 더불어 '丙'의 천간명 인각명문와도 출토되고 있음을 알 수 있다.

그런데 지금까지 제석사지와 관련된 기와를 제작 공급했던 것으로 알려져 왔던 제석사지 뒤쪽에 있는 와요지에 대한 시굴 조사 결과, 기와의 제작과는 전혀 관련이 없는

---

181) 藤澤一夫, 1976,「百濟 別都 益山 王宮里廢寺卽 大官寺考」,『마한·백제문화』2, 원광대학교 마한·백제문화연구소, pp157~159.

182) 심상육, 2005,「백제시대 인각와에 관한 연구」, 공주대학교 대학원 석사학위논문, 50쪽.

183) 이다운, 2007,「인각와를 통해 본 익산의 기와에 대한 연구」,『고문화』70, 한국대학박물관협회, 104쪽.

184) 김선기·김종문·조상미·임영호, 1994,『익산제석사지시굴조사보고서』, 원광대학교 마한·백제문화연구소, 18~19쪽.

185)「止」는 그 위에 날인된 글자를 판독할 수 없을 정도로 마모가 심한 상태이다. 위쪽 인장의 외연은 말각방형의 형태를 보이며, 아래「止」는 타원형에 가까운 형태를 보이고, 인장의 간격이 1.4cm로 기존에 출토된「巳, 止」지지명 인각명문와와 같은 형태를 보이고 있다.

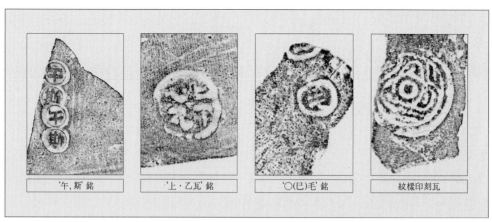

| '午, 斯' 銘 | '上·乙瓦' 銘 | '○(巳)毛' 銘 | 紋樣印刻瓦 |

탁본 4　제석사지 시굴조사 출토 원형인각명문와 탁본

화재 잔재물의 폐기장으로 밝혀졌다.[186] 앞에서도 설명한 바와 같이, 『관세음응험기』
는 정관 13년(639) 화재 이후 사찰을 다시 건립하고 있음을 기록하고 있다. 이때 소실
된 잔재물을 여기에 옮겨 폐기한 것이다. 그러므로 폐기장 출토품은 처음 사용 시기가
정확하게 언제인지는 알 수 없으나, 무왕 대의 어느 시점부터 639년까지 사용된 유물
임을 알 수 있다. 그리고 제석사지 시굴 조사에서 출토된 유물 중 폐기장에서 출토되지
않은 '巳·毛', '巳·止', '午·斯' 명의 지지명 인각명문와를 포함하는 유물들은 639
년 이후 어느 시점에 만들어져 재건 가람에 사용된 것으로 판단된다.

그렇다면 639년 이후 백제가 멸망하기 전, '巳'와 '午'가 들어가는 지지명 인각와
는 乙巳年인 645년과 丁巳年인 657년, 丙午年인 646년과 戊午年인 658년 중에 해당한
다고 할 수 있다. 657년과 658년은 백제 말기에 해당한다. 그리고 제석사의 화재는 639
년 겨울 11월의 일이었고, 다음 해부터 소진된 제석사의 잔재 제거, 터 다짐, 목재의 벌
채, 수송, 건조, 가공, 설치 등의 공사 기간을 감안한다면, 645년 무렵에 복원된 건물에
기와를 올리는 일은 인력을 동원하는 능력 여하에 따라 가능했을 것으로 생각된다. 그
리고 두 원형인각지지명와가 乙巳년과 丙午년으로 바로 이어지고 있는 점에서 2년에
걸친 기와의 제작 작업이 이루어졌음을 유추할 수 있으므로 작업 공정상 설득력이 있
는 것으로 판단된다. 그렇다면 제석사의 재건은 그 이후 몇 년이 경과한 시점에서 완료
되었을 것으로 판단된다.

---

186) 김선기·조상미, 2006, 『제석사지 전와요지(제석사 폐기장)』, 시굴조사보고서, 원광대학교 박물관.

ⓛ 원형인각지지명와의 편년

익산 금마저에서 출토된 원형인각지지명와 중 2개의 인장을 사용한 2인장 인각명
문와는 '巳·刀', '巳·肋', '巳·毛', '巳·斯', '巳·古', '巳·止', '午·眇', '午·
斯', '午·止', '未·斯', '申·毛', '申·目', '申·斯', '申·布', '戌·止' 등으로 나
눠볼 수 있다.(탁본 5) 이러한 출토 양상은 미륵사지와 왕궁리 유적이 거의 일치하며,
제석사지에서는 일부 출토되었다. 인각명문와 중에는 금마저의 유적들 간에 동형의 형
태도 있으며, 부여와도 같은 양상을 보인다. 그러므로 원형인각지지명와는 거의 같은
시기에 부여나 익산 금마저에서 사용된 것으로 생각된다. 그러나 부여에서는 관북리
유적을 시작으로 여러 유적에서 인각명문와가 출토되었지만, 유구의 잔존상태가 매우
불량하여 층위적인 조사가 어려웠을 뿐만 아니라 출토 유물을 정확하게 통계 처리하지
않은 유적이 많다. 이 외에 층위상으로나 공반유물 출토 상태 등을 세부적으로 비교 분
석할 수 있는 자료가 거의 없는 상태여서 부여 쪽과의 비교에는 어려움이 있다.

앞에서 제석사지에서 출토된 '巳·毛', '巳·止', '午·斯' 명 인각명문와의 편년을

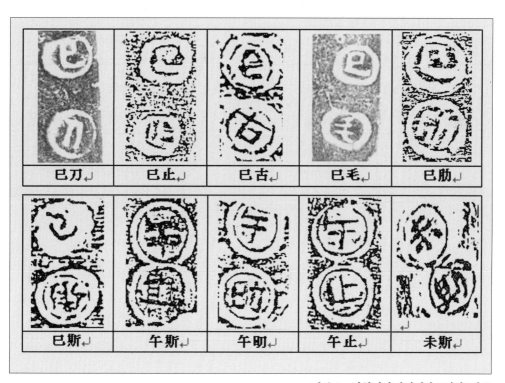

탁본 5 원형인각지지명와 (2인장) 탁본

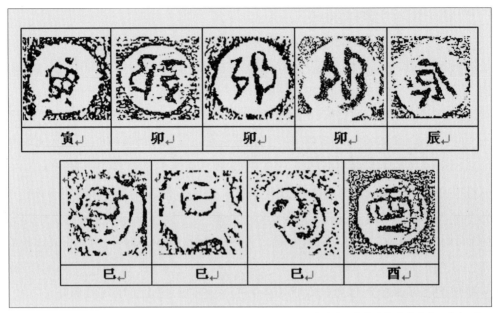

| 寅↵ | 卯↵ | 卯↵ | 卯↵ | 辰↵ |

| 巳↵ | 巳↵ | 巳↵ | 酉↵ |

탁본 6　원형인각지지명와(1인장) 탁본

乙巳년과 丙午년인 645년과 646년으로 보았다. 위의 인각명문와는 동일한 형태의 것
이 왕궁리 유적이나 미륵사지에서도 출토되므로 같은 시기에 두 유적에서도 사용되었
던 것으로 볼 수 있다.

그리고 1인장 원형인각지지명와는 '寅', '辰', '巳'명 인각명문와가 확인된다. 그
리고 1인장 원형인각지지명와 중에서 阝변이 나타나는 인각명문와에 대해서는 卯자로
판독한 예가 있다.[187] 필자도 卯자로 판독하는 데는 동의한다.(탁본 6) 제석사지 시굴
조사에서도 '丙'자 1인장만을 사용한 예가 있으며, 역시 이러한 유물들이 제석사지 폐
기장 시굴 조사에서는 발견되지 않으므로 이들도 2인각 지지명와와 같은 시기에 사용
된 것으로 판단된다. 그렇다면 1인장 원형인각지지명와는 壬寅(642), 甲辰(644), 乙巳
(645), 癸卯(643)년으로 편년된다.

이러한 판단이 확실하다면 금마저에서 출토되는 원형인각명문와는 〈표 24〉와 같이
절대 편년이 가능하다.

---

187) 高正龍, 2007, 「百濟刻印瓦覺書」, 『朝鮮古代史硏究』, 朝鮮古代硏究刊行會, 71쪽.

표 24 원형인각지지명와 편년표

구분		편년
1인장	寅	642, 壬寅
1인장	卯	643, 癸卯
1인장	巳	645, 乙巳
2인장	巳	645, 乙巳
2인장	午	646, 丙午
2인장	未	647, 丁未
2인장	申	648, 戊申
2인장	戌	650, 庚戌

미륵사지 강당지의 북변기단 외부에서는 인각명문와를 비롯한 유물들이 교란되지 않고 집중적으로 출토되어 발굴 조사에서도 일단 강당지에서 출토된 인각명문와는 백제 시대임을 밝히고 있다.[188] 그리고 서탑에서 발견된 사리장엄구 중 사리봉영기에서는 己亥年(639)에 사리를 봉안하고 있음을 밝히고 있다. 석탑은 7층 이상 높게 조성해야 하므로, 공정상 주변에 인접한 금당지나 동원 회랑 및 승방지 등과 같은 목조건물보다는 우선적으로 건립해야 할 것으로 판단된다. 그러므로 639년 이후 얼마간의 기간을 두고 주변의 목조건물이 완성되었을 것이기 때문에 거기에 사용된 인각 명문와도 당연히 무왕 이후에 만들어졌을 것임은 자명한 사실이다. 사리봉영기의 기년은 원형인각지지명와의 절대 편년을 뒷받침해주고 있다.

③ 圓形印刻天干銘瓦

원형인각천간명와 중 1인장 인각명문와는 왕궁리 유적과 미륵사지·제석사지에서 '丙'자 한 종류만 확인되었다. 그리고 2인장 인각명문와는 '癸·斯'와 '己·卯'가 있는데, 전자는 미륵사지에서만 출토되고, 후자는 미륵사지와 왕궁리 유적에서 출토되었다.(탁본 7) 2인장 원형인각천간명와는 형태면에서 원형인각지지명와와 같으며, 斯나 卯는 원형인각지지명와에서도 나타나는 명문이다. 그러므로 천간명은 지지명 대신 사용한 것으로 판단된다. 따라서 '癸·斯'는 癸卯年으로 643년, '己·卯'는 己酉年으로 649년에 해당된다고 할 수 있다.

이와 같이 원형인각의 천간명이나 지지명와는 의자왕 즉위 이후인 642년에서부터

---

188) 문화재관리국·문화재연구소, 1989, 『미륵사』, 유적발굴조사보고서Ⅰ, 245쪽.

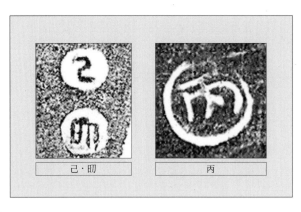

己·卯

丙

650년까지 단절 없이 제작이 이루어지고, 이러한 기와들이 익산 금마저 유적에 사용되고 있다는 점이 주목된다.

(3) 圓形印刻銘文瓦의 編年

이상의 익산 금마저 출토의 원형인각명문와는 〈표 25〉와 같이 편년되어진다고 생각한다.

표 25 익산 금마저 출토 원형인각명문와 편년표

인각명문	추정연대	분류
丁巳	597	1인장 간지명
壬戌	602	1인장 간지명
乙丑	605	1인장 간지명
丁亥	627	1인장 간지명
己丑	629	1인장 간지명
己·酉	649	2인장 간지명
寅	642, 壬寅	1인장 지지명
卯	643, 癸卯	1인장 지지명
癸·斯	643, 癸卯	2인장 천간명
辰	644, 甲辰	1인장 지지명
巳	645, 乙巳	1인장 지지명
巳	645, 乙巳	2인장 지지명
丙	646, 丙午	1인장 천간명
午	646, 丙午	2인장 지지명
未	647, 丁未	2인장 지지명
申	648, 戊申	2인장 지지명
己·卯	649, 己酉	2인장 천간명
戌	650, 庚戌	2인장 지지명

원형인각명문와의 기년별 분포를 보면 〈표 26〉과 같다. 이를 통해 보면 1인장의 원형인각간지명와는 597년에서 629년까지 사용되고 있음이 확인된다. 630년에서 640년에 이르는 시기는 원형인각명문와가 사용되지 않고 있음을 알 수 있다. 그러다가 642년부터는 다시 1인장의 명문와가 사용되기 시작한다. 이는 1인장 간지명와의 전통을 이어받고 있다고 생각된다. 여기에서는 주로 지지명을 중심으로 사용되나 천간명을 기록한 경우도 나타난다. 이후 643년부터는 2인장의 명문와도 등장하는데, 처음에는 2인장 천간명와가 나타나고 곧바로 645년에는 2인장 지지명와도 등장한다. 이후 650년까지는 2인장 지지명와가 주류를 이루면서 사용되다가 사라진다.

표 26 원형인각명문와 편년별 분포도

구분	600	610	620	630	640	650
1인장 간지명와	▬▬▬▬▬▬▬▬▬▬▬▬▬▬					
2인장 간지명와						▬
1인장 천간명와					▬	
2인장 천간명와						▬
1인장 지지명와					▬▬▬▬▬	
2인장 지지명와						▬▬▬

위에서 논한 내용을 종합해 보면, 우리가 흔히 무왕 대에 사용된 것으로 편년하고 있는 원형인각명문와는 형식에 따라 시기를 달리하며 사용되었음을 알 수 있다. 즉 익산 금마저에서 나타나는 원형인각간지명와는 위덕왕 말년에서부터 시작하여 무왕 대에 주로 사용하였으며, 부여식 암막새 기와와 함께 미륵사지 전반기 기와의 편년을 뒷받침해 준다. 1인장이나 혹은 2인장으로 사용한 원형인각천간명와나 지지명와는 의자왕 전반기에만 집중적으로 사용되고 있음을 알 수 있어, 후반기 미륵사식 기와와 아울러 제석사지 중건가람의 기와 편년을 뒷받침한다고 생각한다. 천간명와나 지지명와는 결국 미륵사의 완성이나 제석사 중건가람의 완성을 알려주는 자료로써, 650년 경에는 두 사찰이 완성되었다고 생각한다.

이상 금마저에서 출토된 백제 시대 연화문 수막새와 명문와는 아래와 같이 편년되어진다.(표 27)

표 27 익산지역 출토 백제시대 연화문수막새 및 인각와 편년표

구분	형식별수막새		
	부여식	제석사식	미륵사식

미륵사식	인각와		구분

인각와

597

— 600 — Ⅰ기

602　605

— 610 —

Ⅱ기

— 620 —

627　629

F-1　F-2

— 630 —

— 640 — Ⅲ기

642　643　644　645　646　647　648　649　650

— 650 —

chapter Ⅲ

金馬渚 百濟 寺址의 特徵

1. 寺刹 造營
2. 三世祈願寺刹

Ⅲ. 金馬渚 百濟 寺址의 特徵

1. 寺刹 造營
2. 三世祈願寺刹

1. 寺刹 造營

Ⅱ장에서 살펴본 바와 같이 익산 금마저의 사찰에서 출토된 유물 중 백제 시대에 만들어진 것으로 판단되는 연화문 수막새를 기준으로 살펴볼 때, 대체적으로 3기로 시대 구분을 할 수 있다. 각각의 시기는 3대 사찰의 완성 시점과 일치한다. 그런데 연동리사지나 사자사지에서는 아직까지 연화문 수막새의 사용 여부가 확인되지 않고 있다.[1] 이러한 사찰들은 수막새로 시기를 판단할 수는 없으나 사자사와 관련된 문헌의 기록이나 연동리사지의 조성 기법 등을 통해 볼 때, 3대 사찰보다도 앞선 시기에 창건된 것으로 판단된다. 그러므로 익산 금마저의 백제 시대 사찰 조영은 모두 4기로 분류할 수 있다. 따라서 금마저의 사찰 조성이 어떠한 시간성을 가지고 전개되었으며, 그와 더불어 각각의 문화 양상이 어떻게 변화되었는가를 살펴보고자 한다.

금마저 불교 문화의 전개 양상을 살펴보면 〈표 28〉과 같다.

---

1) 최근 연동리사지 주변 발굴 조사에서 와요지가 확인되었으며, 백제 시대 수막새가 출토되었다.

표 28 익산 금마저 사찰 조성시기 분류

구분	수막새 편년	시기	내용
Ⅰ기 : 준비기	불명	600년 이전	사자사 · 연동리사지 창건
Ⅱ기 : 도입기	수막새 Ⅰ기	600년~610년	대관사 창건
Ⅲ기 : 진행기	수막새 Ⅱ기	610년~620년	제석사 창건
Ⅳ기 : 완성기	수막새 Ⅲ기	620년~650년	미륵사 창건, 제석사 중건

1) 제Ⅰ기 : 준비기

600년 이전을 준비기로 본다. 금마저의 백제 사찰은 앞에서 언급한 5개소 외에도 오금사지가 있다. 그 위치는 보덕성의 남쪽이라고 기록하면서 "서동이 마를 캐던 곳에서 오금을 얻었는데 이것을 인연으로 왕이 사찰을 짓고 오금사라 하였다."[2]라고 하는 것으로 보아 왕실에서 관여하여 창건한 사찰임을 알 수 있으나 정확한 위치는 알 수 없다. 단지 『新增東國輿地勝覽』에 마룡지를 설명하면서, "그 옆에는 서동의 어머니가 집을 짓고 살았던 터가 있다."고 하고 있다.[3] 마룡지 주변에서는 간혹 백제 시대 토기와 기와편들이 수습되고 있어, 오금사가 있었다면 마룡지 북쪽 용샘 부근의 어느 곳에 있었을 것으로 추정될 따름이다.

나머지 다섯 곳의 사찰에 대한 위치는 확실하지만, 사찰의 창건이나 중건 혹은 폐찰 등 가람의 역사를 살필 수 있는 자료는 매우 희박하다. 우선 사자사는 『삼국유사』 무왕조의 미륵사 창건 연기설화 중에 지명법사가 거처하는 곳으로 등장한다. 사자사의 위치에 대해서는 왕이 드나들 정도의 규모가 매우 큰 가람이었을 것으로 생각하고 이를 연동리사지로 비정하기도 하였으나,[4] 지난 1993년 시행하였던 국립부여문화재연구소의 사자암 발굴 조사에서 '師子寺' 명 고려 시대 암막새와 더불어 그 아래층에서 백제 시대 기와들이 출토됨에 따라 미륵산 팔부능선에 위치한 현 사자암이 원래의 백제 사자사라는 것이 확인되었다.[5] 사자사는 『삼국유사』의 기록에 나타나는 바와 같이 미륵

---

2) 『新增東國輿地勝覽』 卷之三十三 金馬郡 佛宇條.
　「五金寺 在報德城南世傳薯童事母至孝掘薯蕷之地忽得五金後爲王創寺其地因名焉」
3) 『新增東國輿地勝覽』 卷之三十三 金馬郡 山川條.
　「馬龍池 在五金寺南百餘步世傳薯童大王母築室處」
4) 임홍락, 1989, 「익산 연동리사지에 대한 일고찰」, 『향토사연구』 1, 한국향토사연구전국협의회.
5) 국립부여문화재연구소, 1994, 『사자암』, 발굴조사보고서.

사 창건 이전에 이미 사찰로서 존재하고 있었음을 알 수 있어 금마저에서는 아마 제일 이른 600년 이전 시기에 창건된 사찰일 것으로 보인다.

한편 연동리사지의 창건과 관련한 문헌 자료는 찾아볼 수 없다. 최근 백제 시대 수막새가 출토되고 있어[6] 앞으로 창건 시기와 관련하여 검토가 요구된다. 연동리사지의 금당을 구축하는 기법은 금마저의 3대 사지와 다른 양상을 보여준다. 기단의 구조는 가구식 간략기단과 더불어 가구식 단층기단을 사용했을 가능성을 보인다. 더불어 화강암을 사용한 기단 석재는 미륵사지 등의 기단 석재에 비해 가공이 정교하지 못한 편이다. 건물 내진고주는 대형의 굴립주를 세워 사용하였으며, 외진주초는 무주좌 방형 초석을 사용하고 있다. 기단 기초도 성토다짐을 했으며, 석불좌상과 광배는 좌대가 놓일 자리보다 약간 넓게 파고 점토를 다진 토심적심법을 이용하고 있을 뿐, 석재로 적심을 한 흔적은 확인되지 않았다.

백제 시대 건물지에서 주좌가 없는 방형 초석을 사용한 예는 주로 부여 지역에서 많이 나타난다.[7] 대관사지나 제석사지·미륵사지 등 익산 금마저의 사찰에서는 방형 초석을 사용한 예가 없다. 또한 대관사지보다 앞서 건립된 왕궁리 유적의 건물지에서는 주좌를 각출하지 않은 원형 초석을 주로 사용하고 있다.[8] 그러므로 무주좌 방형 초석이 다른 원형 초석이나 1단 주좌 초석보다는 앞선 시기에 사용된 것임을 알 수 있다.

금당지 석불과 광배 좌대의 적심에서 석재를 사용하지 않은 토심적심법도 부여 지역의 군수리사지나 금성산 건물지, 능산리사지 등에서 6세기 중엽을 전후한 시기에 사용된 기법이다. 금마저에서는 왕궁리 유적의 대관사지보다 앞선 시기 건물지에 사용된 원형 초석 하부에서도 석재를 사용하지 않는 토심적심기법이 확인된다. 그러므로 초석 아래에 석재를 받친 적심 방법보다 토심적심기법이 앞선다 할 수 있다.

이와 같이 가구식 간략기단을 사용한 점, 굴립주와 더불어 방형 초석을 사용한 점, 순수한 토심적심 기법의 적심 방법을 채용한 점 등은 연동리사지가 대관사지나 제석사지·미륵사지보다도 앞선 시기에 만들어진 사찰일 가능성을 뒷받침해 주는 자료라고 생각한다.

---

6) 원광대학교 마한백제문화연구소, 2012, 『익산 연동리 석조여래좌상 주변 공사부지 문화재 발굴조사 학술자문회의 자료』.
7) 7세기 이전에 축조된 것으로 보고 있는 군수리사지 금당지와 정림사지 강당지에서 주좌가 없는 방형 초석을 사용하고 있으며, 이 외에도 부여 지역의 많은 유적에서 방형 초석재가 발견되었다.
8) 능산리사지 강당과 공방지에서 주좌가 없는 원형 초석이 사용되었다.

Ⅲ
金馬渚百濟寺址의特徵

대관사지·제석사지·미륵사지에서는 모두 부여식 수막새가 출토되고 있다. 부여식 기와는 A형식이 B형식보다 약간 빠른 것으로 보고 있으며, 필자는 부여식 기와와 함께 출토되는 원형인각명문와 등을 통해 이들이 최소한 600년에서 610년 경까지 사용했을 것으로 보고 있다. 대관사지나 미륵사지에서는 A형식과 B형식의 수막새가 상당수 출토되고 있다. 제석사지에서도 실제 건물지에 B형식의 막새가 사용되었는지는 알수 없으나, 발굴 조사에서 출토된 예가 보고되었다.(표 29)

이러한 출토 양상을 통해 볼 때, 최소한 대관사지나 제석사지·미륵사지의 조성기획이 함께 이루어졌다고 생각하지 않을 수 없다. 앞서 논한 바와 같이 사찰의 가람 배치를 보면, 대관사지는 일원배례루 형식으로 권위적인 성격의 가람, 제석사지는 일원중문식으로 전통성이 강한 성격의 가람, 미륵사지는 3원병치의 혁신적인 가람의 형식을 보인다. 즉 각 사찰의 가람 배치가 독특한 형식을 보인다는 점은 사찰의 조성 목적이 서로 다르다는 것을 알 수 있으며, 조성 목적이 서로 다름은 역으로 동시에 기획되었음을 말하여 준다고 생각한다. 이러한 추론이 맞다면 부여식 기와들의 편년이 600년에서 610년(수막새 Ⅰ기)에 속하므로, 최소한 600년 이전 제Ⅰ기인 준비기 단계에 백제 왕실에서 3대 사찰 조성을 기획한 것으로 생각한다. 이러한 생각을 뒷받침해 주는 자료는 왕궁리 유적에서 대관사지가 조성되기 이전, 이미 동서석축을 이용한 건물지들이 확인되고 있으며, 여기에서는 중국제 청자준이 출토되고 있고,[9] 아울러 무왕의 익산 출생설이라고 할 수 있다. 즉 늦어도 6세기 중엽 이후에는 백제 왕실에서 익산 경영을 시작했기 때문에 가능한 일이었다고 생각한다.

그러므로 제Ⅰ기 준비기는 사자사와 연동리사지가 완성되며 왕실 조성의 3대 사지 창건이 기획되던 시기이다.

2) 제Ⅱ기 : 도입기

도입기는 600~610년으로 보고 있으며 이때는 대관사지가 창건되는 시기이다. 대관사지에 대해서는 『三國史記』에 단편적인 기록이 보일 뿐이다. 즉 태종무열왕 8년인

---

9) 출토된 청자 준의 편년을 통해 왕궁리 유적의 초창 시기는 6세기 3/4분기로 보고 있다.
　(박순발, 2009, 「동아시아 도성사에서 차지하는 왕궁리 유적의 위치」, 『익산 왕궁리 유적』 발굴 20년 성과와 의의, 국립부여문화재연구소, 278쪽.)

661년에 "대관사 우물물이 피로 변하고, 금마군땅 5보다 넓게 피가 흘렀다."[10]고 하여 태종무열왕의 죽음을 예고하는 기사로 간단하게 남아 있을 뿐 창건과 관련된 기록은 보이지 않는다.

대관사지의 창건 시기를 알 수 있는 자료로 단판연화문 수막새의 출토 양상을 들 수 있다. 〈표 29〉[11]에서 보면, 연화문 A형식 수막새는 대관사지와 미륵사지에서 출토되

표 29 금마저 백제 사찰 단판연화문 수막새 출토 현황

구분		대관사지	제석사지		미륵사지	합계	기타
			폐기장	사지			
부여식 수막새	A - 1	1				1	
	A - 2				3	3	
	B - 1	18			7	25	
	B - 2	90		1	7	98	
	B - 3	59			8	57	
	B형	189				198	미분류수막새
	합계	357		1	25	382	
제석사식 수막새	C		16			16	
	D - 1		233			233	
	D - 2	35	143	2		180	
	D - 3	2	235	2		239	
	D - 4			26		26	
	D - 5	5		5		10	
	합계	42	627	35		704	
미륵사식 수막새	E - 1				610	610	2차 보고서. 1형 336점. 2형 12점
	E - 2						
	F - 1				273	273	
	F - 2				75	75	
	F - 3				170	170	
	F - 4				520	520	2차보고서 4형 120점 5형 90점
	F - 5						
	F - 6						
	F - 7	32			62	94	
	합계	32			1,711	1,742	
총계		430	627	36	1,735	2,828	

10) 『三國史記』武烈王 8年 6月 條.
「大官寺井水爲血 金馬郡地流血廣五步」

III 金馬渚 百濟 寺址의 特徴

고 있다. 대관사지의 발굴 조사가 더 진행되면 출토 수량이 늘어날 가능성도 있겠지만, 현재 연화문 A - 1형이 1점 출토되었고 미륵사지에서는 A - 2형 수막새가 3점[12])이 출토되고 있어서 아주 적은 수치를 보인다. 적은 수의 수막새 출토가 곧 대규모의 가람이 완성되었다고 하는 의미는 아닐 것이다. 그런데 연화문 B형식은 3개의 가람 모두에서 출토되고 있다. 특히 대관사지에서는 B형의 수막새가 모두 356점[13])이 출토되어 주류를 이루고 있다. 그리고 미륵사지에서는 25점, 제석사지에서는 1차년도 발굴 조사에서 1점이 확인되고 있다. 이와 같은 양상은 바로 B형식이 대관사지 창건 기와이며, 丁巳(597)瓦나 壬戌(602)瓦와 같은 원형인각간지명와가 출토되고 있는 것으로 볼 때 이 무렵에 사용된 기와로 편년된다. 따라서 대체적으로 610년을 전후한 시기에는 대관사의 창건이 완료된 것이 아닌가 생각된다.

대부분의 연구자들은 대관사를 무왕의 원찰적인 성격의 사찰로 인식하고 있거나, 왕궁리 유적이 백제 말에 궁성에서 사찰로의 이행단계를 거치고, 통일신라 후기까지 존속하였을 것으로 보기도 한다.[14]) 그 이유는 무왕이 재위하는 동안 왕궁리 유적과 같은 궁성으로 판단되는 대규모 시설을 건설하고 제석사나 미륵사와 같은 사찰을 건립하는 등 많은 업적에도 불구하고, 정작 무왕과 선화비의 능으로 전해지는 익산 쌍릉 주변에서는 그의 원찰이 발견되지 않는다는 점과, 왕궁리 유적에 있는 대관사지는 궁성과 관련이 있을 것으로 판단되는 앞선 시기의 건물들을 훼손시키면서 조성되었다고 하는 점, 그리고 백제 시대 기와들도 상당부분 보이지만 통일신라 시대 유물들이 집중되고 있다는 점 등은 무왕의 원찰 가능성을 쉽게 받아들이는 분위기가 되었다. 거기에는 천도론에 입각하여 궁성의 중심부라 할 수 있는 요지에 사찰을 둘 수 없다는 의식도 작용되어 무왕 사후 의자왕 때라고 하는 시점에 만들어진 가람으로 인식하게 된 것이라 생

---

11) 대관사지 수막새의 통계는 국립부여문화재연구소에서 발간한 『왕궁리』 6권까지의 내용을 토대로 산출한 것이다. 아직 종합적인 통계가 없어 필자가 자의적으로 취합했기 때문에 조사기관의 통계와는 다를 수 있다. 미륵사지 수막새는 문화재연구소의 『미륵사』 유적발굴조사보고서 I 의 통계 내용에 보고서 II에 수록된 여러 통계내용을 취합했다. 제석사지는 폐기장과 사지의 시굴조사 보고서 내용과 2011년에 국립부여문화재연구소에서 발간한 보고서에 수록된 출토 유물을 포함했다.

12) 미륵사지 출토 연화문 A - 2형 수막새의 출토수량이 달리 기술된 것도 있다. 보고서의 통계표를 다시 합산했다.

13) 여기에는 궁장지에서 출토된 수막새도 포함하고 있다. 하지만 대관사지 영역으로 판단되는 동서석축1 주변에서부터 강당지 주변까지 약 188점의 연화문 B형식 수막새가 출토되고 있다.

14) 전용호, 2009, 「왕궁리 유적의 최근 발굴성과」, 『익산 왕궁리 유적』 발굴 20년 성과와 의의, 국립부여문화재연구소, 3148~54쪽.

각한다.

  그런데 대관사가 무왕의 원찰이기에는 너무나 많이 떨어져 있어서 수긍하기 어렵다. 그리고 무왕과 선화비의 능으로 전하는 익산 쌍릉 주변을 정비하기 위한 최근의 발굴 조사에서 정확한 유구의 흔적은 보이지 않지만 백제 시대 연화문 수막새 1점이 출토된 바 있다.[15] 이 수막새를 사용했던 건물이 어떠한 성격이었는지는 전혀 알 수 없지만 무왕의 원찰일 가능성도 배제할 수는 없다.

  앞장에서 밝힌 바와 같이 궁장과 더불어 조성된 대관사지가 연화문 B형식의 수막새를 창건 기와로 사용하면서 가람으로서의 면모를 드러내기 시작한 것은 610년 경으로 판단된다. 그러므로 대관사는 무왕의 원찰적 기능으로 창건되는 사찰이 아니라 제석사나 미륵사보다도 앞서 창건되는 익산 금마저의 대표적 사찰인 것이다.

  제Ⅱ기의 가람 조성에서 탑은 굴광판축으로, 금당은 지상판축기법으로 성토하고, 기단석은 가구식 이중기단을 사용한다. 계단은 소매석을 갖춘 형태로 만들어지며, 탑은 4면 계단, 금당은 2면 계단, 강당은 정면 3계단으로 조성된다. 초석은 장주형 초석의 등장과 함께 무주좌 원형 초석을 사용한다. 정초 방법 또한 다양하게 나타나는데, 토심적심이나 여기에 석재적심을 결합한 것과 순수한 석재적심이 사용된다. 암막새는 사용되지 않지만 수막새의 형태는 부여에서 사용된 기와와 동일한 형식이다.

  전적으로 부여의 가람 조성의 세부적인 기술을 대부분 그대로 도입하여 발전적인 모습으로 대관사지를 창건하고 있다. 즉 능산리사지로 대표되는 가람 조성의 전통을 받아들이는 시기이다. 하지만 가람 배치에서는 전통적인 백제 형식과 다른 모습을 보이는데, 일원배례루식의 권위적인 가람 배치가 궁장과 더불어 조성된다.

3) 제Ⅲ기 : 진행기

  진행기는 610~620년으로 보고 있으며, 미륵사지 조성이 계속되고 제석사지가 창건되는 시기이다. 제석사지에 관한 기록은 역사서는 아니지만 『觀世音應驗記』의 말미에 기록된 백제 관련 기사 속에 등장하는데, 구체적인 창건 연대에 관해서는 밝히지 않고 무광왕이 지모밀지에 천도하여 창건한 사찰임을 기록하고 있다. 또한 정관 13년(639)

---

15) 마한백제문화연구소, 2011, 「익산 쌍릉 테미관광지 조성사업부지내 문화재 시굴조사 자문위원회의」, 회의자료.

에 뇌우에 의해 제석사가 소진되는 것으로 기록되어 있는데, 화재 잔해물을 폐기한 곳이 제석사지 북쪽에서 확인된 바 있다. 이곳의 시굴 조사에서 출토된 수막새는 연화문 C형식과 D - 1~D - 3형식까지의 연화문 수막새로 창건에 사용된 기와이다.

연화문 수막새는 8엽 단판으로 대별되는 2가지의 형식으로 모두 부여식의 전통을 보이고 있어서 미륵사지보다는 앞선 시기에 만들어진 것으로 판단된다. 즉 수막새에서 8엽의 전통적인 연판문을 고수하고 있으며, 연판에서 자방이 차지하는 비율이 미륵사지보다 작다고 하는 속성은 제석사지 기와가 미륵사지보다 시간적으로 앞설 수 있는 점이라고 생각한다. 뿐만 아니라 미륵사지에서는 丁亥瓦(627)와 己丑瓦(629)와 더불어 다량의 6엽단판연화문 수막새가 창건 기와로 대거 등장한다는 점에서 제석사는 늦어도 620년을 전후해서 창건이 완료된 것으로 판단된다.

제석사지 목탑지의 서북쪽에서는 한 변이 21m 내외의 정방형에 가까운 판축 유구가 확인되었다. 축선을 달리하고 있어 현재의 가람 배치와는 시기를 달리하고 있는 것으로 창건과 관련된 판축 유구로 판단된다. 굴광판축 상부는 모두 깎여 있어 초석 등의 흔적은 확인되지 않는다. 백제 시대 사찰 건물지의 판축기법은 앞에서 살펴본 바와 같이 목탑은 굴광판축으로 조성하고 있으며, 금당은 지상판축으로 조성하고 있음을 알 수 있다. 판축했던 유규의 상부가 이미 남아있지 않은 것으로 보아 화재 이후 제석사를 중건하는 과정에서 대부분 삭평되고 굴광한 판축부분만 남은 것으로 판단된다. 따라서 이 판축유구는 앞선 시기의 목탑지였음을 알 수 있다.

창건 목탑지와 관련된 정확한 유구의 흔적이 보고되지 않았기 때문에 창건가람의 양상은 아직 알 수 없다. 단지 『관세음응험기』의 기록을 통해 7급부도, 즉 7층의 목탑과 더불어 금당과 강당을 갖춘 전형적인 백제 시대 1탑1금당에 회랑을 구획한 가람으로 추정될 따름이다.

4) 제IV기 : 완성기

완성기는 620~650년 경까지이며, 미륵사와 더불어 제석사의 중건가람이 완성된 시기이다. 여기에서는 미륵사지의 혁신적인 가람 배치의 등장과 아울러 석탑, 금당 기단의 공간구조, 석등 등을 창안 조성하는 시기이며, 새로운 형식의 독특한 6엽 수막새의 제작, 암막새의 사용, 녹유연목와의 사용 등 부여 양식에서 벗어나 새로운 양식이 등장하는 시기이다. 가람의 구조에서 기단 기초는 판축과 토석적심, 성토적심이 함께 사용되기도 하며, 기단은 가구식 이중기단을 탑과 금당에 적용하고, 강당에는 가구식 단층기단, 이외의 건물지에는 가구식 간략기단을 사용하여 삼단계 위계를 갖는 가구식기단만의 모습이 완성되기도 한다. 계단도 정형화된 소매석을 갖춘 계단을 건물지에 사용하며, 탑은 4면 계단, 금당은 2면 계단을 시설하고 있다. 초석은 전통적인 원형 초석을 사용하지만 나아가 1단주좌 원형 초석과 1단주좌 방형 초석도 나타나며, 장주형 초석과 초반석도 사용된다. 가람 배치도 삼원병치의 형태를 보인다.

제석사지 중건가람에서 기단 기초나 기단석, 계단석의 형태나 장주형 초석의 사용 등 세부적인 가람 조성의 기법은 미륵사지와 같은 모습을 보인다. 그러나 미륵사지 창건과 같은 시기에 조성되면서도 1탑과 1금당을 배치하는 일원중문식의 전통적 가람 배치를 고수하고 있다. 그리고 연화문 수막새에서도 부여식 전통을 갖는 8엽연화문 수막새를 계속 사용하고 있다.

이와 같이 제IV기에서는 혁신과 전통이라는 두 맥락 속에 가람 조성이 이루어지면서 백제 시대 건축 문화의 최고의 정점을 이룩했던 새로운 문화의 창조 시기라고 할 수 있다.

아래에서 완성기의 모습들을 좀 더 구체적으로 살펴보고자 한다.

(1) 미륵사지 창건

미륵사지는 『삼국사기』나 『삼국유사』에 단편적인 기록이 등장하지만 내용이 상이하기 때문에 창건 문제에 대해서는 많은 이설이 있어 왔다.

창건 시기에 대해서 무왕 대에는 신라와 혼인 관계가 이루어질 수 없는 구수관계이면서 빈번히 전쟁이 되풀이되었기 때문에 서동을 동성왕으로 보고,[16] 미륵사지의 창건 역시 동성왕 대로 보고자 하는 견해가 있었다.[17] 또한 무광왕의 '康' 과 무령왕의 '寧'은 같은 뜻의 글자이고, 사비 천도 전후에 세워진 정림사탑보다 미륵사탑이 앞서는 양식이며, 무령왕릉의 연화문전에서 흥불에 관심이 많은 왕임을 알 수 있다는 근거를 들어서 서동을 무령왕으로 보기도 했다.[18] 그러나 지금은 미륵사 창건 시기를 『삼국유

---

16) 이병도, 1952, 「서동설화에 대한 신고찰」, 『역사학보』 1, 역사학회.
17) 이병도, 1975, 「백제 미륵사의 창건년대에 대하여」, 『마한 · 백제문화』 1, 원광대학교 마한 · 백제문화연구소.
18) 사재동, 1974, 「무강왕 전설의 연구」, 『백제연구』 5, 충남대학교 백제연구소.

사』의 기록대로 무왕 대에 이루어진 것으로 보는 데는 이견이 거의 없다. 단지 세부적인 창건 연대에 관해서는 영성한 자료 때문에 많은 추측이 더해질 수 밖에 없다. 그리고 미륵사지 발굴 조사에서 출토된 명문와 등 유물을 바탕으로 그 완성 연대를 나름대로 파악하기도 한다.

좀 더 세부적으로 살펴보면, 『삼국사기』 무왕 35년조의 기사[19]를 바탕으로 미륵사의 창건 시기를 634년(甲午年)으로 보는 견해가 있다. 홍사준은 『삼국사기』 법왕 2년조의 創王興寺를 부여의 왕흥사로, 무왕조의 王興寺成을 금마저의 미륵사로 보았으며,[20] 여기에 대해서는 김영태[21]나 양은용[22], 나종우[23] 등 많은 학자들이 받아들이고 있다.

또한, 『삼국유사』 법왕금살조[24]의 내용을 왕흥사(미륵사) 창건 기사와 아울러 주변의 상황을 표현하고 있는 것으로 보고, 미륵사지와 그 일원에 대한 수로 조사를 실시하여 이를 증명하고자 하기도 하였다.[25] 조사 결과 미륵사나 태봉사 근처까지 수로가 있어 배가 왕래했을 가능성이 있고, 미륵산 즉 용화산을 배경으로 자리잡고 있는 미륵사에 왕이 매양 배를 타고 왕래하였을 것으로 보아, 무왕 35년조의 왕흥사성을 바로 미륵사를 창건한 때로 보았다.

최근에 왕흥사는 발굴된 사리기의 명문에 의해 위덕왕 24년(577) 이후에 창건된 사실이 밝혀짐에 따라 『삼국사기』 법왕 2년(600)조와 무왕 35년(634)조의 기사를 모두 미륵사 관련 기사로 보고, 법왕과 무왕 대에 걸쳐 세워진 사찰로 보기도 한다.[26]

미륵사지의 발굴 조사에서 출토된 간지명 명문와를 통해서 창건 시기를 파악하고자 하는 견해도 있다. 노중국은 '백제 무왕과 지명법사'라는 논문에서 미륵사의 창건

19) 『三國史記』 百濟本紀 5, 武王條.
　　「三十五年春二月王興寺成其寺臨水彩飾壯麗王每乘舟入寺行香」
20) 홍사준, 1975, 「미륵사지고」, 『마한・백제문화』 1, 원광대학교 마한・백제문화연구소, 163~169쪽.
21) 김영태, 1974, 「미륵사 창건 연기설화고」, 『마한・백제문화』 1, 원광대학교 마한・백제문화연구소.
22) 양은용, 2003, 「백제의 불교사상」, 『익산의 선사와 고대문화』, 원광대학교 마한・백제문화연구소, 236쪽.
23) 나종우, 2003, 「백제사상에 있어 익산의 위치」, 『전북의 역사와 인물』, 원광대학교 출판국, 34쪽.
24) 『三國遺事』 卷第三 興法三 法王禁殺條.
　　「…創王興寺於時都泗沘城始立栽而昇遐武王繼統父基子構曆數紀而畢成其寺亦名彌勒寺附山臨水…」
25) 김삼룡, 2003, 「익산 미륵사의 창건배경」, 『익산의 선사와 고대문화』, 원광대학교 마한・백제문화연구소, 413쪽.
26) 최완규, 2009, 「고대 익산과 왕궁성」, 『익산 왕궁리 유적의 조사성과와 의의』, 국립부여문화재연구소, 249~249쪽.

시기와 아울러 재원과 기술자 조달 문제, 그리고 지명법사와의 관계를 비교적 자세하게 논하고 있다. 창건 시기와 관련하여 탑에 대한 언급은 없었으나 불전이 완성된 시기를 창건 시기로 보고 중원 불전지와 동원 동승방지, 강당지 및 접랑지, 북승방지에서 출토된 '丁亥(627)'와 '己丑(629)' 銘 원형인각명문와를 바탕으로 무왕 30년에 미륵사가 완공된 것으로 파악하였다.[27] 이도학[28]과 김주성[29]도 대체적으로 이 시기에 미륵사가 완공된 것으로 보고 있다. 그리고 미륵사의 창건을 『삼국유사』 기록 그대로 인정한다면 '丁亥・己丑, 銘 원형인각명문와는 아마도 미륵사의 조성공사가 최고조에 달한 시기로 추정할 수 있어, 이 시기 이후 얼마 지나지 않은 때에 완성된 것으로 보기도 한다.[30]

발굴 조사를 오랫동안 담당하였던 윤덕향은 7세기를 전후한 시기에 미륵사지가 창건되어 17세기를 전후한 시기에 패망되는 것으로 보고 있어 구체적인 창건 시기를 적시하지 않고 있지만 포괄적으로 오랜 시기를 통해 가람이 존속되어 온 것으로 보고 있다. 나아가 3원의 가람 배치를 구성하고 있는 각 전각의 존속시기도 막새류 등 유물의 시간 폭이 크지 않은 중원 가람이 가장 먼저 폐기되었을 것으로 보았다. 이는 『삼국사기』 성덕왕 18년(719)조의 '震彌勒寺' 라는 기록이 그 가능성을 보여주는 것으로 보고 있다. 한편 고려 중기를 전후한 시기에 동원 지역도 가람으로서의 기능을 상실하였을 가능성이 있으며, 서원이 마지막까지 가람으로써 기능하였을 것으로 추정하고 있다.[31]

이와 같이 미륵사지 창건 시기에 대해서는 동성왕설과 무령왕설, 무왕설 그리고 문헌 자료를 바탕으로 한 무왕 35년 창건설, 출토된 명문와를 통한 629년 무렵 창건설 등이 있어 왔다. 최근 미륵사지 서탑에서 발견된 사리장엄구 중 사리봉영기의 기년은 석탑을 건립하는 과정의 절대 연대를 밝혀주는 사료로써 매우 가치가 높다. 그러나 이러한 기록도 미륵사 창건의 부분적인 사정인 서탑에 사리를 봉안하는 시기만을 말하여 줄 뿐, 미륵사지가 어느 시기에 시작하여 언제 완성이 되었는지에 대해서는 전혀 알 수

27) 노중국, 1999, 「백제 무왕과 지명법사」, 『한국사연구』 107, 한국사연구회, 5~8쪽.
28) 이도학, 2004, 「백제 무왕대 익산천도설의 검토」, 『마한백제문화』 16, 원광대학교 마한・백제문화연구소, 91쪽.
29) 김주성, 2007, 「백제 무왕의 즉위과정과 익산」, 『마한・백제문화』 17, 원광대학교 마한・백제문화연구소, 215쪽.
30) 노기환, 2007, 「미륵사지 출토 백제인각와 연구」, 전북대학교 대학원 석사학위논문, 65쪽.
31) 윤덕향, 2003, 「미륵사지 유적의 발굴성과」, 『익산의 선사와 고대문화』, 원광대학교 마한・백제문화연구소, 446쪽.

없는 실정이다. 단지 기해년인 639년은 왕이 세상을 뜨기 두 해 전인 무왕 40년이므로 미륵사의 완성은 무왕의 재위 기간을 넘은 어느 시점에 이루어졌을 가능성을 제시하고 있다.

미륵사지에서 출토된 연화문 수막새의 형식을 살펴봄으로써 사찰의 창건 과정과 완성 시기를 살펴 보고자 한다. 우선 〈표 30〉[32]과 〈표 31〉[33]에서 보는 바와 같이 미륵사지에서는 연화문 수막새 A - 2형이 3점 출토되고 있으며, 연화문 B형식은 모두 22점이 출토되고 있다. 이러한 유물의 출토 사례는 대관사지가 창건되는 비슷한 시기에 어떠한 형태로든 미륵사지에 건물이 조성되어 있었음을 알려주는 자료라고 생각한다. 수막새의 출토가 집중되지 않고 있지만 대체적으로 강당지를 중심으로 한 주변지역에서 주로 수습되고 있다. 연화문 A형식이나 B형식의 수막새와 관련이 있는 것으로 판단되는 간지명 인각와도 출토되는데, 정사와(597) 59점, 임술와(602) 3점, 을축와(605) 17점이 그것이다. 기와의 편년에 있어서 정사와는 한 기년을 늦춰 657년으로 보기도 한다. 간지명 기와들의 출토도 대부분 강당지를 중심으로 하는 북승방지 일원과 연못와적층에 집중되고 있다. 하지만 이 기와들을 사용했던 건물이 있었다면 그 용도가 미륵사를 창건하기 위한 것인지, 아니면 미륵사 창건 이전에 가람이 있었던 때문인지에 대해서 정확한 내용은 알 수 없다. 그렇지만 이러한 수막새와 간지명 원형인각명문와를 통해 미륵사지는 무왕 직전이나 초기부터 창건되기 시작했을 것으로 생각된다.

다음으로 〈표 30 · 31〉에 의하면 E형식의 수막새는 1차와 2차 보고서에서 모두 610점이 출토되었으며, F - 1형식은 273점, F - 2형식은 75점이 출토되었음을 알 수 있다. 이와 같이 많은 수의 수막새를 필요로 했던 때는 정해(627)와 기축(629)명 원형인각명문와가 사용되었던 시기로 판단된다. 왜냐하면 두 원형인각명문와가 80점과 44점으로 집중 출토되고 있기 때문이다. 정해와와 기축와의 출토는 무왕 30년(629) 경을 미륵사가 완성된 시기로 보게 하는 빌미를 제공하였지만, 서탑 사리봉영기의 발견으로 인해 이 때는 미륵사 창건이 진행되고 있으면서 부분적으로 건물들이 완성된 시기임을 알 수 있다.

그런데 〈표 30 · 31〉은 수막새 형태의 변화와 함께 F - 3형 수막새가 나타나고, 미륵

---

32) 문화재관리국 · 문화재연구소, 1989, 『미륵사』, 유적발굴조사보고서 I.
33) 국립부여문화재연구소, 1996, 『미륵사』유적발굴조사보고서 II에 보고된 출토 현황 편집.

표 30 미륵사지 1차 수막새 출토 현황

구 분		A-2	B-1	B-2	B-3	E-1 E-2	F-1	F-2	F-3	F-4 F-5
동원	탑지									
	금당지					5	22	1		4
	동회랑지					4	21	5		12
	남회랑지						1	1		1
	북회랑지					15	6	3	1	8
	승방지	1		1		11	9	6		12
	당간지주 부근					4	1		2	1
	동편축대 외부					20	12		3	3
중원	탑지					2				12
	금당지					4				1
	동회랑지		1			11	3			8
	서회랑지					4	1			2
	남회랑지									5
	북회랑지					4	2			3
서원	탑지					1			2	1
	금당지					1				1
	동회랑지					1	1			
	남회랑지					2	1			
	북회랑지						1			
	승방지			1				1		4
중심원 주변	강당지					23	43	16		29
	강당북회랑				1	3	1			6
	석축A					8	6	2	1	13
	석축B					5				4
	석축C	1				30	1		5	22
	후대담장A						2	1		2
	연못지					23	4		43	72
	후대동회랑		2			9	3	1	1	12
	후대남회랑					1				9
후대 건물지	후대건물1							1		1
	후대건물3					1				4
	후대건물5						1			1
	후대건물7						1			1
	후대건물8					1				1
	후대건물9					2				3
	후대건물10					2				3
기타	기 타		2	3	1	55	25	6	9	35
	불 명					10	12		5	14
계		2	5	4	3	262	180	44	72	310

표 31 미륵사지 2차 수막새 출토 현황

구 분		A-2	B-1	B-2	B-3	E-1	E-2	F-1	F-2	F-3	F-4	F-5
사역 북편 지역				1			12	4	1	4	5	4
서편 및 북서편	4번 건물지										1	1
	7번 건물지 상	1								2	2	
	남북배수로										2	
	동서 축대										3	
	14번 건물지						1					
사역 중심곽 유구	강당지					4		49	8		20	
	북승방지					2			1	1	5	1
	동승방지			1		5	1			1	2	3
	접랑지				1	3				2		
	동편 배수로					1			2	1	2	
	고려건물지A						1					
	고려건물지B			1	2	4	6			1		
사역 남쪽 연못지	백제못 최하층		2			1	1					
	통일신라 동연못			1		8	6			2	3	9
	통일신라 서연못					6				3	1	
	통일신라 중앙도로					12		3	5	4	8	3
	통일신라 서연못 외곽					11				1	5	3
	고려 시대 북측 구릉			1		262		18	11	70	55	54
	고려 시대 동연못 상층					2	1	1		3	2	
	고려 시대 서연못 상층					15		2	2	3	4	12
계		1	2	3	5	336	12	93	31	98	120	90

사지 보고서에서 G형식으로 보고된 F - 4, F - 5, F - 6형의 수막새들이 520점으로 다시 한 번 집중 출토됨을 알 수 있다. F - 4, F - 5, F - 6 형식의 수막새는 E형식이나 F - 1, F - 2 형식보다도 늦은 시기로 편년되므로 이러한 기와들이 집중 출토되고 있음은 미륵사 지가 완성단계에 접어들었음을 시사한다. 익산 금마저에서 출토된 수막새와 원형인각 명문와의 편년은 이미 앞장에서 시도하였지만, 미륵사의 완성시점을 논하기 위해서 미 륵사지 출토 원형인각명문와의 출토양상을 좀 더 구체적으로 살펴보고자 한다.

미륵사지 출토 인각와는 모두 56종 1,178점으로 집계되는데, 이 중 간지나 혹은 천 간과 지지를 포함하는 원형인각명문와는 모두 899점이다.(표 32)[34] 간지명이 인각된

---

34) 노기환이 작성한 현황자료인데, 천간지지가 수록된 것만을 수록하였다.
　　(노기환, 2007, 「미륵사지 출토 백제 인각와 연구」, 전북대학교 대학원 석사학위논문, 45쪽.)

표 32 미륵사지 원형인각 명문와 출토 현황

구분	동원				목탑	중원					서원				강당지	북승방북쪽	후대남회랑	연못지	연못와적층	사역북편	사역서북편	기타	불명	합계	추정연대	합계
	금당지	남회랑	동회랑	동승방		금당지	남회랑	동회랑	북회랑	서회랑	금당지	남회랑	서회랑	서승방												
1 丁巳	1	3		3											5	3	2	1	8				3	29	597	29
2 壬戌				1									1			1								3	602	3
3 乙丑		1											1		5	1			6	1		1	1	17	605	17
4 丁亥				12											4	4	1	4	44	5			6	80	627	80
5 己丑				4	1										11	6	1	1	16	1		1	2	44	629	44
6 寅				2					1						1									4	642	4
7 癸·斯		1													1									2	643	2
8 卯	1	1		4								1	1		8	3	2	1	10	1	3	1	2	39	643	39
9 辰				12				1				1			15	8	1	4	14	2			6	64	644	64
10 巳		1									2	1			2	1	1		4	1				13		
11 巳·刀				6							2	2			3					1	1		3	18		
12 巳·肋	2	6		14			2	2				2	2		47	14	2	1	33	4	2		4	137		
13 巳·毛	1	1		15		1	2	1			2				41	11	1	1	25	2	1	4	5	114	645	413
14 巳·斯	1	2		4									1		13	11	1		6		1			40		
15 巳·右				1											1				2		1			5		
16 巳·止		2		7		1		3				1			25	10	4		22	3	1		7	86		
17 丙		2		7				1				1	2		22	8	2	1	11				3	60		
18 午·卯		1		1				1							1	1		1	3				1	10	646	76
19 午·斯																1								1		
20 午·止				3											1	1								5		
21 未·斯												1				4			1				2	8	647	8
22 申·毛																2			3					5		
23 申·目																			1	1				2		
24 申·斯				1				1							3	1	1	1	13	1	1			23	648	37
25 申·布				3												1			1				2	7		
26 己·卯		2		8				2				1	1		22	11	2	1	19	3	1	2	5	80	649	82
27 己·酉												1							1					2		
28 戌·止																			1					1	650	1
합계	6	23		108	1	1	6	11	1		3	13	10		226	105	25	11	243	17	9	7	53	899		899

것은 6종 173점이며, 원형인각천간명와 중 인각이 하나인 것은 '丙' 자 한 가지만 출토되었는데 60점이고, 2개가 인각된 것으로는 '癸·斯',[35] '己·卯'[36] 두 종류로, 전자는 동원 동회랑과 강당지에서 각각 1점씩 2점만 출토되었으나, 후자는 80점으로 많은 수가 출토되었다. 지지명와 중 지지명 하나만 인각된 것은 '寅', '卯', '辰', '巳'로 4

종 120점이 출토되었으며, 인각이 2개로 지지명과 제작집단 등을 각각 인각한 것은 '巳·刀', '巳·肋', '巳·毛', '巳·斯', '巳·右', '巳·止', '午·卵', '午·斯', '午·止', '未·斯', '申·毛', '申·目', '申·斯', '申·布', '戌·止'가 있는데, 15종 459점에 달한다.

앞서 원형인각명문와에 대한 편년을 시도한 바와 같이, 미륵사지에서 출토된 천간이나 지지명 인장이 들어간 기와는 642년에서 650년까지 연속적으로 제작되어짐을 알 수 있다. 특히 을사년인 645년으로 판단되는 '巳'자 인장이 찍힌 원형인각명문와가 413점이나 출토되고 있다. 이는 639년 서탑에 사리장엄구를 안치한 후 서탑이 완성되고 주변 목조건물들에 대한 공사가 최고조에 달한 시점이 아닌가 생각된다. 이후 원형인각명문와의 숫자는 점차 줄어들고 있고, 650년으로 판단되는 '戌·止'명 원형인각명문와 1점이 마지막으로 출토되었다. 이러한 양상을 통해 보았을 때 미륵사의 창건 발원은 무왕 대에 시작되어 창건 공사가 이루어지고 있다고 하더라도 의자왕 대인 640년대 후반이나 650년 경에는 창건이 완료된다고 생각된다.

(2) 미륵사지의 유문 암막새 도입

미륵사지와 왕궁리오층석탑에서 출토된 사리기에 나타나는 문양 중에는 미륵사지에서 출토된 암막새 문양과 유사성을 보이는 것이 있어 백제 시대 미륵사지에서는 암막새를 사용하였을 가능성을 암시하여 준다. 만일 이것이 사실이고 편년에 이설이 많은 고구려 안학궁 암막새를 제외하면 아직까지 우리나라에서 출토된 드림새에 문양이 있는 유악형 유문식 암막새 중 최초의 사용 예로 기록될 수 있다.

기와를 연구하는 학자들도 미륵사지에서는 백제 시대 암막새가 사용되지 않았던 것으로 보고 있으며, 미륵사지 발굴 조사에서도 백제 암막새는 사용되지 않은 것으로 보고되었다.[37] 후술하는 암막새 A형은 미륵사지에서 출토된 암막새 중에서 가장 빠른

---

35) 앞의 인각된 글자를 辰, 先, 兇, 癸 등으로 판독되고 있으나, 노기환은 두 개의 인각이 찍힌 것들을 보면 위쪽은 간, 또는 지가 오는 규칙성이 보임에 따라 癸로 보고 있다.
   (노기환, 2007, 「미륵사지 출토 백제 인각와 연구」, 전북대학교 대학원 석사학위논문, 17쪽.)
36) 「己·卵」명 원형인각명문와의 己는 巳로 볼 수 있지 않을까 생각된다. 「午·卵」명 원형인각명문와도 이미 있으며, 649년에 80점이 공급된 것도 이례적이다. 그렇다면 巳가 들어있는 명문와의 출토 수는 493점으로 더욱 증가한다.
37) 국립부여문화재연구소, 1996, 『미륵사』, 유적발굴조사보고서 II.

시기에 제작된 것으로는 보지만, 암키와의 등문양은 선문이 대부분이고 출토된 곳이 중원 목탑지 등인 점으로 미루어 통일신라 시대 초기~중기의 막새로 추정하고 있다.[38](표 33)

필자는 제석사지 시굴 조사에서 백제 시대에 암막새를 사용하였음을 층위적으로 밝힌 바 있으며, 이는 제석사가 중건되는 645년 전후한 무렵이라고 편년한 바 있어 미륵사에서도 암막새를 사용하지 않았을까 의심하였다. 6엽연화문 수막새와 더불어 화려한 녹유연목와의 사용은 의심의 여지를 남기기에 충분하였다. 그런데 미륵사지 사리장엄구의 발견으로 금동사리외호에서 보여지는 문양과 비슷한 시기에 제작된 것으로 보는 왕궁리 오층석탑 사리함의 문양 등과 비교를 통하여 미륵사지 암막새 A형은 백제 시대 암막새일 가능성을 확신하게 되었다.

아직까지 미륵사지 출토 백제 암막새 형태나 제작기법 등 몇가지 부정적인 요소 때문에 백제 시대를 편년하는데 대해서 대부분의 기와 연구자들이 주저하고 있다. 그렇기 때문에 여기에 대해서 좀 더 자세하게 검토하고자 한다.

① 미륵사지 출토 초기 암막새

미륵사지 발굴 조사에서 출토된 암막새는 1차와 2차 보고서를 합하면 약 40여 가지의 형식으로 분류할 수 있다. 1차 보고서에 의하면, 와전류는 총 4,800여 점으로 이 중 암막새는 39종 1,697점으로 보고되었다. 시문된 문양의 종류는 인동당초문, 보상화문, 서조문, 귀면문, 귀목문, 연화문, 초화문 등으로 다양하게 사용되었다.[39] 2차 보고서도 이러한 범주를 크게 벗어나지 않고 분류 내용도 1차 보고서를 따르고 있다.

1차 보고서에 나타나는 암막새의 분류를 보면, 당초문을 A~M형식까지 13개의 형식으로, 초화문은 A~D까지 4개 형식으로, 서조문을 A형식과 B형식으로, 귀목문을 A~I까지 9개 형식으로 분류하고 있다. 이러한 여러 형식의 유물 중 당초문이 시기적으로 앞서는 통일신라 시대에 제작된 것으로 보고서는 편년하고 있다. 필자는 이러한 당초문 계열의 암막새 중 A형식의 암막새를 백제 시대에 제작된 것으로 주장한 바 있다.[40]

1차 보고서는 출토 유물 해설 중 소찰에서 A형식과 E형식, K형식에 시문된 인동당

38) 정계옥, 「미륵사지 출토 와당에 대한 고찰」, 한국기화학회 자료실 PDF자료.

39) 문화재관리국·문화재연구소, 1989, 『미륵사』, 유적발굴조사보고서 I, 157쪽.

40) 김선기, 2009, 「지지명인각와를 통해 본 미륵사 창건과 몇 가지 문제」, 『대발견 사리장엄, 미륵사의 재조명』, 원광대학교 마한·백제문화연구소, 104~109쪽.

III
金馬渚 百濟 寺址의 特徵

초문이 제석사지 출토의 암막새와 상통하며, 드림새의 높이가 낮고 태토의 질이나 소성도 등이 백제 말기의 수막새들과 유사하며, 추정 연못지에서 고식의 수막새와 연목와가 함께 출토되었음을 들어 이 막새들이 미륵사지 출토 암막새 중에서 가장 시기가 빠른 것으로 추정할 수 있겠다고 하는 견해를 밝히고 있으나, 정확한 시기를 제시하지는 않았다.[41] 즉 필자가 백제 시대에 제작한 것으로 주장하는 A형 암막새를 가장 빠른 형식 중 하나에 속하는 것으로 조사 보고서에서는 밝히고 있는 것이다. 그러나 보고서의 내용을 구체화 한 '미륵사지 출토 와당에 대한 고찰' 이라는 글에서는 이 형식의 암막새가 통일신라 시기의 것으로 주장된 바 있다.[42] 또한 2차 보고서에서도 A형식의 암막새에 대해서는 모두 통일신라 시대에 제작된 것으로 보고하고 있다.[43]

출토된 암막새들을 새롭게 형식 분류 하여 미륵사지 운영의 변화 양상 속에서 편년 등을 규명해야 하지만 이 문제는 추후로 미루기로 하고, 우선 보고서에 수록된 분류 체계 속에서 A형식 암막새와 아울러 본 논문을 전개하기 위하여 필요한 B·C형식의 암막새를 소개하고자 한다. 필자는 A형식을 백제 시대로 보고, B형식과 C형식은 문양은 다르지만 미륵사지 중원의 탑지와 금당지에서 집중 출토되고 있어 통일신라 시대 비슷한 시기에 사용한 것으로 보고자 한다. 제1차 보고서의 내용을 그대로 소개하면 〈표 33〉과 같다.[44]

A형식에서 A - 1은 주연이 높으면서 소문인데 반해, A - 2는 1조의 양각선과 아울러 주문을 시문하고 있는 것만 다를 뿐 드림새 면에 표현된 문양은 동일한 모습을 모여 준다. 각각의 중앙에 시문된 문양을 보고서에서는 도식화 된 보상화문으로 기술하고 있는데, 필자는 이를 三稜心葉形花紋(심엽문)으로 보고자 한다. 그리고 줄기가 반전되는 곳과 드림새 좌·우단에 새겨진 문양을 인동화를 장식한 것으로 기술하고 있는데, 필자는 이를 삼릉심엽형화문의 변형된 형태, 즉 줄기 사이에서 다시 새순이 돋아나는 형태로 보고자 한다. B형식의 암막새 중앙에 표현된 문양도 보상화문으로 기술하고 있는

---

41) 문화재관리국·문화재연구소, 1989,『미륵사』, 유적발굴조사보고서Ⅰ, 186쪽.
42) 정계옥, 2006,「미륵사지출토 와당에 대한 고찰」(한국기와학회 자료실 PPT자료).
   이 외에 이난영도 익산 미륵사지출토 통일신라기와를 설명하면서 역시 A형식의 암막새기와를 포함시키고 있다.(이난영, 2006,「익산 미륵사지 출토 통일신라 기와」,『기와를 통해 본 '미륵사와 황룡사'』기와학회 학술논문집Ⅱ, 한국기와학회, 68~69쪽.)
43) 국립부여문화재연구소, 1996,『미륵사』, 유적발굴조사보고서Ⅱ, 215~219쪽.
44) 문화재관리국·문화재연구소, 1989,『미륵사』, 유적발굴조사보고서Ⅰ, 157~158쪽.

데, 이것 역시 A형식의 삼릉심엽형화문이 좀 더 변형된 형태라고 판단된다. 그리고 C형식에서도 형태는 보상화문과 비슷한 모습이나 이 문양도 역시 삼릉심엽형화문에서 변화된 것으로 보는 것이 타당하지 않을까 생각된다.

표 33 미륵사지 출토 암막새 형식

형식	이미지	내용
A - 1		중앙에 도식화 된 보상화를 장식하고 아래에는 끝이 말린 와형 받침을 세웠으며, 받침 중앙에 주문을 넣었다. 와형의 받침은 좌·우단을 향해 파상을 이루며 뻗어 나갔다. 줄기에서 세 가닥씩의 가지를 분지시켜 세 번째 줄기의 끝은 안쪽으로 말리면서 줄기가 반전되는 곳과 드림새 좌·우단에 인동화를 장식했다.
A - 2		A - 1형식과 같은 문양을 가지고 있는데 주연이 다르다. A - 1형식은 주연이 높으면서 소문인데 반해, 주연이 있어야할 가장자리에 1조의 계선을 두어 구획을 지은 다음 굵은 주문을 마련하였다.
B - 1		드림새 중앙에는 변형된 보상화가 장식되고, 좌·우단을 향하여 당초줄기가 뻗어있으며, 줄기가 반전되는 곳에 3엽의 인동화가 만개되었다. 문양의 선은 굵으나 투박하지 않으며, 힘차면서도 유연하다. 드림새 가장자리에는 턱이 약간 높은 주연을 만들고 연주문으로 장식하였다.
B - 2		B - 1형식과 같은 문양의 드림새이나 다른 와범이 사용되었다. B - 1형식은 꽃이 길쭉하고 굵게 표현된 반면, 이것은 꽃이 3개의 작은 주문으로 표현되어 있어 개화되기 직전의 봉오리처럼 보인다.
C		드림새 중앙의 보상화를 중심으로 당초줄기가 드림새의 좌·우 양단으로 뻗어 있다. 당초줄기의 꽃이 말려 있고, 원줄기가 반전되는 곳에서 줄기는 두 방향으로 분지되며, 그 사이에는 인동화가 피어 있다. 좌·우로 뻗던 당초줄기는 양단에서 끊어졌다. 드림새의 상하 가장자리에는 1조의 선으로 주연을 만들었다.

② 백제 시대 암막새의 출토 현황과 층위 검토

㉠ 출토 현황

미륵사지에서 암막새가 건물지와 더불어 확실한 백제 시대 층위에서 집중 출토되었다면 그 편년에는 어떠한 의문도 제기할 수 없었을 것이다. 그러나 필자가 주장하는 드림새에 문양을 갖춘 미륵사지 암막새의 백제 제작설은 유물의 출토가 층위적으로 불완전하기 때문에 연구자들에게 의심의 여지를 남겨주고 있다. 그러므로 본장에서는 출

표 34 미륵사지 암막새 출토 현황

구분	당초문	합계															
		A1	A2	B1	B2	C	D	E	F	G	H	I	J	K	L	M	
동원	탑 지																
	금 당 지			2	2	1	1	1	1	1	1	1	1	1	1	1	15
	동 회 랑 지		1	4	2			2		1							10
	남 회 랑 지												1		1		2
	북 회 랑 지	1		1		2	1										5
	승 방 지	2	1	7	4	1	1	1		2		2	2	5	3		31
	당간지주 부근	2	1														3
	동편축대 외부	6				1									4		11
중원	탑 지			47	36	2									1		86
	금 당 지	1		51	17	52			1	8		4		3		1	138
	동 회 랑 지								1			1					2
	서 회 랑 지		1	5	8	3			1			6	2	4	1		31
	남 회 랑 지			1											1		2
	북 회 랑 지	4		1				1	2				2	3			13
	석 등 지			1													1
서원	탑 지										1						1
	금 당 지			1						1	80	3	1				86
	서 회 랑 지									1	2					1	4
	남 회 랑 지																
	북 회 랑 지				1							2					3
	승 방 지			1		1				3	2	2					9
강당	강 당 지			3	2	2			2	1		2	1	1			14
	강당지측면접랑			2	1			1	1			1	1				7
	북 승 방 지		1	1	3				1								6
석축	석 축 A			1		2			1	2	3	8		1	1		19
	석 축 B			1							1						2
	석 축 C	1	3			1		2		1		1					9
후대회랑	남편 동회랑지			1		1									1		3
	남편 남회랑지					1		1	1		1						4
연못	연 못 지 (1차)	32	20								1	6		27			86
	동 연 못		1					1						3			5
	서 연 못	4	2							1		1		3			11
	중 앙 도 로	8	8											4			20
	와 요 지			2													2
	북 측 구 릉	72	70	1						1		2		39			185
	서연못상층외곽	2	2								2	1	1	1			9
	동연못상층건물	1															1
후대	중심곽후대건물			2	3				1	4	1	3					14
	담장석렬A(1차)			1		2					1						4
	담장석렬B(1차)																

건물	후대건물지(1차)			3	2			1	1	14	5	18	11	1				56
	서북건물지(1~14)	1	1	10		6			1	10	9	10	3			1	3	55
	북편건물지(1~14)			1			1	3	1	1		7	5	2		2		23
기 타		6		5	6	8		1		1		6		5	1	5		44
불 명		3	2	1	2	4		1				7	2			3		25
총 계		146	114	157	89	90	3	11	13	21	44	141	74	39	100	12	3	1057

토 층위와 공반유물 등을 검토하기에 앞서 미륵사지 암막새 출토 양상을 살펴보고자 한다. 미륵사지에서는 다양한 형식의 암막새가 출토되었으나 여기에서는 백제 시대 암막새와 관련된 당초문 암막새를 중심으로 살펴본다.

발굴 조사 보고서에서는 위의 A형식·B형식·C형식의 암막새를 당초문계로 분류하고 있다. 이들 당초문계는 모두 13개 형식으로 세분하고 있는데, 제1차 보고서에는 모두 705점이 출토된 것으로 보고되었고, 제2차 보고서에서는 352점이 보고되어 모두 1,057점이 출토되었음을 알 수 있다. 당초문 암막새의 자세한 출토 양상은 〈표 34〉[45]와 같다.

표를 통해 보면 A - 1형식은 모두 146점이 출토되었는데, 연못지 주변에서만 119점이 출토되어 전체의 81.5%를 차지하고 있고, 나머지는 중심곽과 후대건물지 등에서 드물게 출토되고 있음을 알 수 있다. A - 2형식도 114점이 출토된 가운데 연못지에서만 103점이 출토되어 90.3%를 차지하고 있지만 역시 중심곽과 후대건물지 등에서는 드물게 출토되고 있다. 이러한 출토 양상을 통해서는 A형식의 암막새가 미륵사지에서 조사된 건물지 중 정확하게 어떠한 성격의 건물지에서 사용된 것인지 전혀 알 수 없다. 단지 연못지와 그 주변에서 집중되고 있음은 기존의 미륵사지 건물지에서 사용되던 A형식의 암막새를 여기에 폐기하였다는 점 외에 달리 설명될 수 없다고 생각한다. 그런데 연못지 중 1차 보고서에 수록된 암막새 A형식은 정확하게 어느 지점에서 출토되었는지를 알 수 없지만, 2차 보고서에서는 연못지 북측 구릉에서 집중 출토되었음을 알려주고 있다.

ⓛ 출토 층위

미륵사지 암막새의 출토 현황을 통해 당초문 암막새 A형식은 연못지 북측 구릉에서 집중 출토됨을 알 수 있었다. 그러면 북측 구릉은 어떠한 성격의 층위였을까? 보고서를

---

45) 미륵사지 1차 발굴보고서와 2차 발굴보고서의 표를 종합하였다.

통해 보면,

"연못지 북측 호안과 후대 남회랑지 사이에는 평면상 남북 거리가 약 45m나 되는 넓은 공간이 있는데 그 중간 정도에서 한단 낮은 구릉이 형성되어 있다. 구릉은 후대 남회랑지에서부터 연결되며, 황갈색 점토로 인공 판축되어 연못을 이루는 호안과 직접적으로 관련된 유구는 아니다. 그러나 연못의 수위에 있어서는 이차적 방호벽 역할을 했던 것으로 판단된다.

구릉 경사면에 형성된 와적층은 서연못쪽에 집중적으로 형성되었는데, 그 남북 너비는 7~8m에 두께는 1m 정도였다. 이와 같은 와적층은 중앙 진입로 상층을 지나 동연못으로 연결되는데, 그 두께가 차츰 얇아져 동연못쪽에서는 미미한 편이다. 이곳에서 출토된 수막새도 연못지 내외부에서 확인된 수막새와 마찬가지로 백제 시대부터 통일신라 시대까지의 것으로 조사되었다. 그러나 실제 연못과는 전혀 관계없는 유물로 판단되는데, 앞에서 말한 바와 같이 연못으로서의 기능을 다할 무렵인 통일신라 말 경에 중심곽 건물 지붕을 덮었던 백제와 통일신라 기와를 이곳에 폐와시키면서 형성된 와적층이기 때문이다."[46]라고 하고 있다.

즉 북측 구릉의 와적층은 연못 호안과는 직접적인 관련은 없고, 연못과 남회랑지 사이 구릉경사면에 형성되어 있으며, 연못의 기능이 다할 무렵인 통일신라 말경에 중심곽 건물의 백제와 통일신라 기와를 이곳에 폐기한 것으로 보고하고 있다.

여기에서 북측 구릉이 연못과는 직접적인 관련이 없다는 점에는 수긍이 간다. 그러나 이 층을 통일신라 말 경의 중심곽 기와를 폐기한 것으로 보고 있다. 이와 같이 판단한 이유는 A형식의 암막새 외에 발굴 담당자가 통일신라 말에서 고려 시대 초기의 기와로 편년한 L형식(탁본 8)의 기와도 집중 출토되었기 때문이라고 이해된다. 그러나 이러

탁본 8
당초문 L형식 암막새 탁본

---

46) 국립부여문화재연구소, 1996, 『미륵사』, 유적발굴조사보고서 II , 200쪽.

한 판단에는 의문이 있다. 왜냐하면 미륵사지 사역의 중심곽에서는 마지막으로 사용된 B·C형식의 통일신라 시대 암막새와 더불어 수막새가 집중 출토되고 있기 때문이다.

즉 〈표 34〉를 통해 보면 북측 구릉에서는 다량으로 출토된 A형식 외에 통일신라 시대로 편년할 수 있는 유물은 거의 출토되지 않고 있다. 그리고 미륵사지에서 통일신라 시대의 대표적인 암막새 기와라고 할 수 있는 B-1, B-2, C형식은 중원 지역에서 집중적으로 출토되고 있다. B형식은 사역 전체에서 246점이 출토되었는데, 중원 탑지와 금당지에서만 151점(61.4%)이 집중 출토되고 있고, 나머지는 사역 중심곽의 전반적인 건물지들과 후대건물지에서 골고루 출토되고 있음을 알 수 있다. 그러므로 B형식 암막새는 중원 탑지와 금당지에서 사용된 최후의 중심기와였음을 알 수 있다. 그리고 C형식은 모두 90점이 출토되었는데, 중원 금당지에서 52점(57.8%)이 출토되었다. 나머지 구역에서는 소수만 출토되고 있어 C형식의 암막새도 마지막 시기 중원 금당지의 중심기와로 사용되었음을 알 수 있다. 그러나 북측 구릉에서는 B-1형식 암막새 1점 외에는 전혀 확인되지 않기 때문에, 북측 구릉이 보고서에서와 같이 통일신라 시대 말경 중심곽 건물의 지붕을 덮었던 기와를 폐기한 층으로는 볼 수는 없는 것이다. 그렇다면 북측 구릉의 A형식 암막새는 미륵사지 중심곽 출토 B형식과 C형식 암막새 사용 이전의 기와를 폐기하면서 형성된 층위임을 알 수 있다. 그리고 B·C형식보다 앞선 시기로 편년할 수 있기 때문에, A형식은 미륵사지 창건 건물에 사용된 기와로 보아야 할 것이다. 이에 관해서는 공반유물에서 다시 검토하고자 한다.

〈표 34〉에서 보는 바와 같이 당초문 암막새 L형식이 같은 층위에서 집중 출토되고 있는 이유는 무엇이고, 이러한 층위가 형성된 것은 무슨 이유 때문일까?

당초문 암막새 L형식은 드림새 중앙에 고사리문을 2개소에 배치하고, 여기에서부터 좌·우 양단을 향해서 당초문이 유려하게 뻗어있다. 당초 줄기는 파상형을 이루고 있는데, 반전되는 곳에서 가지가 나눠지면서 세장한 인동화가 굵은 선으로 부드럽게 표현되었다. 드림새 위와 아래에만 주연이 마련되었는데, 윗면은 2조의 굵은 선으로 처리하였고 아래쪽은 턱을 약간 높여 그 위에 굵은 주문을 마련하였다. 태토의 질은 곱게 정선된 점토에 세사립이 극히 소량 혼입되어 아주 고운 연질이다.[47] 발굴 조사에서 모두 100점이 출토되었는데, 이 중 연못지 주변에서 76점이 출토되어 76%를 차지하고

---

47) 문화재관리국·문화재연구소, 1989, 『미륵사』, 유적발굴조사보고서 I , 161쪽.

있고, 그 중 북측 구릉에서는 39점이 출토되었으며 나머지는 중심곽이나 후대건물지에서 약간씩 출토되었다.

일반적으로 시기를 달리하는 유물이 같은 층에서 출토되었다고 한다면 그 층위의 편년은 늦은 시기의 유물을 기준으로 보는 것이 상식이다. 미륵사지에서도 필자가 백제 시대의 암막새로 보고자 하는 A형식의 기와는 L형식의 암막새와 더불어 출토되고 있기 때문에, 층위가 형성된 시기는 L형식에 따라 통일신라 말이나 고려 초로 보았다고 생각한다. 그런데 앞선 시기의 A형식과 뒤늦은 L형식의 암막새만이 집중 출토되고 있다는 점에서 북측 구릉은 두 시기를 포함하는 층으로 밖에 볼 수 없다. 그렇다면 2가지 관점에서 생각해 볼 수 있는데, 하나는 층위 구분의 오류이거나, 그렇지 않다면 통일신라 말이나 고려 시대 초기에 한 번 교란된 층위였을 것이다. 필자는 보고서와 마찬가지로 후자일 것으로 생각하므로 북측 구릉은 A형식의 당초문 암막새를 중심으로 하는 시기와 L형식의 당초문 암막새를 중심으로 하는 두 시기가 어떠한 연유에서인지는 알 수 없으나 나말려초 무렵에 교란되어 합쳐진 층임을 알 수 있다. 그러므로 북측 구릉이 비록 통일신라 말에서 고려 시대 초기에 형성된 층위라 하더라도 두 형식의 암막새 출토예와 같이 유물은 두 시기로 분리해서 생각해야 한다.

정리해 보면, 미륵사지 창건기의 중심곽에서는 A형식의 암막새를 사용하다가 통일신라 시대에 접어들어 중심곽에 대한 중수와 함께 사역을 확장하게 된다. 사역의 확장은 기본적인 백제 시대 가람 배치는 손대지 않고, 당간지주를 감싸는 남회랑과 그 앞에 연못을 만들게 되는데 이 과정에서 대지 확장과 더불어 중심곽의 기와를 폐기하는 북측 구릉이 형성된다. 중심곽에서는 B형식과 C형식의 암막새를 사용하게 되고, 중심곽이 폐기되고 난 후 나말려초 형식인 L형식의 암막새를 다시 폐기한 이후 교란된 것으로 판단된다.

다음 항에서는 당초문 암막새 A형식의 백제 제작설을 구체적으로 뒷받침하기 위하여 공반유물에 대한 검토를 하고자 한다.

③ 공반유물의 검토

A형식 암막새와 공반되는 유물을 살펴보기 위하여 미륵사지 연못지 주변 암막새와 수막새 출토 현황을 보면 〈표 35〉와 같다.[48] 표의 내용 중 통일신라 시대나 나말려초

---

48) 『미륵사』, 유적발굴조사보고서 II의 표 28, 34, 39의 내용을 압축하여 편집하였음.

표 35 미륵사지 연못지 암·수막새 출토 현황

구 분		최하층	통일신라 시대				나말려초	고려 시대		계
		백제못	동연못	서연못	중앙도로	와요지	북측구릉	동연못 상층	서연못 상층	
암막새	당초문 A-1			4	8		72	2	1	87
	당초문 A-2		1	2	8		70	2		83
	당초문 B-1					2	1			3
	당초문 B-2									
	당초문 C									
	당초문 E		1							1
	당초문 H			1			1	2		4
	당초문 I							1		1
	당초문 J			1			2	1		4
	당초문 K							1		1
	당초문 L		3	3	4		39			49
	당초문 합계		5	11	20	2	185	9	1	233
수막새	8엽단판문계	2	1		2		4			9
	6엽단판문계	2	30	11	36	21	492	10	42	644
	중판국화문		1	1			6		1	9
	중판보상화문		1			1	2			4
	중판연화문계						1	1	6	8
	복판연화문계		13	4	2	8	39	2	11	79
	세판연화문계		1	2		3	3	2	6	17
	귀 목 문 계							6	4	10
	수막새 합계	4	46	19	40	34	546	21	70	780

혹은 고려 시대의 구분은 보고서의 내용을 따른 것이다.

앞에서 설명한 바와 같이 연못지에서의 A형식 암막새 출토는 북측 구릉에서 집중되고 있다. 여기에서는 암막새 185점이 출토되었는데, 이 중 A형식 암막새가 142점(76.8%)을 차지하고 있다. 그리고 당초문 L형식이 39점(21.1%)으로 A형식과 더불어 모두 97.9%를 차지하고 있다.

그리고 연못지 주변에서 출토된 수막새들은 백제 시대에서 고려 시대로 편년될 수 있는 수막새가 8엽단판연화문계 등 8개 형식으로 대별된다.(표 35, 탁본 9) 우선 8엽단판연화문계 수막새는 부여 지역에서 많이 사용되었던 형식으로 연판의 선단에 돌기가 있거나 하트모양으로 이루어진 수막새를 말한다. 그리고 6엽단판문계는 백제 시대로 편년되는 미륵사지 창건 기와로써, 화엽 안에 인동문(심엽문)[49]이나 다이아몬드형의 문양이 가미된 형태이다. 통일신라 시대 이후로 편년되는 중판문계 수막새는 국화문과

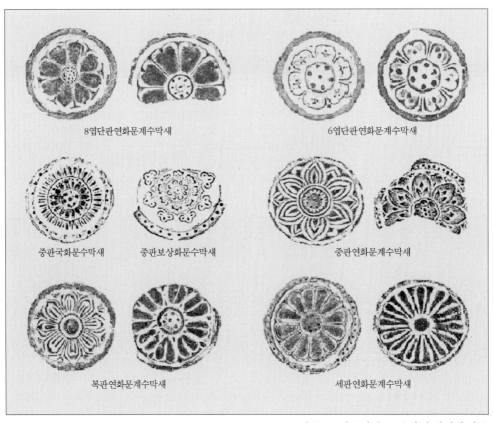

8엽단판연화문계수막새   6엽단판연화문계수막새

중판국화문수막새   중판보상화문수막새   중판연화문계수막새

복판연화문계수막새   세판연화문계수막새

탁본 9 연못지 출토 수막새 형식별 탁본

보상화문, 연화문계로 나눠지고, 연화문계는 중판·복판·세판 연화문으로 세분된다.

이와 같은 여러 형식의 수막새 중 북측 구릉에서 집중적으로 출토되는 수막새는 암막새의 출토양상과 마찬가지로 백제 시대로 편년되는 6엽단판연화문계와 통일신라 시대로 편년되는 복판연화문계가 중심을 이룬다. 여기에서 출토된 546점의 수막새 중 492점(90.1%)이 6엽연화문계 수막새이고, 복판연화문계 수막새가 39점(7.1%)이 출토되어 두 형식의 수막새가 모두 97.2%를 차지하고 있다.

결국 앞에서 설명했던 암막새의 출토양상과 마찬가지로 수막새에서도 두 시기로 출토 유물이 나눠지고 있으며, 6엽연화문계 수막새가 미륵사지 창건 기와이고, 이러한 기와가 같은 층위에서 공반되며, 출토 수량에서도 압도하고 있음은 암막새 A형식이 백

---

49) 보고서에는 인동문으로 보는데, 필자는 심엽문으로 보고자 한다.

제 시대 창건 기와로 사용했음을 증명해 주는 자료이다. 물론 수막새에서도 중판국화문 6점과 아울러 중판보상화문 2점이 출토되어 A형식 암막새가 통일신라 시대 유물일 가능성을 주장할 수도 있다. 그러나 북측구릉에서 1점이 출토된 암막새의 B - 1형식과 마찬가지로 수막새 두 형식도 중원의 마지막 수막새로 사용되었음이 밝혀졌기 때문에,[50] 중원의 최후 기와보다는 앞서 사용된 A형식 암막새와 세트로 볼 수 없다. 만약 A형식의 암막새가 통일신라의 어느 시기에 사용된 유물이라는 것이 증명되려면 미륵사지 창건 기와와 중원의 마지막에 사용된 기와, 다시 말해서 백제 시대의 6엽연화문 수막새와 중판국화문이나 보상화문수막새와의 사이에 해당하는 통일신라 시대 유물이 북측 구릉에서 다수 공반되어야 하나 그러한 유물은 출토되지 않았다. 만약 암막새 A형이 6엽 연화문 수막새와 세트를 이루지 않는다면 암막새만의 사용을 상정해 볼 수 있는데, 필자는 아직까지 수막새만 사용된 예는 있어도 암막새만을 사용한 건물지의 사례를 본 적이 없다. 또한 A형식의 암막새가 통일신라 시대 유물이라면, 우리가 그동안 백제 시대로 믿어왔던 6엽단판연화문 수막새의 편년도 재고해야 될 것이다.

이와 같이 A형 암막새와 백제 시대 유물이 공반되는 양상은 수막새에서만 나타나는 것이 아니라 원형인각명문와에서도 보인다. 〈표 36〉[51]에서 보는 바와 같이 연못지 일원에서는 모두 304점의 각종 인각와가 출토되었는데, 이 중 북측 구릉에서는 204점이 출토되어 67.1%를 차지하고 있다. 인각와 중에서 간지명은 60년마다 반복되지만 천간명이 타날된 인각와는 10년마다 반복되며, 지지명이 타날된 인각와는 12년마다 반복되기 때문에 절대 편년을 하기에는 많은 어려움이 있다. 그리고 일반적으로 천간이나 지지명이 날인된 원형인각명문와는 무왕 대인 7세기 전반으로 편년하는 것이 일반적인 설이다.[52] 그러나 필자는 앞에서 간지명을 제외한 천간이나 지지명 원형인각명문와를 의자왕 대로 편년한 바 있다. 여하튼 인각된 명문와가 백제 시대의 표식적인 유물임은 분명하다.

50) 국립부여문화재연구소, 1996, 『미륵사』, 유적발굴조사보고서 II, 116~117쪽.
51) 국립부여문화재연구소, 1996, 『미륵사』, 유적발굴조사보고서 II, 245쪽. 표 39.에서 발췌.
52) 심상육은 인각와의 중심 사용 시기는 7세기 초에서 백제 멸망까지로 성왕 이후 다시 왕권이 강화되었던 무왕과 의자왕 대로 보고 있다.(심상육, 2005, 「백제 시대 인각와에 관한 연구」, 공주대학교 대학원 석사학위논문, 60쪽.) 노기환은 왕궁리 유적이나 제석사지·미륵사지의 인각와를 대체적으로 640년을 전후한 시기까지로 설정하고 있다.(노기환, 2007, 「미륵사지 출토 백제 인각와 연구」, 전북대학교 대학원 석사학위논문, 66~67쪽.)

표 36 미륵사지 연못지 인각와 출토 현황

구 분	최하층	통일신라 시대				나말려초	고려 시대		계
	백제못	동연못	서연못	중앙도로	와요지	북측구릉	동연못상층	서연못상층	
인각와	1	12	37	12	23	204	4	11	304

그러한 원형인각명문와가 〈표 36〉[53]에서 보는 바와 같이 미륵사지에서 총 1,174점이 출토되고 있는데, 북측 구릉에서만 204점이 출토되어 전체 출토 수량의 17.4%를 차지하고 있다. 이와 같이 다량의 인각와가 A형식의 암막새와 함께 출토되었다는 점도 암막새 A형식이 백제 시대에 사용되었음을 뒷받침해 준다고 할 수 있다.

이 외에 북측 구릉에서 공반되는 유물 중 연목와를 통해서도 같은 양상을 살필 수 있다. 〈표 37〉[54]를 통해 보면 구분에서 중심곽이나 후대 회랑지, 연못지 등은 백제 및 통일신라 층위로 안정층위라 했으며, 북측 구릉을 연못지 와적층이라고 하면서 나말려초층으로 비안정층이라고 표현하고 있다. 비안정층이라고 표현한 것은 아마 이른 시기의 유물과 늦은 시기의 유물이 공반되고 있기 때문이라고 여겨진다. 그리고 이 층위는 백제 및 통일신라 시대 기와류를 연못의 기능이 없어진 통일신라 말 또는 고려 초 무렵에 이곳에 폐기함으로써 이루어진 층으로 판단하고 있다.[55]

표에서와 같이 미륵사지에서는 모두 1,224점의 연목와가 출토되었는데, 이 중 642점(52.5%)이 북측 구릉에서 출토되었고, 연목와 역시 백제 시대로 편년하는 데는 이론이 없다는 사실에서도 이와 공반되는 당초문 암막새 A형식이 백제 시대 미륵사 창건 기와로 사용되었음을 부인할 수는 없다고 생각한다.

표 37 미륵사지 연목와 출토 현황

구 분	백제 및 통일신라 층위 (안정층위)						나말려초 (비안정)	고 려 (불명층위)	합계
유구별	동원	중원	서원	강당지·북승방지	후대남회랑지	연못지	연못지 와적층	중심곽 서편상층	
수량(점)	165	39	25	115	71	73	642	94	1,224

---

53) 국립부여문화재연구소, 1996, 『미륵사』, 유적발굴조사보고서 Ⅱ, 174쪽.
54) 국립부여문화재연구소, 1996, 『미륵사』, 유적발굴조사보고서 Ⅱ, 225쪽. 표 35.
55) 국립부여문화재연구소, 1996, 『미륵사』, 유적발굴조사보고서 Ⅱ, 225쪽.

④ 문양 요소의 검토

층위나 공반유물의 검토에서 당초문 암막새 A형식은 백제 시대 미륵사 창건 기와임을 확인하였다. 그렇다면 암막새의 화판을 구성하는 문양 요소도 과연 백제 시대 암막새라고 볼 수 있을 것인가를 검토할 필요가 있다. 문양 요소에 대해서는 필자가 이미 문제 제기를 한 논문[56]이 있으므로 이러한 내용을 중심으로 좀 더 살펴보고자 한다.

A - 1형식과 A - 2형식의 당초문 암막새는 문양은 동일하지만 주연부에서 차이점을 보이는데, A - 1형식은 백제 시대 수막새에서 나타나는 바와 같이 비교적 높은 소문의 주연을 나타냈으나, A - 2형식은 단지 양각선대를 주연에 두고 굵은 연주문을 표현하고 있다는 점이 다르다. 이와 같이 주연만 다를 뿐 문양의 표현은 두 형식이 동일한 양상을 보이기 때문에, 형식적으로는 연주문이 시문된 A - 2형식이 시기적으로 늦은 감은 있으나 출토 층위나 공반유물의 양상, 문양의 표현에서는 거의 같은 시기에 제작 사용되었을 것으로 판단된다.

문양 요소 중에서 특징적인 것 중의 하나가 암막새의 중앙에 표현된 문양이라고 할 수 있다. 이 문양에 대해 보고서에서는 도식화 된 보상화문[57]으로 표현하고 있다. 그러나 우리가 일반적으로 생각하는 통일신라 시대의 보상화문과는 다른 모습이라는 것을 일견할 수 있다.(사진 33) 즉 상부는 삼릉형을 보이고, 그 아래에서부터

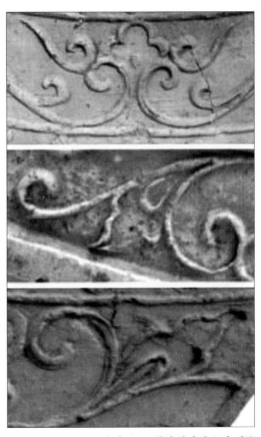

사진 33 A형식 암막새 문양 세부

56) 김선기, 2009, 「지지명인각와를 통해 본 미륵사 창건과 몇 가지 문제」, 『대발견 사리장엄, 미륵사의 재조명』, 원광대학교 마한·백제문화연구소.

57) 문화재관리국·문화재연구소, 1989, 『미륵사』, 유적발굴조사보고서 I, 157쪽.

는 양 방향으로 각각 당초문 줄기가 이어지고 있다. 그리고 삼릉형 문양 중앙의 점은 꽃술이라기보다는 심엽의 표현으로 보여지므로 삼릉심엽형화문으로 파악하고자 한다. 암막새 당초문 줄기의 중앙부와 양쪽 끝단에서도 줄기 사이에 표현된 무늬는 좀 더 자라난 삼릉심엽의 형태를 보이고 있다. 이러한 문양과 비슷한 형식은 바로 미륵사지 사리장엄구[58]에서 찾아볼 수 있다.

미륵사지 사리장엄구는 서탑을 해체 복원하는 과정에서 발견되어 세간의 많은 관심과 반향을 불러왔다. 특히 사리봉영기에서는 '己亥'라고 하는 간지명이 확인되어 사리장엄구의 봉안과 제작이 639년이라는 절대 연대를 확인할 수 있어 더욱 중요한 자료가 된다. 사리장엄구 중 외호(사진 34)의 중앙 상부에는 힘차게 뻗어나는 S자형의 당초문[59]이 시문되었으며, 하단에는 암막새와 비슷한 형태의 심엽과 줄기가 표현되고 있

사진 34 미륵사지 서탑 출토 금동제 사리외호
(좌 : 미륵사지 서탑 금동사리외호, 우상 : 사리외호 상단 세부, 우하 : 사리외호 중단 하부 세부)

---

58) 문화재청 · 전라북도 · 익산시, 2009, 『미륵사지석탑 사리장엄』.
59) 이 문양을 당초문으로 보기도 하지만 권초문으로 부르기도 한다.
  (이송란, 2009, 「미륵사지 금제사리호의 제작기법과 문양 분석」, 『대발견 사리장엄, 미륵사의 재발견』, 원광대학교 마한 · 백제문화연구소, 195~196쪽.)

사진 35　왕궁리 오층석탑 출토 금제사리내함

(좌 : 왕궁리 오층석탑 금제사리내람, 우상 : 금제사리내함 뚜껑 세부, 우하 : 금제사리내함 몸체 세부)

다. 물론 여기에서 삼릉의 형태는 보이지 않고 단지 심엽이 3단으로 표현되고 있다. 그러나 어깨에 표현된 문양은 암막새와 같은 형태는 아니지만 삼릉심엽문만을 표현하고 있다. 좁은 어깨의 공간 때문에 문양이 옆으로 퍼진 모습으로 표현한 것으로 생각된다. 상단과 중단하부의 심엽문 형태는 A형식 암막새의 중앙에 표현된 문양과는 변화된 모습을 보이므로 시기적인 차이를 가지고 사용되었던 것으로 생각된다. 그런데 미륵사지 A형식 암막새와 같이 삼릉심엽문을 좀 더 구체적으로 표현한 것이 왕궁리 오층석탑 출토 금제사리내함에서 찾아진다.(사진 35)

　왕궁리 오층석탑의 해체 복원 작업 중에 발견된 금동여래입상이 나말려초로 편년된다는 점에서[60] 사리장엄구를 통일신라 시대로 보기도 하며, 최근에는 견훤의 발원에 의해 백제 전통이 강하게 담겨진 900년 경의 작품으로 보기도 한다.[61] 하지만 출토된

---

60) 최성은은 이 불상을 나말려초로 편년하고, 후백제와 관련이 있을 것으로 판단하고 있다.
　　(최성은, 1997, 「나말여초 소형 금동불입상 연구 -익산 왕궁리 오층석탑출토 금동불입상을 중심으로-」,
　　『미술자료』 58, 국립중앙박물관.)
61) 조원교, 2009, 「익산 왕궁리오층석탑 발견 사리장엄구에 대한 연구」, 『백제연구』 49, 충남대학교 백제연구소.

Ⅲ　金馬渚 百濟 寺址의 特徵

사리장엄구 중 금제금강경판의 윤문현상과 분장 등을 근거로 육조 시대에 쓰여진 사경을 저본으로 백제의 문예전성기인 무왕 때 제작한 사경으로 추정하는 주장이 제기되어[62] 사리장엄구가 백제 시대에 만들어졌음이 최초로 주장되었다. 그 후 석탑을 해체할 때 확인되었던 기단부 중앙의 품자형 사리공을 갖춘 석재가 백제 시대 목탑 심초석의 사리공으로 보고자 하는 견해와 아울러 왕궁리 오층석탑 금제사리내함에 시문된 문양과 백제 금속공예품에 보이는 문양을 비교하여 650년을 전후한 백제 작품이라는 주장이 발표되었다.[63] 또한 사리 내함에 새겨진 문양의 성격을 구체적으로 구명하여 역시 사리장엄구의 백제 제작설에 힘을 더해주고 있다.[64] 나아가 한정호는 미륵사지 사리장엄구 발견 이후에 개최된 학술회의에서 서탑에서 발견된 사리장엄구 중 사리외호에 시문된 문양과 왕궁리 오층석탑 발견 사리내함을 비교하여 동일한 시기에 동일한 수법으로 제작된 것으로 보고 있다.[65] 왕궁리 오층석탑 사리장엄구의 구성은 『관세음응험기』의 기록 등을 바탕으로 제석사지의 유물이 왕궁리 오층석탑에 그대로 이관된 것으로 보기도 하며,[66] 왕궁리 오층석탑 사리장엄구의 크기는 제석사지 목탑지 심초석 사리공의 규격과 비슷하다는 주장[67]이 있어서 이들과의 관련성이 함께 검토되어야 할 것이나 우선 제작 기법이나 문양의 구성에 있어서 필자는 백제 제작설을 따르고자 한다.

금제사리내함 4면의 문양은 각각 2가지 형태로 다르게 나타나는데, 한쪽 면은 삼릉심엽형 문양의 하단에서 서로 교차되면서 줄기가 뻗어나가는 형태이고, 다른 하나는 삼릉심엽문 하단에서 곡선형으로 만났다 좌우로 뻗어나가는 형태를 보인다.[68] 이 중

---

62) 송일기, 2003, 「익산 왕궁탑 출토 '백제금지각필 금강사경'의 연구」, 『마한·백제문화』16, 원광대교 마한·백제문화연구소.

63) 한정호, 2005, 「익산 왕궁리 오층석탑 사리장엄구의 편년 재검토 : 금제사리내함을 중심으로」, 『불교미술사학』 제3집, 불교미술사학회.

64) 강우방, 2007, 『한국미술의 탄생』, 솔출판사, 161~173쪽.

65) 한정호, 2009, 「익산 왕궁리 오층석탑 사리장엄구의 연구」, 『미륵사지 출토 유물에 대한 종합적 검토』, 신라사학회·국민대학교 한국학연구소 공동학술대회 발표요지, 96~99쪽.

66) 홍윤식, 2003, 「문헌자료를 통해서 본 백제 무왕의 천도 사실」, 『익산의 선사와 고대문화』, 원광대교 마한·백제문화연구소, 326쪽.

67) 황수영 박사의 「백제제석사지의 연구」 말미에 추기된 내용을 보면, 제석사지 사리공에 안치된 사리장치에 대해 현재로서는 알 수 없으나 인근 왕궁리 오층석탑 내에서 발견된 사리장치의 유물과 비교해 보았을 때, 제석사지 심초석의 사리장치와 왕궁리 오층석탑 내 사리장치 유물 간에 큰 차이를 보이지 않아서 그 연관성이 매우 높은 것으로 판단된다고 하고 있다.
(황수영, 2003, 「백제제석사지의 연구」, 『익산의 선사와 고대문화』, 원광대학교 마한·백제문화연구소, 363~366쪽.)

후자의 문양 계통이 미륵사지 출토 A형식의 암막새 중앙 문양에 도입된 것으로 생각된다. 특히 심엽문 상부 작은 운문의 표현이 암막새에서도 동일하게 나타난다고 하는 점에서 더욱 그러하다. 암막새의 당초 줄기에서 새롭게 돋아나는 삼릉심엽문도 같은 모티브에서 변화되는 것으로 판단되기 때문에 암막새 A형식은 문양 요소에서도 충실하게 백제의 모습을 보여주고 있다.

그런데 A - 1형식 암막새에서는 주연이 비교적 높은 소문의 형태를 하고 있기 때문에 백제 시대 대부분의 수막새에서 나타나는 주연의 전통을 따르고 있다고 생각한다. 그러나 A - 2형식의 암막새는 소문의 주연이 있어야 할 자리에 1조의 양각 선 안에 연주문을 시문하고 있어 전혀 다른 모습을 보인다. 일단 와제품에 연주문을 시문한 예는 중국 남조의 연화문 수막새에서 보이며,[69] 백제에서는 부여 외리에서 출토된 문양전에서 확인되고 있다. 외리 출토 문양전은 모두 8종류의 형식으로 분류되는데, 산수문이나 귀면문 계통의 네 형식의 전에서는 문양이 전면에 가득 표현되고 있으나, 반용문전 · 봉황문전 · 연화와운문전 · 연화문전에서는 원형의 연주문대 안에 각각의 문양을 두고 있음을 알 수 있다.[70] 연주문은 외리출토 전에서 처음 나타나는데, 위덕왕 때 북제와의 새로운 외교정책과 무관하지 않을 것으로 보기도 하며,[71] 600년 경에 제작된 것으로 추정하기도 하는 것으로 보아[72] 미륵사지 암막새에 보이는 연주문보다 앞서 문양의 요소로 사용되고 있음을 알 수 있다.

금속 제품에서 나타나는 연주문의 요소는 표현 방법에 있어서 약간의 차이를 보이지만, 역시 왕궁리 오층석탑 출토 금제사리내함의 문양에서 볼 수 있다.(사진 35) 즉 내함의 측면 문양을 보면 주연에 방곽문을 두고 있는데, 여기에 굵은 주문을 일정한 간격으로 배치하고 있으며 그 사이에는 작은 주문(어자문)을 배치하고 있다. 그리고 미륵사지 사리장엄구 금동제사리외호에서는 연주문의 형태가 더욱 확실하게 나타난다. 즉 몸체 중앙을 상하로 이등분을 하여 각각 윗면과 아랫면에 당초문을 배치하고 있는데, 구

---

68) 미륵사지나 왕궁리 오층석탑에서 나타나는 이러한 문양을 좌우로 펼쳐진 나선모양의 꽃받침 위에 꽃 봉우리가 하나 장식된 모습으로 보기도 한다.
　　(이송란, 2009, 「미륵사지 금제사리호의 제작기법과 문양 분석」, 『대발견 사리장엄, 미륵사의 재발견』, 원광대학교 마한 · 백제문화연구소, 196쪽.)
69) 국립부여박물관, 2010, 『백제와전』, 291쪽.
70) 문봉식, 2008, 「부여 외리출토 문양전에 대한 일고」, 한남대학교 대학원 석사학위논문, 도판1~8.
71) 박대남, 2008, 「부여 규암면 외리출토 백제문양전 고찰」, 『신라사학보』 14, 신라사학회, 237쪽.
72) 문봉식, 2008, 「부여 외리출토 문양전에 대한 일고」, 한남대학교 대학원 석사학위논문, 82쪽.

획을 한 양각 횡선문 안에 연주문이 시문되어 있다.(사진 34) 미륵사지 금동제사리외
호의 이러한 문양 요소들이 암막새 주연의 연주문과 연결되고 있는 것으로 보아 A - 1
이나 A - 2형식은 층위나 공반유물에서 확인된 바와 같이 모두 비슷한 시기에 사용되었
음을 알 수 있다.

백제 시대 암막새와 공반되는 수막새나 녹유연목와에서도 심엽문(새싹문)과 같은
문양의 요소를 발견할 수 있다. 6엽연화문 수막새 중 화엽 중앙에 3엽의 문양을 배치하
고 있으며, 녹유연목와에서도 3엽 혹은 5엽의 문양을 배치하고 있다. 이와 같은 문양
요소는 미륵사지 암막새나 사리장엄구의 삼엽문과 더불어 백제의 발전과 영속을 기원
하는 하나의 공통된 상징체계를 보여주고 있다는 점에서 암막새 A형식의 백제 시대 편
년은 확고부동하다.

이상과 같이 백제 시대 암막새는 출토 층위나 공반유물, 그리고 문양의 요소와 상징
체계를 통해서도 백제 시대에 창안된 막새임이 틀림없다고 생각한다. 다음 장에서는
암막새기와를 제작하기 위하여 드림새에 접합되었던 암키와의 제작 기법과 등문양에
대해서 검토해 보기로 한다.

⑤ 접합 암키와의 검토

㉠ 제작 기법

미륵사지 조사 보고서를 통해 보면 암막새 A - 1형식에 대해 "태토의 질은 곱게 정
선된 점토에 세사립이 약간 혼입되어 고우며 소성도는 낮아 흰 가루가 묻어날 정도의
연질이나, 불에 타서 경질인 것도 있다. 접합 기법은 드림새의 뒷면을 비스듬한 직각
형태로 깎아내고 암키와를 접착시켰다. 암키와의 등문양은 무문인 것과 간격이 넓은
굵은 선문의 것, 그리고 기와의 등을 비 같은 것으로 쓸어낸 문양의 것이 있다."고 하고
있다. 그리고 A - 2형식은 "드림새 표면의 색, 태토의 질, 소성도, 접합 기법 등은 A - 1
형식과 같다."고 하고 있다.[73]

우선 제작 방법 중 드림새와 암키와의 접합 방법을 보면 〈도면 62〉에서 보는 바와
같이 드림새의 뒷부분을 직각으로 깎거나 경사지게 깎아 암키와를 부착하고 있음을 알
수 있다. 미륵사지 암막새는 드림새에 문양을 넣은 백제 시대 최초의 기와라고 생각하

---

73) 문화재관리국 · 문화재연구소, 1989, 『미륵사』, 유적발굴조사보고서 Ⅰ, 204쪽.

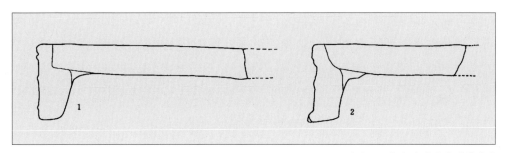

도면 62 A형식 암막새의 접합방법

기 때문에 이와 비교할 만한 유물은 없다. 단지 드림새와 암키와의 접합 기법은 수막새의 접합 기법과 비교해야 할 것이나, 백제 시대에 일찍부터 사용되었던 수막새의 제작 기법은 너무나 다양하게 나타난다.[74] 그러므로 암막새의 접합 기법과 관련한 커다란 문제점은 없다. 오히려 드림새와 접합되어 있는 암키와의 제작 방법이나 등문양의 분석이 백제 제작설에 대해 좀 더 적극적으로 접근할 수 있는 방법이라고 생각한다.

암키와를 제작하는데 있어서 기본적인 도구는 '와통' 이라 할 수 있는데, 통쪽와통과 원통와통으로 대별할 수 있다.[75] 백제에서 와통을 사용하지 않고 기와를 제작한 예는 한성 도읍기에 많이 보이는데, 토기 제작 기법에 의해 만들어진 것으로 알고 있다.[76] 와통을 사용한 예에서 보면 통쪽와통 뿐만 아니라 원통와통을 사용한 제작 기법도 한성 도읍기에서부터 사용된 것으로 확인되고 있다.[77]

그런데 통쪽와통의 제작 방법은 웅진도읍기와 사비도읍기를 걸쳐 활발하게 사용되고 있으며, 사비도읍기의 여러 유적에서도 통쪽와통의 흔적이 암키와 내면에 대부분 나타난다. 그러므로 백제 시대 암키와 제작 기법의 전형으로 보고 있기도 하며, 미륵사지 발굴에서는 유물을 편년하는데 절대적인 기준으로 보았다.[78]

그렇지만 A형식의 암막새에서는 제작 과정에서 통쪽와통이 사용되지 않고 원통와통만을 사용한 기와라고 하는 점에서 등문양의 형태와 더불어 기와 연구자들이 백제

---

74) 戶田有二, 2004, 「백제 수막새기와 제작기법에 대하여(Ⅱ)」, 『백제연구』 40, 충남대학교 백제연구소, 205~206쪽.
　　龜田修一, 2008, 『日韓古代瓦の硏究』, 吉川弘文館, 104~106쪽.
75) 최맹식, 2003, 「삼국시대 평기와에 관한 연구」, 단국대학교 대학원 박사학위논문, 27~30쪽.
76) 권오영, 2001, 「백제 전기 기와에 대한 신지견」, 『백제연구』 33, 충남대학교 백제연구소.
77) 김인희, 2002, 「한성기의 기와」, 숙명여자대학교 대학원 석사학위논문.
78) 국립부여문화재연구소, 1996, 『미륵사』, 유적발굴조사보고서 Ⅱ, 258쪽.

시대로 편년하는데 커다란 장애였으며, 이러한 요인은 A형식의 암막새를 통일신라 시대에 제작한 것으로 볼 수 밖에 없는 요소로 작용하고 있다고 필자는 생각한다. 그렇다면 백제 시대 사비도읍기의 원통와통 사용 예가 확인되어야만 미륵사지 암막새의 백제 제작설에 신빙성을 높여준다고 생각한다. 특히 미륵사지에서 원통와통의 사용 예가 밝혀진다면 더욱 그 사실에 부합된다고 할 수 있다.

이러한 사실을 검토하기 위해서는 A형식의 암막새가 주로 출토된 연못지 북측 구릉의 암키와가 가장 중요한 자료임은 말할 나위 없다. 그렇지만 보고서에서는 북측 구릉의 암키와 조사 자료를 확인할 수 없다. 현재로서는 이러한 사실을 밝히는 데에 간접적인 방법 밖에 없다는 커다란 아쉬움이 남는다. 그러므로 미륵사지 북측 구릉 외에서 원통와통의 사용을 밝히는데는 많은 어려움이 있다. 왜냐하면 백제 말기에 완성된 미륵사지는 통일신라 시대까지 중심곽이 운영되고 있다는 특성 때문에 지금까지 인식되어 왔던 백제 시대와 통일신라 시대의 유물, 즉 통쪽와통과 원통와통으로 제작된 기와가 섞여있기 때문이다. 그렇다면 가급적 순수하게 백제 시대에만 사용되었을 가능성이 있는 층위에서의 암키와 분석 자료를 참고할 수 밖에 없다.

사비도읍기 부여 지방에서 백제 시대 기와가 가장 잘 조사된 용정리사지에서는 통쪽와통을 주로 사용하지만,[79] 금당지 외부 구지표층이나 금당지 내 축기부 출토 암키와에서는 원통와통으로 제작된 기와도 출토되고 있는 양상을 알 수 있다.[80] 금마저에서 순수하게 백제 시대 층만이 있는 제석사 폐기장 유적에서는 원통와통의 사용 흔적이 전혀 확인되지 않았다.[81] 왕궁리 유적은 백제 시대부터 통일신라 시대까지 사용된 유적이기 때문에 두 시기의 유물이 혼재되었을 가능성은 배제할 수 없으나, 백제 시대에만 사용되었을 오층 석탑 하부의 목탑지 조사나 남편 석축(동서석축1)에서는 백제 시대 원통와통을 사용한 흔적이 주로 무문의 와편에서 확인되고 있음이 보고된 바 있다.[82]

미륵사지에서는 확실한 백제 시대 층만있는 유구로 동탑 동편 암거를 보고 있다. 지

---

79) 국립부여문화재연구소, 1993, 『용정리사지』, 33쪽.
80) 최맹식, 2003, 「삼국시대 평기와에 관한 연구」, 단국대학교 대학원 박사학위논문, 195쪽.
81) 김선기·조상미, 『익산왕궁리전와요지(제석사폐기장)』, 시굴조사보고서, 원광대학교 박물관, 57쪽.
82) 국립부여문화재연구소, 1997, 『왕궁리』 발굴조사중간보고 II, 183~184쪽.
　　그런데 오층 석탑 남쪽 동서석축1의 상층에는 통일신라 시대 층이 있어 늦은 시기의 유물이 혼입되었을 가능성도 있지만 탑 하부에서는 교란의 가능성이 적을 것으로 생각된다.

하 암거 시설은 토층 조사를 하는 과정에서 우연히 발견되었는데, 초창기 건물인 동원 승방·동금당·동탑을 조영하기 이전에 지반을 다져 메우면서 동시에 구축했던 것으로 드러났다. 동탑지 동편 암거의 총 길이는 163m이고, 폭은 60~75cm이며, 가장 깊은 곳은 170cm였다.[83] 여기에서 출토된 유물을 재구성하면 〈표 38〉[84]과 같다.

표 38 미륵사지 동탑지 동편 지하암거 출토 암키와 속성표

문양 종류	수량	와통 종류	
		통쪽와통	원통와통
무문 암키와	132(100%)	24(18.2%)	108(81.8%)
선문 암키와	86(100%)	27(31.4%)	59(68.6%)
합 계	218(100%)	51(23.4%)	167(76.6%)

표에서 보는 바와 같이 동탑지 동편 배수암거에서는 통쪽와통보다도 오히려 원통 와통이 더 많이 출토되었음을 알 수 있다.

미륵사지 연못지 북편 호안 바닥에서도 백제 시대 토기와 막새 및 평기와가 출토되었기 때문에 이곳도 백제 시대 층위로 보고 있다. 여기에서 출토된 유물을 재구성하면 〈표 39〉[85]와 같다.

역시 표에서 보는 바와 같이 조사된 총 520점의 암키와 중 83.7%인 435점이 원통와통을 사용하고 있음을 알 수 있다.

표 39 미륵사지 연못 북편 호안 바닥 출토 백제 평기와 속성표

문양 종류	수량	와통 종류	
		통쪽와통	원통와통
무문 암키와	275(100%)	43(15.6%)	232(84.4%)
선문 암키와	236(100%)	41(17.4%)	195(82.6%)
격자문 암키와	9(100%)	1(11.1%)	8(88.9%)
합 계	520(100%)	85(16.3%)	435(83.7%)

배수암거나 연못지는 폐기 시기에 따라 백제 시대 이외의 유물이 들어갈 가능성에 의문을 제기할 수도 있다. 그렇다면 출토된 유물 중에서 확실하게 백제 시대로 편년되

83) 국립부여문화재연구소, 1996, 『미륵사』, 유적발굴조사보고서 II, 125쪽.
84) 최맹식, 2003, 「삼국시대 평기와에 관한 연구」, 단국대학교 대학원 박사학위논문, 202쪽.
85) 최맹식, 2003, 「삼국시대 평기와에 관한 연구」, 단국대학교 대학원 박사학위논문, 199쪽.

는 암키와에서의 와통 사용 여부에 대한 검토는 원통와통 사용 예를 확실하게 보여줄 수 있다고 생각한다. 그 대상 유물은 바로 백제 시대 원형인각명문와이다.

발굴 조사 보고서에서는 원형인각명문와만의 등문양을 조사 분석한 자료는 없다. 다만 미륵사지 유물 전시관의 노기환에 의해서 정리된 것이 유일한 자료이다. 그 내용을 보면 〈표 40〉[86]과 같다.

표 40 미륵사지 출토 백제 인각와 와통 비율

구 분	통쪽와통	원통와통	불명	합계
암키와	962(83.4)	25(2.3%)	158(14.3%)	1,109
수키와	0	69(100%)	0	69
합 계				1,178

여기에서 보면 미륵사지에서 출토된 원형인각명문와는 총 1,178점인데 이 중 1,109 점이 암키와에 타날된 원형인각명문와임을 알 수 있다. 그런데 많은 양은 아니지만 25 점인 2.3%가 원통와통을 사용하여 만든 것임을 알 수 있다.

미륵사지 외에도 제석사지에서 암막새가 출토되는데 백제 시대 수막새와 같은 층 위에서 세트를 이루고 있다.[87] 필자는 이 암막새를 제석사지 중건가람이 완성되어가는 645년 전후의 유물로 편년한 바 있다.[88] 제석사지 출토 암막새에서도 원통와통을 사용 하여 제작한 것이 확인되어 미륵사지와 인접한 지역에서도 백제 시대에 원통와통을 사용하여 암키와를 제작하고 있음을 알 수 있다.

제석사지 암막새에서는 원통와통의 사용 외에 태토나 등문양 · 마포상태 · 와도처 리 등이 모두 백제 시대의 형태와 기법을 보여주고 있음은 확실하다. 그러나 미륵사지 출토 A형식 암막새는 형태와 기법에서 많은 차이를 보인다는 점에서 백제 시대로 편년 하기에 어려움이 있다. 이러한 차이점은 새로운 형식인 암막새 창안에 따른 제작지나 제작자 혹은 제작 시기에서 오는 차이 때문에 나타나는 현상이라고 생각하며, 암키와 에 타날된 등문양에 대해서 좀 더 언급하고자 한다.

---

86) 노기환, 2007, 「미륵사지 출토 백제 인각와 연구」, 전북대학교 대학원 석사학위논문, 33쪽.
87) 백제 시대 수막새와 암막새가 세트를 이룬 것은 제석사지의 시굴조사에서도 확인되었으며, 최근 국 립부여문화재연구소의 발굴 조사에서도 확인되었다.
　　(김선기 · 김종문 · 조상미 · 임영호, 1994, 『익산제석사지시굴조사보고서』, 원광대학교 마한 · 백제 문화연구소. 국립부여문화재연구소, 2009, 『익산 제석사지 - 제2차 조사』 자문위원회의 자료.)
88) 김선기, 2007, 「익산 제석사지 출토 백제기와에 대하여」, 『기와학회논문집』 3, 한국기와학회.

ⓛ 암키와 등문양

한성도읍기 암키와에 타날된 등문양은 격자문이 절대다수를 이루는데, 격자문의 종류는 정격자, 사격자, 장격자 등이 존재하며 정격자의 비중이 높고 다음으로는 선조문(평행선문)과 승문이지만 승문의 비중은 미미하다고 한다.[89] 그러나 웅진도읍기나 사비도읍기의 도읍지를 중심으로 하는 유적에서는 무문과 선문의 사용이 증가하게 된다.[90] 그러므로 백제 시대 후기의 암키와라고 하면 통쪽와통의 사용과 무문이나 선문의 기와를 연상하게 한다. 그러므로 미륵사지 A형식의 암막새 등문양은 다른 모습을 보인다고 하는 점에서 그 편년에 대한 의문을 품을 수 밖에 없다.

등문양도 와통의 형태와 마찬가지로 연못지 북측 구릉에서 출토된 기와를 통해서 분석하는 것이 사실에 제일 근접할 수 있다고 생각하지만 보고서에는 이러한 내용이 누락되어 있는 관계로 구체적인 분석이 어렵다. 단지 A형식 암막새의 등문양은 평행선문을 듬성듬성 배치하거나, 그렇지 않으면 평행선문을 조밀하게 배치하는 두 가지 형태가 있음을 보고서는 밝히고 있다.(탁본 10)[91] 이러한 형태는 통상적인 관점에서 편년하고 있는 백제 시대 기와에서는 전혀 살필 수 없는 것이라고 할 수 있다. 보고서에서도 사용 시기를 통일신라 초·중기 경으로 보고하고 있다.[92] 그러나 미륵사지에서

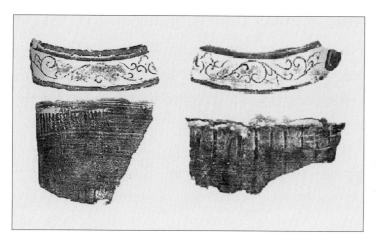

탁본 10
A - 1형식 암막새 탁본

89) 권오영, 2004, 「한성기 백제 기와 연구의 현황과 과제」, 『한국기와 연구의 회고와 전망』, 제1회 한국 기와학회 학술대회 발표문집, 39쪽.
90) 최맹식, 2003, 「삼국시대 평기와에 관한 연구」, 단국대학교 대학원 박사학위논문, 235~237쪽.
91) 문화재관리국·문화재연구소, 1989, 『미륵사』, 유적발굴조사보고서Ⅰ, 326~327쪽.
92) 문화재관리국·문화재연구소, 1989, 『미륵사』, 유적발굴조사보고서Ⅰ, 305쪽.

탁본 11
미륵사지(좌), 임강사지(우)
수막새 등문양

출토된 6엽연화문 수막새에서는 이미 변화의 양상을 보인다. 탁본 11 좌측 수막새는 백제 시대 수막새이지만 장선에 가까운 형태의 문양이 비교적 듬성듬성 배치되고 있다. 이와 비슷한 시기에 제작되었을 것으로 판단되는 임강사지 요지(현북리 요지)출토의 꽃술이 있는 수막새의 등기와에서도 이와 비슷한 형태의 선문들이 확인되고 있음을 알 수 있다.(탁본 11의 우측)[93] 이러한 수막새 등문양의 변화 조짐은 새롭게 창안된 암막새 암키와의 등문양에서도 변화의 가능성을 예측해 준다고 생각할 수 있다.

이상의 내용을 정리하면 A형식의 암막새는 사역의 중심곽에서는 거의 출토되지 않고 연못지 주변에서 85% 이상이 집중 출토되었다. 그 중에서도 연못지 북측 구릉에서 집중 출토되는 양상은 바로 이 층이 통일신라 시기 미륵사지 사역을 남쪽으로 확장하면서 성토된 층이며, 여기에 포함된 기와들이 바로 미륵사지 중심곽의 창건가람에 사용된 기와임은 자명한 사실이다.

북측 구릉에서 공반되는 유물을 통해서도 백제 제작설이 뒷받침된다. 즉 A형식 암막새와 더불어 미륵사지 창건 수막새인 6엽단판연화문계는 492점이 공반되고 있으며, 백제 시대의 표식유물이라 할 수 있는 인각와는 204점이 공반되고 있다. 그리고 녹유연목와는 미륵사지 사역에서 총 1,224점이 출토되었는데, 그 중 절반이 넘는 642점이

---

93) 김종만, 2007, 「부여 임강사지 출토 유물과 임강사지요지」, 『부여 임강사지』, 충청대학 박물관 · 부여군, 155~156쪽.

이곳에서 함께 출토되고 있다. 이와는 달리 통일신라 시대로 편년되는 중판문계 수막 새들이 거의 보이지 않고 있을 뿐만 아니라 통일신라 시대 암막새 B나 C형식이 거의 출토되지 않는다는 점은 이러한 사실을 뒷받침해 주는 자료이다.

문양 요소도 A형식 암막새에서는 중앙과 양단, 그리고 그 사이의 줄기에는 삼릉심 엽문이 시문되어 있다. 이러한 문양은 미륵사지나 왕궁리 오층석탑에서 출토된 백제 시대 사리장엄구의 금동제외호와 금제내함의 문양에서 공통점을 찾아 볼 수 있다. 미 륵사지 사리장엄구 문양과 함께 암막새와 수막새나 녹유연목와의 화엽에서조차 심엽 문이 나타나고 있는 것은 공통된 상징 체계의 표현이라는 점에서 백제 시대에 만들어 진 암막새임을 뒷받침해 준다.

한편 드림새와 접합된 암키와에서 백제 기와와는 달리 원통와통을 사용하고, 등문 양이나 태토 등이 다른 점은 그동안의 연구 성과로 볼 때 백제 시대 암막새로 인정하는 데는 큰 장애 요소라고 할 수 있다. 하지만 백제 시대에 이미 원통와통을 사용하고 있 음이 암키와에서 감지되고 있다. 특히 백제 시대 유물로 특정할 수 있는 인각와에서 원 통와통 사용이 확인되며, 등문양은 확실한 검토가 어려우나 7세기 백제 시대 수막새의 등문양에서 이미 변화가 이루어지고 있다고 생각한다. 이처럼 태토나 등문양이 다르게 나타나는 이유는 제작 지역이나 제작자 혹은 제작 시기의 차이에서 나타날 수 있는 변 화라고 생각한다.

(3) 제석사지 유문 암막새 사용

제석사지에서 처음 시굴 조사를 할 당시, 8점의 암막새가 금당지 남측기단 외부 적갈 색사질점토층에서 수막새 D - 4형과 다량의 백제계 평기와와 공반 출토되었다. 대부분 파편 상태로 수습되었으나 3개의 파편이 접합되어 완형에 가까운 상태로 복원되었다.

드림새의 중앙에는 도식화 된 鬼面이 시문되어 있고, 좌우 양단을 향해 인동당초문 이 유려하게 뻗어 있다. 당초 줄기가 꺾이는 곳마다 5엽으로 표현된 忍冬花가 만개되어 있으며, 중앙의 귀면문은 큰 눈과 코, 크게 벌린 입과 날카로운 이를 도식적으로 표현하 고 있다. 드림새의 양 측면을 제외한 상단과 하단에 비교적 턱이 높은 무문의 주연부가 마련되어 있는데, 그 상단은 암키와의 선단이 그대로 주연부로 쓰였다. 하단은 폭이 1.8cm 내외로 넓으며, 드림새의 뒷면은 단면상 토기의 구연부처럼 둥글게 처리하여 단 을 형성하고 있다. 드림새의 좌·우측단에는 주연부를 따로 만들지 않았다.(사진 36)

직각 상태로 접합된 암키와 등면에는 단선문이 타날 시문되어 있지만 표면 조정으

사진 36
제석사지 출토 막새

로 희미하다. 내면에는 통쪽와통을 사용한 흔적이 살펴지지는 않지만 올이 굵고 성긴 마포흔이 선명하게 남아 있으며, 기와 절개면은 물론 내면 측단까지 깔끔하게 조정되어져 있다. 태토는 매우 정선되었으며, 회색조를 띠는 연질계 와편이다.

　이러한 형식의 암막새는 미륵사지에서 수습된 2점[94]을 제외하면 다른 지역에서의 출토 예가 거의 없다. 문양이 정형화되어 있고 기존의 암막새 시원격으로 알려진 지두문 암키와 등과 비교할 때 상당히 세련된 형태를 보이고 있어 제작 시기를 통일신라 시대로 낮춰보려는 경향도 있어 왔다.[95] 더욱이 드림새와 접합되는 암키와에 백제 시대 기와 제작 기법인 통쪽와통의 흔적이 보이지 않고 있다는 점은 더욱 백제 이후의 암막새일 가능성을 생각하게 해준다. 하지만 암막새는 금당지 남쪽 계단 부근의 안정된 토층에서 소토와 함께 D - 4형의 수막새가 공반 출토되고 있어서 백제 시대 암막새임이 분명하다.[96] 이 암막새는 제석사 폐기장에서는 출토되지 않고 있기 때문에 원형인각지 지명와의 편년과 같이 645년 무렵에 사용된 것으로 판단된다.

　제석사지에서 사용된 암막새의 세련된 형태와 문양은 너무나 발전적인 모습을 보이고 있어 이보다 앞선 단계의 암막새가 무엇인지에 대한 의문이 있어 왔다. 제석사지의 문양 형태 등으로 보아 미륵사지 암막새를 계승하지는 않았다. 미륵사지에서는 백제 시대 최초로 사리장엄구의 문양 등을 바탕으로 암막새를 창안 사용한데 반해, 제석

---

94) 국립부여문화재연구소, 1996,『미륵사』유적발굴조사보고서Ⅱ, 도판 187 - ⑤.
95) 국립부여박물관, 2006,『백제의 공방』, 157쪽.
96) 최근의 발굴 조사에서도 금당지 주변에서 수막새와 더불어 세트관계를 보이면서 출토되었다.

사지에서는 미륵사지 암막새의 제작 기술과 군수리사지 문양전의 문양이나 능사 출토 광배 파편에 나타나는 인두문의 영향 속에서 새로운 형식으로 제작된다고 생각되어, 암막새에서도 미륵사지는 혁신적이고 창의적인 면을 보이지만, 제석사지에서는 가람 배치와 더불어 전통적인 모습을 보여준다.

(4) 삼단계 位階를 갖는 架構式기단의 완성

기단은 건물을 짓기 위한 기초가 되는 부분에 단을 쌓고, 쌓은 흙이 흘러내리지 못하도록 마감하는 부분을 말한다. 이러한 기단 설치의 구조적인 목적은 단 위에 조성되는 구조물의 하중을 받아 지반으로 전달하고 분산하는 역할이며, 의장적인 목적은 단의 외부가 구조물과 조화를 이루게 치장하는 것이다. 한편 이러한 구조적·의장적 목적 외에도 신성하고 고귀함을 나타내고자 하는[97] 상징적인 의미도 가지고 있다.

고대의 사찰에서는 건물의 성격에 따라 각각의 기단 구조를 달리하고 있다. 이러한 양상은 의장 계획을 세울 때 건물이 차지하는 고귀함이나 신성함이라는 성격의 차이에 맞춰 기단의 구조를 달리하여 축조하고자 했던 것이라고 할 수 있다. 건물이 갖는 성격의 차이는 위계의 차이이며, 기단 구조의 차이는 위계의 차이를 밖으로 드러내주고 있는 것으로 이러한 모습은 특히 가구식기단에서 잘 나타난다고 할 수 있다.

최근 부여를 중심으로 하는 용정리사지,[98] 군수리사지,[99] 정림사지,[100] 능산리사지,[101] 왕흥사지,[102] 부소산 폐사지,[103] 금강사지[104] 등이 이미 발굴 조사되었거나 일

---

97) 한욱, 2008, 「유구를 통한 6·7세기 백제가람 건물의 복원적 연구」, 홍익대학교 대학원 박사학위논문, 2쪽.
98) 부여문화재연구소, 1993, 『용정리사지』.
99) 石田茂作, 1937, 「夫餘軍守里廢寺址發掘調査(槪要)」, 『昭和11年度 古蹟調査報告』, 朝鮮古蹟硏究會.
　　국립부여문화재연구소, 2010, 『군수리사지』 I, 목탑지·금당지·동편일대 발굴 조사보고서.
100) 충남대학교 박물관, 1981, 『정림사』.
　　국립부여문화재연구소, 2009, 「부여 정림사지 제8차 발굴 조사」, 『2008 백제문화를 찾아서』.
　　국립부여문화재연구소, 2009, 「부여 정림사지 제9차 발굴 조사」, 『2009 백제문화를 찾아서』.
101) 국립부여박물관, 2000, 『陵寺』, 부여 능산리사지발굴조사 진전보고서.
　　국립부여박물관, 2007, 『陵寺』, 부여 능산리사지 6~8차 발굴조사보고서.
　　국립부여문화재연구소, 2008, 『陵寺』, 부여 능산리사지 10차 발굴조사보고서.
102) 국립부여문화재연구소, 2002, 『왕흥사지』, 발굴중간보고 I.
　　국립부여문화재연구소, 2009, 『왕흥사지Ⅲ』, 목탑지 금당지 발굴조사보고서.
　　국립부여문화재연구소, 2009, 「부여 왕흥사지 제10차 발굴조사」, 『2009 백제문화를 찾아서』,
103) 신광섭, 1994, 「부여 부소산폐사지고」, 『백제연구』 24, 충남대학교 백제연구소.
　　국립문화재연구소, 1996, 『부소산성』, 발굴조사보고서.

제강점기에 조사된 유적의 재 발굴 조사가 진행되고 있다. 그리고 금마저를 중심으로 하는 미륵사지,[105] 대관사지,[106] 제석사지[107] 등의 조사가 진행 중이거나 완료되어 당시 건물의 기단 구조에 대한 자료가 증가되고 있다.

이 장에서는 그동안 축적된 자료를 바탕으로 기존 백제 시대 건물지 기단 구조의 분류 내용을 검토해보고, 다양한 기단 구조 중 삼단계 위계질서를 보이는 가구식기단 구조의 성립과 전개 양상을 살펴보고자 한다.

① 기단 구조의 분류와 가구식기단

　⊙ 기단 구조의 분류

백제 시대 기단 구조의 분류 작업은 몇몇 학자에 의해 시도되었다. 주로 기단을 분류하는데 있어서 일차적 기준이 되는 것은 사용 재료에 의한 것이었다.

먼저 김동현은 기단을 자연기단, 토축기단, 축석기단, 전축기단, 전석병용기단, 가구기단, 기타재기단으로 분류하고 자연기단은 지반과 암반으로, 축석기단은 가공 유무에 따라 자연석쌓기와 가공석쌓기로 세분하고 있다. 그리고 가공석쌓기는 축석 방법을 바탕으로 층급쌓기와 단면쌓기·성규형쌓기로 분류하고 있다.[108] 이러한 분류의 일차적인 기준은 사용 재료를 바탕으로 하고 있지만, 우리가 다루고자 하는 가구식기단은 1차 분류에 포함되어 있어 사용 재료라고 하는 분류 체계에 축조 형태적인 요소가 포함되어 있다.

이왕기는 백제의 기단을 판축기법·석조기단·와적기단으로 나누고, 이 외에 임류각지와 같이 전과 흙을 교대로 쌓은 독특한 예를 들고 있다. 판축기법은 몽촌토성이나 부소산성·목천토성과 같이 판축만으로 기단을 만든 것이라 하고, 석조기단은 자연석을 그대로 쌓는 방법과 가공하여 조적하는 방법, 가구식 방법으로 세분하고 있다. 특히 가구식기단에서는 미륵사지와 같이 이중기단을 상정하고 있어 단층과 이중으로 구분하고 있다. 그리고 와적기단이나 임류각지의 기단은 백제 건축의 독특한 기법이며, 이

---

104) 윤무병, 1969, 『금강사』, 국립박물관.
105) 문화재연구소, 1989, 『미륵사』, 유적발굴조사보고서 I.
　　국립부여문화재연구소, 1996, 『미륵사』, 유적발굴조사보고서 II.
106) 국립부여문화재연구소, 2008, 『왕궁리』, 발굴중간보고서 VI.
107) 국립부여문화재연구소, 2009, 『익산 제석사지-제2차 조사』 자문위원회의 자료.
108) 김동현, 2001, 『한국목조건축의 기법』, 발언.

중기단 또한 백제 건축에서 볼 수 있는 또 하나의 특징이라고 하고 있다.[109]

주남철은 사용된 재료에 따라 기단의 원시적인 형태로서의 토단, 장대석이나 판석, 막돌 등을 쌓아 만든 석축기단, 방전이나 기와를 사용한 전축기단으로 대별하고 있다. 그리고 축조 방법에 따라 적석식기단과 가구식기단으로 나누고, 적석식은 막돌허튼층 쌓기·막돌바른층쌓기·다듬돌허튼층쌓기·다듬돌바른층쌓기로 나누고 있으며, 가구식기단은 장대석으로 석주를 세우고 면석 위에 갑석을 올려 마감하는 것으로 설명하고 있다.[110]

박주달은 축조 재료에 의해 토기단·석조기단·전축기단·석전병용기단으로 분류하고, 석조기단은 축조 방법이나 형태에 따라 암반·막돌기단·가공석으로 나누었다. 한편 가공석은 다시 다듬돌기단·장대석기단·가구식기단으로 세분하고 있다.[111] 본문의 내용을 통해 보면 가구식기단은 단층기단과 이중기단으로 나누고 있다.

김동기는 기단을 자연기단과 가공기단으로 대별하고, 가공기단 중에 가구기단을 두고 있는데 가장 대표적이고 발달된 수법으로 만들어진 것으로 보고 있다. 그리고 우리나라 석탑의 대부분과 전탑의 일부는 이러한 기단을 갖는데, 단층과 중층으로 나누고 있다.[112]

조원창은 기단의 재료에 따라 석축기단·토축기단·와적기단·전축기단·전석혼축기단, 전토혼축기단으로 분류하고, 석축기단의 경우 돌 표면의 치석의 정도에 따라 할석기단과 치석기단으로 구분하고 있다. 그리고 이는 축조 방법에 따라 할석난층기단·할석정측기단·치석난층기단·치석정층기단·가구기단 등으로 세분하고 있다.[113] 아울러 기단은 외관상 단층과 이중기단으로 나눌 수 있는데, 가구기단은 단층기단 및 이중기단 모두에 사용되었으며, 특히 이중기단이 조성될 경우에는 상층기단에만 축조되는 특징을 가지고 있다고 하고 있다.[114] 즉 이중기단의 경우 상층기단만을 가구기단으로 인정하고 있다. 그와 같은 예는 능사에서 보이는 가구식 이중기단을 설명하

109) 이왕기, 1998, 「백제의 건축 양식과 기법」, 『백제문화』 27, 공주대학교 백제문화연구소, 116~117쪽.
110) 주남철, 1992, 『한국건축의장』, 일지사, 32~39쪽.
111) 박주달, 1995, 「7~9세기 신라 사찰의 기단에 관한 연구」, 명지대학교 대학원 석사학위논문, 16~20쪽.
112) 김동기, 2000, 「외부 공간구성요소로서의 기단에 관한 연구 - 충남지역 사찰건축 기단을 중심으로」, 목원대학교 대학원 석사학위논문, 12~15쪽.
113) 조원창, 2005, 「백제 기단 축조술의 대신라 전파」, 『건축역사연구』 42, 한국건축역사학회, 57쪽.
114) 조원창, 2003, 「사찰건축으로 본 가구기단의 변천 연구」, 『백제문화』 32, 공주대학교 백제문화연구소, 36쪽.

면서 하층기단은 치석기단으로, 상층기단은 가구식기단으로 분리하여 명칭을 부여하고 있음에서 알 수 있다.[115]

한욱은 기단을 성격·재료·시공방법·형태로 자세하게 분류하고 있다. 가구식기단은 인공기단 중 석축기단에 속하고, 석축기단 중 가공석기단에 해당하며, 형태는 단층기단과 다층기단으로 분류하고 있다.[116]

임종태는 백제 와건물지 연구에서 기단을 토축기단·석축기단·가구기단·와적기단·혼축기단으로 분류하여 가구기단을 1차 분류에 포함시키고 있어 재료와 축조 형태라고 하는 분류 기준을 혼용하고 있다. 이 중 가구기단은 석축기단의 기법보다 늦은 시기부터 권위건축에 사용된 것으로 판단하고 있다. 대표적인 곳으로 미륵사지를 들고 있는데, 단층기단과 이중기단으로 다시 나누어 설명하고 있다.[117] 그리고 부여 지방의 건축물들을 설명하면서 일부 왕실과 관련된 사찰에서는 상층기단을 가구기단으로 조성하여 화려한 면을 보여주기도 한다고[118] 표현하는 것으로 보아 이중기단의 상층 구조만을 가구기단으로 보고 있다.

김혜정은 기단의 축조 재료에 따라 석축기단·와적기단·전적기단으로 나누고, 석축기단은 축조 방식에 따라 적석식과 가구식으로 나누며 기단의 형태에 따라 단층기단과 이중기단으로 분류하고 있다.[119] 그리고 사찰에서 나타나는 건물지들의 기단 형태의 차이를 사찰의 위계의 차이로 해석하고 있다. 그러나 사지마다 창건 시기의 차이를 반영하지 않고 있어 백제 건축의 발전적인 측면에서 고찰되지 못한 맹점이 있다.

이상 기존 연구자의 견해를 통해 보면 분류의 기준에 약간의 문제점이 있기는 하나 궁극적으로 가구식기단은 성격면에서는 인공기단이며, 재료면에서는 석축기단으로, 축조 형태면에서 가구식기단에 속하고 있음을 알 수 있다. 그리고 가구식기단이라고 함은 지대석·면석·갑석을 갖춘 기단만으로 한정하고 있는 경향이 있다. 그리고 지대석은 신라의 기단과는 달리 안쪽에 L자형의 턱을 두어 면석이 밀리지 않게 하는 밀림방

---

115) 조원창, 2002, 「백제 건축기술의 대일전파」, 상명대학교 대학원 박사학위논문, 83~86쪽.
116) 한욱, 2008, 「유구를 통한 6·7세기 백제가람 건물의 복원적 연구」, 홍익대학교 대학원 박사학위논문, 82~85쪽.
117) 임종태, 2009, 「백제 와건물지 연구 -사비시대를 중심으로-」, 공주대학교 대학원 석사학위논문, 31~42쪽.
118) 임종태, 2009, 「백제 와건물지 연구 -사비시대를 중심으로-」, 공주대학교 대학원 석사학위논문, 54쪽.
119) 김혜정, 2010, 「백제 사비기 사찰 기단의 연구」, 전북대학교 대학원 석사학위논문, 69~75쪽.

지턱이 마련되어 있음을 특징으로 들고 있다.

ⓛ 가구식기단의 몇 가지 문제

우선 금강사지를 보면 기단 구조를 설명하면서 목탑지를 제외하고는 모두 단층기단이라고 하였는데,[120] 금당지의 기단은 지대석·면석·갑석을 갖추고 지대석 주위에는 장방형의 포석을 배치한 형태이며, 강당지는 지대석과 면석을 겸한 석재 위에 갑석을 올린 형태로, 회랑지는 밀림방지턱이 있는 지대석만 남아 있는 기단으로 확인되고 있다. 그러므로 단층기단이라는 용어는 너무나 포괄적이어서 서로 간의 차이가 설명되지 않아 좀 더 세분할 필요가 있다.

그리고 금강사지 금당지는 엄밀하게 말하자면 미륵사지 금당지 등에서 보이는 하층기단의 형식과는 구조적으로는 다르나 상층은 가구기단이고 하층은 치석기단이라는 관점에서 보면 단층기단으로 보기도 어렵다고 생각한다. 다른 한편 금강사지보다 먼저 창건된 능산리사지 목탑지와 금당지에서 이중기단을 사용하고 있기 때문에 외견상 드러나는 모습은 이러한 이중기단이 약화된 모습으로 볼 수 있다. 그렇다면 금강사지 금당지의 기단 형태도 이중기단의 범주에 포함될 수 있다는 개연성을 가지고 있다.

또한 금강사지 강당지 등에서 나타나는 면석을 겸한 지대석 위에 갑석을 올린 기단 구조를 단층기단으로 보고 있는 점은 이해할 수 있으나, 엄밀한 의미에서 지대석과 면석·갑석을 갖춘 단층기단과는 구분해야한다. 그러므로 이러한 가구식기단은 단층기단과 이중기단만으로 나누지 말고 세분할 필요가 있다고 생각한다.

가구식 이중기단은 미륵사지 탑이나 금당지의 기단에서 보이는 바와 같이 하층기단에 잘 가공된 갑석을 사용하고 있다. 능산리사지 탑지나 금당지의 기단도 이중기단으로 보고는 있으나 하층기단의 경우 갑석이 보이지 않을 뿐만 아니라 지대석에 면석을 세우기 위한 凹형이나 L자형의 단이 없어 상층기단은 가구식기단으로, 하층기단은 치석기단으로 보고자 하는 견해가 있다.[121] 그러므로 가구식기단의 발전 과정을 규명하기 위해서는 능산리사지 탑과 금당지의 원래의 기단은 어떠한 형태였는가를 파악하여야 한다.

---

120) 윤무병, 1969, 『금강사』, 국립박물관, 30쪽.
121) 조원창, 2002, 「백제 건축기술의 대일전파」, 상명대학교 대학원 박사학위논문, 83~86쪽.
　　임종태, 2009, 「백제 와건물지 연구 -사비시대를 중심으로-」, 공주대학교 대학원 석사학위논문, 54쪽.

② 가구식기단의 분류와 위계

　　㉠ 가구식기단의 분류

　　앞에서 백제 건물의 기단 분류와 가구식기단의 문제를 살펴보았다. 기존의 가구식
기단이라고 함은 석축기단 중 지대석과 면석·갑석을 차례로 올려 구축한 기단을 의미
하고 있다. 우선 이러한 형태의 구조를 갖는 것을 가구식기단 중 단층기단으로 분류하
는 데는 문제가 없다.

　　다음은 미륵사지 금당지 기단 구조로 대표되는 가구식 이중기단이 있다. 상층기단
은 지대석·면석·갑석을 차례로 올렸지만, 하층기단은 지대석이 없이 면석을 겸하는
지대석 위에 넓은 판석형의 갑석을 두고 있다. 곧 가구식기단의 간략화 된 모습이다.
이러한 기단의 형식은 몇몇의 사찰지에서 확인되므로 다섯 개의 부재가 결합된 정형화
된 이중기단의 형식으로 볼 수 있다.

　　그리고 미륵사지 회랑지와 승방지 혹은 금강사지 강당지에서 확인되는 지대석을
겸한 면석과 갑석을 갖는 기단 구조도 단층기단이 간략화 된 모습을 보이기 때문에 가
구식 간략기단으로 부르고자 한다.(도면 22 참조)

　　이와 같이 미륵사지 금당지의 기단 형식을 정형화 된 가구식 이중기단으로 볼 경우,
짚고 넘어가야 할 몇 가지 문제들이 남아 있다. 첫째, 금강사지 목탑지의 기단 구조는
미륵사지와는 달리 상층기단과 하층기단이 모두 지대석을 갖는 동일한 형태의 이중기
단으로 추정하고 있다는 점이다. 그 이유를 보고서에서는 "탑지의 동북·서북우에서
발견된 지대석은 금당지에서 발견된 것과 동일한 형식이며 하층기단에 부속된 것으로
짐작된다. 기단 상부 동북우에서 발견된 1매의 장대한 지대석은 상면에 면석을 세우기
위하여 凹溝를 판 솜씨는 금당과 같으나 이례적으로 키가 훨씬 높은 지대석이다. 그 특
수한 형태로 미루어 보아 상층기단을 구성한 지대석일 가능성이 짙다. 아무튼 이러한
석재들이 잔존한 것으로 짐작하여 목탑 기단이 가공된 석재로 구축한 기단이었다는 것
은 틀림없다. 창건 기단토 주연에서 지대석이 빠져나간 구멍자국이 발견된 바 있었으
므로 더욱 그것이 확실하다. 하층기단의 구조는 금당의 기단과 대차 없었으리라고 생
각된다."고 하고 있다.[122]

---

122) 윤무병, 1969, 『금강사』, 국립박물관, 31~32쪽.

곧 탑지 하층 기단석이 빠져나간 자리와 함께 탑지 동북우나 서북우에서 발견된 지대석과 상층기단부에서 발견된 기단 지대석의 높이 차이를 근거로 상층기단과 하층기단이 외형적 구조가 같은 이중기단으로 볼 수 있음을 시사하고 있다. 하지만 탑지는 3차에 걸친 조성 흔적이 확인되며, 하층기단 지대석에 사용되었을 것으로 판단하는 동북우나 서북우에 놓인 석재도 원래의 위치가 아닌 주변의 잡석 부재들과 함께 후대에 사용된 것으로 판단되고, 지금까지 밝혀진 백제 시대의 가구식기단은 목탑지나 금당지 뿐만 아니라 미륵사지 석탑이나 정림사지 석탑에서조차 상층과 하층 동형의 이중기단 구조를 찾을 수 없다. 이러한 이유 때문에 백제 시대의 가람에서 상하층 동형의 이중기단을 사용하였다고 보기에는 좀 더 적극적인 증거가 필요하다. 그러나 법륭사 금당의 이중기단 형태가 금강사지 목탑지의 이중기단 구조에서 영향을 받은 것으로 역으로 추적하여 볼 수 있으므로[123] 여기에서 그 가능성만은 열어 두고 뒤에서 다시 논하기로 한다.

또 하나의 문제는 금강사지 금당지 기단 주위에 접해 놓은 석재를 단순한 포석으로 보아야 할지 아니면 이중기단에 포함시킬 수 있는가 하는 점이다. 이러한 문제를 검토하기 위해서는 이중기단 중 하층기단의 기능이 어떠한 것인가를 좀 더 살필 필요가 있다고 생각한다.

일반적으로 백제 시대 이중기단을 이야기 할 때 정림사지 금당지나 군수리사지에서와 같이 하층기단에 초석을 배치하여 차양칸 등을 설치하기 위한 목적으로 만들어진 건물의 구조를 포함하고 있다. 그러므로 이중기단을 분류하는 방법으로 기단토가 이중으로 나타나는 것을 기준으로 하기도 한다. 가구식기단도 바로 이러한 구조에서 발달한 것으로 생각하는 것이 일반적이다. 그러나 엄밀한 의미에서 가구식 이중기단의 경우 성토한 기단토의 흔적이 하층기단 하부에 남아 있을 수는 있으나, 기단토의 구조적 기능을 수행하기 위한 목적으로 하층기단 아래에 기단토를 구축한 유적은 없다.

그리고 가구식 이중기단의 하층기단 갑석의 너비는 대개 1m 내외가 되므로 통로로서의 역할은 충분하다고 생각되고, 이러한 모습은 앞선 시기의 이중기단 건축물에서 보이는 차양칸의 일부 기능을 수용하고 있다고 생각한다. 그러나 금강사지 금당지의 포석은 그보다도 더 좁은 30cm 내외에 불과하여 다른 건축물의 하층기단 갑석 너비에

---

123) 윤무병, 1969, 『금강사』, 국립박물관, 36쪽.

비해 좁아 통로로서의 기능은 약하다고 생각된다. 그러므로 일반적인 가구식 이중기단의 통로적인 기능을 수행하기에는 어려움이 있다.

하층기단에서 생각해 볼 수 있는 또 하나는 낙수 처리를 하는 낙수받이의 기능이다. 일반적으로 건물 지붕에서 처마로 흐르는 물은 기단 밖으로 떨어지는 것이 상식이다. 그리고 한욱의 연구에 의하면 처마의 내밀기는 건물 퇴칸의 실측치와 비슷한 것으로 보고, 미륵사지 중원 금당지의 처마 내밀기는 하층기단 외부까지로 파악하고 있다. 발굴 조사에서 금당지의 기단 밖 1.8m 내외의 지역안에 30~40cm 크기의 잡석이 깔려 노출되고 있다. 이와 같은 시설은 동원이나 서원의 금당지 기단 외부에서는 확인되지 않고 있지만 중원 금당지의 경우 낙수받이를 겸한 지반 보강을 위한 시설로 추측하고 있다. 그래서 중원 금당지는 낙수받이 시설의 범위 안에 물이 떨어지게 되므로 구조적으로 충분히 안정되게 처마를 내밀 수 있게 되었다고 하고 있다.[124] 그의 연구 결과나 발굴 조사 내용을 통해 보면, 가구식 이중기단을 갖춘 미륵사지 중원 금당지는 하층기단의 경우 기단 밖에 물이 떨어지기 때문에 낙수받이의 역할을 하지 않은 것은 분명한 사실이다. 그런데 미륵사지 동·서원의 금당지에서는 이와 다른 양상을 확인할 수 있다.

미륵사지 동·서원 금당지의 경우 퇴칸의 크기가 2.3m인데 비해서 외열주초에서 하층기단까지의 거리는 3m로 퇴칸의 크기보다 큰 값을 갖기 때문에 하층기단은 낙수받이가 될 수 밖에 없는 구조를 가지고 있다. 그러므로 하층기단은 장엄이라는 의장적 기능 외에 통로로서, 그리고 때에 따라 낙수받이의 역할을 하는 기능도 가지고 있음을 알 수 있다. 동·서원의 금당지는 중원 금당지와는 달리 기단에 접해서 낙수받이를 위한 잡석깔림의 흔적이 없는 것으로 보아 이러한 가능성을 한층 높여준다. 그리고 현존하고 있는 서원 석탑의 경우, 뒤에 놓인 금당지와 마찬가지로 처마 내밀기는 하층기단 외부가 아닌 상층기단 끝에 맞추어져 있음을 알 수 있다.[125] 이것은 처마를 길게 뺄 수 없다는 석조건축의 한계로 이해될 수 있으면서 결국 석탑에서도 하층기단 갑석은 낙수받이의 기능을 하고 있음을 보여 준다. 그러므로 하층기단은 건물의 하중을 분산하고 지반에 전달하는 기단의 근본적 기능을 가지고 있는 상층기단의 낙수에 의한 붕괴를

---

124) 한욱, 2008,「유구를 통한 6 · 7세기 백제가람 건물의 복원적 연구」, 홍익대학교 대학원 박사학위논문, 164~165쪽.
125) 한욱, 2008,「유구를 통한 6 · 7세기 백제가람 건물의 복원적 연구」, 홍익대학교 대학원 박사학위논문, 161쪽.

막는 역할을 하고 있음을 알 수 있다. 중원과는 달리 동·서원의 하층기단 갑석이 낙수받이 역할을 하고 있는 것은 중원은 규모면에서 동·서원보다 크고, 목탑을 시설하고 있지만 동·서원은 처마 내밀기의 한계를 지닌 석탑을 시설하고 있어 석탑과 금당과의 조화를 위하여 나타나는 구조적인 특징으로 생각된다. 곧 중원과 동·서원의 규모적인 측면에서 나타나는 위계와 목탑과 석탑이라는 재료적인 측면에서 나타나는 건축적 한계 속에서의 조화를 이루어 낸 백제인의 탁월한 조형 감각에서 비롯된 구조적 차이임을 알 수 있다.

이와 같이 하층기단이 낙수받이의 역할을 한다는 기능적인 면을 고려해 보았을 때 금강사지 금당지의 포석도 비슷한 기능을 할 수 있기 때문에 이중기단에 포함해도 무리가 없을 것으로 판단된다. 그렇다면 가구식기단은 금강사지 탑지나 금당지와 미륵사지 금당지의 기단 구조는 모두 이중기단의 부류로 분류할 수 있을 것이다. 그러므로 가구식 이중기단은 상하층동형, 상하층이형, 하층간략형으로 세분될 수 있다.

가구식 기단의 형식을 정리하면 아래와 같다.

- 가구식 간략단
- 가구식 단층기단
- 가구식 이중기단 ┌ 상하층동형
　　　　　　　　　├ 상하층이형
　　　　　　　　　└ 하층간략형

이상의 명칭들은 건축을 연구하는 학자들에 의해 우리나라 건축 기단의 포괄적인 논의 속에 새롭게 다듬어져야 한다고 생각하며, 우선 이러한 용어로 정리하고자 한다. 그리고 금강사지 탑지에서 추정되는 상하층동형의 가구식 이중기단은 상하층이형의 기단보다 발전적인 모습을 보이기도 하고, 하층간략형의 가구식 이중기단은 오히려 퇴보된 모습을 보인다고 생각된다. 삼각돌기식와당으로 분류되는 금강사지 출토 1·2식 와당의 경우 삼각돌기가 형식화되어 판단이 갈라지지 않고 부채꼴 형태로 되어 있음을 근거로 하여 금강사지의 창건을 6세기 말 이후로 편년하고 있다.[126] 그러므로 금강사지 기단 구조는 능산리사지 이후 새로운 형식으로 자리잡을 수 있었을 개연성이 크다

---

126) 조원창, 2002, 「백제 건축기술의 대일전파」, 상명대학교 대학원 박사학위논문, 160쪽.

고도 할 수 있다. 하지만 경주 감은사지[127] 금당지의 경우 기단 구조가 금강사지와 대동소이하며, 석탑의 경우에도 상하동형의 이중기단 구조이기 때문에 금강사지 목탑지와 같은 형태이므로 필자는 금강사지에서 발굴 조사된 유구는 통일신라 시대 이후의 것으로 판단하고자 한다. 그러므로 금강사지 기단과 관련해서는 구체적인 논의를 생략하기로 하며, 여기서 논하는 삼단계 위계 속의 이중기단이라고 함은 상하층이형의 가구식 이중기단임을 밝혀둔다.

ⓒ 가구식기단의 삼단계 위계

기단은 궁궐이나 불교가람 등 대부분 건물에서 반드시 갖추고 있다. 지면보다 높게 단을 쌓는 것은 고대 동양과 서양에서 가장 기본적인 건축 행위였던 것으로 보이지만, 동양에서 기단 위에 건물을 세우려는 생각은 일찍이 중국의 제사를 지내기 위한 건물에서부터 시작된 것으로 보인다. 이런 방식이 여타의 건물에도 널리 확산되게 되었을 뿐 아니라 우리나라 삼국 시대 건물에도 그대로 전해졌다. 따라서 단쌓기는 건물을 건축함에 있어서 신성한 고귀함을 나타내는 가장 기본적인 표현이라고 할 수 있다.[128]

백제 시대 건물지 기단에 사용된 재료는 앞의 기단 구조의 분류에서 살펴본 바와 같이 돌과 기와와 벽돌 등 다양하게 보여주고 있다. 그리고 석재를 사용한 가구식기단 구조는 우리나라 기단 구조에서 최고의 건축미를 보여주고 있음은 부정될 수 없다. 〈표 41〉[129]에서 보는 바와 같이 백제 시대 가구식기단은 많은 사찰에서 사용되고 있음을 알 수 있다. 가구식기단은 처음으로 능산리사지 목탑과 금당지에서 나타나고 있으며, 잡석이나 와적기단이 함께 사용되었고, 미륵사지에서는 목탑이나 금당·강당·회랑 등에서 모두 가구식기단이 사용되었다.

백제 시대 기단은 와적기단에서 가구식기단으로 변화하고 있으며,[130] 표에서 보는 바와 같이 와적기단을 갖는 이른 시기의 군수리사지 금당지나 전축기단의 탑지에서도 하층기단에 차양칸을 시설한 것으로 판단되는 이중기단의 건물지가 확인되고 있다. 그리고 정림사지의 현존 금당지에서도 기단 구조는 알 수 없으나 같은 형식의 이중기단

---

127) 국립경주문화재연구소, 1997, 『감은사』, 발굴조사보고서.
128) 한욱, 2008, 「유구를 통한 6·7세기 백제가람 건물의 복원적 연구」, 홍익대학교 대학원 박사학위논문, 2쪽.
129) 표의 작성은 서론의 주에 보이는 발굴보고서 등의 자료를 이용하여 작성하였다.
130) 한욱, 2008, 「유구를 통한 6·7세기 백제가람 건물의 복원적 연구」, 홍익대학교 대학원 박사학위논문, 86쪽.

표 41 백제 사지에 나타나는 건물지 기단 구조

사지명	창건	탑지	금당지	강당지	중문지	회랑지
용정리사지	6세기 전반	불명, 이중기단추정	불명	-	-	-
군수리사지	6세기 중반	이중전축기단 (차양칸)	이중와적기단 (차양칸)	단층 와적기단	-	-
정림사지	6세기 중반	-	이중기단 (차양칸)	불명	불명	단층 와적기단
능산리사지	567	가구식이중기단 (상하층이형)	가구식이중기단 (상하층이형)	단층와석 혼축기단	불명	단층 잡석기단
왕흥사지	577	가구식이중기단 추정	가구식이중기단 추정	가구식단층기단 (남쪽 기단)	불명	불명
연동리사지	600년 경	-	가구식간략기단 (북쪽 기단)	-	-	-
금강사지	7세기 전후	가구식이중기단 (상하층동형)	가구식이중기단 (하층간략형)	가구식간편기단 (동자주)	가구식간편기단 추정(동자주)	가구식단층 기단(남회랑)
부소산 폐사지	7세기 전후 (7세기 중)	추정단층	가공석조 이중기단추정	없음	단층잡석 와적기단	가구식단층 잡석 와적기단
대관사지	7세기 전후	불명	가구식이중기단 (상하층이형)	가구식 단층기단	없음	없음
제석사지	7세기 전반	가구식이중기단 (상하이층형)	가구식이중기단 (상하층이형)	가구식 단층기단	불명	가구식 간략기단
미륵사지	7세기 전반	가구식이중기단 (상하이층형)	가구식이중기단 (상하층이형)	가구식 단층기단	가구식 간략기단	가구식 간략기단

건물지가 확인된 바 있다. 이러한 건물지에서 이중기단의 사용은 건물의 구조적인 목적상 차양칸을 빼기 위하여 채용되었다고 할 수 있다. 그러나 강당지에서 구조가 다른 단층기단이 확인되고 있는 것은 건물 간 위계를 표시할 목적 때문인 것으로 판단된다. 그러므로 가구식기단 이전에도 이미 위계에 의해 각각의 건물들이 조성되고 있음을 알 수 있다.

가구식에서도 이중기단은 능산리사지 이후의 대부분의 탑지와 금당지에 나타나고 있다. 그러므로 차양칸이 있는 이중기단에서 가구식 이중기단으로의 변화 발전하는 모습을 보여주고 있다고 생각된다. 가구식 이중기단에서는 하층에 차양칸을 둘 수 있는 초석이 배치되지 않는 탑지나 금당지에서의 기단 구조의 변화는 획기적인 것이라 할 수 있으며, 더불어 기단상부의 목조 건축 구조에 커다란 변화가 있었을 것으로 생각된다. 그리고 강당지는 가구식 단층기단으로 중문과 회랑은 승방지와 더불어 가구식 간략기단으로 축조되고 있음을 확인할 수 있다.

이러한 양상은 부처의 사리를 봉안하거나 형상을 봉안하는 佛의 공간인 탑과 금당은 이중기단의 형태로, 강법을 위해 만들어진 僧의공간인 강당은 단층기단으로, 출입하는 중문이나 폐쇄와 통로의 역할을 하는 회랑과 생활공간인 승방 등은 간략기단으로 건물이 가지는 성격에 따라 삼단계 위계를 보여주는 것이라고 할 수 있다.

③ 삼단계 위계를 갖는 가구식기단의 성립

우리나라 최초의 이중기단 건물지는 고구려 평양천도 이후에 만들어지는 정릉사지 팔각목탑지에서 나타나며, 이러한 이중기단은 중국의 禮制建築 등에서 나타나는 서한의 이중기단이 한사군의 하나였던 낙랑군을 통해서 들어왔을 것으로 판단하고 있어,[131] 백제 시대의 이중기단도 이러한 영향 속에서 만들어지는 것임을 시사하고 있다. 하지만 아직까지 고구려에서는 가구식기단 구조가 확인되지 않으며, 백제에서만 독특하고 가장 발전적인 형태로 사용되어졌다.

가구식기단이 처음 사용되는 것은 능산리사지[132]이다. 목탑지에서 발견된 사리감의 명문을 통해 위덕왕 14년(567)에 창건된 왕실 조영의 사찰임을 알 수 있다. 전형적인 백제 시대 가람 배치의 양상을 보이는데, 사찰의 성격은 백제 왕들을 모시고 제사를 지내던 신묘로 판단하고 있다.

발굴 조사에서 확인된 바로 탑지와 금당지는 하층기단에 초석을 사용하지 않은 이중기단의 형태로 상층기단에는 L자형 밀림방지턱이 있는 지대석만 일부 남아 있음을 알 수 있다. 이러한 형태는 백제 시대 가구식기단 상층 지대석의 특징을 보여주는 것으로 미륵사지 기단 지대석의 형태와 동일하다. 미륵사지에서는 하층기단 갑석을 판석으로 정교하게 가공하여 사용하고 있다. 그런데 능산리사지에서는 이러한 갑석은 전혀 확인되지 않고 지대석만 남아 있다. 다만 하층기단과 상층기단 사이에서 10cm 내외의 잔돌이 확인되는데, 갑석을 놓을 때 수평을 잡기 위한 것으로 보고 있어[133] 하층기단에 갑석을 사용했을 가능성을 시사하고 있다. 이에 반해 목탑지를 설명하는 과정에서 하층 기단석의 상부에는 갑석을 놓을 수 있는 홈이나 턱이 마련되어 있지 않았고, 약간 비스듬한 경사를 이루고 있는 기단토 위에 곧바로 목탑에서 흘러내린 기와편들이 쌓여

131) 조원창, 2002, 「백제 건축기술의 대일전파」, 상명대학교 대학원 박사학위논문, 78~81쪽.
132) 국립부여박물관, 2000, 『능사』, 부여 능산리사지발굴조사 진전보고.
133) 김종만, 2000, 「부여 능산리사지에 대한 소고」, 『신라문화』 17·18집, 동국대학교 신라문화연구소, 59쪽.

있었는데, 이로 보아 하층기단과 상층기단 사이에는 처음부터 갑석이 놓이지 않았던 것을 알 수 있었다고 하여[134] 갑석의 사용을 부정하고 있다. 마찬가지로 조원창도 백제 이중기단의 형식을 분류하면서, 미륵사지는 상층과 하층기단을 모두 가구식기단으로 보고 있지만, 능산리사지의 경우는 하층기단은 장대석을 설치한 치석기단으로 보고 있어[135] 논란의 여지가 있다. 만일 갑석을 사용하지 않았다면 하층에 장대석을 세운 목적이 무엇인지 설명이 되어야 할 것이다.

우선 갑석을 놓을 수 있는 홈이나 턱이 마련되어 있지 않았다고 하는 것은 미륵사지 금당지 하층기단과 같이 갑석을 올렸을 개연성이 더 크다. 판석형의 갑석을 올리는데는 구태여 홈이나 턱이 필요하지 않다. 그리고 본문의 설명에서는 확실하지 않지만 사진을 통해서 보면 하층기단석 상면은 어느 정도 수평이 맞아 있으며, 구지표에서 일정한 높이로 드러나 있고 드러난 전면은 잘 가공된 모습을 보인다. 이러한 양상은 더욱 갑석이 사용되었을 가능성을 높여 준다. 그리고 한욱의 연구에서는 퇴칸의 크기가 처마 내밀기의 크기와 거의 일치하는 것으로 파악하고 있다.[136] 발굴보고서의 내용을 정리하면 주칸을 알 수 있는 금당지에서 퇴칸의 크기는 280cm이고, 외열주초에서 하층기단까지의 길이는 대략 240cm로 환산되기 때문에 낙수면은 하층기단 외부가 되며, 이러한 형태의 건물지는 미륵사지 중원 금당지와 비슷한 양상이다. 건물의 낙수면 안쪽의 잘 가공된 상층기단 앞에 평면이 정연하지 않은 형태의 치석기단만을 두지는 않았을 것으로 판단되기 때문에 능산리사지의 하층기단은 갑석을 사용하였을 것이다. 그러므로 능산리사지는 상하층이형의 가구식 이중기단을 탑과 금당에 사용한 최초의 예라고 할 수 있다.

그러나 세부적인 구조에서는 약간의 차이를 보인다. 미륵사지에서는 상층기단 지대석 코너에 우주를 세우고 있음을 알 수 있다. 그러나 능산리사지에서는 이러한 흔적이 상층 지대석에 남아 있지 않다. 그러므로 이중기단의 원류는 능산리사지에서 찾을 수 있지만 보다 발전적인 모습이 미륵사지에서 나타나고 있다.

그런데 능산리사지의 강당지는 와석혼축의 단층기단을, 회랑지는 잡석으로 축조한

---

134) 국립부여박물관, 2000, 『능사』, 부여 능산리사지발굴조사 진전보고, 24쪽.
135) 조원창, 2005, 「백제 기단 축조술의 대신라 전파」, 『건축역사연구』 42, 한국건축역사학회, 65쪽.
136) 한욱, 2008, 『유구를 통한 6 · 7세기 백제가람 건물의 복원적 연구』, 홍익대학교 대학원 박사학위논문, 164~165쪽.

낮은 단층기단임을 알 수 있어 삼단계 위계의 개념을 가지고 만들어진 사찰이지만 전체적인 기단을 가구식으로 만들지는 않았다. 즉 가구식 이중기단의 원류를 여기에서 찾아볼 수 있으나 아직까지 가구식 단층기단이나 간략기단의 개념이 도입되지 않은 단계라고 할 수 있다.

다음으로 만들어지는 왕흥사지는 목탑지 발굴 조사에서 출토된 사리장엄구 중 사리합 외면에 새겨진 명문에 의해 577년(위덕왕 24)에 죽은 왕자를 위하여 왕실에서 사찰을 건립하였음을 알 수 있다.[137] 발굴 조사 결과 고려 시대의 건물지와 중첩되고 있어 백제 시대 탑지나 금당지의 정확한 기단 구조는 알 수 없고, 단지 이중의 석조기단으로 판단할 뿐이다.[138] 그러나 후대에 전용된 것으로 생각되는 계단 석재를 통해 살펴보면, 기단은 가구식이었을 가능성은 배제할 수 없으나 적극적인 증거는 아직 보고되지 않았다. 최근 강당지에서는 남쪽 기단에서만 L자형 턱을 갖는 기단 석재가 확인되어[139] 가구식 단층기단의 가능성을 보인다. 단지 회랑이나 중문지 등에서 가구식기단 구조가 확인되지 않아 아직 정형화 된 삼단계 위계를 갖는 기단 구조를 갖추었다고 단정할 수는 없다. 다만 강당지 일부에서 가구식기단이 도입된 흔적을 보이고 있다는 점은 능산리사지보다 발전적인 모습으로 생각된다.

다음은 익산 금마저의 예를 살펴보고자 한다. 평지에 조성된 사찰로서 가장 일찍 창건된 사찰은 대형의 석불을 안치하고 석불사라고 불리는 연동리사지라고 할 수 있다. 발굴 조사 결과 탑이나 회랑 등이 확인되지 않고 단지 금당지만을 둔 사찰로 판단되며,[140] 창건 주체는 알 수 없다. 북쪽 금당지 기단은 지대석을 겸한 면석(사진 18)이 확인되어 가구식 간략기단을 사용하였음을 알 수 있다. 연동리사지의 창건은 석불을 통해 보았을 때 대체적으로 7세기 전반 경으로 주장되지만,[141] 석불 광배의 도안은 623년

---

137) 이도학, 2008, 「왕흥사지 사리기 명문 분석을 통해 본 백제 위덕왕대 정치와 불교」, 『부여 왕흥사지 출토 사리기의 의의』, 국립부여문화재연구소, 143~157쪽.
138) 국립부여문화재연구소, 2009, 『왕흥사지Ⅲ』, 목탑지 금당지 발굴조사보고서, 38~45쪽.
139) 국립부여문화재연구소, 2009, 『2009 백제문화를 찾아서』, 34~36쪽.
140) 김선기, 1990, 「익산백제연동리사지 조사연구」, 『한국철학종교사상사』, 원광대학교 종교문제연구소.
141) 진홍섭, 1976, 『한국의 불상』, 일지사.
　　김명숙, 1979, 「한국 불상광배의 양식연구」, 『이대사원』 16, 이화여자대학교 사학회.
　　문명대, 1980, 『한국조각사』, 열화당.
　　임홍락, 1989, 「연동리사지에 대한 일고찰」, 『향토사연구』 1, 한국향토사연구전국협의회.
　　大西修也, 1976, 「百濟石佛坐像 -益山蓮洞里石彫如來をめぐって-」, 『佛敎藝術』 107, 每日新聞社.
　　久野健, 1982, 「백제불상의 복제와 그 원류」, 『백제연구』 특집호, 충남대학교 백제연구소.

제작된 일본 법륭사의 금동석가삼존불을 연상시킨다고 하여 이러한 양식이 일본에 전달되는 시간을 고려해 볼 때, 610년 경에는 제작되었던 것으로 보고 있다.[142] 하지만 필자는 가구식 간략기단의 사용, 굴립주와 방형 초석의 사용, 석불 좌대 하부에 순수한 토심적심기법의 채용 등은 금마저의 다른 사찰보다 앞서며, 늦어도 600년 경에는 만들어진 것으로 판단하고 있다.[143]

이상의 내용을 종합해 보면 가구식기단은 처음 능산리사지 목탑지와 금당지에서 가구식 이중기단으로 만들어지며, 왕흥사지에서는 강당지 일부 기단에서 가구식 단층기단이 나타나고, 금강사지나 연동리사지의 창건 무렵에는 가구식 간략기단이 나타나기 시작하는 것으로 파악되어 600년 경에는 삼단계 위계를 갖는 가구식기단이 완성된 것으로 판단된다.

④ 삼단계 위계를 갖는 가구식기단의 전개

금마저에는 대관사지·제석사지·미륵사지의 3대 사찰이 위치하고 있다. 대관사지는 소위 궁성이라고 전해지는 왕궁리 유적의 궁장지 중심곽에 위치하며, 제석사지는 『관세음응험기』의 기록과 함께 대관사지의 동편에, 미륵사지는 『삼국유사』 무왕조의 기록과 함께 대관사지의 서북쪽 미륵산자락에 자리 잡고 있다. 필자는 각각의 사지에서 출토되는 수막새나 세부 축조 기법 등을 근거로 이들이 600년 경에 동시에 창건 기획이 이루어진 왕실 조영의 사찰이라고 생각한다. 그러나 가람 배치의 모습은 각각의 사지에서 독특한 형태를 보여준다. 대관사지는 일원배례루 형식의 권위적인 모습으로, 제석사지는 일원중문식의 전통적인 모습으로, 미륵사지는 삼원병치식의 혁신적인 모습으로 나타난다.

대관사는 늦어도 610년 경에는 완성된 사찰로 보고 있다. 가람 배치는 중문과 회랑이 없는 구조라고 하는 점에서 특이한 형태의 사찰로 이해하고 있지만, 필자는 탑과 금당 앞에 높은 석축과 석축 앞에 배례루를 갖춘 권위적인 백제 시대의 새로운 가람 배치이며, 회랑이 없는 대신 궁장이 대관사와 더불어 만들어지는 것으로 파악하고 있다.

당탑 구조에서 설명한 바와 같이 대관사지의 목탑지로 판단되는 곳은 굴광판축층

---

142) 김주성, 2009, 「7세기 각종 자료에 보이는 익산의 위상」, 『익산 왕궁리 유적 -발굴 20년 성과와 의의-』, 국립부여문화재연구소, 259쪽.
143) 김선기, 2010, 「익산지역 백제 사지 연구」, 동아대학교 대학원 박사학위논문, 164~165쪽.

으로 되어 있으나 기단 형태는 알 수 없다. 그러나 금당지는 가구식 이중기단 구조이며, 강당지는 가구식 단층기단 구조임을 알 수 있다. 그러나 대관사지에서는 회랑이나 중문이 확인되지 않기 때문에 그에 따른 가구식 간략기단의 예는 확인할 수 없다. 단지 대관사지 금당지와 강당지 부근 동쪽에서 몇몇의 건물지들이 확인된다. 각 건물지들의 성격은 알 수 없으나 대관사지 창건 이전의 초기 건물지이거나 아니면 대관사지에 부속된 승방의 성격으로 이해되어진다. 이러한 건물지들은 백제 시대로부터 통일신라 시대까지 편년되어질 수 있어 현재로서 정확한 편년을 설정하기는 어려운 실정이다. 그러나 건물지10에서는 면석과 지대석을 겸하는 가구식 간략기단의 예도 확인되어[144] 앞서 설명한 금강사지 강당지의 기단 구조 혹은 연동리사지 금당지 후면에서 나타나는 기단 구조 등의 예를 통해 보았을 때 금마저에서 삼단계 위계를 보이는 가구식기단 구조는 대관사지에서 그 시원을 찾아볼 수 있다고 판단된다.

제석사지는 620년 경에는 창건가람이 완성되었을 것으로 판단되며, 화재로 소실된 이후 의자왕 때인 645년 이후에는 그 자리에 다시 중건된 것으로 생각된다. 중건가람에서의 기단 구조는 목탑과 금당지에서 가구식 이중기단을 사용하고 있으며, 강당지에서는 가구식 단층기단, 화랑지에서는 가구식 간략기단의 형태임을 알 수 있어 대관사지와 같이 삼단계 위계를 보이는 가구식기단의 정형화 된 모습을 볼 수 있다.

제석사지는 목탑지 서북쪽에서 확인된 굴광판축의 축기부만이 창건가람의 유구로 남아 있다. 그 이유는 금마저 지역 3대 사지의 기단 기초가 굴광판축(목탑)·지상판축(금당)·성토다짐(강당) 등의 형태로 나타나고 있어 제석사지 화재 이후 대지를 정리하는 과정에서 지하로 굴광하여 판축한 목탑의 축기부만 남았던 것으로 생각된다. 그리고 『관세음응험기』의 기록을 통해서도 창건가람에는 칠층 목탑과 금당·강당 등이 있었음을 알 수 있다. 화재 이후에도 대부분의 석재는 재 사용했을 가능성이 있기 때문에 제석사지 창건가람도 중건가람의 기단 구조와 같이 삼단계 위계를 갖춘 가구식기단으로 판단된다.

백제 시대 사찰 유적을 통틀어 기단의 구조가 가장 잘 남아 있는 곳이 바로 미륵사지이다. 목탑지나 금당지는 가구식 이중기단이고, 강당지는 단층기단, 회랑지와 승방지 및 중문지 등은 간략기단의 형태를 보인다.

---

144) 국립부여문화재연구소, 1998, 『왕궁리』, 발굴중간보고Ⅵ, 170쪽.

미륵사지에 관한 기록은 『삼국유사』 무왕조에 나오기 때문에 미륵사의 창건은 무왕 대에 이루어진 것으로 인식하고 있다. 그러나 필자는 원형인각지지명와의 편년을 근거로 미륵사의 발원은 무왕 대에 이루어진 것이라고 하더라도 그 완성 시기는 의자왕 대인 650년 경으로 추정한 바 있다.[145) 그러므로 미륵사지의 조성에는 거의 반세기에 가까운 세월이 소요되었다고 할 수 있다.

한편 미륵사지는 대규모의 사찰이었기 때문에 나름대로 계획된 설계가 있었을 것이며, 각각의 건물들은 시기를 달리하여 건립되었을 것은 자명한 일이다. 그렇다면 미륵사지의 삼단계 위계를 보이는 가구식기단은 언제쯤 완성되었을까?

미륵사지에서 출토된 원형인각천간명이나 지지명이 타날된 기와들은 주로 의자왕 대로 편년되며, 간지를 타날한 원형인각간지명와는 무왕과 그 이전의 기와에 타날된 것으로 판단된다.[146) 발굴 조사에서 출토된 원형인각간지명와 중에는 627년과 629년으로 편년되는 '丁亥'와 '己丑' 명와가 집중되고 있다.[147) 그러므로 이러한 간지명와를 근거로 하여 미륵사의 창건 시기를 630년 경으로 보기도 한다.[148) 하지만 이 시기는 중원 등 서탑과 먼 지역의 건물들이 완성된 단계였을 것으로 생각되기 때문에 삼단계 위계를 갖는 가구식기단은 625년 경에는 미륵사지에서 사용되었다고 생각한다.

이상과 같이 가구식기단은 부여 능산리사지의 목탑지와 금당지에서 사용된 이중기단에서 처음 보여진다. 그 후 왕흥사지 강당지에서 가구식 단층기단의 예가 보이나 아직까지 가구식기단으로만 만들어진 삼단계 위계를 갖는 기단 구조의 출현을 확답할 수 없다. 그러나 600년 경에는 금강사지나 익산 연동리사지 금당지와 더불어 간략기단이 등장하게 되므로 이 무렵에는 삼단계 위계를 갖는 가구식기단이 나타나는 것으로 판단된다. 그리고 대관사지 금당지 · 강당지 및 동쪽에 위치한 건물지의 예를 통해 대관사지가 완성되었을 것으로 생각되는 610년 이전에는 삼단계 위계를 갖는 기단 구조가 사용되기 시작한다. 이후 금마저에서는 제석사와 미륵사의 창건 과정에서 회랑 안에 삼단계 위계의 가구식기단이 건물의 성격에 맞춰 사용된 가장 완벽한 의장 구조를 보여준다.

백제 왕실에서는 시기적 차이를 두고 능산리사지 - 왕흥사지 - 대관사지 - 제석사지

---

145) 김선기, 2007, 「익산 제석사지 백제기와에 대하여」, 『기와학회논문집』 3, 한국기와학회.
146) 김선기, 2010, 「익산지역 백제 사지 연구」, 동아대학교 대학원 박사학위논문, 150~160쪽.
147) 노기환, 2007, 「미륵사지 출토 백제 인각와 연구」, 전북대학교 대학원 석사학위논문, 45쪽.
148) 노중국, 1999, 「백제 무왕과 지명법사」, 『한국사연구』 107, 한국사연구회, 5~8쪽.

- 미륵사지 순서로 사찰을 건립하는데, 여기에 맞춰 가구식기단 구조도 점차 발전되어 가면서 삼단계 위계의 가구식기단 구조가 완성된다. 특히 금마저 단계에 들어와서는 우주의 설치나 계단석의 구조 등 가구식기단에 있어서 완벽한 모습을 보여준다. 백제 시대 초기 와적기단 등으로부터 가구식기단에 이르기까지 부단한 기단 구조의 변화는 새로운 것을 추구하고자 하는 역동적인 백제인의 창의력의 소산이다. 이는 미륵사지나 제석사지의 암막새 사용이나 녹유연목와의 사용과 더불어 공주나 부여 등에서 볼 수 없는 백제 최고의 건축미로서 변화와 발전을 추구하는 백제문화의 창의성을 보여주고 있다.

2. 三世祈願寺刹

익산 금마저에서 조사된 백제 시대의 사지는 사자사지·연동리사지·대관사지·제석사지·미륵사지 등 5개소를 들 수 있다. 그런데 앞 장에서 이들 사지의 기단 기초·기단석·계단·초석과 조성 방식 등 당탑의 구조, 가람 배치, 출토 유물 등을 통해 살펴본 바에 의하면 사자사지는 산지 가람으로, 연동리사지는 탑을 구축하지 않은 무탑1금당식으로서 나머지 3개의 사찰들과는 성격을 달리 하는 사찰이었음을 알 수 있다. 한편 미륵사지 등 3개의 사찰들은 가람 구조에서나 출토 유물 등을 통해서 살펴볼 때 거의 같은 시기에 기획된 것으로 판단되는데, 그럼에도 불구하고 서로 다른 독특한 가람 구조를 가지고 있음을 알 수 있었다. 즉 제석사지에서는 일원중문식이라는 전통적인 가람 구조를 지키고 있지만, 대관사지에서는 일원배례루식으로 권위적 건축 구조를 보이며, 미륵사지에서는 혁신적인 3원병치의 배치 양식이 확인되었다. 이와 같이 비슷한 시기에 조성되었음에도 불구하고 가람 구조가 다르게 나타나는 이유는 무엇일까? 그것은 바로 그 사찰들이 담당하고자 하였던 조영 목적이나 불교적 기능이 서로 달랐던 데에서 기인하는 것이 아닌가 생각된다. 따라서 앞에서 밝힌 독특한 형태의 가람 구조가 무엇을 의미하며, 대관사지와 제석사지, 그리고 미륵사지의 이러한 불교적 기능이 무엇이었는지를 유추해보고자 한다.

1) 拜禮空間伽藍 대관사지(도면 63)

　연구자에 따라서 가람의 성격을 왕실의 사적인 사원, 귀족의 원당적 사원, 서민의 희사에 의한 사원, 국가적 사원으로 나누기도 한다.[149] 그러나 백제 시대 사찰의 성격을 나누기에는 관련 유적의 문헌 자료가 지극히 영성하여 어려움이 많은 것이 사실이다. 그렇다고 하더라도 몇몇 자료를 통해서 살펴보면 왕실에서 창건하였거나 왕실의 관여에 의해서 창건된 가람으로서 왕실사찰과, 귀족에 의해서 발원된 귀족의 원당사원의 존재를 확인할 수 있다. 부여의 능산리사지는 사리장엄구 중 석조사리감의 명문에서 "창왕 13년 공주가 사리를 봉안하였다."고 하고 있으며,[150] 왕흥사의 청동사리함에서는 "창왕이 죽은 아들을 위하여 절을 지었다."고 기록하고 있어[151] 당시 왕실에서 사찰을 조성하고 있었음을 알 수 있다. 한편 사택지적비에 보이는 바와 같이 사택지적은 몸이 날로 달로 늙어감에 따라 금으로 불당을 짓고 옥으로 탑을 만들어 세우고 있음을 기록하고 있어[152] 귀족층에서도 원당을 건립하고 있음을 알 수 있다.

　귀족층에서 원당을 만든다고 하는 점은 분명 그들의 사적인 사찰이라고 할 수 있다. 그러나 왕실에서 조영에 관여하고 있는 사찰은 과연 국가사찰인지, 아니면 왕실의 사적인 사찰인지 구분이 어렵다. 하지만 명문의 기록이 나타나고 있는 위의 두 예는 우선 왕실의 사적인 원찰에 해당하는 것으로 생각된다.

　그런데 미륵사지에서 발견된 사리장엄구 중 사리봉영기의 내용을 보면, 왕과 비의 수명을 빌 뿐만 아니라 창생교화와 중생성도를 기원한다는 점[153]에서 부여 지역에서 발견된 사리장엄구에 나타난 기록과는 다른 성격을 보이고 있다. 즉 왕실의 사적인 성격이 아닌 국민과 국가적 차원의 의례를 담당하는 것으로 생각되어 국가사찰의 범주에 포함되어야 하는 것이 아닌가 생각된다.

---

149) 田中俊明, 1995, 「新羅時代における王京と寺院」, 『신라왕경연구』, 신라문화제 학술발표회 논문집 16, 신라문화선양회.
150) 국립부여박물관, 2000, 『능사』, 부여 능산리사지발굴조사 진전보고.
151) 김혜정, 2008, 「왕흥사지 발굴 조사 성과」, 『부여 왕흥사지 출토 사리기의 의미』, 국립부여문화재연구소.
152) 홍사준, 1954, 「백제 사택지적비에 대하여」, 『역사학보』 6, 역사학회.
153) 김상현, 2009, 「미륵사지 서탑 사리봉안기의 기초적 검토」, 『대발견 사리장엄, 미륵사의 재검토』, 원광대학교 마한·백제문화연구소, 140쪽.

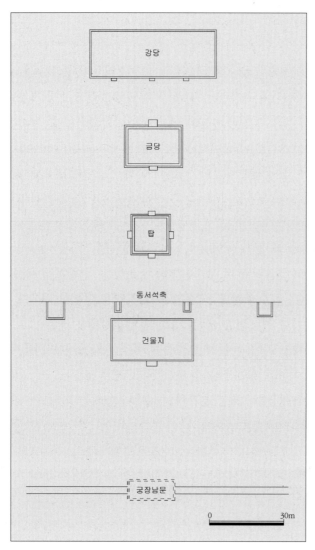

강당

금당

탑

동서석축

건물지

궁장남문

도면 63
대관사지 가람 배치도

0　　　　30m

신라의 사찰에 있어서 성전사원은 국가의 관부가 설치된 사원으로서 관사의 기능을 갖고 있으며, 국왕이나 왕비의 발원에 의해 창건된 왕실사원으로 왕실의 원당적 기능도 가지고 있을 뿐만 아니라 불교계의 통제와도 일정한 관련이 있는 것으로 보고 있다.[154] 이러한 관점에서 보면 성전사원은 왕실의 안녕이라는 사적인 기능과 불교계의

154) 이영호, 1993, 「신라 성전사원의 성립」, 『신라불교의 재조명』, 신라문화제 학술발표회 논문집 14, 신라문화선양회.

통제라는 관사적 기능을 복합적으로 가지고 있다고 볼 수 있으나, 성전사원에서 국가적 제의가 실행된다고 한다면 관사, 즉 국가사찰에 포함시킬 수 있는 것이 아닌가 생각된다.

익산 금마저의 백제 사찰도 사찰 조영에 왕실이 적극 개입되어 있음을 확인할 수 있다. 『삼국유사』의 기록을 통해서 보면 미륵사지는 무왕에 의해 건립되었다고 하는데, 지난번 출토된 미륵사지 석탑 내의 사리봉영기에서도 이러한 사실이 입증되고 있다. 그리고 제석사지의 창건은 『관세음응험기』에 "백제 무광왕이 지모밀지에 천도하고 제석정사를 지었다."고 기록되어 있어 왕실에서 사찰을 건립한 것을 알 수 있다. 이들 가람은 규모면에서도 대규모일 뿐만 아니라 잘 가공된 화강암을 이용하여 3단계 위계를 나타내는 가구식기단 구조를 갖춘 가람을 조성함으로서, 그 격조를 높이고 있음을 알 수 있다. 대관사지의 조영과 관련해서는 현재 기록이 남아 있지는 않지만 외곽에 궁장이 시설되어 있으며, 건축물의 기단 구조도 가구식기단 구조를 갖추고 있을 뿐만 아니라 세부적인 당탑 구조에서도 다른 사찰과 같은 형태를 보이고 있고, 특히 궁장 안에 조성되었다는 점에서 왕실과 관련된 사찰의 면모를 보여주고 있다.

또한 대관사지는 사찰명에서 사적인 가람이라기보다는 관사의 기능을 하고 있음을 알 수 있다. 나아가 대관사의 '대관' 은 왕이라는 의미를 갖는 것으로 해석되기도 한다.[155] 그렇다고 한다면 대관사는 왕실과 관련된 백제에서 최고 관부에 속하는 사찰로써 불교계를 통괄하는 기능을 수행하고 있는 현세적 성격이 강한 사찰로 왕권 강화 등 현세 왕실의 발전을 기원하는 사찰로 생각된다.[156]

가람 구조는 궁장 안의 가장 중심이 되는 지점에 위치하며, 높게 쌓은 석축 앞에 배례 공간으로서의 건물을 배치하고 석축 위에는 목탑과 금당과 대형의 강당을 배치하고 있다. 높은 석축과 배례공간이라는 독특한 가람 구조와 주위를 회랑으로 구획 폐쇄하지 않고 드러내고 있음은 현세 왕실과 관련하여 권위적 상징체계를 보여주는 사찰 구조로 생각된다.

---

155) 坂詰秀一 編, 2003, 『佛敎考古學事典』, 雄山閣.

156) 藤澤一夫도 대관사의 기능을 논함에 있어 "도성에 경영되는 황제·대왕·천왕 등의 사원은 1개소이며, 나아가 그 나라 불교세계를 통괄하고 국가사원인 대관사로 진전된 것" 이라고 하고 있다.
(藤澤一夫, 1976, 「百濟別都益山王宮里廢寺卽大官寺考」, 『익산문화권의 제문제』, 제3회 마한·백제문화 국제학술회의, 원광대학교 마한·백제문화연구소.)

2) 傳統樣式伽藍 제석사지(도면 64)

고대의 도읍지에서 또 하나 주목되는 사원이 제석천을 주존으로 모시고 신앙하는 제석사의 존재라고 할 수 있다. 우리나라에서는 제석사가 궁성 내에 있거나, 그렇지 않으면 궁성과 매우 인접하여 존재하고 있었음을 자료를 통해 알 수 있다.

예를 들면 신라의 경우는 『삼국유사』 권1, 天賜玉帶조, 眞平大王조에 "御駕가 내제석궁에 행차하였는데, '天柱寺'라고 부르기도 하는 바 왕이 창건하였다."고 하고 있다. 즉 신라의 진평왕이 창건한 제석사는 '내제석궁'으로 호칭되고 있는데, 다른 이름인 천주사는 경주 안압지의 서쪽에 전칭되고 있는 天柱垈로 비정되어 궁역 안에 있었던 것으로 추정되어지고 있다. 그리고 이를 약하여 '내궁' 혹은 '내원'이라고도 하였다 한다.[157] 고려는 건국 초에 태조 왕건이 창건한 10대 사찰 중에 '내제석사'와 '외제석사'가 보이는데, 이들 두 사찰 중 내제석사는 궁궐 혹은 도성에 위치했던 것으로 판

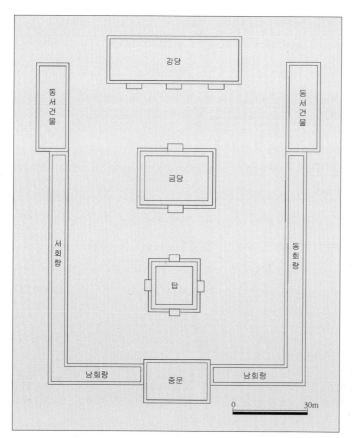

도면 64
제석사지 가람 배치도

단된다.

금마저의 제석사지가 위치한 곳이 '내궁터'라고 불리어지고 있음은 신라에서 내제석궁을 내궁이라 약칭하고 있음과 견주어 볼 수 있으며, 곧 제석사가 내불당적인 성격을 가지고 있다고 할 수 있다. 궁성 터인 왕궁리 유적과 제석사가 지척의 거리에 있고, 백제 제석사의 창건주 무왕과 신라 내제석궁의 창건주 진평왕이 비슷한 시기에 존재하고 있었던 점은 제석사의 성격을 규명하는데 있어서 시사하는 바가 있다고 본다.

그러면 제석은 무엇이며, 제석신앙은 어떠한 형태를 갖추고 있는 것인가? 우선 제석은 불교에 있어서 天部信仰의 하나이다. 즉 제석은 불교의 우주관에서 본 수미산 산정인 忉利天에 거주하는 천주로서 호국안민하고 인간의 선악을 주제하는 신으로 숭앙되어지고 있다.

그런데 『삼국유사』 고조선조를 보면[158] 제석신앙의 한 단면을 살펴볼 수 있는데, "환인을 제석이라고 한다."고 되어 있어서 우리나라의 국조인 단군신앙과 불교의 제석신앙이 습합되고 있음을 살필 수 있다. 즉 국조신앙이 천제신앙으로, 그리고 이러한 신앙이 다시 불교가 전래된 이후 불교의 제석신앙으로 전개되어 왕실 내에 성행하고 있음을 보여주는 자료라 할 수 있다. 다른 말로 바꾸어 말하면 왕손을 천제의 후손으로 신격화 시켜 온 왕실은 불교 수용 이후에는 이를 제석신앙의 형태로 받아들였는데, 안으로는 왕실의 권능을 불교에 의해 신장하고 보호해 나가는 한편 밖으로는 호세안민하는 기능을 제석신앙 속에서 찾았던 것으로 보여진다. 그리고 이러한 신앙의 구현으로 제석사는 창건되어진다고 할 수 있다.[159]

곧 국조신앙이 천제신앙으로, 그리고 불교 전래 이후 천제신앙이 제석신앙으로 전개된다고 한다면 제석사는 국조신앙의례와 아울러 호국안민의 기원을 목적으로 하는 사찰이라 할 수 있다. 이는 대통사가 무령왕의 명복을, 능사가 성왕의 명복을, 그리고 왕흥사가 위덕왕 왕자의 명복을 비는 사찰이라는 점과 그 성격을 달리하는 것이다. 제석사가 과거세의 국조를 제사하기 위한 사찰이라면 이것은 왕실의 정통성을 공고히 하기 위한 목적도 담겨 있는 것이라 생각된다. 이러한 형태는 고구려의 정릉사지에서도

---

157) 황수영, 1978, 「백제제석사지의 연구」, 『백제연구』 4, 충남대학교 백제연구소.
158) 『三國遺事』 古朝鮮條.
　　「昔有桓仁謂帝釋也」
159) 홍윤식, 1977, 「백제 제석신앙고」, 『마한 · 백제문화』 2, 원광대학교 마한 · 백제문화연구소.

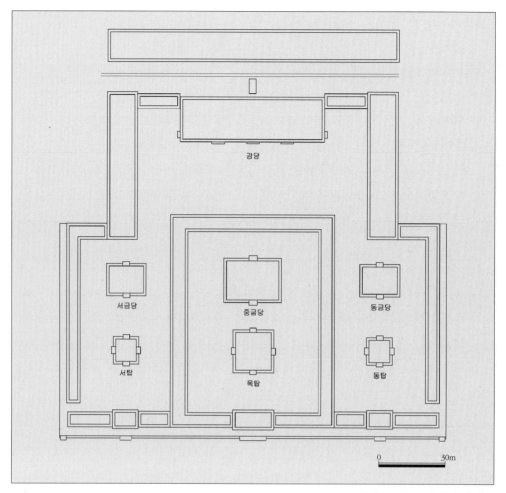

나타난다. 정릉사는 추모 대상이 직계 부모가 아닌 고구려 시조라는 사실에서 일반적인 원찰과는 성격을 달리하고 있는 것이다. 이러한 사례와 연관지어 본다면 제석사는 과거세 국조신앙의례를 수행하는 가람으로 상정하여도 무방하지 않을까 한다.

무왕에 의해 창건된 제석사지는 정관 13년(639) 뇌우에 의해 소진된 후 다시 중건하게 된다. 창건가람의 형태가 어떠한 모습이었는지 현재로서는 확실하게 알 수 없지만, 『관세음응험기』의 기록을 통해 보면 전통적인 백제 시대 1탑1금당에 중문과 강당을 배치하고 회랑으로 구획한 일원중문식 가람 배치였을 것으로 판단된다. 발굴 조사된 중건가람도 백제 가람 배치의 전통을 고수하고 있음을 알 수 있다. 이러한 양상은 과거적 성격의 국조신앙의례를 수행하는 사찰이라는 성격이 가람 구조의 전통성을 따르게 했던 것은 아닌가 생각한다.

3) 三院竝置伽藍 미륵사지(도면 65)

　미륵사는 우리가 잘 아는 바와 같이 미래불인 미륵삼존불의 출현을 인연으로 하여
창건되어졌다. 때문에 미륵사지의 가람배치는 용화보리수 아래에서 미륵삼존이 성불
하는 장면을 구상화 한 삼원병치의 형태로 만들어졌다. 즉 용화보리수를 상징하는 용
화산(현 미륵산) 아래에 불탑과 불전을 3곳에 나란히 배치하고 있는 것이다. 이와같은
가람 배치를 갖는 미륵사 창건은 미륵신앙의 국토적 구현을 하고자 하는 노력이요, 미
래 국가 발전을 기원하기 위한 사찰이라고 생각한다.

　이러한 미륵사 창건의 의미는 사리봉영기에서도 잘 나타나고 있다. 봉영기의 내용
에는 대왕의 수명과 치세를 영구히 하여 위로는 정법을 넓히고 아래로는 창생을 교화
하며, 왕비는 칠세의 구원까지도 함께 복리를 입게 하고 모든 중생이 함께 불도를 이루
게 해달라고 기원하고 있다. 곧 미륵하생 신앙을 바탕으로 대왕의 수명과 왕비의 복리
만을 추구한 것이 아니라 창생교화와 중생성도의 염원을 담고 있다.

　조경철은 익산을 神都로 보고, 불교의 세계관과 신도 익산 사찰을 비교하여 천부의
세계인 도솔천에 미륵사, 제석천과 사천왕천에 제석사, 그리고 지상의 세계에 왕궁(대
관사)을 상정하고 있다. 그리고 익산 미륵사의 미륵이 지신인 지룡과 연관되어 있다면,
제석사의 제석은 종래의 천신과 연관되었다고 보고 있다. "제석사를 창건함으로써 천
신인 제석이 인간 세계를 돌보아 줌을 드러내 보였다. 제석이 돌보아 주는 인간 세계는
제석사 옆의 왕궁의 세계이다. 왕궁의 세계는 인간 세계를 다스리는 人王이 다스리는
세계이다. 무왕은 왕궁에 거주하면서 인왕을 자처하며 백제를 다스리고자 하였다. 익
산은 미륵의 도솔천신, 제석의 도리천신이 보호하는 신도이며, 인왕은 그 신도를 다스
리는 무왕이었다."고 익산 지역의 사지를 파악하고 있다.[160]

　그러나 필자는 금마저의 사찰 조영 목적을 이와는 조금 다르다고 본다. 즉 제석사는
과거세인 국조의 제사와 왕생을 기원하는 사찰로, 미륵사는 미래세의 중생의 교화를
통한 국가의 발전을 기원하는 사찰로, 대관사는 불교계의 통괄과 아울러 현세 왕실의

---

160) 조경철, 2006, 「백제불교사의 전개와 정치변동」, 한국학중앙연구원 박사학위논문, 160~165쪽.

번영을 기원하는 사찰로 조영되지 않았을까 한다.

제석사가 제석신앙으로 대변되고, 미륵사가 미륵신앙으로 대변된다면, 대관사는 석가신앙이 바탕이 되었을 것으로 생각된다. 왜냐하면 이러한 모티브는 삼세삼불신앙에서 비롯된 것으로 보이기 때문이다. '삼세삼불신앙'이라고 함은 과거·현재·미래의 일체의 여래를 상징한 삼세불로, 이것이 예배 대상으로 구상화 될 때 정광불·석가불·미륵불로 구성된다. 이러한 삼세불은 종적으로 시간적 연계선상에 둠으로써, 久遠한 여래의 영원성을 상징하는 것이다. 즉 연등불은 석가에게 수기를 주어 미래에 여래가 될 것을 예언하며, 이러한 관계가 석가와 미륵 사이에도 일어나서 여래의 영원한 존속 상태를 보여주고 있다.[161] 그리고 삼세불이 꼭 연등불, 석가불, 미륵불로 한정되지 않고 天龍山 제21석굴 神龍三年(707)의 연기에 의하면 약사불, 석가불, 미륵불로 기록하고 있다고 한다.[162]

삼세신앙과 관련해서 미륵신앙을 기반으로 하는 미륵사가 있으나, 외호적 성격의 제석이 삼세신앙의 과거의 축으로 등장할 수는 없다. 그러나 과거가 전제되지 않은 미래는 생각해 볼 수 없다. 그리고 제석사가 국조신앙의례를 보인다는 면에서 현재 왕실과의 관계에서 보면 연등불로부터 수기를 받는 석가불의 모습을 상정해 볼 수 있다. 이러한 점에서 대관사는 현재불로서의 석가신앙으로 대변될 수 있는 것이 아닌가 생각된다. 나아가 제석사·대관사와 더불어 석가의 수기를 받은 미륵을 모시는 미륵사 등 세 가람의 창건은 왕실과 국가의 영속을 기원하는 상징적 의미를 가지는 삼세기원적 성격으로 생각되며, 그 모티브는 삼세신앙에서 비롯되는 것이 아닌가 생각한다.

그리고 제석이 천신, 미륵이 지신과 연관되었다고 하는 면에서도 전통사회에서 궁궐을 중심으로 한 종묘와 사직을 배치하고 제례를 베푸는 기능의 불교적 현상이라고 생각한다.

이러한 사찰은 결국 왕실의 사적인 목적의 사원이라기보다는 왕실과 더불어 국가의 발전을 기원하는 국가사찰로써의 기능을 지니고 있는 것으로 여겨진다. 이러한 三世祈願寺刹의 창건은 불교를 통한 왕실의 정통과, 왕권과 국가의 번영과 발전의 영속을 기원하고자 했던 백제 왕실의 호국적 불교관을 엿볼 수 있다.

---

161) 강우방, 1995, 『한국불교조각의 흐름』, 대원사, 77쪽.

162) 양은용, 2008, 「통일신라 개원3년(715)명 석조일경삼존삼세불입상에 관한 연구」, 『문화사학』 29, 한국문화사학회, 11쪽.

chapter Ⅳ

金馬渚 百濟 文化의 獨創性

IV. 金馬渚 百濟 文化의 獨創性

1. 遺物을 통해 본 獨創性
2. 遺構를 통해 본 獨創性
3. 伽藍 配置의 獨創性
4. 寺刹 造營의 獨創性

백제에서 가장 뛰어난 건축물은 아마도 궁궐과 사찰 건축이라고 할 수 있을 것이다. 그러나 상부 구조는 전혀 남아 있지 않은 현실에서 겨우 그 유지만을 접할 수 있다. 아직까지 백제 시대의 궁궐 건축에 대한 단편적인 내용 외에는 자세한 사항은 알 수 없다. 궁궐에 비해 사찰 건축의 유지는 비교적 잘 남아 있으며, 여기에 대해서는 일제강점기부터 조사가 이루어지기 시작하여 최근에는 국립부여문화재연구소를 중심으로 활발한 조사 활동이 이루어져 가람 배치나 기단 기초 등에 대한 자세한 사항이 알려지고 있다.

익산 금마저에서도 그 위치를 확인할 수 없는 오금사지를 제외하고는 대부분의 사찰 유지들의 발굴 조사가 이미 이루어졌거나 지금도 조사를 진행하고 있는 중이다. 이러한 사찰 중에서 특히 미륵사지를 중심으로 하는 3대 사지는 왕실에서 주도하여 조성했기 때문에 건축이나 공예 등에 관해서는 당시 최고 장인의 뛰어난 조형 감각에 의해 이루어졌을 것이다. 그러므로 익산 금마저의 사찰은 백제 건축 문화의 발전적인 과정 속에서 만들어지면서도 강한 창의성을 바탕으로 독창적인 문화를 창출해왔음은 부인할 수 없으며, 이러한 독창성이 금마저 백제 문화의 가장 큰 특징이고, 이후 우리 문화의 근간을 이룬다는 점에서 그 의의는 자못 큰 것이다.

여기서부터는 금마저의 사찰 유적을 조사하는 과정에서 출토된 유물이나 유구 등을 통해 당시 삼국의 문화 양상과는 달리 새롭게 의도되어 나타나는 금마저 백제 문화의 독창성에 대해서 구체적으로 살펴보고자 한다.

1. 遺物을 통해 본 獨創性

1) 舍利莊嚴具

2009년 초에 미륵사지 서탑을 해체하는 과정 중 심주에서 사리장엄구가 출토되어 세간을 떠들썩하게 했다. 수습된 유물 중 하나인 사리봉영기에는 『삼국유사』 무왕조에 미륵사의 창건 발원자로 등장했던 신라 공주 선화가 기록되어 있지 않아 실망감은 이루 말할 수 없었다. 그러나 기해년(639)에 사리를 봉안하였음을 밝히는 기년이 기록되어 있어 사리장엄구의 가치를 한층 더 높여 주었다. 뿐만 아니라 왕궁리 오층석탑 출토 사리장엄구의 백제 제작설[1]이나 필자의 미륵사 의자왕대 완성설[2]에 힘을 실어주었다.

앞서 1965년 왕궁리 오층석탑의 해체 복원과정에서도 사리장엄구가 출토되어 보물로 지정된 바 있다.[3] 왕궁리 오층석탑의 사리장엄구는 통일신라 시대로 보기도 하지

사진 37　미륵사지 금동제사리외호(좌) 및 왕궁리 오층석탑 금제사리내함(우)

---

1) 한정호, 2005, 「익산 왕궁리 오층석탑 사리장엄구의 편년 재검토」, 『불교미술사학』 3, 불교미술사학회.
2) 김선기, 2007, 「익산 제석사지 백제기와에 대하여」, 『기와학회논문집』 3, 한국기와학회.
3) 황수영, 1966, 「익산 왕궁리 오층석탑내 발견유물」, 『고고미술』 7권 5호, 한국미술사학회.

만,[4] 백제 시대에 제작되었다는 설이 유력하다. 함께 출토된 금강경판까지도 백제 시대에 제작된 것으로 주장되고 있어,[5] 미륵사지와 왕궁리 오층석탑 사리장엄구가 백제 시대에 만들어졌음은 확실하다고 생각한다. 특히 미륵사지 금동제사리외호와 왕궁리 오층석탑 금제사리내함에 나타나는 심엽형의 문양이 비슷한 형태를 보이고 있어서 왕궁리 오층석탑 사리장엄구의 백제 제작설에 힘을 더해준다.(사진 37)

금마저 사찰의 사리장엄 내용을 알려주는 기록은『관세음응험기』이다. 여기에서는 제석사지 화재 당시 소실되지 않은 사리병·사리함·금강경판 등 사리장엄구를 밝히고 있으며, 다시 사찰을 지어 봉안하고 있음을 기록하고 있다. 왕궁리 오층석탑 내에서 발견된 사리장엄구도 금강경판이 銅에서 금은합금으로만 바뀌어 있을 뿐 내용은 같음을 알 수 있다. 그리고 사리장엄구의 크기와 제석사지 심초석의 사리공의 크기가 거의 일치하는 것으로도 보고 있다.

사리장엄구의 백제 제작설과 더불어 위의 주장이 사실이라면 왕궁리 오층석탑 사리장엄구의 제작 시기는 620년 경 제석사지 창건과 더불어 만들어진 것으로 판단된다. 금제사리내함에서 나타나는 삼릉심엽형화문은 630년 경의 미륵사지 암막새 문양에 영향을 주고, 639년 미륵사지 사리장엄구의 문양으로 간략화 되어가는 것으로 생각된다. 다시 말해서 제석사지 사리장엄구라 할 수 있는 왕궁리 오층석탑에서 발견된 사리장엄구가 먼저 만들어지고, 미륵사지 서탑 출토 사리장엄구가 639년에 제작될 수 있었던 것은 앞에서 설명한대로 왕궁리 유적의 대관사지가 공방지와 더불어 610년 경에는 완성된 것으로 판단되기 때문이다.

왕궁리 오층석탑과 미륵사지 서탑 발견 사리장엄구의 특징은 심엽문과 더불어 연화문·당초문·보주문·연주문 등이 다양하게 조식되어 있다. 이 문양들이 갖는 상징적인 의미는 다양하게 논의되고 있다. 그 내용을 살펴보면 당초문은 무한한 생명을 상징하며, 연주문은 천상의 빛의 상징으로 이해하고, 금동제사리외호의 어깨부분에 시문된 것은 불국토의 광명의 빛을 상징하는 것과 궤를 같이하는 것으로 보고 있다.[6]

---

4) 조원교, 2009,「익산 왕궁리 오층석탑 발견 사리장엄구에 대한 연구」,『백제문화』49, 충남대학교 백제연구소.

5) 송일기, 2004,「익산 왕궁탑출토 '백제금지각필 금강사경'의 연구」,『마한·백제문화』16, 원광대학교 마한·백제문화연구소.

또한 사리호는 이 세상에서 가장 소중한 영력을 지닌 절대적 진리 자체인 사리를 봉안하는 그릇으로서, 가장 강력히 영화시키기 위하여 온갖 영기문으로 사리기 표면을 채우고 있다고 한다. 그 문양은 모두가 무수한 보주를 탄생시키는 영기문으로 공간에 가득찬 보주들은 이러한 영기문에서 화생하는 것이기 때문에 사리호의 문양은 우주의 탄생을 의미하는 것으로 설명하기도 한다.[7]

문양의 상징성에 대해서는 여러 가지 해석이 있을 수 있다. 사리장엄구에 나타나는 작은 원형의 문양을 물고기알과 같은 형태라고 하여 '어자문'이라고 하고 있다.[8] 형태 면에서는 물고기알 문양인 어자문이 타당하나, 이는 생명을 잉태하는 포자 혹은 씨앗을 의미하고, 심엽문은 이러한 씨앗으로부터 생명의 탄생을, 그리고 힘차게 뻗어가는 당초문의 표현은 성장과 발전과 무한한 생명력을 표현해주는 것으로 생각한다. 곧 보주의 화생과 우주의 탄생을 상징하는 것으로도 볼 수 있지만, 부처의 사리로부터 영력을 받아 백제의 무한한 발전을 염원하는 문양으로 만들어졌다고 생각된다.

이와같이 상징적 의미를 갖는 문양으로 가득 채워진 사리장엄구는 이제까지 알려진 고대 동아시아의 사리장엄구와는 상당한 차이가 있다. 특히 중국 남조시대 이후로 중국의 사리장엄구는 방형함과 유리병을 많이 사용한 것으로 알려져 있는데, 미륵사지에서는 방형함의 사리장엄구가 출토되지 않았다.[9] 그리고 부여 능산리사지에서 출토된 사리장엄구는 창왕명사리감만 남아 있다. 이 석함에는 567년 창왕의 누이에 의해 발원되었음을 기록하고 있다.[10] 그리고 부여의 왕흥사지 발굴 조사에서는 도굴되지 않은 완전한 형태의 사리장엄구가 출토되었다. 사리기는 청동외함, 은제사리호, 금제사리병으로 구성되어 있는데, 청동외함에 새겨진 명문을 통해 577년 위덕왕이 죽은 왕자를 위해서 왕흥사를 세운 것임을 알 수 있다.[11] 미륵사지와 마찬가지로 왕흥사지에서

---

6) 이송란, 2009, 「미륵사지 금제 사리호의 제작기법과 문양 분석」, 『대발견 사리장엄, 미륵사의 재조명』, 원광대학교 마한 · 백제문화연구소, 195~199쪽.

7) 강우방, 2009, 「미륵사 탑 발견 사리장엄구와 왕궁리 탑 발견 사리장엄구의 상관성」, 『대발견 사리장엄, 미륵사의 재조명』, 원광대학교 마한 · 백제문화연구소. 제출 프린트물 「미륵사 사리기론의 결론」.

8) 이송란, 2009, 「미륵사지 금제 사리호의 제작기법과 문양 분석」, 『대발견 사리장엄, 미륵사의 재조명』, 원광대학교 마한 · 백제문화연구소, 194쪽.

9) 주경미, 2009, 「백제의 사리신앙과 미륵사지 출토 사리장엄구」, 『대발견 사리장엄, 미륵사의 재조명』, 원광대학교 마한 · 백제문화연구소, 175쪽.

10) 국립부여박물관, 2000, 『능사』, 부여 능산리발굴조사 진전보고.

11) 김혜정, 2008, 「왕흥사지 발굴 조사 성과」, 『부여 왕흥사지 출토 사리기의 의미』, 국립부여문화재연구소, 24~26쪽.

도 호 모양의 사리기를 사용하고 있으나 미륵사지 사리기와는 달리 문양이 조식되지 않았다. 그러므로 상징적 의미를 갖는 문양으로 가득 찬 왕궁리 오층석탑이나 미륵사지 서탑 발견 사리기의 모습들은 독창적일 뿐만 아니라 수준 높은 백제 공예의 정수를 보여준다.

사리를 봉안하는 마지막 용기를 보면, 중국에서는 유리제품을 사용하고 있는 예가 많다.[12] 그러나 우리나라에서 가장 완벽한 형태의 사리장엄구인 왕흥사지 출토품에서는 금제사리호를 사용하고 있다. 그런데 제석사지나 미륵사지에서는 모두 유리제품을 사용하고 있다. 우리나라에 이러한 유리를 언제부터 제작하였는지는 잘 알 수 없으나 유리의 제작 기술이 바로 사리기 제작에 적용된 최초의 예라고 생각된다. 왕궁리 유적 공방지에서 다량의 금속이나 유리 슬레그와 도가니들이 출토된 점은[13] 여기에서 사리용기를 직접 제작한 것임을 알 수 있다.

2) 수막새 · 암막새 · 연목와

대관사지에서는 부여에서 출토된 하트모양의 화엽을 갖는 8엽연화문 수막새를 주로 사용하고 있다.(탁본 12의 좌측) 그리고 이러한 문양은 미륵사지에서도 출토되었으며, 제석사지 발굴 조사에서도 출토되었음을 앞에서 밝힌 바 있다. 즉 3대 사지 모두에서 같은 형식의 수막새를 사용한 것이지만, 대관사를 제외한 미륵사나 제석사에서의

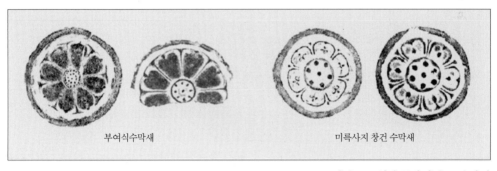

부여식수막새　　　　　　　　　　미륵사지 창건 수막새

탁본 12　익산 금마저 출토 수막새

---

12) 주경미, 2009, 「백제의 사리신앙과 미륵사지 출토 사리장엄구」, 『대발견 사리장엄, 미륵사의 재조명』, 원광대학교 마한 · 백제문화연구소, 176쪽.
13) 전용호, 2009, 「익산 왕궁리 유적의 공방에 대한 일고찰」, 성균관대학교 대학원 석사학위논문.

사용목적은 정확하게 알 수 없다. 제석사지에서도 창건가람이나 중건가람에서도 8엽의 수막새를 사용하고 있다. 그러나 미륵사지에서는 6엽단판연화문 수막새를 창건 기와로 사용하고 있다.

기존의 8엽의 형태를 6엽의 형태로 새롭게 만든 것으로(탁본 12의 우측) 화엽 안에는 능형의 꽃술과 같은 것을 두기도 했지만 심엽문을 넣은 것도 있다. 이 심엽문은 왕궁리 오층석탑이나 미륵사지 사리장엄구에서 나타나는 문양으로 기와에도 사용되고 있음을 알 수 있다.

미륵사지에서는 이와같은 수막새의 사용과 더불어 제석사지에 앞서 백제 시대 드림새에 문양이 있는 유문석 암막새를 처음 제작 사용되었음이 새롭게 밝혀지고 있다. 미륵사지는 통일신라 시대가 되면 사역을 남쪽으로 확장하면서 후대 남회랑과 그 안에 당간지주를 설치하고 앞에는 연못을 만드는 대대적인 중수가 있었다. 사역을 넓히는 과정에서 미륵사 창건 당시 사용되었던 수막새와 연목와, 인장와 등을 암막새와 함께 폐기하였으며, 이로써 백제 시대에 암막새를 사용하였음을 알 수 있다.[14) 부여에서도 암막새를 사용한 예가 밝혀졌으나 이것은 암키와 앞부분을 손가락으로 누른 지두문의 모습으로 전형적인 암막새라고 하기보다는 원시적인 형태의 암막새이다.[15) 그렇다면 미륵사지는 백제 최초로 드림새에 무늬를 갖춘 전형적인 암막새를 창안한 사찰이라고 볼 수 있다. 다시 말해서 삼국 시대에 전형적인 암막새를 사용한 곳은 왕도였던 부여나

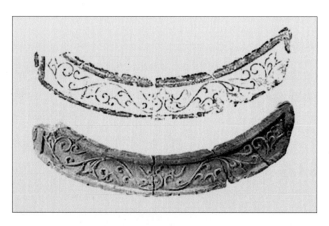

사진 38
미륵사지 출토 암막새

14) 김선기, 2009, 「지지명인각와를 통해 본 미륵사 창건과 몇 가지 문제」, 『대발견 사리장엄, 미륵사의 재조명』, 원광대학교 마한 · 백제문화연구소.

15) 최맹식, 2004, 「삼국 암막새 시원에 관한 소고」, 『문화사학』 21, 한국문화사학회.

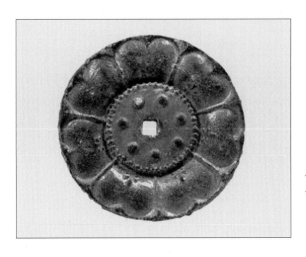

사진 39
미륵사지출토 녹유연목와

경주가 아닌 바로 익산 금마저였던 것이다. 암막새는 중앙에 삼릉심엽문을 두고, 좌우로 무성하게 뻗어나가는 당초문을 시문하고 있다.[16](사진 38) 이러한 문양은 왕궁리 오층석탑이나 미륵사지에서 발견된 사리기에 나타나는 문양과 비슷한 모습을 보이고 있다.

연목와는 서까래 앞에 붙여 장식하는 기와이다. 연목와 역시 부여에서부터 제작하여 사용된 기와이다. 그러나 미륵사지에서 출토된 연목와는 부여에서 출토된 연목와와는 달리 녹색유약을 빠른 녹유연목와이다.(사진 39) 당시 우리나라에서는 자기를 생산하는 기술조차 없었는데, 처음으로 연목와에 유약을 발라 사용하였던 것이다. 연목와에도 수막새와 마찬가지로 화엽 안에 각각 3엽 혹은 5엽의 심엽문을 두고 있다.

미륵사지에서는 사리장엄구 뿐만 아니라 암막새와 수막새 그리고 연목와에서도 심엽문이라는 동일한 상징성을 보여주는 문양을 도입하여 사용하고 있다. 미륵사의 창건에 있어서 백제의 번영과 발전, 그리고 영속을 기원하는 상징적 문양의 채용은 매우 뛰어난 독창적 조영감각이라고 할 수 있다.

제석사지에서는 드림새에 문양이 있는 암막새를 사용하였음이 확인되었다. 제석사지 중건가람에서 처음 사용되고 있기 때문에 미륵사지 암막새 보다는 늦은 시기로 판단된다. 중앙에 귀면을 배치하고 좌우로 인동문을 넣은 형태이다.(사진 40) 제석사지 기와의 백제 시대 제작설에 대하여 여전히 부정적인 시각으로 보는 견해도 있다. 그러

---

16) 문화재관리국·문화재연구소, 1989, 『미륵사』, 유먹발굴조사보고서 I , 157·192쪽.

사진 40
제석사지 출토 암막새

나 지난 1993년도의 시굴 조사와 최근 국립부여문화재연구소의 발굴 조사에서 백제 시대 수막새와 세트로 출토되었다.[17] 필자는 인각와의 편년을 통해 이 암막새가 645년을 전후한 시기에 제작되었음을 밝힌 바 있다.[18]

제석사지 암막새는 미륵사지 암막새보다 문양에 있어 발전적이면서 세련된 모습을 보여준다. 두 암막새의 두드러진 특징은 미륵사지 암막새에는 중앙에 심엽문이라는 식물문을 배치하고 여기에서 좌우로 당초 줄기가 뻗어나가고 있는데 비하여, 제석사지 암막새는 중앙에 상징적 동물문인 귀면을 배치하고 역시 좌우로 인동문이 이어지고 있다. 이러한 두가지 패턴의 문양은 향후 우리나라 암막새 문양 표현의 근간을 이루게 된다.

3) 金銅風鐸

풍탁은 풍경과 같이 탑의 네 귀에 달아놓는 것으로 소리를 통해 법음을 들려주며, 듣는 이의 영혼을 맑게 해주는 역할을 하는 것으로 생각된다. 미륵사지 3개의 탑이 현재 복원해 놓은 바와 같이 9층 탑이라면 모두 108개의 풍탁이 있었을 것이나 현존하는

---

17) 김선기·김종문·조상미·임영호 외, 1994, 『익산제석사지시굴조사보고서』, 원광대학교 마한·백제문화연구소.
　　국립부여문화재연구소, 2008. 『익산 제석사지』, 제1차조사 회의자료, 15쪽, 암수막새 사진.
18) 김선기, 2007, 「익산 제석사 백제기와에 대하여」, 『기와학회논문집』 3, 한국기와학회.

사진 41
미륵사지 동탑지 출토 금동풍탁

것은 원광대학교 마한·백제문화연구소가 동탑지에서 발굴한 백제 시대의 금동풍탁이 유일하다.[19]

금동풍탁은 몸체에 유두나 당좌 등을 갖춰 마치 종의 모양을 보여주고 있다. 당좌는 연화문 형태로 만들어졌는데, 미륵사지 출토 연목와와 같이 주연은 없으며 당좌의 중심이 되는 자방 주위에는 연주문을 두른 형태를 보여주고 있다.(사진 41) 금동풍탁은 우리나라에 남아 있지 않은 삼국 시대 종의 양식을 유추해 볼 수 있는 귀중한 자료이다.

2. 遺構를 통해 본 獨創性

1) 石佛과 光背

익산시 삼기면 연동리에는 '석불사'로 불리고 있는 연동리사지가 있다. 여기에는

---

19) 정명호, 1975, 「미륵사지 동탑지 및 서탑조사보고서」, 『마한·백제문화』 1, 원광대학교 마한·백제문화연구소.

사진 42
연동리사지 석불좌상과 광배

보물 제45호로 지정된 익산 연동리석조여래좌상으로 불리는 석조 불상 1구와 더불어 석조 광배가 안치되어 있다.(사진 42)

불상은 건물 내부 중앙의 가공된 지대석 위에 별석의 좌대를 놓고 그 위에 결가부좌한 여래상을 올렸다. 옷 주름이 좌대까지 흐른 裳懸座로서 백제 시대 불상의 특징을 잘 보여주고 있다. 佛頭는 잘려 없어졌고 몸체는 곳곳이 떨어져나간 상태이다. 그러나 어깨는 넓고 반듯하게 내려와 강건한 작풍을 보이며 두 무릎을 넓게 펴서 안정감이 있다. 法衣는 통견으로써 비교적 얇게 표현되어 있는 옷 주름은 활달하고 사실적인 느낌을 준다. 수인의 형태는 오른손을 무릎 위에 가볍게 올려놓고, 왼손은 가슴에 댄 특이한 형태를 보인다. 현재 놓여 있는 불두는 근래에 만든 볼품없는 것으로 외관을 크게 훼손하고 있어 보는 사람으로 하여금 실망을 자아내게 한다. 그러나 이 석불은 당시 우리나라 최대의 圓刻如來坐像으로서 귀중한 유례이며, 서해안의 서산과 당진에 있는 석조 불상의 유례와 더불어 우리나라 석상 조각의 기원으로 추정된다.[20]

불상 제작의 규범이라고 할 수 있는 32길상 80종호에 의하면 부처의 몸에서는 빛을

---

20) 황수영, 1994, 「백제의 불교조각」, 『백제불교문화의 연구』, 충남대학교 백제연구소, 293~295쪽.

발한다고 하였는데 이를 표현한 것을 광배라고 할 수 있다. 그래서 광배를 위대한 인간의 몸에서 발산하는 정신, 즉 氣를 조형적으로 표현한 것,[21] 혹은 부처의 신성한 기운을 표현한 것[22]으로 정의한다. 연동리사지 석조여래좌상의 뒤에 별도로 놓인 舟形의 擧身光背는 비교적 거칠게 다듬은 2매의 석재를 맞대어 설치한 대좌 위에 놓여 있다. 두광에는 백제의 수막새에서 볼 수 있는 16엽의 연화문을 두고, 주변에는 화불과 더불어 虺龍文系 화염문을 조식하였다. 광배 전체의 높이는 4.48m로 우리나라 불상 광배 중에서 가장 큰 초대형이다. 백제 시대 虺龍文系 화염문은 금동불상과 더불어 서산마애삼존불과 같은 석불상에서도 나타나는데 연동리석불좌상의 석조광배에서 그 정점을 이룬다고 하며, 이러한 형식은 법륭사 금당의 석가삼존불에서도 나타나고 있어 일본 飛鳥時代 조각에 상당한 영향을 미쳤던 것으로 보고 있다.[23]

연동리사지 석불여래좌상과 더불어 광배는 당대 최대 최고의 기념비적인 걸작이라는 점과 초대형의 광배로 독창적인 모습을 보여주고 있다. 이 불상과 광배는 조성 이후 우리나라 석불과 광배의 상 양식에 많은 영향을 주었다. 나아가 일본 고대 조각에까지 영향을 미쳤다고 하는 점에서 연동리의 불상과 광배는 우리나라 조각사에 있어서 중요한 위치를 점하고 있음을 알 수 있다.

2) 掘立柱의 금당 구조

연동리사지는 백제 시대 사찰임에도 앞쪽과 뒤쪽에 이미 도로가 건설되는 등 주변 지형에 많은 변화가 있었던 것으로 추정된다. 그러므로 백제 시대에 정확한 가람 배치는 알 수 없고 단지 주변 여건으로 보아 탑이나 강당 · 중문과 회랑 등을 건설하지 않은 금당만을 갖춘 특이한 배치 양상을 보이고 있다.

'굴립주'라고 하는 것은 초석을 사용하지 않고 기둥의 뿌리를 땅 속에 박아 세우는 형태의 기둥 설치 방법으로 연동리사지의 금당지에서 나타나고 있다. 백제 시대 굴립주 건물지는 정지산유적이나 공산성에서 발견되고 있는데, 최근 공산성 성안마을 발굴

---

21) 강우방, 2002, 「고구려 고분변화와 불상 광배의 기표현」, 『한국미술논단』 15, 138쪽.
22) 곽동석, 2000, 「백제 불상의 虺龍문계 화염광배」, 『신라문화』 17 · 18, 동국대학교 신라문화연구소, 35쪽.
23) 곽동석, 2000, 「백제 불상의 虺龍문계 화염광배」, 『신라문화』 17 · 18, 동국대학교 신라문화연구소, 49~53쪽.

지역에서도 확인되었다고 하나 정확한 건물의 성격이나 굴립주의 구조 등은 알 수 없다. 단지 정지산유적은 대벽건물에 굴건식 기둥, 여기에 막새기와를 갖춘 기와 건물이라는 점에서 백제 시대 건물지로서는 특수한 형태를 보이고 있다.[24] 1980년대에 조사한 공산성 쌍수정 아래 굴립주 건물지는 기와를 사용하지 않은 건물지로 보고되어 있다.[25]

연동리사지 금당지의 경우는 석불 주위의 4곳에는 굴립주를 사용하고, 외열주초는 방형의 초석을 사용한 전면3칸, 측면3칸의 건물구조임이 발굴 조사에서 밝혀졌다. 굴립주 주공의 하부 폭은 70cm~90cm 내외이고, 상부 폭은 110cm~140cm 내외로 일정하지 않으며, 깊이는 1m 내외이다. 주공에는 기둥을 세우기 위한 경사로가 나타나기도 한다. 이와 같이 굴립주를 이용하여 금당을 세운 예는 중국의 경우는 아직 많은 조사가 이루어지지 않아 정확하지는 않지만 지금까지 조사된 우리나라나 일본의 금당지에서는 그 예를 찾아볼 수 없는 독특한 구조를 하고 있음을 알 수 있다.[26]

굴립주의 사용과 더불어 금당지의 규모도 동서 13.8m, 남북 12.8m로 다른 사찰의 금당지와는 달리 정방형에 가까운 형태를 보여주고 있다. 금당 중심에 굴립주를 배치한 것은 건물의 도괴 등에 의해 대형의 석불과 광배를 보호하고자 하는 목적이었을 것으로 판단된다. 그리고 중앙에 석불과 광배를 두고 주위에 목탑의 사천주와 같은 모습으로 배치하고, 금당의 평면 모습도 정방형에 가까운 형태인데, 이것은 당시 금당 구조에 있어서 독창적인 모습을 보여주고 있다.

3) 石塔

탑은 부처님의 신골을 봉안하는 곳으로 사리신앙이 깊어짐과 더불어 고대 사찰 건축에 있어서 가장 중요한 위치를 점하고 있다. 우리나라 초기의 사찰에서 세우는 탑은 중국 불교 건축의 영향으로 목탑을 건립하게 된다. 그러나 목탑은 내화성이나 내구성이 약하기 때문에 이를 석탑으로 번안하여 세우게 되는데, 그 시원적인 형식의 탑이 바

---

24) 이남석, 2007, 「공주지역 백제문화유적의 세계문화유산적 가치」, 『백제문화유산의 가치 재발견』, 백제문화연구소 외, 80쪽.
25) 안승주 · 이남석, 1987, 『공산성 백제추정왕궁지 발굴조사보고서』, 공주사범대학 박물관, 92쪽.
26) 국립부여문화재연구소, 2010, 『동아시아 고대사지 비교연구』, 금당지편.

사진 43
미륵사지 석탑

로 미륵사지 석탑이다.[27](사진 43 · 44)

　미륵사지는 모두 3개소에 탑을 조영하고 있는데, 중앙에는 전통적인 양식인 목탑을 두고 동쪽과 서쪽에는 각각 석탑을 배치하고 있다. 동탑은 이미 도괴되고 훼손되었는데, 원광대학교 마한 · 백제문화연구소의 발굴 조사에 의해 현존하였던 서탑과 동일한 규모와 형식의 석탑이었음을 밝힌 바 있다. 서탑도 도괴의 위험이 있어 현재 복원을 위한 해체작업이 진행 중이다.(사진 45)

　석탑의 시원에 대해서 양식적으로는 미륵사지 석탑이 앞서지만, 실제 건립 시기는 정림사지 석탑이 먼저 만들어졌다는 주장이 제기된 바 있다.[28] 이러한 견해에 반해 정림사지는 석탑 건립 이전에 목탑을 조성하였고 이후에 석탑이 축조된 관계로 미륵사지 석탑이 시원 양식의 탑임을 주장하기도 하였으며,[29] 역사적인 기록이나 양식적인 면에서도 미륵사지 석탑이 정림사지 석탑보다 앞서는 것으로 보는 견해도 있다.[30]

27) 고유섭, 1975, 『한국탑파의 연구』, 동화출판공사.
28) 홍재선, 1988, 「백제계석탑의 연구 -미륵사탑과 정림사탑을 중심으로-」, 『초우 황수영박사 고희 기념 논총』, 초우 황수영박사 고희기념논문집 간행위원회.
29) 김정기, 1984, 「미륵사지탑과 정림사지탑 -건립시기선후에 관하여-」, 『고고미술』 161, 한국미술사학회.

사진 44
미륵사지 서탑 보수전 상태

　필자도 미륵사지 석탑이 낮은 기단에 초석과 기둥을 사용하고, 1층은 목조탑과 같이 내부로 통하는 십자형 통로가 있으며, 중앙에 심초석과 함께 찰주를 두었고, 얇고 반전된 옥개석 등으로 보아 양식적으로 정림사지보다 앞서는 시기의 석탑이라고 생각한다. 현재 정림사지에 대한 발굴 조사가 이루어지고 있으므로 가까운 시일에 석탑의 선후관계가 밝혀지겠지만, 미륵사지 석탑의 창안은 이후 우리나라에 수많은 탑들이 건립되어 '석탑의 나라' 라는 명성을 얻게 되는 계기를 만들었다.

　미륵사지 석탑의 해체 보수를 담당하고 있던 국립문화재연구소에서 2011년 '미륵사지 석탑 보수정비' 라고 하는 국제포럼을 개최했다.[31] 여기에서 미륵사지 석탑이 중국 문화의 영향보다는 백제인의 독창적인 것이라고 하는 점이나,[32] 종합토론에서 미륵

30) 천득염, 1990, 「백제계석탑의 조형특성과 변천에 관한 연구」, 고려대학교 대학원 박사학위논문, 198~202쪽.
31) 국립문화재연구소 · 전라북도, 2011, 『미륵사지 석탑 보수 정비』.
32) 박경식, 2011, 「미륵사지석탑을 통해본 백제 석조문화의 독창성」, 『미륵사지 석탑 보수 정비』, 국립문화재연구소 · 전라북도, 92~120쪽.

사지 서탑의 복원은 6층부분복원안이 타당하다는 결론은 필자도 수긍하는 바이다. 그러나 토론에 참가한 한 교수의 지적과 같이 서탑의 정비에 앞서 원래 탑의 모습이 어떠하였는가를 논의했어야 했다고 하는 점이 제일 아쉽다고 생각한다. 왜냐하면 아직도 미륵사지 석탑의 층수나 외형적인 문제가 해결되지 않고 있기 때문이다.

동탑 복원도 많은 학자들에 의해 여러 해 동안의 연구를 거쳐 이루어졌고, 실제 탑의 체감율을 감안한 석재 조사에서 8층과 9층에 해당하는 석재와 노반의 크기 등을 감안한 설계였다. 그리고 2층부터 기둥은 서탑과는 달리 별도의 석재로 만들지 않고 통일신라 시대 석탑과 같이 기둥 모양을 모각한 형태로 복원되었다.[33] 이에 대하여 일부에서는 동탑과 서탑은 시대를 달리한다는 논리로 설명되어지기도 하였다. 하지만 동탑의 복원 당시에도 9층으로의 복원에 대해서는 일부 학자들의 반대여론이 있었던 것도 사실이다. 복원된 동탑과 현존 서탑의 모습이 다르다면, 이번 포럼에서는 서탑의 본래의 모습은 어떠했는지를 반드시 먼저 논의할 필요가 있었던 것이다. 탑의 전체의 모습을 모르고 보수나 복원을 논한다는 것은 합리적이라고 말할 수 없다. 그리고 발표 내용 중에 사용된 도면은 일부 동탑 복원도가 포함되었다고 하는 점에서 더욱 그러하다.

---

33) 문화재관리국·전라북도, 1990, 『미륵사지동탑복원설계보고서』.

보수정비에 참여하고 있는 책임자는 충분한 근거는 제시되지 않았지만 서탑을 9층으로 추정하고 있다[34]는 점에서 몇 가지 의문점을 가지지 않을 수가 없다.

첫째, 중국이나 우리나라의 예를 통해 볼 때 미륵사지 중원의 탑이 9층 목탑이라고 하는 데는 이론이 없는 것 같다. 발굴 조사 결과에 의하면 중원은 동·서원보다 전면 회랑 동서의 길이가 약 1.4배가량 크기 때문에 구조적인 면에서 삼원 중 중원의 격이 높은 것은 사실이다. 이는 불상에서 중앙에 본존을 두고 좌우에 협시를 봉안하는 방법과 같은 양상이라고 생각한다. 그러므로 과연 격이 높은 중원과 좌우의 동·서원에 격이 같은 9층의 탑을 두었을까 하는 점이다.

둘째, 미륵사지 석탑은 목탑을 번안한 것이라고 하는 것은 누구나 잘 아는 사실이다. 기둥의 민흘림, 거기에서 나타나는 안쏠림, 석부재임에도 불구하고 만들어 낸 귀솟음, 평방과 창방, 귀 옥개석의 들림, 중앙의 심주 등 어느 하나 목탑의 형식을 소홀하게 하지 않고 석재로 번안하였다. 그런데 현존하는 목탑이나 미륵사지 석탑 건립 이후 얼마 되지 않아서 만들어진 것으로 판단하는 왕궁리 유적의 오층석탑에서 나타나는 바와 같이 제일 높은 층의 옥개석은 상당히 넓음을 알 수 있다. 목탑을 가장 충실하게 번안한 미륵사지 석탑에서 과연 최상층 옥개석을 좁게 하여 복원된 동탑과 같은 첨탑 모양으로 만들었을까 하는 점이다.

셋째, 체감율의 문제다. 포럼의 토론시간에 나온 이야기로는 6층 옥개석은 다른 층에서 사용된 것을 옮겨온 것으로 이야기가 되었다. 이것은 6층 옥개석의 체감율이 맞지 않는다는 이야기이다. 과연 어떠한 이유에서 그 높은 곳까지 다른 곳에서 사용된 옥개석을 갖다 놓았을까하는 의문이 생긴다. 이 문제를 해결하기 위해서는 체감율에 대한 검토가 필요하다. 미륵사지 석탑의 탑신을 받치고 있는 석재는 위층으로 갈수록 1단에서 2단으로, 옥개 받침석은 3단에서 4단으로 변화를 준다. 이는 시각적인 효과 때문이라고 생각하는데, 석탑을 건립하는데 상식을 뛰어넘는 체감까지 고려했던 백제 장인들이 추녀 끝을 일정한 길이로 체감을 시켰을까? 이러한 체감이라면 시각적으로 둔중한 모습을 보일 수 밖에 없다. 목탑과 같이 보다 날렵한 탑을 만들기 위하여 상층으로 갈수록 체감율을 달리한 결과로 볼 수 있는 것은 아닌가 생각된다.

---

34) 배병선, 2011, 「미륵사지 석탑의 보수정비 계획안」, 『미륵사지 석탑 보수 정비』, 국립문화재연구소·전라북도, 140쪽.

4) 石燈

　불교에서 등이라 함은 부처님의 진리를 비쳐 줌으로써 중생의 어리석음을 깨우쳐 주고, 모든 무리들이 선한 길을 택하게 한다는 의미를 가지고 있다. 이 외에도 등은 지혜와 자비, 해탈, 선행, 재생 등의 의미를 가진다고 한다.[35]

　미륵사지 발굴 조사에서는 서원을 제외한 중원과 동원에서 화강암제 석등 하대석이 탑과 금당 사이에서 각각 출토되었다. 미륵사지 석등의 화사석이나 옥개석 등은 국립전주박물관에 옮겨 보관되고 있다. 그런데 동원과 중원에서 출토된 석등 하대석은 각기 형식을 달리하고 있다. 동원과 서원의 석등이 동시에 만들어졌을 수도 있지만, 필

사진 46
미륵사지 동원 석등 하대석

사진 47
미륵사지 중원 석등 하대석

---

35) 정명호, 1992, 「한국석등양식사 연구」, 단국대학교 대학원 박사학위논문, 4~6쪽.

자는 동원의 석등 하대석은 백제 시대에 만들었으며,(사진 46) 중원의 석등 하대석은 통일신라 시대에 미륵사를 중수하면서 다시 조성했을 가능성도 있다고 생각한다.(사진 47)

석등을 만들어 사용되기 이전에는 등명구로써 목조의 등을 생각해 볼 수 있으나 현존하는 것이 없어 그 기원을 정확하게 살필 수 없다. 단지 고대부터 돌로 다듬어 만든 석등이 남아 있는데 인도나 중국에서는 현재 남아있는 예가 미미하다. 시기적으로도 우리나라의 석등보다 앞서는 것으로 판단하기에는 어려움이 있기 때문에 불교의 종주국이라 할 수 있는 인도나 중국에서 석등의 원류는 찾을 수 없다. 그러므로 우리나라 석등의 원류는 자체에서 살펴볼 수 밖에 없는데, 바로 미륵사지 석등이 시원의 석등임을 알 수 있다.[36] 미륵사지에서 석등을 처음 사용하면서 이후 많은 사찰에서 석등을 조성하게 되는 계기가 되었다. 이러한 석등은 바로 금마저 백제 장인이 독창적으로 만들어 낸 것이다.

5) 기단 구조와 구축토

기단은 건축물을 만들기 위해 토대를 세우고 단을 쌓아 흙이 흘러내리지 못하도록 하는 구조물이다. 축조하는 재료에 따라서 석축기단, 와적기단, 전적기단, 전석혼축기단, 전토혼축기단 등으로 분류하는데, 석축기단의 경우 할석기단과 치석기단으로 세분된다. 석축기단은 축조 방법에 따라 할석정층기단, 할석난층기단, 치석난층기단, 치석정층기단, 가구식기단으로 세분하기도 하는데[37] 가구식 기단의 제일 세련되고 발달된 형태이다. 그런데 익산 금마저 지역 사지에서 나타나는 기단 구조는 유구를 확인할 수 없었던 사자사지를 제외하고 전체가 가구식기단으로 이루어졌다는 특징을 보이고 있다.

'가구식기단' 이라 함은 잘 다듬어진 석재를 가지고 지대석·면석·갑석을 만들어 짜 맞춘 기단으로 형식상 세분하면 가구식 이중기단, 가구식 단층기단, 가구식 간략기단으로 나눌 수 있다.(도면 22) 이중기단은 면석을 겸하는 지대석을 놓고, 그 위에 하층 갑석과 상층의 지대석·면석·갑석을 차례로 쌓아 올린 형태이다. 단층기단은 지대석·면석·갑석으로만 구성된 기단이며, 간략기단은 별도의 면석이 없이 면석을 겸한

---

36) 정명호, 1992, 「한국석등양식사 연구」, 단국대학교 대학원 박사학위논문, 22~25쪽.
37) 조원창, 2002, 「백제건축의 대일전파」, 상명대학교 대학원 박사학위논문.

사진 48
미륵사지 동원 금당의
이중기단

사진 49
미륵사지 강당지 단층기단

지대석 위에 갑석을 올린 것으로 마치 이중기단의 하층구조와 유사하다.

　기단은 건조물 기초 외부로 드러나는 중요한 구조물이기 때문에 정성들여 쌓을 뿐만 아니라 건조물의 중요성에 따라 그 위계를 표현하고 있음을 알 수 있다. 즉 부처의 공간이라 할 수 있는 탑이나 금당은 이중기단으로,(사진 48) 승려의 공간이라고 할 수 있는 강당은 단층기단으로,(사진 49) 대중의 공간이라 할 수 있는 회랑과 승방 등은 간략기단으로 축조하고 있다.(사진 50) 즉 이중·단층·간략이라는 삼단계 위계질서를 보이는 기단 구조이다.

　가구식기단 구조와 더불어 삼단계 위계질서를 보여주는 기단 구조는 부여의 능산리사지에서 처음 나타난다.[38] 능산리사지에서는 탑과 금당은 가구식기단 구조이지만,

---

38) 능산리사지의 탑과 금당은 가구식 이중기단 구조로 판단되고, 강당과 금당은 와적이나 석축기단으로
　　모두 가구식기단으로 조성되지는 않았으나 3단계 위계를 갖는 기단으로 생각된다.
　　(국립부여박물관, 2000, 『능사』, 부여 능산리사지 발굴조사 진전보고서.)

강당이나 회랑은 와적기단과 잡석을 사용한 석축기단의 모습을 보여주고 있다. 그러나 금마저의 대관사지에서 가공된 화강암재료로 만들어진 삼단계 위계질서를 보여주는 가구식기단 구조를 완성하고, 그 후 제석사지나 미륵사지에서도 동일한 모습의 기단 구조를 채용하고 있다.

기단 구조에 나타나는 또 하나의 특징은 부여에서는 기단에 우주를 사용하고 있지 않지만, 금마저에서는 우주가 기단 모서리에 사용되고 있다는 점이다. 즉 붕괴에 취약한 기단 코너에 기둥을 세워 구조적으로 안정된 가구식기단 구조를 채용하고 있는 점에서 완벽한 삼단계 위계를 갖는 기단의 조성과 더불어 독창적인 모습을 보여주고 있다.

가구식기단의 위계와 더불어 기단 기초에서도 변화를 보인다. 백제 시대의 사찰에서 기단 기초의 특징은 바로 판축기법이라고 할 수 있다. 판축은 사찰 뿐만 아니라 성곽에서도 널리 사용되는 공법이다. 그런데 금마저의 3대 사지에서는 하중이 가장 높았을 것으로 판단되는 목탑지에서는 굴광판축의 기법으로,(사진 51) 기단에 공간구조를 하고 있는 미륵사지를 제외한 금당지에서는 지상판축의 기법으로, 그리고 가장 하중이 적었을 강당지 등의 건물에서는 성토기법을 공히 사용하고 있음을 알 수 있다. 판축기법은 동시기의 다른 지역 유구에서도 찾아볼 수 있지만 금마저의 3대 사지에서는 건물의 기능에 따라 정연하게 나타난다.

6) 금당 기단의 공간 구조

탑이 부처님의 신골을 모시는 기능을 한다면, 금당은 부처의 형상인 불상을 모시는 공간이다. 그런데 미륵사지의 금당지에서는 3개소 모두 기단 내부에 공간을 두고 있다.

금당의 외열주초와 내열주초 사이에는 기단의 토단을 쌓고 그 안쪽에 공간을 두었는데 방형의 초반석 위에 장주형의 사각형 초석을 엇갈리게 올렸다. 초석의 상면은 주좌를 높게 하여, 하인방목을 끼울 수 있는 홈을 마련하고 있다.(사진 52)

이러한 공간에 대해 건물의 통풍을 위한 기능적인 구조로 풀이하기도 하지만, 단순한 통풍만을 위한 구조라고 한다면 좀 더 간단한 방법이 강구되었을 것이다. 그렇기 때문에 금당지의 공간 구조는 기능적인 면보다는 상징적 의미를 지닌 구조물로 생각된다.

건물 기단에 공간구조를 둔 예로 부여의 임강사지에서 미륵사지와 비슷한 장주형 초석이 있었다고 하지만[39] 현재로서는 확실하게 알 수 없다. 단지 미륵사지보다 창건이 늦은 통일신라 직후에 세워진 감은사지에서 그 예를 찾아볼 수 있다.

사진 52 미륵사지 서원 금당지 기단 공간구조

『삼국유사』 만파식적조에 의하면 문무대왕을 위하여 동해변에 감은사를 지었다고 하고 있다. 그리고 사중기를 인용하여 "문무왕이 왜병을 진압하고자 이 절을 짓다가 마치지 못하고 돌아가 바다의 용이 되고, 그 아들 신문이 즉위하여 개요 2년에 필역하였는데 금당계하에 동향한 한 구멍이 있으니 그것은 용이 들어와서 서리게 하기 위한 것이다."고 하고 있다.[40] 감은사지 발굴 조사 결과 미륵사지 금당지와 세부 구조는 다르지만 기단에 공간을 갖추고 있으며, 금당지 밖으로 공간과 통하는 시설을 두고 있다는 공통점이 확인되었다.[41]

미륵사지 창건에 주도적인 역할을 한 왕은 무왕이다. 무왕은 법왕의 아들이라고도 하고, 위덕왕의 아들이라고도 하여 그 출생이 확실하지 않다. 하지만 『삼국유사』에 무왕은 용의 아들로 기술하고 있다. 용의 아들이라 함은 현실세계에서는 있을 수 없는 일이지만 『삼국유사』는 무왕의 탄생에 신이성을 부여하고 있다.

지금 단계로서는 확실한 설명을 할 수 없으나 감은사의 지하공간은 용을 서리게 하

---

39) 신영훈의 「임강사지 발굴 참가기」에 나타난다.
   (충청대학 박물관·부여군, 2007, 『부여 임강사지』, 49쪽.)
40) 『三國遺事』 紀異 第2 「萬波息笛」 條.
   「爲聖考文武大王 創感恩寺於東海邊(寺中記云 文武王欲鎭倭兵 故始創此寺 未畢以崩 爲東海龍 其子 神文立 開耀二年畢 排金堂砌下 東向開一穴 乃龍之入寺旋繞之備…)」
41) 국립경주문화재연구소, 1997, 『감은사』, 발굴조사보고서, 86~91쪽.

는 상징적 시설이기 때문에 미륵사지의 공간구조도 용 신앙과 관련되었거나 아니면 감은사와 같은 용과 관련된 상징적 성격으로 추정된다. 이와 같이 감은사보다 앞서 우리나라 최초로 금당에 용과 관련된 지하공간을 두고 있음에서 금마저 백제 문화의 독창성을 엿볼 수 있다.

3. 伽藍 配置의 獨創性

앞에서도 언급한 바와 같이 우리나라 고대 불교 건축은 중국 불교 건축의 영향 속에서 성장했다고 해도 과언이 아니다. 중국의 영향을 받았을 백제의 전형적인 가람 배치는 하나의 탑과 하나의 금당을 두고 있다. 최근에 조사를 마쳤거나 진행하고 있는 부여의 정림사지,[42] 능산리사지,[43] 왕흥사지[44] 등의 가람 배치 양상을 보면, 가장 전면에 중문을 두고 뒤에 탑과 금당·강당을 배치하고 있으며, 중문으로부터 회랑을 두르고 있는데 강당지와 가까운 지점의 좌·우 회랑지에는 보다 넓은 건물과 연결하여 승방으로 사용하는 일원중문식의 가람 배치이다.

금마저 지역 3대 사찰 중 제석사지는 이와 같은 전형적인 일원중문식의 가람 배치 형식임이 발굴 조사에서 밝혀졌다.[45](도면 66)[46] 정관 13년(639) 화재 이전의 창건가람에서도 동일한 배치 형식일 것으로 판단된다. 제석사지는 지금까지 밝혀진 일원중문식 가람 배치 구조를 보이는 사찰 중에서는 규모가 제일 크다.

그런데 부여식 수막새들을 창건 기와로 사용했던 대관사지의 가람 배치는 독특한 모습을 보여준다. 대관사지는 우리가 궁성의 담장으로 부르는 궁장의 중심부에 위치해 있으면서 회랑을 조성하지 않는 사찰임이 확인되었다. 곧 궁장이 회랑과 같이 사찰과 외부를 단절하는 역할을 한다고 할 수 있다. 가람 배치는 궁장의 중앙 남문 뒤에 배례루와 2.2m 정도 높이의 석축을 두었으며, 석축 위에는 탑과 금당과 강당만을 배치하고

---

42) 국립부여문화재연구소, 2008, 「부여 정림사지 제8차 발굴조사」, 『백제문화를 찾아서』.
43) 국립부여박물관, 2000, 『능사』, 부여 능산리 발굴조사 진전보고.
44) 국립부여문화재연구소, 2008, 「부여 왕흥사지 제9차 발굴조사」, 『백제문화를 찾아서』.
45) 국립부여문화재연구소, 2009, 『익산 제석사지』, 제2차조사 회의자료.
46) 스케일은 화면상에서 조절하였기 때문에 정확하지 않지만 3대 사지의 백제시대 중심곽 규모가 비슷함을 알 수 있어 주목된다.

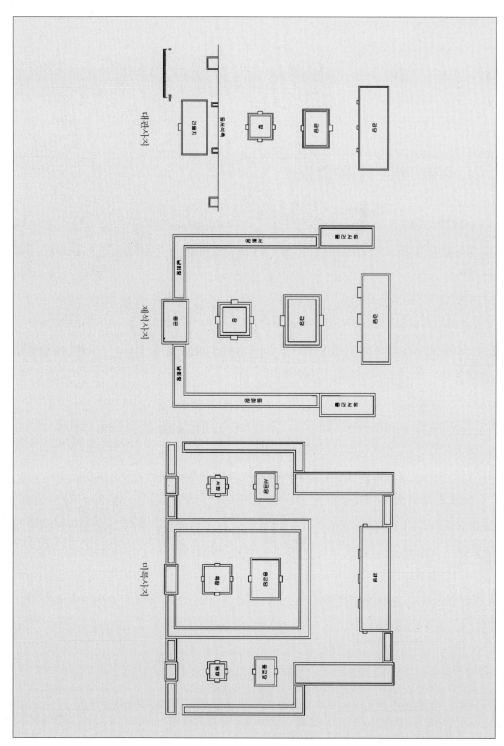

도면 66　금마저 지역 3대 사찰 가람 배치 비교도

있는 일원배례루식 가람 배치이다.(도면 66)

미륵사지는 두루 잘 아는 바와 같이 삼원병치의 가람 배치를 보여주고 있다. 즉 탑과 금당을 세 곳에 나란히 두고 탑 앞의 중문과 더불어 회랑으로 금당 뒤쪽까지 둘렀다. 동원과 서원 북회랑에는 남북으로 긴 승방을 연결시켰으며, 북쪽 동·서 승방과의 사이에는 강당을 배치한 형태이다.(도면 66) 통일신라 시대에는 사역을 남으로 확장하여 후대 남회랑과 그 안에 당간지주를 두고, 남쪽에는 연못을 두는 형태로 더욱 확대되게 된다.[47]

미륵은 석가의 다음 대에 부처가 되기로 약속된 메시아이다. 그래서 미륵은 지금도 도솔천에서 수행을 계속하고 있는데, 석가의 세계가 다하면 하생(성불)하게 된다. 미륵이 하생하면 용화보리수 아래에서 삼회의 설법을 통해 중생을 구제한다고 한다.[48] 『삼국유사』 무왕조에 왕위에 오른 서동과 선화가 사자사 지명법사를 만나러 갈 때 용화산 아래 연못 속에서 미륵삼존이 출현했다고 기록하고 있다. 미륵삼존의 연못 출현은 바로 이 땅 금마저에 미륵이 하생했음을 의미한다. 그리고 연못을 메우고 미륵삼존을 모시는 전탑낭무를 3곳에 두고 미륵사라 하였다고 한다.

미륵사지의 발굴 조사에서는 이곳이 연못을 메운 자리임이 확인되었을 뿐만 아니라 세계 어디에서도 찾아볼 수 없는 삼원병치의 가람 배치가 확인되었다. 용화보리수를 상징하는 용화산(미륵산) 아래에 미륵을 모시는 삼원의 가람을 조성하였다고 함은 미륵경전에 나오는 미륵하생의 장면을 가람으로 구상화 해놓은 독창성과 아울러 질병과 병도와 고난이 없는 미륵의 세상을 염원하는 백제인들의 마음을 느낄 수 있게 해준다.

위에서 살펴본 바와 같이 발굴 조사를 통해서 밝혀진 금마저의 3대 사찰 중 제석사지의 일원중문식 가람 배치는 전통적인데 반하여, 일원배례루식 대관사지는 권위적인 구조를 하고 있고, 미륵사지는 미륵사상을 가람으로 구상화 한 혁신적인 삼원병치의 가람 배치를 하고 있다. 이와 같이 전통적인 가람 배치를 뛰어넘는 독창적인 가람 배치의 등장은 백제인의 뛰어난 조형 감각과 더불어 금마저 백제 문화의 독창성을 잘 보여주고 있다.

---

47) 윤덕향, 2003, 「미륵사지 유적의 발굴과 성과」, 『익산의 선사와 고대』, 원광대학교 마한·백제문화연구소, 441쪽.

48) 김삼룡, 1983, 『한국미륵신앙의 연구』, 동화출판공사.

4. 寺刹 造營의 獨創性

앞장에서 살펴 본 바와 같이 금마저의 3대 사찰은 비슷한 시기에 조성되면서도 부여나 경주 등과는 다르게 가람 배치 형식이 각각 독특한 모습을 보여준다. 비슷한 시기에 조성되었지만 가람 배치 형식을 달리한다는 것은 조영 목적이 서로 달랐음을 의미하는 것이다.

제석사지는 사찰명 속에서 나타나는 바와 같이 제석을 모시는 사찰임을 알 수 있다. 제석은 수미산 정상인 도리천에 거주하는 천주로서, 호국안민하고 인간의 선악을 주재하는 신으로 숭앙되어지고 있다. 그리고 『삼국유사』 고조선조에는 "환인을 제석이라고 한다."고 하고 있어 우리나라 국조인 단군신앙과 불교의 제석신앙이 습합되어지고 있음을 살필 수 있다. 곧 제석사는 국조신앙의례를 담당할 목적으로 세워진 사찰임을 알 수 있다. 제석사가 과거세 국조를 추복하기 위한 사찰이라면, 그 숨은 목적은 백제 왕실의 정통성을 공고히 하고자 하는데 있었던 것으로 판단된다. 제석사지의 창건이나 중건가람 배치가 일원중문식의 전통적인 모습을 고수하고, 사용된 기와도 중건가람에서까지 8엽연화문을 고수하고 있는 것도 이러한 맥락에서 이해될 수 있는 전통적인 성격의 사찰 구조를 보여주는 것이다.

대관사는 그 이름에서부터 사적인 사찰이기 보다는 관사의 기능을 하고 있음을 알 수 있다. 나아가 '大官'은 왕이라는 의미를 갖는 것으로 해석되기도 한다.[49] 그렇다고 한다면 대관사는 왕실과 관련된 백제 최고 관부에 속하는 사찰이라고 할 수 있다. 따라서 대관사는 당시 불교계를 통괄하는 기능을 수행하면서 현재 왕실의 발전을 기원하는 현세적 성격의 사찰로 생각된다. 회랑이 없는 일원배례루의 가람 배치와 아울러 궁궐의 정원과 건물지들이 조사되고 있음은 현세 왕실과 관련 권위적 상징체계를 보여주는 사찰구조를 나타낸다고 생각한다.

미륵사는 당래불인 미륵의 하생을 인연으로 하여 창건되어졌다. 곧 미래불을 모시고 있는 사찰인 것이다. 제석사가 과거의 국조신앙의례를, 대관사가 현세 왕실의 발전을 기원하는 가람이라고 할 때, 미래불을 모시는 미륵사는 미륵사상을 구상화 한 삼원의 가람 배치를 통해 미륵신앙을 국토적으로 구현하고자 하는 노력을 나타내고, 불교

---

49) 坂詰秀一 編, 2003, 『佛教考古學事典』, 雄山閣.

를 통한 미래세 왕실과 국민, 그리고 국가의 번영과 발전을 기원하는 사찰로 판단된다. 미륵사지의 이러한 회구는 서탑에서 발견된 사리봉영기에도 잘 나타나 있다. 즉 대왕의 수명과 왕비의 복리 뿐만 아니라 창생교화와 중생성도를 함께 기원하고 있다.

이와 같이 과거 국조의 추복과 현재와 미래의 번영과 발전을 기원하는 삼대 사찰의 조영은 수기에 의한 영속을 의미하는 삼세삼불신앙에서 그 모티브를 찾을 수 있는 삼세기원사찰이라고 할 수 있다.

다시 말해서 백제 왕실의 정통성은 물론 왕권 뿐만 아니라 국가와 국민의 번영과 발전, 그리고 병도와 고통이 없는 안락한 세상의 영속이라는 인류의 가장 보편적 가치를 실현하고자 했던 위대한 백제 문화의 독창성을 금마저의 사찰 유적에서 살필 수 있는 것이다. 나아가 금마저의 사찰 유적에서 찾아지는 새로운 문화의 창조는 이후 우리 문화의 발전에 획기적으로 기여하여 전통 문화의 근간을 이루었음은 간과할 수 없는 사실이다.

益山 金馬渚의 百濟文化

chapter V

金馬渚 百濟 文化의 特徵과 古都 育成

1. 金馬渚 百濟 文化의 特徵
2. 金馬渚 古都 育成 方向

V. 金馬渚 百濟 文化의
特徵과 古都 育成

1. 金馬渚 百濟 文化의 特徵

익산 금마저 지역에는 궁성으로 전하는 왕궁리 유적과 무왕과 선화비의 능으로 전하는 익산 쌍릉, 미륵사지를 비롯한 삼국 시대 대표적인 불교 문화 유적, 그리고 익산 지역 일대에 산재해 있는 많은 성곽 등은 금마저가 당시 백제의 왕도였다고 하는 사실을 뒷받침해 주고 있다. 특히 사찰 유적으로는 미륵사지와 더불어 왕궁리 유적의 중심에 위치한 대관사지, 왕궁리 유적에서 동쪽으로 바라다 보이는 제석사지, 석불과 광배로 유명한 연동리사지, 미륵사 창건을 도모한 知命法師가 주석한 사자사지, 아직 그 위치는 알 수 없지만 무왕에 의해 창건되었다고 전해지는 오금사지, 백제 석불을 봉안하고 있는 태봉사 등을 들 수 있다. 이중 대관사 · 제석사 · 미륵사는 백제 왕실에서 직접 조영한 3대 사찰이기 때문에 삼국 시대 다른 지역의 사찰 보다 웅장한 모습을 보여준다.

각 사찰의 창건 시기를 규명하기 위하여 시기 변화의 속성을 간직한 수막새의 상대 편년을 시도한 결과 부여 지역에서 사용된 수막새와 동형인 8엽의 扶餘式이 등장하고, 여기에서 약간 변화된 모습의 帝釋寺式이 사용되었으며, 마지막으로 6엽에 인동문을 넣은 독창적 형태인 彌勒寺式으로 발전하였다는 것을 알 수 있었다. 부여식 수막새는 대관사지와 왕궁리 유적 宮墻의 창건 기와로 사용되었으며, 제석사식의 일부는 제석사지의 창건 기와로, 일부는 중건 기와로 사용되었고, 미륵사식은 미륵사지의 창건 기와로 사용되었다. 그리고 수막새의 사용 시기를 파악하기 위해서 익산 금마저 지역 각 寺址에서 출토된 원형인각의 干支銘瓦·天干銘瓦·地支銘瓦를 참고하여 절대 편년을 추정하였다. 그 결과 간지명와는 597년에서 630년까지 주로 武王대에 유행하였고, 천간명이나 지지명 명문와는 642년에서 650년까지 義慈王 전반 대에 사용되었음을 알 수 있었다. 따라서 원형인각명문와의 편년을 참고하면, 부여식 수막새는 대체적으로 600년~610년 경, 제석사식 초기 수막새는 620년을 전후한 시기, 중건 기와는 645년을 전후한 시기, 미륵사식 수막새는 630년을 전후한 시기부터 650년 경까지 사용되었음을 알 수 있었다.

이러한 분석을 토대로 익산 지역의 백제 시대 사찰 축조 시기를 구분하였는데 크게 4단계로 나눌 수 있었다. 즉 제Ⅰ기(준비기)는 600년 이전으로 사자사지와 연동리사지가 창건되는 단계로써, 왕실이 직접 관여하는 3대 사찰인 대관사·제석사·미륵사의 축조 기획이 이루어지고 대관사 창건 준비가 이루어진 시기라고 생각된다. 그리고 제Ⅱ기(도입기)는 600년~610년까지이며, 대관사가 완성된 단계로서 부여식 기와의 사용을 비롯한 부여 전통의 발전된 건축 문화가 그대로 반영되는 특징을 보여주는 시기이다. 또 제Ⅲ기(진행기)는 610년~620년 사이로 제석사가 완성되며 미륵사 창건 작업이 계속되는 단계로서 수막새와 건축 기법에 있어서 부여식 전통이 일부 남아 있는 특징을 보여준다. 마지막 제Ⅳ기(완성기)는 620년~650년으로 미륵사가 완성되고 제석사가 중건되는 단계로써, 미륵사에서는 세 곳에 탑과 금당을 배치한 삼원병치가람 등 독자적이고 혁신적인 새로운 문화가 창안되는 특징을 보여준다. 반면 제석사 중건가람에서는 1탑1금당의 가람 배치와 암·수막새 등에서 전통성이 고수되고 있다. 두 사찰은 모두 의자왕대에 완성되었는데 미륵사지는 650년경에 마무리 된 것으로 판단된다.

이와 같은 편년관을 통해 사찰 조영 등을 포함하는 백제의 익산 경영은 威德王 때에 시작되어 義慈王 중반에 완성된 것으로 파악된다. 이러한 역사적 관점은 무왕의 익산 출생과 아울러 그의 능으로 전하는 雙陵이 익산에 위치할 수 밖에 없었던 사실을 뒷받침해 준다.

발굴 조사에서 확인된 익산 금마저 지역 백제 사찰의 공간 구성의 특징은 가람 구조의 다양성을 들 수 있다. 사자사는 산지 가람으로, 연동리사지는 금당만을 배치한 가람으로, 제석사는 전통적인 1탑1금당의 배치로, 전통적 당탑배치와 아울러 배례공간을 둔 대관사와 삼원을 갖춘 미륵사의 가람 배치 형태가 그것이다. 그 요인은 사찰 조성의 전통성 속에서 지형적 조건의 극복과 더불어 가람구성의 사상성에서 기인한다.

공간구성의 특징을 좀 더 살펴보면, 대관사는 왕궁리 유적에 있던 기존의 건물과 석축을 파괴하면서 축조를 하는데, 궁장과 함께 그 안에 핵심적 시설로서 건설되고 있음이 출토 유물과 궁장과 사찰의 배치 형태 등을 통해 밝혀졌다. 궁장의 중심에 회랑을 두지 않고 석축 위에는 목탑과 금당과 강당을 배치하고, 석축 앞에는 배례루를 두어 궁장의 중문과 연결시킨 一院拜禮樓式의 배치를 보이는 대관사지는 권위적인 가람 구조라고 할 수 있다. 제석사는 중문을 두고 목탑과 금당과 강당을 회랑 안에 배치한 백제의 전통적인 가람 배치인 一院中門式으로 창건된다. 그런데 639년 뇌우로 소실된 이후에도 가람 배치는 전통적인 구조로 중건되고 있어 정통성을 고수하는 특징을 보여 주고 있다. 반면 미륵사지는 삼탑과 삼금당을 배치한 혁신적인 三院竝置式 가람 구조이다. 따라서 제석사는 전통적 구조를 감안하면 과거세 국조신앙의례를 담당하며 호세안민을 기원하는 사찰로 축조되고, 삼원병치의 혁신적 가람 구조를 가진 미륵사는 미래세 국가와 국민의 안녕과 번영을 기원하는 사찰로 축조되었다고 할 수 있다. 그리고 배례공간을 가진 권위적인 가람 구조의 대관사는 大官 즉 왕의 사찰로서 현세의 불교를 통괄하면서 당시 왕실의 번영을 기원하기 위해 축조되었다고 할 수 있다. 결국 익산 금마저 지역 사찰 조영 배경 또는 목적은 三世祈願寺刹의 성격을 가진 호국불교 신앙구조를 나타내는 것으로 판단된다. 그리고 그 이면에는 제석사의 건설을 통해 백제 왕실의 정통성을 도모하고, 미륵사는 국가의 번영과 발전의 영속을 기원하고자 하는 의중에서 창건되어지는 것으로 대관사를 중심으로 정통국가의 종묘와 사직적인 기능을 금마저의 사찰들이 담당한 것으로 사료된다. 그렇기 때문에 금마저의 3대사찰은 왕실의 사적인 차원이 아닌 국가사찰이었음을 알 수 있다.

익산 금마저 지역에 사찰을 조성해가는 과정에서 대규모의 석불과 광배, 굴립주의 건물구조, 석탑과 석등의 조영, 금당 기단의 공간구조, 삼단계위계의 기단 구조, 새로운 형태의 가람 배치, 삼세기원사찰의 조영 당탑에 사용된 수막새·암막새·연목와·풍탁·사리장엄구 등이 새롭게 창안되어진다. 이러한 건축 유구와 공예품들은 백제 장인의 천재성과 뛰어난 독창성에 기인하며, 금마저의 독창적 건축 문화는 삼국 시대 최고의 정점을 이룬 것이라고 할 수 있다. 새로운 문화 창조 속에 형성된 금마저의 백제 문화는 우리나라 전통 문화의 원류로 자리잡고, 이후 우리 문화의 근간을 형성했다고 하는 점, 나아가 인접국가에 그 영향을 끼쳤다고 하는 점에서 금마저 백제 문화의 역사적 의의를 찾아 볼 수 있다.

익산의 正體性에 대해서는 많은 학자들에 의해 다양하게 거론되고 있다. 이러한 의

견의 차이는 연구자 각각의 관점의 차이일 뿐 나름대로 타당한 견해라고 생각한다. 현존하고 있는 유적을 통해 볼 때 익산이 백제 시대 王都로서 기능되어졌음은 부정할 수 없다. 그런데 지금까지 조사된 바에 의하면 아직까지 국가 경영을 하기 위한 행정 조직을 갖춘 도시 건물지가 확인되지 않고 있다. 단지 대관사는 궁장 내부의 핵심적 위치에 조성되어지며, 이를 중심으로 제석사와 미륵사라고 하는 삼세기원사찰을 두었다고 하는 점은 전통적 방식의 국가 제의가 불교화해 나가는 과정이며, 고대 사회에 있어서 국가경영의 한 축이라고 할 수 있는 국가 제의를 불교적으로 수행하고자 종교적 기능을 담당했던 왕도로 판단된다.

2. 金馬渚 古都 育成 方向

이상에서 익산 금마저에 나타난 백제 문화의 특성을 당시 창건된 사찰을 중심으로 살펴보았다. 그 결과 금마저의 3대 사찰은 왕실의 사적인 사원이 아닌 三世祈願寺刹로서 국가사원의 성격이며, 백제 건축 문화의 최고의 정점을 이룬 것으로 여기에서 나타나는 독창성은 후일 우리 전통 문화의 근간을 이루고 있음을 규명하였다. 따라서 이러한 독창적 백제 문화의 특성을 가지고 있는 금마저는 경주·공주·부여와 더불어 古都로 지정되었고, 국가에서는 지속적인 고도 보존과 육성을 계획하고 있다. 이러한 상황에서 금마저의 역사적인 맥락을 바탕으로 한 고도 육성의 바람직한 방향에 대해 살펴보기로 한다.

금마저가 고도로 지정된 이유는 마한의 도읍이었다는 기록도 있지만 아직까지는 백제 시대의 유적이 집중 분포되어 있기 때문이다. 그러므로 고도 육성은 백제 시대에 초점이 맞춰져야 한다는 것은 분명하다. 백제 시대 익산은 '金馬渚' 라고 하였다. '사비' 나 '사비성', '웅진' 이나 '웅진성' 에 대해서는 대부분의 사람들이 잘 알고 있지만 금마저를 알고 있는 사람은 많지 않다.

금마저라는 지명은 통일신라 시대 일부까지 사용되어진다. 이후 金馬郡으로 고쳐지고, 고려 시대에는 益州로 승격되기도 한다. 하지만 익산이 정치·문화적으로 가장 발달하였던 시기는 금마저로 불리던 백제 시대부터 통일신라 시대까지였다. 앞에서 논의되었던 백제 시대 유적들은 대부분 통일신라 시대에 중건되거나 확장된다. 궁성으로 불리는 왕궁리 유적의 중건, 미륵사지의 확장, 대규모 미륵산 석성의 축조, 많은 성곽들의 보수가 그러한 사실을 전해 주고 있다.[1] 이러한 유적을 통해 보았을 때, 금마저는 백제 시대 못지않게 통일신라 시대에 한 단계 더 성숙된 모습이 아닐까하는 생각이 들 정도이다. 하지만 그 배경이 무엇인지 정확하게 알 수 없다. 단지 백제 멸망 이후, 금마 저에 馬韓都督部를 두었다는 기록[2]만이 어렴풋이 남아 있을 뿐이다. 어떻든 현재의 익 산이라는 행정적 지명 외에 역사문화적 지명으로써 '금마저'로 불리는 것도 바람직하 다고 생각한다. 그리고 고도 육성이 완성된 이후에는 이 일원을 금마저라고 하는 명칭 으로 바꿀 것을 기대해 본다.

무왕 이후의 금마저에는 고대의 도성에서 나타나는 궁성·능묘·사찰·성곽 등이 조영되었다. 그리고 『觀世音應驗記』는 천도의 사실을 밝히고 있다. 그러나 이러한 사 실이 국내 역사서의 기록에 나타나지 않고 있기 때문에 천도론의 부정과 함께 많은 이 설이 있음은 사실이다. 그러나 필자는 금마저에서 밝혀지고 있는 백제 유적들은 왕도 로서의 충분한 조건을 갖추고 있다고 생각한다. 나아가 금마저가 왕도였다면 그 기능 은 무엇이었는가에 깊은 관심을 가지고 있다. 당시 도시의 기능이 밝혀지고 거기에 맞 는 고도 육성이 이루어진다면 다른 도시와 비교하여 차별화된 고도 육성을 할 수 있다 고 생각한다. 나아가 백제가 새로 건설되는 왕도 금마저에 담고자 했던 철학이 무엇인 지를 알고, 이를 현대적 의미로 재해석하고 미래 지향적으로 재창조되어야 진정한 고 도 육성이 이루어진다고 생각한다.

이러한 내용들을 살피기 위해서는 진정성이 담보되어야 하기 때문에 앞으로도 더 많은 조사와 연구를 필요로 한다. 자료의 한계가 있겠지만 현재까지 밝혀진 금마저의 역사적 맥락에서 이러한 내용들을 살펴보고자 한다. 어디까지나 일부의 논지는 학계의 공통된 견해라고 보기보다는 필자의 개인적 견해이며, 부족한 문헌 자료를 대신하기 위해 많은 부분을 발굴 유적이나 출토 유물 등의 고고학 자료를 바탕을 하고 있음을 밝 혀둔다.

---

1) 왕궁리 유적은 대관시지에서 석탑의 조영 및 금당의 중건과 더불어 통일신라 시대 유물들이 출토되고 있으며, 미륵사지는 당간지주와 남회랑 및 연못지 등의 확장이 있었고, 미륵산석성은 통일신라 시대 축조되었음이 발굴 조사에서 밝혀졌으며, 몇몇의 성곽들도 석성으로 개축되거나 통일신라 시대 유물 이 수습된다.

2) 『大東地志』卷十一 全羅道
   本百濟今廐只 武康王時 築城置別都 稱金馬渚 唐滅百濟 置馬韓都督府(五都督府之一)…

1) 王都 金馬渚의 空間性과 時間性

(1) 空間性

공간성은 백제 왕도 금마저의 핵심적인 영역의 범위를 말하며, 이는 향후 장기적인 고도 육성의 바탕이 되는 문제라고 생각한다. 공간성을 확인하기 위해서는 당시 사람들이 거주하고 활용했던 유적이나 유물들의 분포를 바탕으로 해야 할 것이다. 그러나 대부분의 익산 지역은 노년기 지형으로 이미 많은 침식과 퇴적 활동이 있었을 것이기 때문에, 이러한 유물 자료를 찾기는 쉽지 않으나 지금까지 밝혀진 백제 기와의 분포를 통해 살펴보고자 한다. 특히 막새기와는 당시의 관청이나 사찰 등 주요 건물에 사용된 것으로 이러한 공간성을 규명하는데 더욱 중요한 자료가 된다.

궁성으로 전하는 왕궁리 유적을 중심을 살펴보면, 동쪽으로는 약 1.5km 떨어진 제석사지까지를 포함한다고 생각한다. 두 유적의 사이에서는 백제 시대 초석이나 기와를 부분적으로 실견한 예가 있다.[3]

서쪽으로는 무왕과 선화비의 능이 있는 덕기동 지역과 골프장이 있는 신동리 지역을 포함할 수 있다. 두 지역은 왕궁리 유적에서 각각 2.3km와 3km 정도 이격되어 있는데, 왕릉 주변에서는 최근 백제 시대 수막새 기와와 평기와가 출토되어 그 사용처의 성격이 무엇이었는지 주목된다.[4] 그리고 신동리에서는 백제 시대 대벽건물지가 조사되었는데,[5] 최완규는 묘사인 제석사와 더불어 백제 시대 중요한 제사유적의 성격으로 보았다.[6] 그 사이에는 무왕의 탄생지로 전하는 마룡지 주변에서 백제 시대 기와들이 채집된다.

북쪽은 미륵산·용화산 등 다른 지역과 비교하여 산악 지형임이 주목되며 거기에 걸맞게 산성들이 밀집되어 있다. 왕궁리 유적으로부터 6km 반경 안에는 미륵산성·용화산성·선인봉산성·오금산성·저토성·학현산성 등의 백제 시대 산성들이 있다. 그리고 9km 안에는 낭산산성과 선인봉산성이 위치해 있는데, 그 안에는 성남리 백제

---

3) 왕궁리 유적 동쪽에 근접한 평지의 경지정리 이후 백제 시대 기와편과 원형 초석을 실견한 바 있다.
4) 마한·백제문화연구소, 2011, 「익산 쌍릉 테마관광지 조성사업부지내 문화재 시굴조사 자문위원회의」, 회의자료.
5) 마한·백제문화연구소, 2005, 『익산 신동리유적』, 원광대학교 마한·백제문화연구소.
6) 최완규, 2011, 「백제 무왕대 '익산 천도'의 재해석」, 『백제말기 '익산 천도'의 제문제』, 익산역사지구 세계유산등재추진 국제학술회의 발표요지, 원광대학교 마한·백제문화연구소, 122쪽.

고분군이 자리하고 있다. 북서쪽은 삼기면의 석불사로 알려진 연동리사지와 태봉사 삼존석불이 백제 시대 유적과 유물로 남아 있다. 왕궁리 유적으로부터 약 7.7km 떨어져 있는 공단 조성 지역인 용기리 유물산포지에서는 단면육각형의 백제 시대 석실분이 확인되었다.[7]

남쪽으로는 왕궁리 유적으로부터 약 3.3km 떨어진 익산천변 천동리에서 백제 기와와 더불어 수막새 기와편이 출토되었다.[8] 대부분의 유적이 파괴되었기 때문에 정확한 성격을 알 수는 없지만, 용화산과 미륵산에서 발원하는 옥룡천으로부터 익산천 만경강으로 이어지는 수로와 접하고 있어 주목된다.

위에서 설명한 범위 안에서 백제 시대 평기와와 막새기와들이 출토되고 있어 최소한 동서 5km, 남북 10km 지역을 왕도 금마저의 공간적 범위로 설정해 볼 수 있을 것이다. 이와 같은 광범위한 구역을 고도 육성지구로 지정하기는 현실적으로 불가능한 일일지도 모른다. 그러나 이러한 공간적 범위의 인식 속에서 왕도 금마저는 관리되어야 할 것이다.

(2) 時間性

시간성은 왕도 금마저가 언제 조성되고 운영되었는가 하는 경영 시기의 문제이다. 우리가 일반적으로 생각하는 바에 따르면 금마저는 무왕과 절대적인 관련을 갖는 것으로 이해하고 있다. 그러나 금마저의 유적에서 출토되는 유물들을 통해 볼 때, 무왕 이전에 이미 익산 경영은 시작된다고 할 수 있다. 즉 중국청자가 출토된 왕궁리 유적은 이미 6세기 중엽 이후에 조성되고 있음을 알려준다.[9] 그리고 왕궁리 유적과 미륵사지, 제석사지의 초기 수막새들은 부여에서 출토되고 있는 것과 동형의 것들이다.[10] 이러한 자료는 금마저에 대한 경영의 시작은 600년 이전으로 올라갈 수 있는 가능성을 대변해 준다. 그것이 사실이라면 백제 왕실에서의 금마저의 경영은 이미 威德王 때 시작되었음을 알 수 있다.

---

7) 전북문화재연구원, 2010, 「익산 일반산업단지 조성부지 내(II지구) 문화재 발굴 조사 1차 자문위원회의 자료」, 회의자료.
8) 김선기·조상미, 2006, 『익산천동지구 시굴조사보고서』, 원광대학교 박물관, 46~52쪽.
9) 박순발, 2009, 「동아시아 도성사에서 차지하는 왕궁리 유적의 위치」, 『익산 왕궁리 유적』 발굴 20년 성과와 의의, 국립부여문화재연구소, 278쪽.
10) 김선기, 2010, 「익산지역 백제 사지 연구」, 동아대학교 대학원 박사학위 논문, 128~147쪽.

『삼국유사』를 통해 보면 무왕은 용의 아들로 묘사되고 있다. 무왕의 출자에 대해서는 이설이 있지만 그의 출생지는 바로 금마저로 비정된다.[11] 무왕의 출생이 금마저로 비정될 수 있는 것은 역으로 금마저의 경영이 무왕의 출생 이전에 이루어졌기 때문임을 알 수 있다.

천도론을 주장하는 학자들은 무왕 말기에 백제는 다시 사비로 천도하는 것으로 인식하고 있다. 그러므로 무왕 이후에는 금마저의 역할이 급격하게 쇠퇴하는 것으로 생각하기 쉽다. 그러나 필자는 미륵사지 출토 기와의 연구를 통해 미륵사지의 완성은 의자왕 때인 650년 경에 이루어졌음을 주장한 바 있다.[12] 미륵사지 서탑의 해체 과정에서 己亥(639)년에 사리를 봉안한 봉영기가 출토되어 그 사실을 뒷받침해 준다. 제석사지의 중건가람도 의자왕 때 완성된다. 그리고 백제를 멸망시킨 신라의 태종무열왕의 죽음을 예고하는 기사로서 "대관사의 우물이 핏빛으로 변하여 금마땅 다섯보를 적셨다."는 내용이 『삼국사기』에 기록된 것으로 보아 백제 멸망까지 금마저가 얼마나 중요한 위치를 점했었는가를 알 수 있게 해준다.

결국 왕도 금마저의 경영은 위덕왕 때부터 시작되어 백제가 멸망하는 의자왕 때까지 5대에 걸쳐서 백제 역사의 핵심적인 한 축으로 조성되고 운영되었다고 할 수 있다. 그리고 백제 시대의 종말 이후인 통일신라 시대에도 금마저의 중요 유적들은 계속 확장되거나 중건 등 보수되면서 영위되어왔음을 출토된 고고자료를 통해 알 수 있다.

2) 역사적 관점과 古都 保存 計劃

(1) 古都 골격과 古都 보존 계획

2004년 제정된 '고도 보존에 관한 특별법'에 의해 금마저 일원은 경주·공주·부여와 더불어 고도로 지정되었다. 2007년에는 국토연구원에서 4개 고도를 대상으로 '고도 보존을 위한 역사문화환경 관리방안'과 '고도 보존을 위한 기초조사연구'를 수행하면서 고도 보존법에 의한 지구지정안이 마련되었다. 그리고 익산의 고도 보존 계

---

11) 『新增東國輿地勝覽』卷第三十三, 益山郡 山川 條
　　馬龍池在五金寺南百餘步 世傳薯童大王母築室處
12) 김선기, 2009, 「지지명인각와를 통해 본 미륵사 창건과 몇 가지 문제」, 『대발견 사리장엄, 미륵사의 재조명』, 원광대학교 마한·백제문화연구소, 100~102쪽.

획도 국토연구원에 의해 2008년 시작하여 2009년 12월에 완성되었다.

국토연구원 보고서에 따르면 백제 고도를 구성하는 핵심 요소는 미륵사지, 왕궁터, 쌍릉, 산성 및 토성 등 중요한 국가 시설이라고 할 수 있는 유적들과 이들 유적을 둘러싼 자연환경 일체를 포함한 총체적 역사환경이라고 하고 있다. 그리고 고도를 구성하는 요소 중 관아를 제외한 4가지 요소들이 잘 남아 있다고 하였다. 또한 역사문화 환경으로써 백제 시대와 이후의 많은 유적들을 근거로 들고 있다.

나아가 훼손된 백제 시대 고도 골격을 복원하기 위해서 왕궁리 유적이나 미륵사지, 제석사지 주변 등을 추가 발굴 조사하고, 무왕의 탄생과 죽음의 공간으로서 마룡지와 쌍릉 주변의 발굴과 복원을 계획하고 있다. 그리고 역사문화환경을 조성하기 위하여 역사마을, 전통마을의 재생, 고도 체류기반의 조성, 고도탐방 네트워크 정비 등의 사업들을 계획하고 있고, 그 시범사업지구는 금마면 소재지를 중심으로 하는 일원으로 계획되었다.

시범사업지구에서는 고도 골격 복원 및 정비를 위해 금마 관아터의 복원, 금마 역사마을을 조성하기 위한 옥룡천 선형 복원, 수변 산책로 정비, 주거지 가로 정비, 전통공방거리 조성, 이주단지 조성사업 등이 계획되어 있고, 고도 체류기반 조성사업으로 숙박시설 조성, 상업시설 조성, 안내 및 회의시설 조성 등이 계획되어 있다.[13]

(2) 古都 보존 계획의 추진 방향

금마저의 고도 골격을 형성하고 있는 백제 유적들은 상당한 거리를 두고 점적으로 배치되어 있다. 그러므로 관련 유적들을 연결해 주는 고리로써 금마역사마을 조성을 시범사업으로 결정한 국토연구원 연구보고의 내용에 대해서는 충분히 납득이 간다. 그러나 고도 육성을 해 나가기 위해서는 몇 가지 주의 해야 할 점이 있다.

먼저 고도를 육성하기 위해서는 좀 더 장기적인 안목을 갖는 계획이 필요하다. 백제 천도론을 부정하는 시각에서는 우리 역사 기록의 미비와 함께 국정을 영위해 나가기 위한 관아 등 도시 건물지가 아직까지 확인되지 않았음을 들고 있다. 그러므로 관련 도시 건물지의 부존 여부를 반드시 확인할 필요가 있다. 도시 건물이 아니더라도 금마저를 건설하고 운영을 위해서는 많은 인력이 거주했을 것인데, 그들의 생활 흔적이라도

---

13) 국토연구원, 2009, 『익산 고도보존계획』.

조사 정비되어야 한다. 지금 익산시에서 고도 육성사업의 일환으로 고도 지구에 대한 정밀 지표조사를 실시하고 있는 것은 매우 바람직한 일이다. 조사 과정에서 발견되는 백제 시대의 유적들은 이러한 관점에서 장기적인 계획 아래 발굴되고 정비되어야 할 것이다.

시범사업지구에는 고도 골격을 복원하고 정비하기 위하여 관아건물지 복원사업이 예정되어 있고, 체류기반 조성사업 등이 폭넓게 계획되어 있다. 이러한 사업을 시행하기에 앞서 반드시 발굴 조사가 이루어져야 한다. 왕도 금마저와 관련한 도시 건물지들이 있었다면 유적 건설의 허브 역할을 할 수 있었을 것으로 판단되는 아마 금마 소재지에 묻혀 있을 가능성이 크기 때문이다. 조선 시대 관아는 읍지 등의 자료에 자세하게 나오고 있고, 지금의 금마 시가지는 당시의 골격을 유지하고 있다. 고려 시대에는 금마 남쪽에 나란히 서 있는 석인상을 통해 보았을 때, 금마 소재지 방향에 중심 건물들이 위치해 있을 것으로 판단된다. 백제와 통일신라와 관련해서는 아직 그 흔적을 찾기는 어렵다. 하지만 '金馬渚城'이라고 타날된 명문와는 미륵산성·오금산성·저토성·미륵사지·사자암 등 많은 유적에서 출토되고 있으며, 미륵사지에서는 '金馬渚官'도 함께 출토되고 있다.[14] 이 명문와들은 통일신라 시대로 편년되기 때문에 이 시기 금마저에는 금마저성과 함께 별도의 관부가 있었음을 의미하고, 관부의 위치가 금마 시범사업지구일 가능성을 배제할 수는 없다.

이와같이 금마저와 관련된 중요한 역사적 유구들이 시범사업지구에 묻혀있을 가능성이 크기 때문에 사업 이전에 반드시 발굴 조사가 이루어져야 하며, 유구의 중첩은 많은 시간과 기술과 비용이 소요될 것으로 예측된다. 그러므로 시범지구의 육성사업은 얼마간의 시간적 여유가 필요하며, 만일 조사 과정에서 도시 건물지가 확인된다면 시범사업의 방향도 거기에 맞춰 수정할 필요가 있다.

3) 차별화를 위한 金馬渚의 이미지 제고

(1) 金馬渚 · 金馬渚城 · 金馬渚宮

차별화된 고도 육성을 위해서는 그 지역만의 독특한 이미지를 찾아야 한다. 이러한

---

14) 국립부여문화재연구소, 1996, 『미륵사』, 유적발굴조사보고서 II, 234쪽.

이미지 창출 작업은 반드시 역사적 근거를 바탕으로 이루어내야 한다. 앞에서 잠깐 언급했지만, 우리는 백제의 도읍이었던 공주와 부여를 웅진과 사비 혹은 웅진성과 사비성으로 부르는데는 주저하지 않는다. 그러나 익산의 고대 지명이 '금마저', 혹은 '금마저성'이라고 인식하고 있는 사람은 많지 않다. 우리가 부르는 행정적 지명은 익산이지만, 고도 골격을 유지하고 있는 백제 시대의 지명은 금마저인 것이다.

금마저에 관한 기록은 『삼국사기』에 주로 나타나는데, 명칭은 상이하다. 그 내용을 보면 다음과 같다.

- 태종무열왕 8년(661) : 六月 大官寺井水爲血 金馬郡地 流血廣五步
- 문무왕 10년(670) : 六月…今臣等得國貴族安勝奉以爲君願作藩屛永世盡忠王處之國西金馬渚
- 신문왕 4년(684) : 十一月安勝族子將軍大文在金馬渚謀叛…以其地爲金馬郡
- 성덕왕 18년(719) : 秋九月震金馬郡彌勒寺
- 지리지 신라조 : 金馬郡本百濟金馬渚郡景德王改 名今因之領縣三
- 지리지 백제조 : 金馬渚郡所力只縣閼也山縣…

이후에 만들어진 지리서를 통해 보면 다음과 같다.

- 고려사 지리지(1451) : 金馬郡本馬韓國 百濟始祖溫祚王幷之 自後號金馬渚 新羅景德王改今名…
- 세종실록 지리지(1454) : 金馬郡本馬韓國 至百濟始祖溫祚王幷之 自後號金馬渚 新羅改金馬郡
- 신증동국여지승람(1530) : 本馬韓國 至百濟始祖溫祚王幷之 自後號金馬渚 新羅神文王改金馬郡

이상을 통해 보면 금마군과 금마저, 금마저군 등의 지명이 혼재되어 사용되고 있음을 알 수 있다. 금마저 일원의 발굴 조사에서 출토된 지명이 타날된 명문와에는 '금마저성', '금마저관', '익산군', '益州'[15]가 있어 백제 시대 이후의 지역 명칭이 모두 확인된다. 금마저성과 금마저관명 명문와는 통일신라 시대 기와이지만, 문헌의 기록과 더불어 백제 시대의 지명이 '금마저'였음을 유추해 볼 수 있다.

금마저가 금마군으로 개칭되는 시기는 신문왕 때와 경덕왕 때로 다르게 나타나는데, 통일신라 시대에 제작된 기와에서 금마저란 명칭이 계속 사용되는 것으로 보아 경덕왕 때 이후에 개칭된 것으로 판단된다.

금마지역을 중심으로 하는 일원 즉, 미륵산성·저토성·오금산성·미륵사지·사

---

15) 익산군과 익주는 미륵산성 발굴 조사에서 출토된 바 있다.

자암·왕궁리 유적 등 여러 지역에서 '금마저성' 명 명문와가 출토되었다. 기와는 쉽게 이동될 수 있는 물건이어서 지붕의 수리가 필요한 경우 다른 지역의 기와를 옮겨 사용하는 예가 많이 있다. '금마저성' 명 기와도 이미 금마저성을 위해 제작된 것을 다른 지역으로 옮겨 사용하였을 가능성이 크다. 실제 각각의 유적에서 '금마저성' 명 명문와가 극히 소량만 확인되는 점이 이를 대변해 준다.

한편, 부여의 백제 시대 지명인 사비의 용례를 보면 '사비' '사비성' '泗沘河' '泗沘之宮' 등이 보인다. 그러므로 사비는 부여 일원의 폭넓은 지역을 말하며, 사비성은 현재의 부소산성을 지칭하는 것으로 보기도 한다.[16] 익산의 백제 시대 지명은 금마저, 금마저군, 금마군 등으로 표현되고 있다. 금마군은 통일신라 시대 이후에 고쳐진 지명으로 볼 수 있기 때문에 백제 시대 지명은 금마저임이 분명하다. 그러나 문헌에서는 금마저성이라는 지명은 보이지 않는다. 단지 유적에서 출토된 기와에서만 금마저성이라는 명문와가 보일 뿐이다. 이 명문와도 통일신라 시대에 제작된 기와이기 때문에 백제 시대에 금마저성이라는 지명을 사용했는지는 분명하지 않다. 그러나 금마저성은 백제에서 통일신라 시기에 걸쳐 금마저의 가장 핵심이 되는 성곽을 지칭하는 것으로 생각된다. 둘레가 1.8km에 달하는 미륵산 석성은 통일신라 시대에 대규모의 산성으로 새롭게 축조된 익산 지역의 대표적인 성곽이다. 발굴 조사에서 유구는 확인되지 않았지만 백제 시대 토기편들이 상당수 출토되고 있다. 그리고 통일신라 시대로 편년되는 '金馬渚城' 명 명문와도 출토된 바 있어 이 성곽을 금마저성으로 비정할 수 있을 것으로 생각된다.

그러므로 익산의 고도 육성이 백제 고도의 골격을 바탕으로 이루어지며, 이러한 유적은 통일신라 시대까지 유지되고, 이 기간 동안을 금마저로 불러왔기 때문에 행정적인 지명은 익산이라고 하더라도 역사문화적인 지명으로써 '금마저', '금마저성'으로 부르기를 제안한다. 더불어 궁성으로 전하는 왕궁리 유적은 부여의 사비지궁의 예에서와 같이 '금마저궁'으로 부르는 것도 바람직하다고 생각된다.

---

16) 성주탁은 '사비성'이라함은 복합식 산성으로 되어 있는 부소산 소재 산성을 말하며, 나성까지 포함해서는 사비도성으로 규정하고 있다.
(성주탁, 1985, 「백제사비도성 연구」, 『백제연구』 13, 충남대학교 백제연구소, 6쪽)

(2) 武王의 탄생지 金馬渚

무왕의 출자에 대해서는 기록마다 상이하다. 즉 『삼국사기』 백제본기 무왕조나 『삼국유사』 法王禁殺조에서는 선왕인 법왕의 아들이라고 밝히고 있으나, 『북사』 백제전에서는 동성왕의 아들이라고 밝히고 있다.[17] 『삼국유사』 무왕조에는 국도 남쪽 연못가에 한 과부가 살고 있었는데, 그 연못 속의 용과 정을 통하여 낳은 것이 서동이라고 하고 있다. 용이 비록 왕을 상징한다고는 하지만, 저자 一然은 서동 즉 무왕의 출생을 한층 더 베일에 감싸면서 신이성을 부여하고 있다.

부여 궁남지에 가면 그곳을 무왕의 탄생지라고 기록하고 있으며, 무왕조의 서동과 선화공주 이야기가 마치 궁남지를 둘러싸고 전개되는 것으로 설명하고 있다. 하지만 『삼국사기』 백제 무왕 35년(634) 3월 기사는 "궁 남쪽에 연못을 만들어 20여 리 떨어진 곳에서 물을 끌어왔으며, 연못 사방에 버드나무를 심고 가운데에 방장선산을 모방한 섬도 만들었다. 왕은 비빈과 함께 큰 연못에서 뱃놀이를 했다."고 기록하고 있기 때문에 궁남지는 무왕 즉위 후에 만들어진 연못일 뿐이다. 궁남지를 확인하기 위하여 여러 차례 발굴 조사를 실시했지만, 아직까지 백제 시대 호안은 확인되지 않았던 것으로 알고 있다.

그런데 『신증동국여지승람』의 기록은 서동의 출생에 대하여 한층 더 구체적으로 보여주고 있다. 익산군 산천조에 "馬龍池는 오금사 남쪽 100여보에 있는데, 세전에 서동의 어머니가 집을 짓고 살았던 터가 있다."고 기록하고 있다. 금마 연동마을 앞에는 마룡지로 볼 수 있는 연못이 있고, 연못의 북쪽에는 용샘이 있으며, 무왕이 창건했다고 하는 오금사가 있었던 것으로 전하나 아직 그 위치는 확인되지 않았다. 그리고 연못의 동쪽에 접해서 넓은 터가 있으며, 여기에서 백제 시대 기와와 토기편들이 채집되고 있어 『신증동국여지승람』의 기록을 뒷받침해 주고 있다.

앞에서 금마저의 시간성을 말할 때, 백제 왕실에서는 위덕왕 때 익산 경영을 시작한 것으로 보아야 한다고 했다. 이러한 사실은 마룡지 옆에 백제 시대 건물지가 있었던 흔적과 함께 무왕의 금마저 출생 가능성을 충분히 보여 주고 있다. 그러므로 금마저는 무왕의 전설상의 고향이 아닌 역사적 사실임을 적극적으로 부각할 필요가 있다.

---

17) 박현숙, 2009, 「백제 무왕의 익산 경영과 미륵사」, 『한국사학보』 36, 고려사학회, 331~332쪽.

(3) 상징적 이미지로서의 龍

용은 고대 문명 어디에서나 발견되는 상상의 동물이다. 동양에서는 놀라운 힘으로 사람에게 도움을 베푸는 존재로 인식되어 왔다. 따라서 용은 농사에 영향을 미치는 한발, 비, 홍수 등을 관장하는 자연신적인 존재로 여겨졌다. 우리나라에서의 용은 水神으로 간주하여 기우의 대상으로 삼거나 풍어를 기원하는 대상으로 신앙되어 왔다. 정치적·사회적 성격을 보여주는 사례로는 용을 소위 護國龍의 관념이나 왕권을 상징하는 존재로 인식하는 것 등이 있다.

『삼국유사』에서는 무왕을 용의 아들로 기록하고 있다. 이는 건국신화에 버금가는 내용으로 그의 출생에 신이성을 부여하고 있다. 한편, 금마저에는 이 외에도 용샘·용순리·용화리 등 용과 관련된 지명들이 남아 있다. 이러한 현상은 무왕조 기록의 영향을 받았기 때문일 수도 있지만, 이미 용과 관련된 신앙이 만연되어 있었던 것으로도 생각된다. 그러므로 용의 아들이 미륵사를 창건했다고 하는 것은 재래신앙인 용 신앙과 불교의 습합을 나타내는 것으로 이해되기도 한다.

그런데 미륵사지 금당지의 발굴 조사에서는 공간 시설을 하고 있는 독특한 형태의 기단 구조가 확인되었다. 이 공간은 환풍을 위한 시설로 보기도 하지만, 시설의 크기나 형태로 보아 환풍과 같은 단순한 시설이 아닌 보다 큰 목적이 있었다고 생각한다. 그러나 이와 관련된 기록이 전혀 남아 있지 않아 그 성격을 밝히기는 어렵다. 단지 우리나라 사찰 금당에 공간 시설을 한 예는 경주의 동해안가에 있는 感恩寺址에서 확인되므로 이와 비교하여 설명되어질 수 있다.

『삼국유사』萬波息笛조에 의하면, 신문왕은 "聖考 문무대왕을 위하여 감은사를 지었다."고 하고, "사중기에 문무왕이 왜병을 진압하고자 이 절을 짓다가 마치지 못하고 돌아가 해룡이 되고, 그 아들 신문이 즉위하여 開耀二年에 필역하였는데, 금당 계하에 동향한 한 구멍이 있으니 그것은 용이 들어와서 서리게 하기 위한 것이다. 생각건대 遺詔로 뼈를 묻은 곳이므로 대왕암이라 하고 절도 감은사라 하였으며, 그 후에 용의 모습을 본 곳을 利見臺라 하였다."고 기록하고 있다. 곧 감은사 금당 기단의 공간과 동향한 구멍은 동해의 용이 금당 아래에 서리게 하기 위하여 만들었던 용과 관련이 있는 시설임을 알 수 있다.

미륵사지 금당지 기단의 공간도 감은사와 같이 용과 관련된 공간으로 설명되어질 수 밖에 없다. 그러므로 금마저는 용과 관련된 기록, 지명, 그리고 미륵사에 용과 관련된 금당의 지하 유구가 우리나라 최초로 등장하고 있다고 볼 수 있기 때문에 금마저의 상징적 동물로서 용을 부각시킬 필요가 있다고 생각한다.

(4) 전통 문화의 근간을 이룬 王都

금마저의 문화를 논하다 보면, 간혹 전문가들에게서도 부여나 공주 혹은 경주에도 없는 것이 어찌 그 시기의 익산에 있겠느냐고 반문하는 것을 종종 듣는다. 곧 그러한 사실을 인정할 수 없다는 의도가 깔려있다. 앞 장에서 설명한 바와 같이 금마저 백제 문화의 특징은 독창성에 있다고 할 수 있다. 그리고 거기에 머물지 않고 이후 우리문화 의 근간을 이루기도 하며, 당시 신라나 이웃 일본에 전파되기도 하였다.

미륵사지 석탑 사리공 바닥에서는 납석제 유리판이 나온 예가 있으며, 동탑지 발굴 조사나 종합 발굴 조사에서도 많은 양의 납석제 유리제품이나 조각이 출토된 바 있다. 미륵사지나 왕궁리 유적 공방에서는 유리를 만든 도가니가 출토된 예가 있고, 여기에 남아 있는 유리의 성분도 비슷한 것으로 보아 이들 지역에서 유리가 제작되었음은 분 명하다. 사리공에서 나온 것과 비슷한 유리판이 7세기 일본에서도 출토되고 있어 이러 한 백제의 유리제작 기술이 일본에 전해졌을 가능성을 시사해주고 있다.[18]

납유리와는 달리 서방에 연원이 있는 소다계 유리로 판단되는 미륵사지 사리병과 왕궁리 오층석탑 발견 사리병은 우리나라에서 현존하는 가장 오래된 최초의 유리제 사 리병이다. 이 사리병은 금마저에서 제작되었을 것으로 판단하며, 사리를 유리병에 안 치했던 당시 수·당대의 국제적 흐름과 연결된다. 그리고 미륵사지 서탑 출토 사리병 은 이후 통일신라와 고려 시대 유리제 사리병의 제작 기술로 이어진다는 점에서 중요 하다고 하고 있어[19] 이러한 금마저의 사리장엄 방법이 우리 문화의 근간을 형성해주고 있음을 알 수 있다.

드림새에 문양을 넣은 암막새의 시원은 우리나라에서 찾을 수 있다. 지금까지의 자 료를 통해 보면, 연구자마다 시기적 편차를 많이 드러내는 고구려 안학궁 출토 암막새[20] 의 예를 제외하면 미륵사지 암막새의 예가 최초라고 할 수 있다. 드림새의 문양은 중앙

---

18) 이송란, 2011, 「백제 미륵사지 서탑 유리제사리병과 고대 동아시아 유리 제작」, 『미술자료』 80, 국립 중앙박물관, 30쪽.
19) 이송란, 2011, 「백제 미륵사지 서탑 유리제사리병과 고대 동아시아 유리 제작」, 『미술자료』 80, 국립 중앙박물관, 39~40쪽.
20) 안학궁에서 출토된 기와의 편년은 고구려에서 고려 시대까지 다양하게 주장되어진다.

의 심엽문(새싹문)으로부터 좌우로 당초문이 뻗어가는 형태이다.[21] 얼마 뒤 제석사지 중건가람에서도 문양 있는 암막새가 사용되었다. 제석사지는 좀 더 발달한 형태로 중앙의 귀면문에서 좌우로 당초문이 뻗어나간 모습이다.[22] 미륵사지와 제석사지의 예와 같이 중앙에 심엽문이라는 식물문과 귀면문이라는 상징적인 동물문으로부터 좌우로 문양이 뻗어나가는 암막새 문양의 두 가지 패턴은 이후 우리나라 암막새 문양구도의 근간을 이루게 된다. 이 외에도 미륵사지에서 6엽연화문 수막새와 녹유연목와의 사용 등은 금마저 백제 문화의 뛰어난 독창성을 보여준다.

금마저에 남아 있는 석조유물들은 백제 장인의 천재적인 독창성을 엿볼 수 있는 최초의 유작일 뿐만 아니라 이후 우리나라 석조문화의 근간을 이루고 있다. 그 중 제일 주목되는 것은 석탑을 들 수 있다. 미륵사지 석탑 이전에는 내구성과 내화성이 취약한 목탑을 사용했는데, 처음 석탑으로 번안하여 만든 것이다. 이후 우리나라에는 많은 석탑이 만들어져 석탑의 나라로 불리게 된다. 미륵사지 석등도 시원을 보여주는 양식이며,[23] 이후 대부분의 사찰에서는 석등을 갖추게 된다. 연동리사지의 석불은 화강암으로 만든 대형의 원각석불좌상으로서는 처음의 예이며,[24] 화강암의 별석으로 만든 주형 광배도 최대 규모이고 최초의 예로서 이러한 양식은 후대 불상 조각과 광배의 조성에 영향을 주었을 뿐만 아니라 일본 고대 불상 조각에도 영향을 끼쳤던 것으로 보고 있다.[25] 이 외에도 삼단계 위계를 갖는 가구식기단도 금마저에서 완성되었다.[26]

미륵사지 삼원병치의 가람 배치에서 중원에만 목탑을 조성하였다. 중원의 목탑은 9층으로 판단하고 있고,[27] 여기에는 대부분 이견이 없다. 6세기 이후 동아시아에서는 북위의 永寧寺나 양나라의 同泰寺 등 9층의 거대한 탑이 있는 사찰을 건립하는 것이 유행하였으며, 미륵사는 동아시아에서 진행된 거대한 사찰 조영의 흐름에 많은 영향을 받아 건립된 것으로, 이후 황룡사와 일본에서 9층탑이 있는 거대 사찰의 조영이 이루어진 점에서 가람 배치와 더불어 동아시아의 사찰 건축에서 중요한 위치를 차지한다.[28]

21) 김선기, 2010, 「미륵사지 출토 백제 시대 암막새 연구」, 『고문화』 76, 한국대학박물관협회.
22) 국립부여문화재연구소, 2011, 『제석사지』 발굴 조사보고서 I.
23) 정명호, 1992, 「한국석등양식사 연구」, 단국대학교 대학원 박사학위논문, 22~25쪽.
24) 황수영, 1994, 「백제의 불교조각」, 『백제불교문화의 연구』, 충남대학교 백제연구소, 293~295쪽.
25) 곽동석, 2000, 「백제 불상의 훼룡문계 화염광배」, 『신라문화』 17·18, 동국대학교 신라문화연구소, 49~53쪽.
26) 김선기, 2011, 「백제 가람의 삼단계 위계를 갖는 가구식기단 연구」, 『선사와 고대』, 한국고대학회.
27) 장경호, 1988, 「백제 사찰건축에 관한 연구」, 홍익대학교 대학원 박사학위논문, 344~349쪽.

금마저의 사지에서 확인된 제석사지의 가람 배치는 1탑1금당의 전형적인 백제 사비기 가람 배치의 모습을 보여준다. 그러나 미륵사지는 1탑1금당의 원칙을 지키면서도 미륵 하생의 모습을 구상화 한 삼원병치의 가람 배치를 보인다. 여기에 비해 대관사지의 가람 배치도 1탑1금당의 원칙을 지키면서 전면에 석축과 더불어 배례루의 배치 모습을 보이고 있음이 다른 지역에서 볼 수 없는 독특한 배치 형태를 보여주고 있다.[29] 대관사지의 가람 배치에 대해서는 많은 이견이 있을 것으로 생각되나 이러한 배치 양상을 보이는 이유는 대관사의 위상과 더불어 구릉 상면에 대지를 조성하는 과정에서 지형적 조건을 극복하기 위한 방편도 작용한 것으로 생각된다. 통일신라 시대 이후 우리나라 가람 배치에서 금당 앞에 많이 만들어지는 拜殿이나 배례루의 원류라고 생각된다.

미륵사는 우리나라 미륵신앙의 근거지요, 모태라고 할 수 있다. 통일신라와 고려·조선 시대를 거치면서 발전해 간 미륵신앙은 구한말 불합리한 사회의 변화를 염원했던 민중층을 바탕으로 하는 신흥종교에 사상적 핵을 제공했다는 점에서[30] 미륵신앙의 역사적 의미를 찾을 수 있다.

위와 같이 금마저에서 독창적으로 만들어진 백제 문화는 당대 최고의 걸작이고 절정이며, 우리 문화의 원류로써 전통 문화의 근간을 이루었을 뿐만 아니라 주변국 문화에까지 영향을 주면서 오늘날까지 이어왔다는 점에서 가장 큰 역사적 의미와 탁월한 가치를 찾을 수 있다.

(5) 孝와 사랑, 평등과 화합의 王都

금마저에는 많은 사찰 유적이 남아 있지만 우리나라 사서에는 창건 내용이나 창건 목적이 자세하게 남아 있지 않다. 단지 미륵사지에 대해서만 『삼국유사』에 그 기록이 단편적이나마 남아있을 뿐이다. 그러한 이유는 아마 일연이 『삼국유사』를 기록할 당시, 미륵사를 제외한 대부분의 사찰이 폐기되어 그 흔적만 남아 있었던 것도 하나의 요인이었을 것이다. 미륵사에 대한 기록의 성격은 설화적인 요소와 역사적인 요소가 혼재되어 있어서 우리는 그것을 '彌勒寺創建緣起說話'로 부르기도 한다. 이 기록 속에는

---

28) 이송란, 2011, 「백제 미륵사지 서탑 유리제사리병과 고대 동아시아 유리 제작」, 『미술자료』 80, 국립중앙박물관, 20쪽.
29) 김선기, 2010, 「익산지역 백제 사지 연구」, 동아대학교 대학원 박사학위 논문.
30) 김삼룡, 1983, 『한국미륵신앙의 연구』, 동화출판사, 242쪽.

미륵사 창건의 의미를 내포하고 있으며, 이를 통해 추구하고자 했던 정신적 가치를 유추할 수 있을 것으로 생각된다.

먼저 무왕의 성장이다. 무왕에 대해서 『삼국사기』에서는 풍의가 영위하고, 지기가 호걸스럽다고 하고 있다. 『삼국유사』는 용과 정을 통해서 낳은 홀어미의 아들인데, 그의 도량이 커서 헤아리기 어려웠다고 한다. 그리고 항상 마를 팔아서 생활을 했다고 한다. 『삼국유사』의 무왕의 어릴적 기록에 대해서는 많은 학자들이 부정적인 견해를 가지고 있지만, 마를 팔아서 홀어머니를 모시는 지극한 모습에서 서동의 효심을 읽을 수 있다고 생각한다.

그리고 서동은 평민의 몸으로써 신라의 공주 선화를 배필로 맞이하는 로맨스가 그려져 있다. 이러한 사랑 이야기는 진성여왕과 위홍과의 사랑이나, 윌리엄 왕자와 심프슨 부인의 사랑을 뛰어넘고, 우리가 어렸을 적에 한 번쯤 꿈꿔 보았을 감동을 주는 지고의 사랑을 노래하는 대서사시이다. 서동과 선화공주와의 결혼은 가난함과 부유함의 차이, 천함과 귀함의 차이, 피지배자와 지배자의 차이를 극복하고자 하는 인간 평등의 사상이 담겨져 있다. 이와 같이 인간을 보편적으로 바라보고 있다는 점에서 대서사시의 위대함을 발견할 수 있다.

한편 미륵사를 짓는데 적국 신라의 진평왕이 백공을 보내어 도왔다는 사실을 기록하고 있다. 비록 견원지간의 적국으로서 여러 차례 전쟁에 휘말리기도 하였지만 선화공주와의 사랑과 결혼, 그리고 미륵사의 건립을 돕는다는 이야기에는 화합과 평화를 염원하는 정신을 읽을 수 있을 것이다.

무왕조의 내용이 비록 후대에 만들어진 설화를 기록한 것에 불과하다고 할지라도 孝와 사랑과 평등과 화합을 염원하고 거기서 평화를 찾으려는 인류의 가장 보편적인 가치를 추구하고 실현하고자 하는 정신을 담고 있다. 차별화된 고도 육성을 위하여 금마저만이 갖는 독특한 이미지들을 끊임없이 찾아내고 적극 활용해야 할 것이다.

4) 차별화 된 古都 育成

(1) 종교문화의 중심 도시로 육성

금마저에서 아직까지 도시 건물지들이 확인되지 않고 있지만, 궁성과 왕릉, 사찰과 성곽 등 고도의 골격을 갖추고 있다. 이와 관련된 유적들은 공주나 부여보다 더 잘 남아 있다는 장점을 가지고 있다. 앞으로 이러한 유적들에 대해서는 좀 더 치밀하게 조사

정비하며, 경우에 따라서는 복원하는 등 고도 골격을 회복해 나가는 것은 필수적이다. 나아가 다른 지역과의 차별된 고도 육성을 위해서는 고도 골격을 갖추면서 종교문화의 중심도시로 육성할 필요가 있다.

지금까지 금마저에서 조사가 완료된 유적은 미륵사지이며, 왕궁리 유적과 제석사지는 지금도 조사가 진행되고 있다. 이 중 왕궁리 유적은 궁궐과 사찰이 복합된 유적으로 이해되고 있는데, 사찰 유적은 대부분 무왕 사후에 만들어진 그의 원찰로 보고 있다. 그러나 필자는 견해를 달리한다. 사찰은 궁장의 중심지역에 있으며, 궁장 중앙 남문과 사찰은 정확히 축선이 일치하고, 사찰에서는 별도의 회랑이 발견되지 않고 있는 점, 궁장과 사찰의 초기 유물이 일치한다는 점 등을 들어 사찰과 궁장은 동시에 만들어진다고 보는 것이다. 사찰은『삼국사기』에서 태종무열왕 승하의 징후를 알리는 기사로 등장하는 백제 시대 大官寺로 비정되며, 조성 시기도 미륵사보다도 앞서는 610년 경에는 완성되었다고 본다.

대관사는 제석사 · 미륵사와 더불어 백제 왕실에서 금마저에 창건한 3대 사찰이며, 발굴 조사 결과 각각의 사찰터에서 출토된 초기 유물은 형태가 비슷하고, 또한 각 사찰의 창건 목적이 다르다는 점에서 3대 사찰의 창건 기획은 동시에 이루어졌을 것으로 추정하고 있다.『삼국유사』의 기록에 제석을 桓因이라고 밝힌데서 제석사는 국조신앙의 례를 담당하는 사찰로, 대관사의 대관은 왕을 말하며 현재 왕실과 국가의 번영을 기원하는 사찰로, 미륵사는 미래불을 모심으로써 미래세 왕실과 국가의 번영을 기원하는 三世祈願寺刹로써의 종교의 기능을 담당했던 왕도로 보는 것이 필자의 견해이다. 이러한 예는 아직까지 다른 지역에서 밝혀진 바 없는 백제만의 사찰 조영의 창조성을 엿볼 수 있는 것으로 재래의 국가 제사의 기능이 불교로 전이되어가는 단계가 아닌가 생각된다.

한편, 현재의 왕실과 관계되는 대관사를 중심으로 좌측에는 국조신앙의례를 하는 종묘적인 성격의 제석사를 두고, 우측 미륵사는 미래의 왕실과 국가의 발전을 기원하는 사직의 성격으로 생각되기 때문에 유교국가에서 왕도에 궁성을 두고 종묘와 사직을 좌 · 우에 배치하여 제례를 올리는 형식의 불교적 구현으로 파악된다. 그러므로 다른 도시와의 차별을 위해서 왕도로서의 골격 회복과 더불어 종교문화중심의 도시로 육성할 필요가 있다고 생각한다.

(2) 철학이 있는 창조적 도시로의 육성

금마저에 삼세기원사찰을 설치한 근저에는 이 땅에 불교의 이상을 국토적으로 구현한다고 하는 불국토사상이 깔려 있다. 그리고 미륵사지 서탑에서 발견된 사리봉영기에는 대왕폐하의 수명과 왕비의 복리를 빌기도 하지만, 궁극적으로 창생의 교화와 중생들의 성도를 기원하고 있다. 그리고 금마저에 미륵의 하생(성불)과 더불어 이를 모시는 미륵사의 창건은 질병과 병도와 환란이 없는 세상의 염원이며, 『삼국유사』무왕조의 연기설화는 효와 사랑과 평등과 화합을 바탕으로 하는 평화의 메시지를 우리에게 전하고 있다. 곧 백제 왕실에서 금마저의 건설과 함께 거기에 담고자 했던 것은 궁극적으로 불교의 근본정신이라고도 할 수 있는 원융과 통섭의 정신을 담아 평화와 번영의 영속을 이루고자 했던 것으로 귀결될 수 있다.

그러므로 백제 왕도의 골격 회복에만 머물지 않고, 백제가 금마저의 건설을 통해 추구하고자 했던 정신적 가치를 현대적으로 조명하고 실현해 나갈 수 있는 도시로의 육성이 필요하다고 본다. 즉 지역 간의 화합, 계층 간의 결속, 종교 간의 조화, 국가 간의 갈등해소를 통한 화합과 평화의 가치를 추구하는 도시로 육성되어야 한다. 다시 말해서 원융과 통섭의 정신을 실현해 나가는 미래지향적인 창조적 도시로의 육성이 이루어져야 만이 진정한 고도 육성이고, 차별화 된 고도 육성이며, 품격 있는 역사문화도시로 가꾸어가는 정책이 될 것으로 생각한다.

금마저의 고도 육성을 계획하고 추진하기 위해서는 기본적 사실들을 고증해 낼 수 있는 역사학이나 고고, 미술, 종교, 사상 분야뿐만 아니라 이를 구체적으로 구현해 낼 수 있는 건축, 도시, 디자인, 조경 분야 등의 공동연구가 필요하다. 그리고 특성화 된 고도 육성을 극대화하기 위해서는 왕도 금마저의 이미지 제고를 위한 조직적인 홍보도 있어야 하며, 여기에는 역사적 근거를 갖는 스토리텔링의 개발, 예술적 창작활동과 공연 등이 뒷받침 되어야 한다. 그리고 이를 활용할 수 있는 관광 분야의 전문가도 필요하다. 이와 같이 다양한 분야에서의 연구와 협력이 필요하며, 이를 효과적으로 이끌어가기 위한 조직도 고려해야 할 것으로 생각한다. 이러한 것들이 '익산학' 이라는 하나의 학문적 영역 속에서 연구를 통해 뒷받침 되어야 할 것이다.

오늘날의 지구촌은 이념의 갈등을 넘어 이제는 종교적 분쟁으로 치닫고 있다. 우리나라의 현실에서도 이러한 종교적 갈등은 심화되고 있어 심각한 사회 문제로 대두되고 있다. 그렇기 때문에 세계의 평화를 위해서는 우선 종교간의 화합이 전제되어야 함은 자명한 사실이다. 금마저를 종교문화도시로 육성한다는 것은 고도 육성을 불교정책화할 것이라는 오해가 있을 수 있다. 그러나 이것은 종교의 계파를 뛰어넘어 1,500년간의 역사를 지탱해 온 우리 문화 자산에 미래지향적으로 새롭게 가치를 부여하고, 금마저의 정신이라고 할 수 있는 인류의 가장 보편적 가치의 실현을 통해 미래 인류사회의 화합과 평화에 기여하는 철학이 살아 숨 쉬는 도시로 재창조하자는 문화운동이다.

또 다른 천년의 세월을 기다려야 할지 모르지만 품격 있는 역사문화의 도시 금마저의 부활 속에서 1,400여 년 전 백제의 꿈이 전 인류의 꿈이 되어 실현되기를 기대해 본다.

ABSTRACT

An attempt is made in the present paper to briefly describe the construction time and purpose of the temples of the Baekje Kingdom era whose remains have been found across the regions in Geumma-jeo (金馬渚), Iksan, with a particular focus laid on the characteristics of the temple sites.

For this purpose, a chronological table was established for the tiles unearthed from each temple site in Iksan area in order to determine the date of temple construction. Among the tiles, convex ones were selected first for relative chronological arrangement since they still reveal typical attributes of temporal changes. Consequently, it was found that the patterns of tiles made a progress from Buyeo type to Jeseok and Mireuk Temple types. To assess when convex tiles were put to use, an absolute chronological arrangement was set forth in reference to tiles with inscription of sexagenary cycles (干支銘瓦)·tiles with inscription of ten celestial stems (天干銘瓦)·tiles with inscription of twelve calendar signs (地支銘瓦) which were excavated at every temple site in Iksan area, with circular seals affixed in them. The findings showed that tiles with inscription of sexagenary cycles had been popularly used from AD 597 until AD 630, a period covering the most reign of King Mu, while tiles with inscription of twelve calendar signs were in wide application from AD 642 to AD 650, that is, during the former part of King Euja's reign. Taking into account the age of the tiles with inscription and circular seals, it might be said that convex tiles of Buyeo type were widely utilized approximately during AD 600~610, those of Jeseok Temple type about the time of AD 620 and those of Mireuk Temple type from about AD 630 to AD 650.

Based on this account, it would be possible to divide the period of temple construction in Iksan area during the Baekje Kingdom era roughly in 4 stages. The first stage (preparation) would be the period before AD 600 during which Saja Temple and Yeondongri Temple sites were created, plans were made for construction of Daegwan, Jeseok and Mireuk Temples, 3 temples that were under direct control of the royal family, and preparation for construction of Daegwan Temple was initiated. The second stage (introduction) would cover the period of AD 600~610 when Daegwan Temple was completed, graphically reflecting the progress in traditional architectural culture of Buyeo as seen in use of, for example, tiles of Buyeo type. Furthermore, the third period (progression) ranged from AD 610 to AD 620 when construction of Jeseok Temple was finished and Mireuk Temple was still under creation, leaving some tracks of Buyeo tradition in convex tiles and architectural techniques. The fourth and final period (finishing) was AD 620~650 in which Jeseok Temple was reconstructed and Mireuk Temple ventured a unique and innovative try to introduce a new culture by arrangement of three halls aligned in parallel (三院竝置伽藍), etc. In contrast, Jeseok Temple held fast to the tradition, as demonstrated in building arrangement like one pagoda for one main building of the temple (1塔 1金堂) as well as concave · convex tiles. Both temples were completed during the reign of King Euja with Mireuk Temple finished about AD 650.

With regard to the purpose of construction of the three major temples in Iksan region during Baekje Kingdom, it should be noted that the then temples were characteristically diverse in their structure because of regional conditions and ideological trend. Daegwan Temple constructed, among others, as a core facility together with Gungjang (宮墙) or palatial wall in an authoritative temple structure secured a space for worship in front of its stonework. Jeseok Temple was of traditional Buyeo type in structure whereas Mireuk Temple displayed an innovative arrangement of three hall aligned in parallel. It can be thus said that Jeseok Temple, in view of its traditional structure, took charge of ceremonies for the belief in past-generation national ancestors (國祖信仰儀禮), praying for safety and peace of the country and people, while Mireuk Temple, with its innovative structural format of temple, was devoted to supplication for future-generation welfare and prosperity of the nation and people. Besides, Daegwan Temple which has authoritative feature with space for worship is thought to have been built for the purpose of praying for prosperity of the royal family, putting Buddhists under its control in life. In all, the aim or background of temple construction in Iksan area appeared to be connected with the structural characters of Buddhistic belief aimed at defending the nation by means of petition for three generations. It is therefore thought that the temples in Iksan area, particularly Daegwan Temple, were performing the functions as royal ancestors' shrines and altars of a legitimate state in a deliberate act of petitioning for national prosperity and progress as well as glorifying the orthodoxy and sovereign power of the royal family of Baekje Kingdom.

The issue of identity raised frequently in connection with Iksan seems thus to stem only from the difference in viewpoint of researchers. Judging from the relics still found in the region, it can't be denied at all rates that Iksan performed the role of royal capital during the then time. The fact that Daegwan Temple with its palatial wall was situated at the core location, surrounded by Jeseok and Mireuk Temples constituting the temples of praying for three generations together with Daegwan Temple, strongly suggests that this region functioned as a royal capital where memorial services for ancestors were held in a Buddhistic manner, fulfilling an important aspect of national administration.

During the process of temple construction in Iksan area, lots of new invention were made including convex tiles, concave tiles, tiles at the edge of eaves for rafter (橡木瓦), mobile bells (風鐸) and sarira reliquary (舍利莊嚴具) which were used for constructing stone Buddhist images of large scale, halo or probhamandala, elevated buildings (掘立柱), stone pagodas and stone lanterns, main building of a temple in the basement, stylobate of three stages, and temples in new arrangement. These remains of constructional structures and handcrafts were vital evidences pointing to excellent creativity of Baekje people and culminating the architectural culture of the Three Kingdoms era. The historical significance of Iksan culture can be regarded truly essential in that Baekje culture has come to form the root and trunk of the overall Korean culture.

What Baeke Kingdom intended to contain in Geumma-jeo, called today as Iksan, was construction of a Buddhist land. It should be marked as an outstanding cultural heritage since it aimed at realizing the most universal value of human kind, that is lasting peace and prosperity, thanks to spirit of harmonious circle (圓融) and consilience (統攝). In order to restore and, moreover, to cultivate the old capital, it seems very necessary to spotlight and realize the value Baekje sought for through establishment of Geumma-jeo from a modern angle toward shaping up a former capital, instead of simply trying to return to the former condition of external framework. In other word, Iksan can be reborn to a differentiated and dignified historical and cultural city only when it is developed to become a creative, future-originated and creatively philosophical city.

In that sense, it is really wished that the dream of Baekje people 1400 years ago comes true today in the restored Geumma-jeo as a refined city of history and culture.

日文 抄録

　益山金馬渚地域の百済時代の寺址の特徴を中心に当時の寺刹の築造時期や造営目的を簡略に要約すると次のようである。

　先ず、寺院の築造時期などに関しては編年を設定するために各寺址から出土した瓦資料を中心に編年表を作成した。瓦の中でも特に時期変化の属性を持つ軒丸瓦を中心に、先ず相対編年を試みた結果、夫余式から帝釈寺式、弥勒寺式への発展が認められた。また軒丸瓦の使用時期を把握するために益山地域の各寺址から出土した円形印刻の干支銘瓦・天干銘瓦・地支銘瓦を参考に絶対編年を推定した。その結果、天干銘瓦は五九七年から六三〇年まで、即ち主に武王代に流行し、天干銘または地支銘の銘文瓦は六四二年から六五〇年の間に即ち義慈王前半代に使用されたことが分かる。従って円形印刻瓦の編年を参考にすると夫余式軒丸瓦はおよそ六〇〇年から六一〇年頃、帝釈寺式軒丸瓦は六二〇年前後の時期、弥勒寺式軒丸瓦は六三〇年前後の時期から六五〇年頃まで使用されているのが分かる。

　この分析を土台に益山地域の百済時代の寺院の築造時期を区分し、大きく四段階に分けることができる。つまり、第Ⅰ期(準備期)は、六〇〇年以前の師子寺址と蓮洞里寺址が創建される段階で、王室が直接関与する三大寺刹である大官寺・帝釈寺・弥勒寺の築造企画が行われ、大官寺の創建の準備が行われる時期と思われる。第Ⅱ期(導入期)は六〇〇年から六一〇年までの間で、大官寺が完成する段

階でもあり夫余式瓦の使用とともに夫余伝統が発展された建築文化が反映される時期である。第Ⅲ期(進行期)は、六一〇年から六二〇年の間で帝釈寺が完成し、弥勒寺創建の作業が継続する段階で軒丸瓦と建築技法において夫余式の伝統が一部残っている時期である。最後に第Ⅳ期(完成期)は、六二〇年から六五〇年までの期間で弥勒寺が完成し帝釈寺が重建される段階で弥勒寺においては三院併置伽藍など独断的で革新的な新しい文化が創案される段階である。その反面、帝釈寺重建伽藍では一塔一金堂の伽藍配置や軒平瓦・軒丸瓦などから伝統性の保持が看取される。両寺刹は義慈王代に完成されたが、この中弥勒寺は六五〇年頃に完成された。

　次に百済時代の益山地域三大寺刹の造営目的である。当時の寺刹の空間構成の特徴は伽藍構造の多様性であり、その要因は寺刹造成の地域的条件と思想性に起因する。その中でも宮墻の築造とともに、核心施設として建築された大官寺は石築の前に拝礼空間を造成した権威的な伽藍構造である。帝釈寺は伝統的な夫餘式構造を持つのに対し、弥勒寺は革新的な三院竝置伽藍構造である。それ故に帝釈寺はその伝統的構造を勘案すると、過去世国祖信仰儀礼を担当し護世安民を祈願する伽藍として築造され、三院併置の革新的な伽藍構造の弥勒寺は未来世国家と国民の安寧と繁栄を祈願する伽藍として築造されたと言える。それから拝礼空間を持つ権威的伽藍構造の大官寺は、現世の仏教を統括とともに当時の王室の繁栄を祈願するために築造されたと言える。結局、益山地域寺刹の造営の背景や目的は三世祈願寺刹の性格を持つ護国仏教信仰の構造を表すものと考えられる。またその裏面には百済王室の正統性は言うまでもなく王権、国家の繁栄や発展の永続を祈る意図から大官寺を中心に正統国家の宗廟や社稷的な機能を益山の寺刹が担当したものと考えられる。

　益山と関連して多様に論じられる益山地域のアイデンティティーの問題は研究者の観点の違いから生まれるが、現存する遺跡を通じて表れる益山の王都としての機能は否定できない。ただし、大官寺は宮墻(王宮の城壁)と共に核心的位置に造成され、これを中心に帝釈寺と弥勒寺という三世祈願寺刹を設けたということは、古代において国家経営の一つの軸と言える国家祭儀を仏教的に行う宗教的機能の王都であることと判断される。

　益山地域の寺刹を造成していく過程の中で大規模な石仏や光背、掘立柱の建物

構造、石塔と石灯の造営、金堂の地下空間構造、三段階位階の基壇構造、新しい配置形態の伽藍などの造成とともに、使用された軒丸瓦、軒平瓦、橡木瓦、風鐸、舎利荘厳具などが新しく創案される。これらの建築遺構や工芸品は百済人の優れた創意性を表すもので、三国時代の建築文化の頂点を成したと言える。このような百済の文化は我々の文化の源流として根付き、我々の文化の根幹をなしたという点から益山文化の歴史的意義を見だすことができる。

今日益山と呼ばれる金馬渚に百済が盛り込もうとしたのは仏国土の建設であった。円融と統摂の精神を込めて平和や繁栄の永続という、人類のもっとも普遍的な価値の実現を目的にしていたという点において何よりも卓越した文化遺産として評価できる。このような古都を育成するにあって外形的な骨格の回復にとどまらず、百済が金馬渚の建設を通して追求しようとした価値を現代的な観点によって照射し実現していく都市としての育成が必要であろう。つまり、未来志向的で哲学のある創造的な都市に育成することで、他の都市との差別化を図り、品格の高い歴史文化都市を造ることができるだろう。

品格のある歴史文化の都市金馬渚の復活の中で、一四〇〇余年前の百済の夢が実現されることを期待している。

참고문헌

1. 史書

1) 高麗史 2) 金馬志 3) 洛陽伽藍記 4) 大東地志 5) 東國輿地志 6) 東史綱目 7) 三國史記 8) 三國遺事 9) 三國志 10) 世宗實錄地理志 11) 新增東國輿地勝覽 12) 朝鮮寰輿勝覽 13) 海東高僧傳 14) 後漢書

2. 報告書, 圖錄, 資料

1) 고구려연구재단, 고구려 안학궁 조사보고서(2006)

2) 공주대학교박물관, 대통사지(2000)

3) 공주대학교박물관, 수원사지(1999)

4) 공주대학교박물관, 주미사지(1999)

5) 공주사범대학교박물관, 공산성 백제추정왕궁지발굴조사보고서(1987)

6) 국립경주문화재연구소, 감은사(1997)

7) 국립경주박물관, 신라의 와전(2000)

8) 국립공주박물관, 남혈사지(1993)

9) 국립공주박물관, 백제사마왕(2001)

10) 국립문화재연구소, 미륵사지석탑 제18차 자문회의 회의자료(2010)

11) 국립박물관, 금강사(1969)

12) 국립부여문화재연구소, 능사 - 부여 능산리사지 10차 발굴조사보고서(2008)

13) 국립부여문화재연구소, 동남리사지 - 백제폐사지 학술조사보고서(2008)

14) 국립부여문화재연구소, 동아시아 고대사지 비교연구 - 금당지편(2010)

15) 국립부여문화재연구소, 미륵사 - 유적발굴조사보고서 II (1996)

16) 국립부여문화재연구소, 미륵사지서탑 - 주변발굴조사보고서(2001)

17) 국립부여문화재연구소, 백제폐사지(2008)

18) 국립부여문화재연구소, 부소산성 - 발굴조사조사보고서(1996)

19) 국립부여문화재연구소, 부여 관북리 백제유적(2009)

20) 국립부여문화재연구소, 부여 관북리백제유적 발굴보고III(2009)

21) 국립부여문화재연구소, 부여 관북리백제유적 발굴보고IV(2009)

22) 국립부여문화재연구소, 부여 관음 · 밤골사지 시굴 조사보고서(2006)

23) 국립부여문화재연구소, 부여군수리사지 I (2010)

24) 국립부여문화재연구소, 사자암 - 발굴조사보고서(1994)

25) 국립부여문화재연구소, 연보(2002~2005)

26) 국립부여문화재연구소, 연보, 백제문화를 찾아서(2006~2009)

27) 국립부여문화재연구소, 왕궁리유적발굴중간보고(1992)

28) 국립부여문화재연구소, 왕궁리 - 발굴조사중간보고 II (1997)

29) 국립부여문화재연구소, 왕궁리 - 발굴중간보고III(2001)

30) 국립부여문화재연구소, 익산 왕궁리 - 발굴중간보고IV(2002)

31) 국립부여문화재연구소, 왕궁리 - 발굴중간보고 V (2006)

32) 국립부여문화재연구소, 왕궁리 - 발굴중간보고VI(2008)

33) 국립부여문화재연구소, 왕흥사 - 발굴중간보고 I (2002)

34) 국립부여문화재연구소, 왕흥사지 II - 기와가마터 발굴조사보고서(2007)

35) 국립부여문화재연구소, 왕흥사지III - 목탑지 금당지 발굴조사보고서(2007)

36) 국립부여문화재연구소, 용정리사지(1993)

37) 국립부여문화재연구소, 익산 왕궁리유적 - 제21차조사 회의자료(2009) .

38) 국립부여문화재연구소, 익산 제석사지 - 제1차조사 회의자료(2008)

39) 국립부여문화재연구소, 익산 제석사지 - 제2차조사 회의자료(2009)

40) 국립부여문화재연구소, 익산미륵사지 동탑지 기단 및 하부조사보고서(1992)

41) 국립부여문화재연구소, 제석사지발굴조사보고서 I (2011)

42) 국립부여박물관, 능사 - 부여 능산리사지 6~8차 발굴조사보고서(2007)

43) 국립부여박물관, 능사 - 부여 능산리사지발굴조사 진전보고(2000)

44) 국립부여박물관, 백제의 공방(2006)

45) 국립부여박물관, 백제의 와전(2010)

46) 국립부여박물관, 부여 정암리가마터 I (1988)

47) 국립부여박물관, 부여 정암리가마터 II (1992)

48) 국립부여박물관, 부여금성산백제와적기단건물지발굴조사보고서(1992)

49) 국토연구원, 익산고도보존계획(2009)

50) 문화재연구소, 미륵사발굴조사중간약보고서(1982)

51) 문화재연구소, 미륵사 - 유적발굴조사보고서 I (1989)

52) 문화재연구소, 익산입점리고분군 - 발굴조사보고서(1989)

53) 문화재청 · 전라북도 · 익산시, 미륵사지석탑 사리장엄(2009)

54) 백제문화개발연구원, 백제와전도록(1983)

55) 부여문화재연구소, 부소산성 - 발굴조사 중간보고(1995)

56) 부여문화재연구소, 부여 구아리 백제유적 발굴조사보고서(1993)

57) 부여문화재연구소, 부여전천왕사지(1993)

58) 왕궁리유적전시관, 왕궁리유적전시관도록(2009)

59) 원광대학교 마한백제문화연구소, 동탑지 발굴조사 보고서, 마한백제문화 1(1975)

60) 원광대학교 마한백제문화연구소, 미륵사지 동탑지 2차발굴 조사보고, 마한백제문화 2(1977)

61) 원광대학교 마한백제문화연구소, 익산 신동리유적(2005)

62) 원광대학교 마한백제문화연구소, 익산 쌍릉 테마관광지 조성사업부지 내 문화재 시굴조사 자문위원회의자료(2011)

63) 원광대학교 마한백제문화연구소, 익산영등동유적(2000)

64) 원광대학교 마한백제문화연구소, 익산 율촌리 분구묘(2002)

65) 원광대학교 마한백제문화연구소, 익산 제석사지시굴조사보고서(1994)

66) 원광대학교 박물관, 익산왕궁리전와요지 - 제석사폐기장(2006)

67) 원광대학교 박물관, 익산천동지구시굴조사보고서(2006)

68) 전라북도, 미륵사지동탑 - 복원설계보고서(1990)

69) 전라북도, 익산 미륵사지 서탑 실측 및 종합복원보고서(1979)

70) 전북문화재연구원, 익산일반산업단지조성부지내(II지구) 문화재발굴조사 1차자문위원회의 회의자료(2010)

71) 충남대학교박물관, 부여관북리백제유적발굴조사보고서(I)(1985)

72) 충남대학교박물관, 부여관북리백제유적발굴조사보고서(II)(1999)

73) 충남대학교박물관, 부여쌍북리유적발굴조사보고서(1982)

74) 충남대학교박물관, 부여정림사지연지유적발굴보고서(1987)

75) 충남대학교박물관, 성주사(1998)

76) 충남대학교박물관, 정림사(1981)

77) 한국교원대학교 박물관, 중원 탑평리사지 발굴조사보고서(1993)

3. 論著

1) 강우방, 한국불교조각의 흐름, 서울 : 대원사(1995)

2) 강우방, 한국와당 예술론 서설, 신라와전(2000)

3) 강우방, 고구려 고분벽화와 불상광배의 기표현, 한국미술논단 15(2002)

4) 강우방, 한국미술의 탄생, 서울 : 솔출판사(2007)

5) 강우방, 미륵사 탑 발견 사리장엄구와 왕궁리 탑 발견 사리장엄구의 상관성, 미륵사의 재조명(2009)

6) 강종원, 금산 백령산성 출토 명문와 검토, 백제연구 39(2004)

7) 강종원, 백제말기 정치상황과 익산의 왕궁성, 마한백제문화 17(2007)

8) 고유섭, 한국탑파의 연구, 서울 : 통문관(1933)

9) 곽경순, 신라 사천왕사 쌍탑에 관한 연구, 경주사학 23(2004)

10) 곽동석, 백제 불상의 훼룡문계 화염광배, 신라문화 17·18(2000)

11) 곽승훈, 신라 하대 전기의 신정권과 법화사상, 한국사상사학 32(2009)

12) 권오영, 백제 전기 기와에 대한 신지견, 백제연구 33(2001)

13) 권오영, 한성기 백제 기와 연구의 현황과 과제, 한국기와 연구의 회고와 전망(2004)

14) 권오영, 한성기 백제 기와의 제작전통과 발전의 획기, 백제연구 38(2004)

15) 길기태, 백제의 사천왕신앙, 백제연구 39(2004)

16) 길기태, 백제 사비시대의 미륵신앙, 백제연구 43(2006)

17) 길기태, 미륵사 창건의 신앙적 성격, 한국사상사학 30(2007)

18) 길기태, 무왕대 미륵사 창건 과정과 불교계, 한국사상사학회 발표요지(2009)

19) 김기홍, 백제의 정체성에 관한 일 연구, 역사와현실 54(1989)

20) 김동기, 외부 공간구성요소로서의 기단에 관한 연구, 목원대학교 대학원 석사학위논문(2000)

21) 김동현, 한국 목조건축의 기법, 서울 : 발언(2001)

22) 김명숙, 한국 불상광배의 양식연구, 이화여자대학교 대학원 석사학위논문(1978)

23) 김병남, 백제 무왕대의 아막성 전투과정과 그 결과, 전남사학 22(2002)

24) 김병남, 백제 무왕대의 영역 확대와 그 의의, 한국고대사학보 38(2002)

25) 김병희, 청주 부모산성 출토 백제 인각와에 대한 연구, 선사와고대 23(2005)

26) 김복순, 신라 왕경 사찰의 분포와 체계, 신라문화제학술발표논문집 27(2006)

27) 김삼룡, 익산문화권의 연구, 익산 : 원광대학교 마한백제문화연구소(1977)

28) 김삼룡, 한국미륵신앙의 연구, 서울 : 동화출판공사(1983)

29) 김삼룡, 익산 미륵사의 창건배경, 익산의 선사와 고대문화(2003)

30) 김상현, 백제 위덕왕의 부왕을 위한 추복과 몽전관음, 한국고대사연구 15(1999)

31) 김상현, 미륵사지 서탑 사리봉안기의 기초적 검토, 미륵사의재검토(2009)

32) 김선기, 백제가람의 유형과 전개에 관한 연구, 원광대학교 대학원 석사학위논문(1985)

33) 김선기, 익산백제연동리사지 조사연구, 한국철학종교사상사(1990)

34) 김선기, 전북의 전통사찰1(익산시), 전통사찰총서 8(1997)

35) 김선기, 익산 제석사지 일연구 -경조사의 위치문제를 중심으로-, 문물연구 6(2003)

36) 김선기, 익산의 불교문화유적, 익산의 선사와 고대문화(2003)

37) 김선기, 익산 제석사지 출토 백제기와에 대하여, 기와학회논문집 3(2007)

38) 김선기, 지지명인각와를 통해 본 미륵사 창건과 몇 가지 문제, 미륵사의 재조명(2009)

39) 김선기, 발굴조사 성과를 통해 본 익산의 백제사찰, 백제문화 43(2010)

40) 김선기, 익산지역 백제 사지 연구, 동아대학교 대학원 박사학위논문(2010)

41) 김선기, 익산지역 사찰유적을 통해 본 백제문화의 창의성, 전북향토사의 재발견(2010)

42) 김선기, 미륵사지 출토 백제시대 암막새 연구, 고문화 76(2010)

43) 김선기, 백제 가람의 삼단계 위계를 갖는 가구식기단 연구, 선사와고대 34(2011)

44) 김선기·조상미, 익산왕궁리전와요지 -제석사폐기장-(2006)

45) 김선기·조상미, 익산천동지구시굴조사보고서(2006)

46) 김성구, 부여의 백제요지와 출토유물에 대하여, 백제연구 21(1990)

47) 김성구, 백제의 와전, 백제의 조각과 미술(1991)

48) 김성구, 중국기와의 변천과 특성, 한국기와학회 학술대회 자료집(2009)

49) 김수태, 백제 위덕왕대 부여 능산리 사원의 창건, 백제문화 27(1998)

50) 김수태, 백제 무왕대의 정치세력, 마한백제문화 14(1999)

51) 김수태, 백제 법왕대의 불교, 선사와고대 15(2000)

52) 김수태, 백제의 천도, 한국고대사연구 36(2004)

53) 김영옥, 감은사 건축에 관한 연구, 경북대학교 대학원 석사학위논문(2001)

54) 김영태, 미륵사 창건 연기설화고, 마한백제문화 1(1974)

55) 김영하, 고대 천도의 역사적 의미, 한국고대사연구 36(2004)

56) 김용민, 익산 왕궁성 발굴성과와 그 성격, 마한백제문화 17(2007)

57) 김유식, 한국 기와의 시대적 특징, 유창종 기증 기와·전돌(2002)

58) 김인희, 한성기의 기와, 숙명여자대학교 대학원 석사학위논문(2002)

59) 김정기, 미륵사지탑과 정림사탑-건립시기 선후에 관하여, 고고미술 161(1984)

60) 김정기, 백제가람의 특성, 마한백제문화 7(1984)

61) 김종만, 부여 능산리사지에 대한 소고, 신라문화 17·18(2000)

62) 김종만, 사비시대 백제토기와 사회상, 백제연구 37(2003)

63) 김종만, 7세기 부여·익산지방의 백제토기, 백제문화 34(2005)

64) 김종만, 부여 임강사지 출토유물과 임강사지요지, 부여 임강사지(2007)

65) 김종문, 불교문화유적·성곽, 익산군문화재지표조사보고서(1986)

66) 김주성, 백제 사비시대 정치사 연구, 전남대학교 대학원 박사학위논문(1990)

67) 김주성, 백제 무왕의 사찰건립과 권력강화, 한국고대사연구 6(1992)

68) 김주성, 백제 무왕의 치적, 백제문화 27(1998)

69) 김주성, 백제 사비시대의 익산, 한국고대사연구 21(2001)

70) 김주성, 백제 무왕의 즉위과정과 익산, 마한백제문화 17(2007)

71) 김주성, 7세기 각종 자료에 보이는 익산의 위상, 익산 왕궁리 유적-발굴 20년의 성과와 의의(2009)

72) 김주성, 미륵사지 서탑 사리봉안기 출토에 따른 제설의 검토, 동국사학 47(2009)

73) 김춘실, 백제조각의 대중교섭, 백제미술의 대외교섭(1998)

74) 김형래 · 김경표, 익산 미륵사의 가람배치특성, 건축기술연구소논문집 18-2(1999)

75) 김혜정, 왕흥사지 발굴조사 성과, 부여 왕흥사지 출토 사리기의 의미(2008)

76) 김혜정, 백제 사비기 사찰 기단의 연구, 전북대학교 대학원 석사학위논문(2010)

77) 김희선, 6~7세기 동아시아 도성제와 고구려 장안성, 한국고대사연구 43(2006)

78) 김희찬, 고구려 귀면문 와당의 형식과 변천, 고구려발해연구 34(2009)

79) 나종우, 백제사상에 있어 익산의 위치, 전북의 역사와 인물(2003)

80) 노기환, 미륵사지 출토 백제 인각와 연구, 전북대학교 대학원 석사학위논문(2007)

81) 노중국, 삼국유사 무왕조의 재검토, 한국전통문화연구 2(1986)

82) 노중국, 백제 무왕과 지명법사, 한국사연구 107(1999)

83) 노중국, 백제사에 있어 익산의 위치, 익산의 선사와 고대문화(2003)

84) 노중국, 사비도읍기 백제의 산천제의와 백제금동대향로, 계명사학 14(2003)

85) 노중국, 백제 제의체계 정비와 그 변화, 계명사학 15(2004)

86) 노중국, 백제사상의 무왕, 백제문화 34(2005)

87) 문명대, 한국석굴사원의 연구, 역사학보 38(1968)

88) 문명대, 한국조각사, 서울 : 열화당(1980)

89) 문봉식, 부여 외리출토 문양전에 대한 일고, 한남대학교 대학원 석사학위논문(2008)

90) 박경식, 미륵사지석탑을 통해본 백제 석조문화의 독창성, 미륵사지 석탑 보수정비(2011)

91) 박광연, 신라 중고기의 법화신앙, 한국사상사학 31(2008)

92) 박남수, 통일신라 사원성전과 불사의 조영체계, 동국사학 28(1994)

93) 박대남, 부여 규암면 외리출토 백제문양전 고찰, 신라사학보 14(2008)

94) 박만식, 한국고대가람의 배치 및 평면계획에 관한연구, 충남대학교공업기술연구소논문집 2(1975)

95) 박상준, 신라 백제의 왕권강화와 제석신앙, 동국대학교 대학원 석사학위논문(2006)

96) 박순발, 사비도성과 익산 왕궁성, 마한백제문화 17(2007)

97) 박순발, 동아시아 도성사에서 본 익산 왕궁리 유적, 익산 왕궁리 유적-발굴20년의 성과와 의의(2009)

98) 박순발, 익산 고대 도시 구조와 미륵사, 백제 불교문화의 보고 미륵사(2010)

99) 박승범, 한성시대 백제의 국가제사, 선사와고대 19(2003)

100) 박영복·조유전, 예산사면석불 조사 및 발굴, 문화재 16(1983)

101) 박용진, 공주지역 주미사지에 관한연구, 백제문화 3(1969)

102) 박용진, 공주출토의 백제와당에 관한 연구, 백제연구 1(1970)

103) 박용진, 백제와당의 체계적 분류, 백제문화 9(1976)

104) 박용진, 백제와당의 유형연구, 백제연구 15(1984)

105) 박주달, 7~9세기 신라 사찰의 기단에 관한 연구, 명지대학교 대학원 석사학위논문(1995)

106) 박중환, 웅진기 백제의 재천도 추진과 익산, 백제말기 천도의 제문제(2011)

107) 박현숙, 백제 무왕의 익산 경영과 미륵사, 한국사학보 36(2009)

108) 박홍국, 월성군 내남면 망성리 와요지와 출토 와전에 대한 고찰, 영남학보 5(1998)

109) 배병선, 목탑지 초석 유구 고찰, 미륵사-유적발굴조사보고 II(1996)

110) 배병선, 왕궁리유적 백제건물지의 구조분석, 익산 왕궁리유적 - 발굴20년의 성과와 의의(2009)

111) 배병선, 미륵사지 석탑 보수정비 계획안, 미륵사지 석탑 보수정비(2011)

112) 백종오, 고구려기와 연구, 단국대학교 대학원 박사학위논문(2005)

113) 사재동, 무강왕 전설의 연구, 백제연구 5(1974)

114) 사회과학원 고고학연구소, 고구려유물, 조선고고학총서 34, 진인진(2009)

115) 소재윤, 백제 와건물지의 변천과정에 대한 연구, 한국상고사학보 45(2004)

116) 소재윤, 웅진 사비기 백제 수막새에 대한 편년 연구, 호남고고학보 22(2006)

117) 손희주·박언곤, 판축을 이용한 구조물 축조법에 관한 연구, 대한건축학회 학술발표논문집 21-2(2001)

118) 송상규, 왕궁평성에 대한 연구, 백제연구 7(1976)

119) 송일기, 익산 왕궁탑출토 '백제금지각필 금강사경' 의 연구, 마한백제문화 16(2004)

120) 신광섭, 부여 부소산폐사지고, 백제연구 24(1994)

121) 신광섭·김종만, 부여 정암리가마터 2(1992)

122) 신영훈, 부여 임강사지 발굴참가기, 고고미술 5-11(1964)

123) 신영훈·김동현, 한국고건축단장 하, 서울 : 동산문화사(1977)

124) 신형식, 백제사상에 있어 익산의 위치, 제12회 마한백제문화 학술회의 발표요지(1994)

125) 심광주, 북조의 기와, 한국기와학회 학술대회 자료집(2009)

126) 심상육, 백제 인각와의 출현과 변천과정 검토, 백제문화 34(2005)

127) 심상육, 백제시대 인각와에 관한 연구, 공주대학교 대학원 석사학위논문(2005)

128) 심상육, 백제 암막새의 출현과정에 관한 검토, 문화재 38(2005)

129) 심주완, 조선시대 삼세불상의 연구, 미술사학연구 259(2008)

130) 안승주, 백제사지의 연구, 백제문화 16(1985)

131) 안지원, 신라 진평왕대 제석신앙과 왕권, 역사교육 63(1997)

132) 양은용, 백제의 불교사상, 익산의 선사와 고대문화(2003)

133) 양은용, 통일신라 개원3년(715)명 석조일경삼존삼세불입상에 관한 연구, 문화사학 29(2008)

134) 오순제, 백제 도성의 도시구조와 신앙유적의 공간적 배치, 선사와고대 19(2003)

135) 오융경, 미륵사지의 녹유와당에 대한 고찰, 마한백제문화 1(1975)

136) 옥경호, 미륵사상과 삼국의 사회적 이상 형성, 종교학연구 14(1995)

137) 유원재, 백제무왕의 익산경영, 백제문화 25(1996)

138) 유원재, 백제사에서 익산문화유적의 성격, 마한백제문화 14(1999)

139) 유혜선·이영범, 국보 제123호 왕궁리 5층석탑 출토 사리기 성분분석 연구, 제23회 학술대회 발표 논문집(2006)

140) 윤근일, 왕궁리유적 출토 막새의 편년에 관한 고찰, 창산 김정기박사 회갑기념논총(1990)

141) 윤덕향, 인각명문와, 미륵사-유적발굴조사보고서 1(1989)

142) 윤덕향, 미륵사지 유적의 발굴과 성과, 익산의 선사와 고대문화(2003)

143) 윤선태, 신라의 사원성전과 금하신, 한국사연구 108(2000)

144) 윤선태, 신라 중대의 성전사원과 국가의례, 신라문화제학술발표논문집 23(2002)

145) 윤장섭, 한국건축사, 서울 : 동명사(1990)

146) 윤재일, 부여지역의 백제 불교유적에 관한 연구, 경희대학교 교육대학원 석사학위논문(1990)

147) 이기백, 사비시대 백제의 지방제도, 제4회 마한백제문화 학술회의 발표요지(1977)

148) 이난영, 미륵사지 출토 당송 자기 연구, 효성여자대학교 대학원 석사학위논문(1992)

149) 이난영, 익산 미륵사지 출토 통일신라 기와, 기와를 통해 본 '미륵사와 황룡사'(2006)

150) 이남석, 공주지역 백제문화유적의 세계유산적 가치, 백제문화유산의 가치 재발견(2007)

151) 이다운, 성주사지 출토 백제기와와 일본 오함사지 출토 기와 비교고찰, 성주사(1998)

152) 이다운, 백제와박사고, 호남고고학보 20(2004)

153) 이다운, 백제 사찰 조영사업에 나타난 계획성, 전북사학 32(2006)

154) 이다운, 인각와를 통해 본 익산의 기와에 대한 검토, 고문화 70(2007)

155) 이도학, 사비시대 백제의 사방계산 호국사찰의 성립, 백제연구 20(1989)

156) 이도학, 백제 무왕대 익산 천도설의 재검토, 경주사학 22(2003)

157) 이도학, 백제 의자왕대의 정치변동에 대한 검토, 백제문화 33(2004)

158) 이도학, 백제무왕의 계보와 집권기반, 백제문화 34(2005)

159) 이도학, 왕흥사지 사리기 명문분석을 통해 본 백제 위덕왕대 정치와 불교, 부여왕흥사지출토 사리기의 의의(2008)

160) 이명호, 익산 왕궁성의 대지조성과 성벽 축조방식에 대한 연구, 익산 왕궁리 유적(2009)

161) 이병도, 서동설화의 신 고찰, 역사학보 1(1952)

162) 이병도, 백제 미륵사의 창건연대에 대하여, 마한백제문화 1(1975)

163) 이병호, 백제 사비도성의 조영과정, 한국사론 47(2002)

164) 이병호, 백제 사비시기의 도성과 지방도시, 지방사와 지방문화 6-1(2003)

165) 이병호, 부여 임강사지 출토 소조상에 대하여, 부여 임강사지(2007)

166) 이송란, 미륵사지 금제사리호의 제작기법과 문양분석, 미륵사의 재조명(2009)

167) 이송란, 백제 미륵사지 서탑 유리제 사리병과 고대 동아시아 유리제작, 미술자료 80(2011)

168) 이신효, 백제 왕궁출토 사찰명기와의 검토, 익산향토문화 4(2005)

169) 이신효, 익산 백제 왕궁출토 사찰명기와의 고찰, 호남고고학보 23(2006)

170) 이영호, 신라중대 왕실사원의 관사적 기능, 한국사연구 43(1983)

171) 이영호, 신라 성전사원의 성립, 신라불교의 재조명 신라문화제 학술발표논문집(1994)

172) 이왕기, 백제의 건축 양식과 기법, 백제문화 27(1998)

173) 이한상, 미륵사지 서탑 출토 은제관식에 대한 검토, 미륵사지 출토유물에 대한 종합적 검토(2009)

174) 이희돈, 남조의 귀면문와, 한국기와학회 학술대회 자료집(2009)

175) 임종태, 백제 와건물지 연구-사비시대를 중심으로, 공주대학교 대학원 석사학위논문(2009)

176) 임홍락, 익산 연동리사지에 대한 일고찰, 향토사연구 1(1989)

177) 장경호, 백제사찰건축에 관한 연구, 홍익대학교 대학원 박사학위논문(1988)

178) 장경호, 백제사찰건축, 서울 : 예경산업사(1990)

179) 장헌덕, 익산 왕궁리 유적의 금당지 복원 계획에 관한 연구, 홍익대학교 대학원 석사학위논문 (1993)

180) 전영래, 한국탑파건축의 기원과 연대론-미륵사지석탑을 중심으로-, 조대미술 3(1981)

181) 전용호, 왕궁리유적의 최근 발굴성과, 익산 왕궁리 유적(2009)

182) 전용호, 익산 왕궁리유적의 공방에 대한 일고찰, 성균관대학교 대학원 석사학위논문(2009)

183) 전지혜, 백제양식 석탑의 형성과 전개의 시발점, 문화재 42-4(2010)

184) 정계옥, 미륵사지 석등에 관한 연구, 소헌 남도영박사 회갑기념 사학논총(1984)

185) 정계옥, 미륵사지출토 와당에 대한 고찰, 한국기와학회 자료실(2006)

186) 정명호, 익산 미륵사지 동탑지 및 서탑조사 보고서, 마한백제문화 1(1974)

187) 정명호, 백제시대의 석등-미륵사지 석등을 중심으로, 마한백제문화 1(1975)

188) 정명호, 익산 왕궁리 성지 발굴 조사 보고서, 마한백제문화 2(1977)

189) 정명호, 미륵사지 석등에 관한 연구, 마한백제문화 6(1983)

190) 정명호, 한국 석등양식사 연구, 단국대학교 대학원 박사학위논문(1992)

191) 정명호, 백제의 불교미술, 백제조각공예도록(1992)

192) 정자영·탁경백, 한국 고태 목탑의 기단 및 심초부 축조기법에 관한 고찰, 문화재 40(2007)

193) 제송희, 중국 남북조시대 팔메트 문양의 발달과 전개, 홍익대학교 대학원 석사학위 논문(2005)

194) 조경철, 백제 사택지적비에 나타난 불교신앙, 역사와현실 52(2004)

195) 조경철, 백제불교사의 전개와 정치변동, 한국학중앙연구원 한국학대학원 박사학위논문(2006)

196) 조경철, 백제 익산 미륵사 창건의 신앙적 배경, 한국사상사학회 발표회 발표요지(2009)

197) 조경철, 백제 익산 미륵사 창건의 신앙적 배경-미륵신앙과 법화신앙을 중심으로-, 한국사상사학 32(2009)

198) 조범환, 신라시대 황룡사의 위상, 경주문화연구 4(2001)

199) 조성윤, 고신라 유단식 기와에 대하여, 고문화 57(2001)

200) 조원교, 익산 왕궁리 오층석탑 발견 사리장엄구에 대한연구, 백제연구 49(2009)

201) 조원창, 백제 와적기단에 대한 일 연구, 한국상고사학보 33(2000)

202) 조원창, 웅진천도후 백제와당의 중국 남북조요소 검토, 백제문화 30(2001)

203) 조원창, 백제 건축기술의 대일전파, 상명대학교 박사학위논문(2002)

204) 조원창, 사찰건축으로 본 가구기단의 변천연구, 백제문화 32(2003)

205) 조원창, 기와로 본 백제 웅진기의 사비경영, 선사와 고대 23(2005)

206) 조원창, 백제 기단 축조술의 대신라 전파, 건축역사연구 14-2, 통권 42(2005)

207) 조원창, 백제 와박사의 대신라·왜 파견과 제와술의 전파, 한국상고사학보 48(2005)

208) 조원창, 백제 곡절소판형 와당의 시원과 변천, 상명사학 10·11·12합집(2006)

209) 조원창, 백제 군수리사원의 축조기법과 조영주체의 검토, 한국고대사연구 51(2008)

210) 조원창, 백제 목탑지 편년과 축기부 축조에 관한 연구, 건축역사연구 59(2008)

211) 조원창, 백제 판단첨형식 연화문의 형식과 편년, 문화재 42-3(2009)

212) 조원창·박연서, 대통사지출토 백제와당의 형식과 편년, 백제문화 36(2007)

213) 조은경, 미륵사지 서탑 축조의 구조원리에 관한 기초연구, 문화재 42-2(2009)

214) 주경미, 백제의 사리신앙과 미륵사지 출토 사리장엄구, 미륵사의 재조명(2009)

215) 주남철, 한국건축의장, 서울 : 일지사(1992)

216) 주진향, 백제 와당의 연화문양에 관한 연구, 한남대학교 대학원 석사학위논문(1990)

217) 지병목, 익산 왕궁리유적의 성격에 대한 시론, 사학연구 58(1999)

218) 진홍섭, 백제사원의 가람제도, 백제연구 2(1971)

219) 진홍섭, 한국의불상, 서울 : 일지사(1976)

220) 채상식, 신라통일기의 성전사원의 구조와 기능, 부산사학 8(1984)

221) 채상식, 신라사에 있어서 황룡사의 위상과 그 추이, 신라문화제 학술발표논문집 22(2001)

222) 천득염, 백제계석탑의 조형특성과 변천에 관한 연구, 고려대학교 대학원 박사학위논문(1990)

223) 천득염, 미륵사지 석탑 복원에 대한 소고, 미륵사지 석탑 보수정비(2011)

224) 최맹식, 초기유구보완조사(사역 중심곽), 미륵사-유적발굴조사보고서 II(1996)

225) 최맹식, 백제평기와한유형에관한 소고, 학술연구 58·59(1999)

226) 최맹식, 백제 및 통일신라시대 기와문양과 제조기법에 관한 연구, 호남고고학보 13(2001)

227) 최맹식, 고구려 기와의 특성, 고구려연구 12(2001)

228) 최맹식, 황룡사지 회랑외곽 출토 평기와 조사연구, 문화사학 17(2002)

229) 최맹식, 삼국시대 평기와에 관한 연구, 단국대학교 대학원 박사학위논문(2003)

230) 최맹식, 삼국 암막새의 시원에 관한 소고, 문화사학 21(2004)

231) 최맹식, 무왕시대의 불교건축과 기와, 백제문화 34(2005)

232) 최맹식·서길수, 고구려유적 기와에 관한 연구, 고구려연구 7(1999)

233) 최성은, 나말려초 소형 금동불입상 연구, 미술자료 58(1997)

234) 최완규, 고대 익산과 왕궁성, 익산 왕궁리유적의 조사 성과와 의의(2009)

235) 최완규, 백제 무왕대 익산천도의 재해석, 백제말기 천도의 제문제(2011)

236) 최윤숙, 익산지역 백제 수막새 연구, 전북대학교 대학원 석사학위논문(2008)

237) 최효식, C.G.Jung의 무의식 이론에 의한 한국 고대가람의 구성원리에 관한 연구, 홍익대학교 대학원 석사학위논문(2000)

238) 한욱, 유구를 통한 6·7세기 백제가람 건물의 복원적 연구, 홍익대학교 대학원 박사학위논문(2008)

239) 한 욱, 6~8세기 백제-신라건축의 기초부 비교 연구, 문화재 42-2(2009)

240) 한정호, 익산 왕궁리 오층석탑 사리장엄구의 편년 재검토-금제사리내함을 중심으로-, 불교미술사학 3(2005)

241) 한정호, 익산 왕궁리 오층석탑 사리장엄구 연구, 익산 미륵사지 출토유물에 대한 종합적 검토(2009)

242) 홍사준, 백제 사택지적비에 대하여, 역사학보 6(1954)

243) 홍사준, 백제 미륵사지 발굴조사 약보, 고고미술 7-5(1966)

244) 홍사준, 미륵사지고, 마한백제문화 1(1975)

245) 홍윤식, 백제 제석신앙고, 마한백제문화 2(1977)

246) 홍윤식, 삼국유사와 한국고대문화, 익산 : 원광대학교 출판국(1985)

247) 홍윤식, 한국불교사의 연구, 서울 : 교문사(1988)

248) 홍윤식, 문헌자료를 통해서 본 백제 무왕의 천도 사실, 익산의 선사와 고대문화(2003)

249) 홍재선, 백제 사비성 연구 - 유물·유적을 중심으로-, 동국대학교 대학원 석사학위논문(1981)

250) 홍재선, 백제계석탑의 연구-미륵사탑과 정림사탑을 중심으로, 초우 황수영박사 고희 기념논총(1988)

251) 황상주, 삼국사기 기사와 사지로 본 신라 성전사원의 수에 대한 의문, 신라문화 25(2005)

252) 황수영, 서산마애삼존불상에 대하여, 진단학보 20(1959)

253) 황수영, 익산 미륵사지의 백제석등, 고고미술 3-2(1962)

254) 황수영, 충남 태안의 마애삼존불상, 역사학보 17 · 18(1962)

255) 황수영, 익산 왕궁리 오층석탑내 발견유물, 고고미술 7-1(1966)

256) 황수영, 충남태안의 마애삼존불상, 고고미술 9-9(1968)

257) 황수영, 백제 제석사지의 연구, 백제연구 4(1973)

258) 황수영, 한국미술사론, 서울 : 민족사(1987)

259) 황수영, 백제의 불교조각, 백제불교문화의 연구(1994)

260) 황혜경, 백제의 가람배치, 고려대학교 교육대학원 석사학위논문(1977)

261) 金有植, 三國時代軒平瓦の發生に關する小考, 鹿苑雜集(2004)

262) 高正龍, 百濟刻印瓦覺書, 朝鮮古代研究 8(2007)

263) 久野健, 百濟佛像の 服制와 그 源流, 백제연구 특집호(1982)

264) 龜田修一, 百濟古瓦考, 百濟研究 12(1981)

265) 龜田修一, 日韓古代瓦の研究, 東京 : 吉川弘文館(2006)

266) 大西貴夫, 日本の飛鳥時代初期瓦當について, 백제와전과 고대 동아시아의 문물 교류(2010)

267) 大西修也, 百濟石佛坐像 -益山蓮洞里石造如來をめぐって-, 佛敎藝術 107(1976)

268) 大西修也, 百濟佛再考 -新發見の百濟石佛と偏衫を着用した服制をめぐって-, 佛敎藝術 117(1978)

269) 藤島亥次郎, 朝鮮建築史論, 景仁文化社(1973)

270) 藤擇一夫, 百濟別都益山王宮里廢寺卽大官寺考, 馬韓百濟文化 2(1977)

271) 牧田諦亮, 六朝古逸觀世音應驗記の研究, 京都 : 平樂社書店(1969)

272) 山本孝文, 백제왕권의 사비경영과 익산, 백제말기 익산천도의 제문제(2011)

273) 森郁夫, 日本古代の 瓦當에 보이는 韓半島의 要素, 第1回 韓國기와學會 學術大會 發表要旨(2004)

274) 石田武作, 夫餘東南里廢寺址發掘調査, 昭和十三年度古跡發掘調査報告書(1939)

275) 蘇哉潤, 熊津 · 泗沘期百濟軒丸瓦에 對する編年研究 -錦江地域を中心に-, 朝鮮古代研究 8(2007)

276) 田中俊明, 新羅中代における王京と寺院, 新羅文化祭學術發表論文集 16(1995)

277) 田中俊明, 百濟の複都 · 副都と東アジア, 百濟 - 2010세계대백제전 국제학술회의 발표요지(2010)

278) 井內 潔, 南朝梁と熊津期百濟文化 -松山里6號墳と大通寺に係わる新思考から-, 朝鮮古代研究 8(2007)

279) 佐川正敏, 日本古代木塔基壇의 構築技術復元과 心礎設置形式의 變遷에 關한 研究, 百濟研究 44(2006)

280) 淸水昭博, 百濟 瓦塼에 보이는 同范 · 改范의 한 事例, 百濟研究 39(2004)

281) 淸水昭博, 기와의 傳來 -百濟와 日本의 初期기와 生産體制의 比較-, 百濟研究 41(2005)

282) 淸水昭博, 飛鳥 · 奈良時代の講堂に關する諸問題, 개원5주년기념국제학술대회 논문집(2009)

283) 淸水昭博 · 奧田 尙, 中國南朝の屋瓦, 朝鮮古代研究 8(2007)

284) 坂野和信, 百濟와 倭의 수막새, 百濟研究 36(2002)

285) 坂詰秀一編, 佛教考古學事典, 東京 : 雄山閣(2003)

286) 戸田有二, 百濟瓦窯考, 國土官大學人文學部人文學紀要 33(2000)

287) 戸田有二, 百濟의 수막새기와 制作技法에 對하여(2), 百濟研究 40(2004)

288) 戸田有二, 百濟瓦塼の系譜 - 熊津時代の鐙瓦・塼の系譜を中心として, 개원5주년기념국제학술대회논문집(2009),

289) 岳涌, 南京地區發現的南朝佛寺遺蹟,遺物, 개원5주년기념국제학술대회 논문집(2009)

290) 李裕群, 中國佛寺形制的演變及對百濟的影響, 개원5주년기념국제학술대회 논문집(2009)

도면·도판 인용기관 및 도서목록

국립문화재연구소,『미륵사』유적발굴조사보고서 I (1989)

국립부여문화재연구소,『미륵사』유적발굴조사보고서 II (1996)

_____,『사자암』발굴조사보고서(1994)

_____,『왕궁리유적발굴중간보고』(1992)

_____,『왕궁리』발굴중간보고 II (1997)

_____,『왕궁리』발굴중간보고 VI (2008)

_____,『익산 제석사지』제2차조사 회의자료(2009)

_____,『제석사지』발굴조사보고서 I (2011)

문화재청·전라북도·익산시,『미륵사지 석탑 사리장엄』(2009)

원광대학교 마한백제문화연구소,『익산 제석사지 시굴조사보고서』(1994)

원광대학교 박물관,『익산왕궁리전와요지-제석사폐기장』(2006)

원광대학교 종교문제연구소,『한국철학종교사상사』(1990)

찾아보기